# dtv
*Reihe Hanser*

Thomas Sandkühler beschreibt, wie Hitler wurde, was er war. Als Kind und Jugendlicher war er ein Außenseiter, im Ersten Weltkrieg ein Soldat wie Millionen andere, als Kunststudent scheiterte er. Wie konnte Adolf Hitler der politische Aufstieg gelingen? Wie schaffte er es, so viele Menschen für seine Theorien zu begeistern? Wie wurde er der mächtigste Mann in Deutschland, der Begründer des Nationalsozialismus, der »Führer«? Und wie sah der Alltag dieses Kriegsherrn, dieses Massenmörders aus? Wie hat er überhaupt regiert? Eine Biografie der zentralen Figur des Antisemitismus und Faschismus im 20. Jahrhundert. Auf dem neuesten Forschungsstand und mit Fotos von Hitlers »Leibfotografen«.

»Eine anspruchsvolle Biografie Hitlers für jüngere Leser.«
*Joachim Käppner, Süddeutsche Zeitung*

*Thomas Sandkühler* hat seit 2009 einen Lehrstuhl für Didaktik der Geschichtswissenschaften an der Humboldt-Universität zu Berlin. Er wurde 1962 in Münster geboren und hat Geschichte, Germanistik und Pädagogik in Bochum und Freiburg studiert. Von 1989 bis 2002 war er als wissenschaftlicher Mitarbeiter an der Universität Bielefeld, dazwischen (1997 bis 1999) Leiter des deutschen Forschungsteams der Unabhängigen Expertenkommission Schweiz – Zweiter Weltkrieg. Von 2003 bis 2009 Vorbereitung auf und Tätigkeit als Gymnasiallehrer für Geschichte und Deutsch in Korbach/Hessen.

THOMAS SANDKÜHLER

# ADOLF H.

## LEBENSWEG EINES DIKTATORS

dtv

**Ausführliche Informationen über
unsere Autoren und Bücher
www.dtv.de**

2016 dtv Verlagsgesellschaft mbH & Co. KG, München
© 2015 Carl Hanser Verlag München
Umschlaggestaltung: Katharina Netolitzky/
dtv unter Verwendung eines Fotos von getty images/Photo 12
Satz und Gestaltung: Manja Hellpap, Berlin
Druck und Bindung: Druckerei C.H.Beck, Nördlingen
Gedruckt auf säurefreiem, chlorfrei gebleichtem Papier
Printed in Germany · ISBN 978-3-423-62645-3

# Inhalt

**Der Versager** 10

62 **Der Aufsteiger**

**Der »Führer«** 118

182 **Der Kriegsherr**

**Der Massenmörder** 234

282 **Der Höhlenbewohner**

**Der Untote** 316

331 **Anhang**
331 Literatur
347 Personenregister
352 Bildnachweis

# Vorwort

»Endlich genug von Hitler?« Diese Frage ist sehr berechtigt. Denn Adolf H., der deutsche Diktator zwischen 1933 und 1945, ist im öffentlichen Leben und in den Medien allgegenwärtig. Trotzdem oder gerade deswegen ist aber eine moderne Hitler-Biographie für jugendliche Leserinnen und Leser sinnvoll und notwendig. Denn was derzeit im Fernsehen oder im Internet dargeboten wird, trägt oft wenig dazu bei, das »Phänomen Hitler« zu erklären und zu verstehen. Eine Biographie Hitlers für Jugendliche gibt es bisher nicht. Das vorliegende Buch versucht, diese Lücke zu schließen.

Biographien sind das Ergebnis erforschter Lebensgeschichten. Im 19. Jahrhundert galten sie als hohe Kunst eines Geschichtsschreibers. Man schrieb Biographien, um das Leben und Wirken bedeutender Menschen für die Nachwelt festzuhalten. »Große Männer« machten die Geschichte. So dachten viele.

Biographien stellen üblicherweise eine geschichtliche Person in den Zusammenhang ihrer Zeit. Im Fall Hitlers sind sich die Historiker uneins. Machte Hitler Geschichte, oder wurde er von der Geschichte gemacht? Beherrschte er die deutsche Gesellschaft, oder wurde er von der Gesellschaft beherrscht? Antworten auf diese Fragen haben Auswirkungen auf die Methode der Geschichtsschreibung. Historiker, die in Hitler den Herrn und Meister des nationalsozialistischen Deutschlands sehen, schreiben Hitler-Biographien. Historiker, die der gegenteiligen Auffassung sind, schreiben die Geschichte der deutschen Gesellschaft in der NS-Zeit. Biographie und Gesellschaftsgeschichte schließen einander also aus, jedenfalls auf den ersten Blick.

Der Titel dieses Buches, »Adolf H.«, soll darauf aufmerksam machen, dass zwischen Hitlers persönlicher Lebensgeschichte und seiner Wirkung als Politiker ein erheblicher Unterschied bestand. Man kann durchaus daran zweifeln, ob dieses Leben *als solches* überhaupt erzählenswert ist. Nach 1945 entwickelte sich eine regelrechte Hitler-Forschung, die zahlreiche Details seines Lebens zutage förderte. Die Kenntnis dieser Einzelheiten ist unerlässlich, wenn man eine Hitler-Biographie schreiben will. Aber für sich genommen sagen sie wenig aus.

Sebastian Haffner, ein in der NS-Zeit aus Deutschland vertriebener Rechtswissenschaftler und Historiker, weist auf die »ungewöhnliche Dürftigkeit« von Hitlers persönlichem Leben hin. Außerhalb der Politik war er für Haffner ein Niemand. Alles was am Leben Hitlers zähle, »verschmilzt mit der Zeitgeschichte, *ist* Zeitgeschichte. Der junge Hitler reflektiert sie; der mittlere reflektiert sie immer noch, wirkt aber auch schon auf sie ein; der spätere bestimmt sie. Erst wird er von der Geschichte gemacht, dann macht er Geschichte. Darüber lohnt sich zu reden. Was Hitlers Leben sonst hergibt, sind im wesentlichen Fehlanzeigen – nach 1919 wie vorher.«

Historiker sind immer auch Zeitgenossen. Ihre Sicht auf Geschichte verändert sich mit den Fragen, die sie an die Vergangenheit stellen. Der Publizist Joachim Fest, dessen große Hitler-Biographie 1973 erschien, wirft die Frage auf, warum das gebildete Bürgertum dem »Führer« in Scharen nachgelaufen war. Hierfür sieht Fest im Wesentlichen zwei Gründe: Das Bürgertum hatte »die Politik« verachtet und sich zu wenig dem Schutz der Demokratie verpflichtet gefühlt. Vor allem aber hatte Hitler die Deutschen durch seine überragenden Fähigkeiten verführt. Fest sieht in Hitler eine »Unperson« ohne bemerkenswerte Eigenschaften, zugleich aber ein »politisches Genie«. Hitler sei für die Deutschen – und wohl auch für Fest – bis Kriegsausbruch »einer der größten Staatsmänner der Deutschen« gewesen, »vielleicht der Vollender ihrer Geschichte«.

Aber war Adolf Hitler wirklich ein großer Mann? Kann jemand Größe haben, der so viel Leid über die Menschheit gebracht hat wie er? Offensichtlich nicht. Hitler war nicht »groß« im vorgenannten Sinne, sondern ein großer Zerstörer. Das ist ein wichtiger Unterschied. Der britische Historiker Ian Kershaw schreibt dazu: »Niemals in der Geschichte ist ein solches Ausmaß an Zerstörung mit dem Namen eines einzigen Manns in Verbindung gebracht worden. Hitlers Name steht zu Recht für alle Zeiten als der des obersten Anstifters des tiefreichendsten Zusammenbruchs der Zivilisation in der Moderne«, und er fährt fort, Hitler als Person sei »für den schrecklichen Lauf der Ereignisse jener schicksalhaften zwölf Jahre ganz entscheidend« gewesen.

Kershaws Hitler-Biographie erschien rund eine Generation

nach Fests Hitler-Biographie. Kershaw geht von ähnlichen Fragestellungen aus wie Fest, aber mit einem entgegengesetzten Blickwinkel. Der britische Historiker sieht nicht von Hitler auf die Gesellschaft, sondern umgekehrt von der Gesellschaft auf Hitler. Die deutsche Gesellschaft sorgte für Hitlers Aufstieg; anschließend wurde die Gesellschaft von Hitler beherrscht. Kershaw fragt also weniger nach der Person von Adolf H. als nach seiner Machtausübung. Die Frage nach der Verantwortung und dem moralischen Versagen der Deutschen lässt sich auf diese Weise besser beantworten als im Rahmen einer klassischen Biographie. Für Historiker, die sich mit dem Leben Adolf Hitlers auseinandersetzen möchten, setzt Kershaws Darstellung Maßstäbe.

Seitdem sind wieder einige Jahre vergangen. Die Forschung über den Nationalsozialismus ist weiter vorangeschritten. Sie hat sich in letzter Zeit vor allem dem Gesellschaftsverständnis des NS-Staates und seinen Verbrechen zugewandt. »Volksgemeinschaft« einerseits, der Holocaust andererseits bilden hierbei die Leitbegriffe. Das Leben Adolf Hitlers wird in diesem Buch in die Vorgeschichte und Geschichte des NS-Staates eingebettet. Es stellt also nicht nur die Lebensgeschichte des Diktators dar, sondern zumindest *auch* die Geschichte der deutschen (und österreichischen) Gesellschaft seit der Wende zum 20. Jahrhundert sowie die Geschichte des NS-Staates. Nur so kann erklärt und verstanden werden, wie und warum Hitler aufstieg, herrschte und unterging.

Als politische Biographie, denn darum geht es in den folgenden Kapiteln, ist Hitlers Lebensgeschichte ohne Zweifel faszinierend. Sie folgt geradezu einem klassischen Muster von Aufstieg, Höhepunkt, Abstieg und Verfall. Es ist die Geschichte eines jugendlichen Versagers, der mit dreißig Jahren in die Politik findet, innerhalb eines Jahrzehnts zum mächtigen und umjubelten »Führer« aufsteigt, schließlich zum Kriegsherrn und zum Massenmörder wird und sein Leben als Höhlenbewohner in einem Berliner Bunker durch Selbstmord beschließt.

Über Hitler und seinen Staat sind unzählige Bücher und Aufsätze veröffentlicht worden. Wollte man dies alles berücksichtigen, wäre der Rahmen eines Buches, das sich an Jugendliche wendet, sofort gesprengt. Stattdessen soll hier eine knappe Darstellung gegeben werden, die allerdings auf dem neuesten Forschungsstand beruht.

Ich möchte Hitlers Biographie erzählen. Die erzählerische Darstellung soll es den Leserinnen und Lesern ermöglichen, sich in die damalige Zeit hineinzuversetzen und rückblickend zu bewerten, was warum geschah. Allerdings lässt sich dieses Erzählen nicht immer durchhalten. Die Ermordung der europäischen Juden beispielsweise kann man nicht erzählen, nur schildern und beschreiben.

Zur Ausstattung des Buches gehören Fotos und Abbildungen. Da Hitler und der NS-Staat in der heutigen Medienwelt eine ganz wichtige Rolle spielen, habe ich nach Möglichkeit Abbildungen gewählt, die in Medien und Schulbüchern eher selten oder gar nicht auftauchen und einen ungewohnten Blickwinkel auf Hitler eröffnen.

Auslassungen in Zitaten sind nicht gekennzeichnet, um den Lesefluss nicht zu behindern. Die verwendeten Bücher und Aufsätze sind in einem Anhang zusammengestellt. Dieser soll zu weiterer Lektüre anregen. Daher sind dort vor allem Taschenbücher und leicht zugängliche Standardwerke aufgeführt. Im Anhang wird auch die Herkunft der Zitate nachgewiesen.

Dieses Buch ist keine Gelegenheitsarbeit. Ich habe Hitlers Biographie auch nicht geschrieben, weil sich das Kriegsende im Mai 2015 zum siebzigsten Mal jährt. Vielmehr hat das Buch eine lange Vorgeschichte. Auf die Idee brachte mich vor Jahren meine Tochter Katja, damals noch Schülerin der Mittelstufe. Auf einer längeren Autofahrt fragte Katja mich gründlich über Hitler aus und forderte mich auf, das Gesagte doch einmal schriftlich festzuhalten. Dieses Aufschreiben hat viel länger als ursprünglich geplant gedauert, und es war auch schwieriger als gedacht. Umso mehr freue ich mich, dass das Projekt nun abgeschlossen werden konnte.

Ich habe zu danken: Katja, meiner zweiten Tochter Julia, meiner Frau Dr. Petra Mertens und meiner Mitarbeiterin Clara Woopen für wertvolle Anregungen. Dank gebührt auch meinem Agenten Dr. Ernst Reinhard Piper für seine Geduld, Ulrich Störiko-Blume vom Hanser Verlag und meinem Lektor Malte Ritter für die professionelle Betreuung des Buches.

Thomas Sandkühler

# DER VERSAGER

»Heil Schicklgruber«? 12
Eine komplizierte
Familiengeschichte

15 **Prägung und Versagen**

Abstieg 20
Moderne Zeiten 20
Wien 26
Männerheim 33
München 35

36 **Krieg**
37 Hitler an der Westfront
44 Revolution und Sieg im Osten
47 Niederlage und
Novemberrevolution

Politik 50
Trauma 50
Erweckungserlebnis? 56
»Ich konnte reden!« 57

## »Heil Schicklgruber«?
## Eine komplizierte Familiengeschichte

Adolf Hitlers Familie stammte aus dem »Waldviertel« im Norden Österreichs. Dieses Gebiet grenzte an Böhmen, das heute zur Tschechischen Republik gehört und damals Teil des Kaiserreichs Österreich war. Das Waldviertel war eine arme Gegend. Der Name »Hitler« kam dort auch in der Form von »Hüttler« oder »Hiedler« häufig vor. Wahrscheinlich deutet er auf den Bergmannsberuf hin, den Hitlers Vorfahren ausgeübt hatten, vielleicht auch auf einen »Kleinhäusler«, einen kleinen Bauern. Im Waldviertel lebten die Menschen eng beieinander.

Im 19. Jahrhundert waren die Familienverhältnisse der unteren Schichten oft unübersichtlich. Ehen zwischen Verwandten und uneheliche Kinder waren nicht selten, obwohl die katholische Kirche, der damals die meisten Österreicher angehörten, dagegen wetterte.

Adolf Hitler, wie so viele Kinder seiner Herkunft, wuchs in einer Patchworkfamilie auf. Im Haushalt lebten seine Eltern Alois und Klara Hitler, seine Geschwister Edmund und Paula und die Stiefgeschwister aus der zweiten Ehe des Vaters, Alois junior und Angela, ferner Klaras unverheiratete jüngere Schwester Johanna (»Hanitante«), die Klara bei der Kindererziehung unterstützte.

Sein Vater war in dritter Ehe verheiratet, seine Mutter Klara war zwanzig Jahre jünger als ihr Mann und höchstwahrscheinlich auch mit ihm verwandt als seine Nichte. Ihr Sohn Adolf, am 20. April 1889 in Braunau an der deutsch-österreichischen Grenze geboren, war das vierte Kind des Paars. Bevor er zur Welt kam, waren drei ältere Geschwister kurz hintereinander gestorben.

*20. April 1889 Geburt in Braunau*

Die wirtschaftlichen Verhältnisse im Elternhaus waren geordnet. Alois Hitler verdiente als Zollbeamter recht ordentlich. Auch war er durch eine Erbschaft zu einer schönen Summe Geldes gekommen. 1892 wurde Alois zum Zollamtsoberoffizial befördert und zog nach Passau um. Diese Stadt bildete damals die Grenze zwischen dem Deutschen Reich und dem Kaiserreich Österreich. Es war üblich, dass Zollbeamte auf beiden Seiten der Grenze Dienst taten, in diesem Fall Alois Hitler auf der deutschen Seite.

1894 wurde ein weiterer Sohn geboren, Edmund. Im selben

LINKS **Alois Hitler, geb. Schicklgruber, in der Uniform eines Zollbeamten, Fotografie aus den 1880er Jahren.** RECHTS **Klara Hitler, undatierte Fotografie**

Jahr wurde Alois Hitler in die oberösterreichische Stadt Linz an der Donau versetzt. Die Familie blieb zunächst noch in Passau wohnen und folgte ein Jahr später nach. 1896 kam ein weiteres Kind auf die Welt, Hitlers Schwester Paula. Die Familie Hitler zog mehrmals um. 1898 kam sie schließlich in das Dorf Leonding bei Linz.

Alois Hitler war ein unangenehmer Zeitgenosse. Er rauchte stark, verbrachte seine Zeit lieber im Wirtshaus als in der kinderreichen Familie und widmete sich im Übrigen seinem Hobby, der Bienenzucht. Der Zollamtsoberoffizial neigte zu Wutausbrüchen. Er schlug seine Söhne und möglicherweise auch seine junge Frau. Oft war er betrunken. Hitler hat seinen Vater gefürchtet, wie er viel später zugab.

Seit 1895 war Alois im Ruhestand. Da er nicht mehr zum Dienst musste, hatte er viel Zeit für die »Erziehung« seiner Kinder. Alois junior nahm mit vierzehn Jahren Reißaus vor dem gewalttätigen Vater und kehrte nie wieder in sein Elternhaus zurück. Kurz darauf, im Jahr 1900, starb Edmund Hitler an den Masern. Adolf war nun der einzige männliche Nachkomme im Leondinger Haushalt. Er war elf Jahre alt.

**1898 Umzug der Familie nach Leonding bei Linz**

**1925/26**
**»Mein Kampf«**

Diktatoren und solche, die es werden wollen, machen um ihre Herkunft gern ein Geheimnis. Es verträgt sich nicht mit ihrem Anspruch auf Alleinherrschaft, wenn das Vorleben Schattenseiten hat. Adolf Hitler wollte der Einzige sein, der über seine Lebensgeschichte verbindlich Auskunft geben konnte. Hierzu nutzte er sein Buch *Mein Kampf*, das 1925/26 erschien. Es war halb Autobiographie, halb Darstellung der »Weltanschauung«, also der Ideologie, die der Politiker Adolf Hitler vertrat. Was Hitler in dem autobiographischen Teil des Buchs über sein Leben erzählte, war eine schwer entwirrbare Mischung von Wahrheiten, Halbwahrheiten und glatten Lügen.

Kein Wunder, dass politische Gegner Hitlers Herkunft nachspürten, als er ein erfolgreicher Politiker geworden war. Denn es war nur zu offensichtlich, dass Hitler etwas zu verbergen hatte. Im Februar 1932 kam der Wiener Journalist Hans Bekessi mit der groß aufgemachten Pressemeldung heraus: »Hitler heißt Schücklgruber!« Hitler, so deutete Bekessi an, habe seine Herkunft verschleiert.

Tatsächlich hatte Hitlers Vater, der unehelich zur Welt gekommen war, 1876 seinen Nachnamen »Schicklgruber« in »Hitler« ändern lassen. Denn ein Vorfahr von ihm, der anscheinend sein leiblicher Vater war, wollte Alois zu seinem Erben einsetzen und verlangte, dass er seinen Nachnamen trug.

Ob Adolf Hitler von dieser Namensänderung und ihren Gründen überhaupt etwas wusste, ist zweifelhaft. Jedenfalls hätte er ohne sie wohl kaum zum »Führer« werden können: »Heil Schicklgruber« hätte nicht besonders gut geklungen, »Heil Hitler« dagegen ging leicht über die Lippen.

Noch aufregender allerdings war Bekessis Behauptung, Hitlers Vorfahren seien Juden gewesen. Dies sei sogar amtlich bestätigt worden. Die Meldung machte Sensation: Der fanatische Judenhasser Hitler ein Jude! Nach Kriegsende verbreitete auch Hitlers früherer Rechtsanwalt Dr. Hans Frank, dass Hitlers Großvater ein Jude gewesen sei.

Als Frank diese Geschichte erfand, sah er seiner Hinrichtung entgegen. Er war Hitlers Statthalter im besetzten Polen gewesen und hatte Hunderttausende Polen und Juden ermorden lassen. Im Nürnberger Prozess war er wegen dieser Verbrechen zum Tode verurteilt worden. Frank war noch immer Antisemit. Er schob Hitlers Herkunft »den Juden« unter. Hitler hatte keine jüdischen Vorfahren. Dennoch ging die Legende in die Hitler-Literatur ein und hielt sich dort noch lange.

## Prägung und Versagen

Was aus einem Menschen wird, ist zu erheblichen Teilen das Ergebnis der Kindheitsjahre. Man kann sich kaum vorstellen, dass Hitler eine glückliche Kindheit verbrachte. Zwischen seinen Eltern bestand ein mehr als zwanzigjähriger Altersunterschied. Alois Hitler behandelte seine Frau wie ein unmündiges Kind. Innerlich nahm Adolf zweifellos für seine Mutter Partei, konnte ihr aber gegen den Vater nicht beistehen. Wenn Hitler in seinem Leben irgendeinen Menschen wirklich geliebt hat, war es seine Mutter. Ihr Bildnis hing noch in seiner Zeit als Reichskanzler über seinem Bett.

Die häufigen Umzüge brachten Unruhe in Adolf Hitlers Kinderjahre. Er war zu jung, um wie sein Halbbruder Alois die Flucht vor dem Vater zu ergreifen. Nachdem Alois weggegangen und Edmund gestorben war, konzentrierte sich die väterliche Autorität allein auf Adolf, der aber bockig und trotzig reagierte. Umso mehr setzte es Schläge des Vaters. Er wollte den Widerstand seines früh pubertierenden Sohnes brechen. Hitler erhielt täglich Prügel. Einmal schlug Alois Hitler seinen Sohn bewusstlos. Wer oft wehrlos geschlagen wird, trägt eine tiefe Demütigung, Groll und Hass in sich.

Zu seinen Schwestern konnte Hitler kein liebevolles Verhältnis aufbauen. Sie wurden nicht geschlagen, er schon. Klara Hitler versuchte ihren Sohn mehr oder weniger erfolglos gegen ihren Ehemann in Schutz zu nehmen. Später, als Alois Hitler tot war, verzärtelte sie Adolf, sehr zu seinem Schaden. Hitler war unfähig, anderen mit Respekt und Achtung zu begegnen und tiefere Bindungen einzugehen. Seine Unreife verstärkte sich im Laufe der Pubertät.

Wenn nicht alles täuscht, hat er von seinem Vater mehr Charakterzüge übernommen als von seiner überfürsorglichen Mutter. Das mag mit dazu beigetragen haben, dass er sich selbst nicht achten konnte. Es liegt nahe, dass Hitler seine Mitmenschen verachtete, weil er aus Liebe zur Mutter das väterliche Erbe in sich selbst ablehnte.

Hitler konnte leidenschaftlich hassen. Lieben konnte er nicht. Sogar seinen Hunden, die er als Erwachsener stets um sich hatte, war er mehr zugetan als Menschen. Zugleich suchte er beständig nach Zuneigung und Zugehörigkeit. Er konnte nicht mit sich allein sein und brauchte daher eine Art Ersatzfamilie um sich. Von dieser verlangte er unbedingte Unterordnung und Gehorsam, auch von den wenigen »Freunden«, die er im Laufe seines Lebens hatte.

»Kein angenehmer Charakter« lautet das treffende Urteil, das ein Biograph über Adolf Hitler fällte. Hitler war zweifellos seelisch gestört. Er sah sich und nur sich im Mittelpunkt alles Geschehens. Leider traf er im Laufe seines politischen Lebens auf kritiklose Bewunderer, die ihn in dieser maßlosen Selbstbezogenheit bestärkten. Als er *Mein Kampf* schrieb, glaubte Hitler allen Ernstes, er allein sei dazu berufen, das Weltgeschehen zu verändern. Alle Erfolge, die er seitdem erzielte, verstärkten nur seinen früh angelegten Größenwahn.

*1895 Einschulung*

Adolf wurde im Mai 1895 eingeschult. Ein vier Jahre später aufgenommenes Klassenfoto zeigt den Zehnjährigen. Er sieht hochnäsig in die Kamera, die Arme hat er vor der Brust verschränkt. Hitler war ein guter Volksschüler. Trotz des unsteten Lebens, das sein Vater ihm und seiner Familie aufzwang, trotz mehrfachen Schulwechsels, gab es keinen Grund zur Klage.

In der Benediktinerabtei von Lambach, einem bekannten Kloster, sang Hitler im Kirchenchor. Eine Zeitlang wollte er Priester werden, obwohl er mit dem tieferen Sinn der Messfeier gar nichts anfangen konnte und nicht an Gott glaubte. Aber er lernte aus dem, was er in der Kirche sah: Bei den späteren Massenveranstaltungen seiner Partei gab es Weihen, Licht und Dunkel, und es war von Tod und Auferstehung der deutschen Nation die Rede. Wenn er die Juden unbarmherzig verfolgte, behauptete Hitler, so handle er im Namen »des Herrn«.

Als Leondinger Volksschüler spielte Hitler mit Schulkameraden gern und oft Indianer und Krieg, wobei er stets der Anführer sein wollte. Mit einem Luftgewehr jagte er Ratten auf dem elterlichen Grundstück, das an den Leondinger Friedhof angrenzte. Er begeisterte sich, wie die meisten Jungen seiner Zeit, für die Abenteuer- und Indianerromane Karl Mays.

Mit der Politik kam er erstmals durch einen Bildband über den Deutsch-Französischen Krieg von 1870/71 in Berührung, den Deutschland gewonnen hatte. Ob die Lektüre der Kriegsdarstellung tiefere Spuren in Hitler hinterlassen hat, wissen wir nicht. Es fällt aber auf, dass er sehr viel mehr für Deutschland als für seine österreichische Heimat übrighatte. Dagegen stand Hitlers Vater als Staatsbeamter selbstverständlich treu zum österreichischen Kaiser Franz Joseph I.

Ab September 1900 war Hitler Schüler einer Linzer Realschule. Seine Leistungen blieben von Anfang an hinter den Erwartungen zurück. Er war zwar intelligent und verfügte über ein ausgezeichnetes Gedächtnis, aber zugleich war er faul und unzuverlässig. Bereits in der fünften Klasse blieb er wegen ungenügender Leistungen sitzen. Die Schulfächer interessierten ihn nicht; seine Lehrer hasste er. Die große Ausnahme war der Geschichtsunterricht bei Dr. Pötsch, der Hitler und seine Mitschüler durch mitreißende Erzählungen über die deutsche Geschichte für sich einnahm.

*1900 Hitler Realschüler*

Sein damaliger Klassenlehrer hat rückblickend ein aufschlussreiches Porträt des Realschülers Hitler verfasst. Dünn und bleich sei er gewesen, »widerborstig, eigenmächtig, rechthaberisch und jähzornig«; in der Klasse habe er eine »Führerrolle« für sich beansprucht und sei den Mahnungen seiner Lehrer mit Trotz und Widerwillen begegnet.

Im Januar 1903 brach Alois Hitler über einem morgendlichen Glas Wein im Wirtshaus zusammen und starb. Der dreizehnjährige Adolf weinte seinem Vater keine Träne nach. Väterliche Ermahnungen und Misshandlungen brauchte er nicht mehr zu befürchten. Seine schulischen Leistungen sanken trotzdem weiter ab. In das nächste Schuljahr wurde er nur mit Ach und Krach versetzt, nach einer Nachprüfung in Mathematik. Im folgenden Schuljahr ließen ihn die Lehrer die Nachprüfung in Französisch bestehen, weil seine Mutter versprochen hatte, ihn anschließend von der Schule zu nehmen.

*1903 Tod des Vaters*

Klara Hitler schickte ihren Sohn nunmehr auf eine Realschule in Steyr, das achtzig Kilometer entfernt lag. Adolf wohnte dort bei

**1905**
**Ende der Schulzeit**

einer Familie, der seine Mutter Miete und Geld für das Essen zahlte. Im September 1905 verließ Hitler die Realschule mit einem schwachen Abschluss. Aus dieser Zeit ist die Porträtzeichnung eines Mitschülers überliefert. Hitler war damals sechzehn Jahre alt.

Hitler hatte den Wunsch, Kunstmaler zu werden, denn er konnte sehr gut zeichnen. In *Mein Kampf* deutete er an, er habe sich in der Zeit nach seinem Schulabgang ernsthaft auf die Aufnahmeprüfung an der Wiener Akademie der Künste vorbereitet. In Wirklichkeit wurde er bodenlos faul. Er lebte in den Tag hinein und wurde verwöhnt. Seine Mutter verhätschelte ihn. Inzwischen wohnten er, seine Mutter, seine Schwester Paula und die »Hanitante« in einer Wohnung in Linz. Die Stiefschwester Angela war schon verheiratet und hatte den Haushalt verlassen.

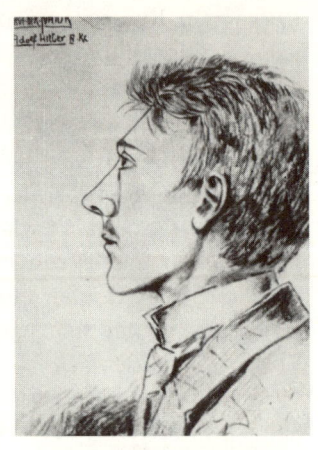

Hitler als sechzehnjähriger Realschüler, Porträtzeichnung eines Mitschülers, 1905

Hitler verbrachte in Linz die »glücklichsten Tage« seines Lebens, wie er später schrieb. Kein Wunder: Es fehlte ihm an nichts. Klara Hitler, die von ihrer Witwenrente gut leben konnte, schaffte sogar einen Flügel an, auf dem ihr Sohn einige Monate lang Klavierunterricht erhielt. Dann interessierte ihn auch das nicht mehr. Er blieb bis spät in die Nacht wach, lesend, zeichnend, von einer unbestimmten großen Zukunft träumend. Er schlief lange und stand erst am späten Vormittag auf. Diese Angewohnheiten bestimmten seinen Tagesablauf mehr oder weniger bis zu seinem Lebensende.

Am meisten Freude machte ihm der Besuch der Linzer Oper. Dort war Hitler seit 1905 ein häufiger Gast. Er kleidete sich wie ein junger Herr aus gutem Hause, hatte sich einen dünnen Schnurrbart stehen lassen und trug beim Opernbesuch einen dunklen Mantel und dunklen Hut, dazu einen schwarzen Stock mit Elfenbeinknauf.

In der Oper lernte er zufällig August Kubizek kennen, den etwas älteren Sohn eines Linzer Handwerkers, und freundete sich mit ihm an. Kubizek wollte Berufsmusiker werden. Hitler war in jeder Hinsicht der aktive, Kubizek der passive Teil dieser Freundschaftsbeziehung. August ertrug bereitwillig Adolfs uferlose Monologe. Er gab seinem Freund stets recht und teilte dessen Tag- und Zukunftsträume.

Diese Träume hatten inzwischen in Richard Wagner ihr Vorbild gefunden. Der 1883 gestorbene Wagner war ein deutscher Komponist, der um die Jahrhundertwende als Schöpfer großer Opern verehrt wurde, aber auch als eine Art Genie und Heldengestalt. Das war ein Mann nach Hitlers Geschmack. Kubizek hat später berichtet, dass sein Freund Wagners Musik wie eine religiöse Botschaft aufgenommen habe, völlig hingerissen. Besonders die Oper »Lohengrin« tat es Hitler an. Die späteren Reichsparteitage der NSDAP glichen Wagner-Opern.

Hitler war sexuell unreif. Ob er jemals mit einer Frau geschlafen hat, ist nicht sicher. In Linz verehrte er aus der Ferne eine junge Dame namens Stefanie. Begegnungen mit dem weiblichen Geschlecht ging er aber aus dem Weg. Hitlers Haltung den Frauen gegenüber war gleichzeitig ängstlich, überheblich und verächtlich. Frauen mussten für ihn hübsch, dumm und nachgiebig sein.

Spätere Autoren haben Hitlers eigentümlich enthaltsame Lebensführung als versteckte Homosexualität gedeutet. Er war mit praktizierenden Homosexuellen wie dem SA-Führer Ernst Röhm befreundet. Hitler nahm deren gleichgeschlechtliche Neigungen hin, obwohl homosexuelle Handlungen damals strafbar waren. Beweise für einen homosexuellen Hitler gibt es jedoch nicht. Behauptungen eines ehemaligen Kriegskameraden aus dem Ersten Weltkrieg, Hitler habe Beziehungen zu Männern gehabt, sind nicht verlässlich, denn dieser Mann war ein verurteilter Betrüger. Einige der Rechtsradikalen, deren Ideen Hitler in seiner Wiener Zeit aufnahm, schrieben, dass ein »germanischer« Führer sexuell enthaltsam sein und auf Tabak und Alkohol verzichten sollte. Tatsächlich rauchte und trank Hitler nicht. Die Opernhelden des verehrten Wagner, Lohengrin und Parsifal, sind enthaltsame Erlöser. Am wahrscheinlichsten ist, dass Hitler ganz einfach kein Interesse an sexuellen Handlungen hatte und Lust nur dann empfand, wenn er die Massen verzaubern konnte. In *Mein Kampf* vergleich er diese Massen bezeichnenderweise mit einem »Weib«.

1905
Freundschaft mit August Kubizek

Ab 1905
Begegnung mit der Kunst Richard Wagners

# Abstieg

## Moderne Zeiten

Hitler wurde politisch in der österreichischen Hauptstadt Wien geprägt. Sein Denken war das der Jahrhundertwende. Dies war eine Zeit, als die bürgerliche Gesellschaft überall in Europa in eine tiefe Krise geriet. Im letzten Jahrzehnt vor der Jahrhundertwende hatte weltweit ein enormes Wirtschaftswachstum begonnen, das bis zum Ersten Weltkrieg anhielt. Innerhalb nur einer Generation wurde Deutschland von einem weitgehend landwirtschaftlichen Staat zu einem modernen Industriestaat.

Durch Fortschritte von Naturwissenschaften und Technik entstanden die Elektro- und die Chemieindustrie. Das elektrische Licht hielt Einzug im Leben der Menschen, zuerst in den großen Städten, zunehmend auch auf dem flachen Land. In den Vereinigten Staaten wurde das Automobil zum Symbol der neuen Zeit, in Deutschland immerhin das Fahrrad. Auch die Medizin machte große Fortschritte, so dass viele Krankheiten wie die Tuberkulose bald ihren Schrecken verloren. Aufgrund der besseren Lebensumstände und geringeren Sterblichkeit durch Krankheiten stieg die Bevölkerungszahl an.

Vor allem die Städte wuchsen dadurch enorm. Sie wurden für viele Menschen aus den ländlichen Gebieten zu Anziehungspunkten, da sich hier die großen Industriewerke und Arbeitsplätze befanden. Auch versprachen die Großstädte größere Entfaltungsmöglichkeiten für den Einzelnen. Berlin beispielsweise verdoppelte seine Einwohnerzahl im Zeitraum von etwa 1890 bis 1913 auf zwei Millionen Menschen. Die Abstände zwischen Reich und Arm vergrößerten sich. Im Vergleich zu einigen superreichen Industriellen, die wie Fürsten lebten, hatten die meisten Angehörigen des Bürgertums wenig Geld, und es gab eine riesige Zahl armer Menschen in Stadt und Land. An den Rändern der Großstädte entstanden regelrechte Slums, in denen die Menschen auf engstem Raum zusammenleben mussten.

Andererseits schossen Warenhäuser nach amerikanischem Vorbild aus dem Boden, regelrechte Konsumtempel. Kinos fanden ein Massenpublikum. Elektrische Straßen- und Untergrundbahnen nahmen ihren Verkehr auf. Für die vielen Zuwanderer waren die hell erleuchteten, verkehrsreichen Städte eine beeindruckende, oft auch überwältigende Erfahrung. Sie fühlten sich regelrecht in die Zukunft katapultiert.

Wegen dieser gesellschaftlichen Veränderungen verloren herkömmliche Lebensweisen an Bedeutung. Zwar blieb auf dem Land die überkommene Ordnung teilweise noch lange erhalten, aber die Religion, die Sexualmoral und die Rollenverteilung in den Familien wurden in Frage gestellt. Der schnelllebige großstädtische Lebensstil wurde von vielen Menschen begrüßt und gefeiert, von anderen abgelehnt.

Das Bürgertum war mit sich selbst uneinig. Einerseits war der rasche Sprung in die moderne Gesellschaft eine Errungenschaft, mit der man sich stolz als führende Schicht feierte. Andererseits wuchsen Zweifel an der Geschwindigkeit und dem Ergebnis der Umwälzungen. Man versuchte, am Bestehenden festzuhalten. Daher war die Baukunst des ausgehenden 19. Jahrhunderts rückwärtsgewandt, auch und gerade in den Großstädten.

Viele deutsche Intellektuelle und Künstler kritisierten Industrie, Städte und Massengesellschaft, weil sie angeblich dem deutschen Wesen widersprachen. Man übte scharfe Kritik an »Reklame«, Prostitution und Homosexualität. Das Gegenbild war das des reinen Künstlers, der die Welt von ihrem Leiden erlösen sollte. Der Kult um Richard Wagner hatte hierin seinen Grund. Er war Ausdruck tiefer Verunsicherung.

Auch veränderte sich der Stellenwert der politischen Redekunst. Früher waren Reden dem Parlament vorbehalten, wo die herrschenden Schichten unter sich blieben. Jetzt konnten Politiker breite Bevölkerungskreise ansprechen und dadurch ihre Wahlchancen erhöhen. Moderne Ideologien gaben radikale Antworten auf die beginnende Krise der bürgerlichen Gesellschaft. Diese Ideologien deuteten die Welt in einfachen Formeln, übernahmen also Aufgaben, die zuvor die Religion erfüllt hatte.

Die Sozialisten deuteten die bestehende Gesellschaftsordnung als Ergebnis von Klassenkämpfen zwischen Ausbeutern und Ausgebeuteten. Unter Berufung auf Karl Marx und Friedrich Engels glaubten sie daran, dass diese Klassenkämpfe zu einer Revolution und zum Sieg des Sozialismus überall auf der Erde führen würden.

Die Lage der Arbeiterschaft verbesserte sich allerdings am Ausgang des 19. Jahrhunderts. Die deutschen Sozialdemokraten waren zunehmend bereit, mit dem Staat zusammenzuarbeiten, um die Gesellschaft durch allmähliche Verbesserungen zu verändern. Die SPD erzielte bei den Reichstagswahlen immer größere Erfolge und wurde 1912 mit rund fünfunddreißig Prozent die stärkste politische Partei. Alles deutete darauf hin, dass das 1871 gegründete deutsche Kaiserreich bald eine bessere, freiheitlichere Verfassung erhalten würde.

Aber auch der Druck der Reichsregierung und ihrer politischen Gegner nahm zu. Daher entstand seit der Jahrhundertwende ein radikaler, linker Flügel der SPD. Er forderte, dass die Arbeiterschaft nach einer sozialistischen Revolution allein herrschen sollte. Diese marxistische Ideologie fiel vor allem in Russland auf fruchtbaren Boden, wo die Geheimpolizei die Sozialisten gnadenlos verfolgte.

Anders als in Deutschland gab es im russischen Zarenreich wenig Grund zu der Hoffnung, dass Reformen etwas bewirken könnten. Die russischen Sozialdemokraten waren radikaler als ihre deutschen Genossen, weil Russland wirtschaftlich und politisch rückständig war. In den Augen der SPD war Russland der Inbegriff von Willkürherrschaft und Unterdrückung.

Wladimir Iljitsch Uljanow, genannt Lenin, war seit 1903 Führer des linken Flügels der russischen Sozialdemokraten. Zwei Jahre später, nach einer verheerenden Niederlage des Zarenreiches gegen Japan, kam es zu einer Revolution in Russland. Bereits damals forderte Lenin die »Diktatur des Proletariats«. Lenins »Bolschewiki« spalteten sich 1912 von der Russischen Sozialdemokratischen Partei ab. Daraus ging am Ende des Ersten Weltkriegs die erste kommunistische Partei Europas hervor.

Massenwirksamer als der Sozialismus war der Nationalismus. In Deutschland war der Nationalismus gegen die Fürsten gerichtet gewesen, die eine Vereinigung der vielen deutschen Einzelstaaten zu einem demokratischen Bundesstaat verhindern wollten. Die Revolution von 1848 scheiterte. Das deutsche Kaiserreich war das Ergebnis riskanter Kriege, die der preußische Ministerpräsident Otto von Bismarck vom Zaun gebrochen hatte. 1866 unterlag Österreich in einem »Bruderkrieg«, der um die Vorherrschaft im künftigen deutschen Nationalstaat geführt wurde. 1870 siegten preußische und süddeutsche Truppen in einem von Bismarck provozierten Krieg gegen Frankreich.

Nach der Gründung des Kaiserreichs im Januar 1871 richtete sich der Nationalismus gegen vermeintliche »Reichsfeinde« im Inneren, zunächst vor allem gegen Sozialisten und Katholiken. Die Nationalisten behaupteten, dass das Kaiserreich der Abschluss einer lang andauernden geschichtlichen Entwicklung sei, die in grauer Vorzeit begonnen habe. Im gebildeten Bürgertum, das für solche Botschaften besonders empfänglich war, waren nordische Sagen und Erzählungen über das Mittelalter besonders beliebt. Nicht zufällig vertonte Richard Wagner solche Stoffe und versuchte, Musik und Bühnenkunst zu einem »Gesamtkunstwerk« zu verschmelzen.

Auch nach außen hin wurde der reichsdeutsche Nationalismus aggressiver. Im anwachsenden rechtsradikalen Lager wurde jetzt nicht mehr nur gefordert, die »Nation« nach innen zusammenzuschließen, sondern auch, alle Angehörigen des »Volkes« innerhalb und außerhalb der deutschen Grenzen einzubeziehen. Hierzu zählte man auch die deutschsprachigen Österreicher. »Volk« wurde als »rassische« Abstammungsgemeinschaft verstanden.

Diese »völkische« Botschaft richtete sich zugleich gegen die Juden, die als Urheber aller modernen Übel gebrandmarkt wurden. Die kleine jüdische Minderheit war besonders aufstiegsorientiert und nutzte weitaus stärker als die christliche Mehrheit die Chancen, die das hervorragende Bildungswesen jener Zeit bot. Im Bankwesen, im Handel, im Pressewesen und in den freien Berufen (Ärzte, Rechtsanwälte usw.) waren sie überrepräsentiert. In den Juden fand die Kritik an der Moderne einen willkommenen Sündenbock. Der Antisemitismus wurde zur Massenbewegung.

Christliche Judenfeindschaft gab es seit dem Mittelalter. Neu war die Behauptung der radikalen Antisemiten, die Juden seien eine »Rasse« mit unveränderlich schlechten Eigenschaften, ob sie nun der jüdischen Religionsgemeinschaft angehörten oder nicht. Der Philosoph und Universitätsprofessor Paul de Lagarde verglich schon 1887 die Juden mit »Bazillen«, die vernichtet werden müssten. Diese Entmenschlichung der jüdischen Minderheit hing mit dem Aufstieg der Naturwissenschaften eng zusammen.

Folgenreich war in diesem Zusammenhang die Entdeckung des englischen Naturforschers Charles Darwin, dass die Entstehung der Arten auf der erfolgreichen Anpassung an die Umwelt beruhte. Nur die am besten angepassten Arten überlebten den Kampf ums Dasein. Diese Lehre wurde seit Ausgang des 19. Jahrhunderts auf die menschliche Gesellschaft übertragen. Aber statt vom Überleben der am besten Angepassten war nun vom Überleben der Stärksten die Rede.

Leider, so schrieben die Anhänger der neuen Rassentheorien, sorgte die moderne Gesellschaft durch bessere Verpflegung, Gesundheits- und Sozialfürsorge dafür, dass dieses Lebensgesetz außer Kraft gesetzt wurde. Nicht die Stärksten, sondern die Schwächsten überlebten, behaupteten sie. Folglich müsse der Staat dafür sorgen, dass die »natürliche Selektion« wieder zu ihrem Recht kam und »Minderwertige« ausgeschaltet wurden. Nur durch die Beseitigung von »Schwachsinnigen«, »Asozialen« und anderen Missliebigen, selbstverständlich auch durch die Ausgrenzung von Juden, könne die »germanische Rasse« ihre guten Eigenschaften behalten und im Daseinskampf bestehen.

Solche Lehren verbanden sich oft mit der Forderung nach der Gewinnung von »Lebensraum« für die Deutschen im Osten Europas oder in Übersee. Der deutsche Reichskanzler Bismarck hatte durch ein kompliziertes Bündnissystem Frankreich isoliert, zugleich aber verdeutlicht, dass Deutschland keine weiteren Gebietsansprüche stellte. 1890 wurde Bismarck vom jungen Kaiser Wilhelm II. entlassen. Dieser Kaiser wollte selbst herrschen und sich von dem übermächtigen Kanzler nicht hineinreden lassen.

Unter Wilhelm II. beanspruchte das Deutsche Reich eine Weltmachtstellung. Es forderte Kolonien in Afrika und Asien. Beflügelt vom technischen Fortschritt, begann nun eine Zeit der militärischen Hochrüstung und der zunehmenden Kriegsgefahr. Eine große Kriegsflotte wurde aufgebaut, um gegen die größte Kolonialmacht England bestehen zu können. Die Spannungen mit England und Frankreich nahmen zu. Am Vorabend des Ersten Weltkrieges waren Frankreich, England und Russland verbündet. Deutschland unterhielt ein Bündnis mit Österreich und Italien.

Die beschriebenen Entwicklungen beschränkten sich nicht auf Deutschland. In manchen europäischen Staaten waren radikaler Nationalismus und Rassenantisemitismus sogar noch stärker ausgeprägt als in Deutschland – so etwa in Österreich. Wien war die am schnellsten wachsende Stadt Europas. 1850 wurden dort noch fünfhunderttausend Einwohner gezählt. 1910 waren es bereits viermal so viele. Jeder zweite Wiener war ein Zuwanderer. Auch der jüdische Bevölkerungsanteil stieg deutlich an. Während es 1857 nur rund dreitausend Einwohner jüdischen Glaubens gab, waren es 1910 rund hundertfünfundsiebzigtausend, knapp neun Prozent der dortigen Stadtbevölkerung.

Die Juden kamen zum Teil aus den Ländern des Kaiserreiches (Ungarn, Böhmen, Mähren, Galizien), zum Teil aber auch aus Russland, wo gewalttätige Ausschreitungen, Pogrome, die Juden seit Anfang der achtziger Jahre immer wieder trafen. Die meist armen osteuropäischen Juden waren nicht an die Einheimischen angepasst. Ihre Vorfahren waren im Mittelalter aus Deutschland eingewandert: Sie waren vor Pogromen christlicher Kreuzfahrer geflüchtet, die auf ihrem Weg nach Jerusalem die jüdischen Gemeinden Deutschlands überfallen hatten. Viele osteuropäische Juden sprachen untereinander das aus dem Mittelhochdeutschen stammende Jiddisch, trugen dunkle Anzüge und Hüte und waren als Minderheit deutlich erkennbar. Sie verdienten sich ihren Lebensunterhalt als Kleinhändler.

Da die österreichische Arbeiterschaft politisch rechtlos war, wuchs ihre Interessenvertretung, die Sozialdemokratie, stark an. Anders als in Deutschland war der Aufstieg der Arbeiterbewegung zur Massenbewegung eng mit der Nationalitätenfrage verbunden. Denn das Kaiserreich Österreich-Ungarn war ein Vielvölkerstaat, das heißt, es wohnten Nationalitäten mit verschiedenen Sprachen und unterschiedlichen geschichtlichen Entwicklungen innerhalb seiner Grenzen. In der Donaumonarchie wurde Ungarisch, Polnisch, Tschechisch, Kroatisch, Slowakisch, Serbisch, Slowenisch, Rumänisch, Ukrainisch und Italienisch gesprochen.

Zu der Zeit, als Adolf Hitler aufwuchs, rumorte es im Land; die Monarchie drohte zu zerfallen. Denn jede der verschiedenen Nationalitäten forderte einen eigenen Nationalstaat. Nicht nur die Slawen drängten aus dem Reich heraus, sondern auch Teile der deutschsprachigen Österreicher. Sie fürchteten, den zahlenmäßig überlegenen Slawen auf die Dauer zu unterliegen.

Österreichische Völkische, »Alldeutsche« genannt, verlangten den Anschluss Deutschösterreichs an das Deutsche Reich. Auf diese Weise sollte die 1848 versäumte Chance, ein »Großdeutschland« zu gründen, letztlich doch verwirklicht werden. Die Alldeutschen verurteilten die Sozialdemokraten als Marxisten und behaupteten, die Partei sei von Juden beherrscht. Sie waren glühende Anhänger Bismarcks, viele von ihnen auch Verehrer Richard Wagners. Die Alldeutschen glaubten wie ihre deutschen Gesinnungsgenossen an »Rasse« und »Blut« und behaupteten, alle Menschen »deutschen Blutes« müssten in einem gemeinsamen Staat zusammenleben. Nur durch den Anschluss könne das österreichische Deutschtum vor der Flut der Slawen gerettet werden.

Der österreichische Deutschnationalismus vertrat in erster Linie das Bürgertum. Je weiter rechts die Deutschnationalen standen, desto mehr zielten sie aber auch auf die Masse der sprichwörtlichen kleinen Leute: auf Handwerker und Gewerbetreibende, Ladenbesitzer und Gastwirte, kleine Beamte oder Angestellte. Viele dieser Menschen waren verunsichert durch die moderne Welt und hatten Angst vor dem Verlust ihrer wirtschaftlichen Existenz und vor der Zuwanderung. Fremdenangst und Fremdenhass sind bis heute drängende Probleme einer kleiner werdenden Welt.

## Wien

Adolf Hitler war einer von vielen Hunderttausenden jungen Männern, die von der Aussicht auf Freiheit und Erfolg nach Wien gelockt wurden. Er war also Teil der Moderne mit ihren riesigen Wanderungsbewegungen. Bald begann er die Moderne zu hassen. Denn Hitler verfehlte seine hochgesteckten Ziele und suchte nach Sündenböcken, die er für sein persönliches Versagen verantwortlich machen konnte.

Im Mai 1906 finanzierte Hitlers Mutter ihrem Sohn einen ersten zweiwöchigen Aufenthalt in Wien. Angeblich wollte der Siebzehnjährige die großen Gemäldegalerien besuchen, um sich auf seinen Künstlerberuf vorzubereiten. In Wirklichkeit lief er rund zwei Wochen ziellos durch die Stadt, die ihn fasziniert und zugleich erschreckt haben dürfte. In der Hofoper sah sich Hitler Aufführungen von Wagners Werken unter der Regie des Komponisten Gustav Mahler an, die ihn fesselten. Besonders beeindruckt war er von der Ringstraße, die im letzten Drittel des 19. Jahrhunderts an die Stelle der mittelalterlichen Stadtmauer getreten war. Die prächtigen Gebäude rund um den Stadtkern waren durchweg im rückwärtsgewandten, »historistischen« Stil gebaut. Seit der Jahrhundertwende verkehrte eine elektrische Straßenbahn, und die Ringstraße wurde elektrisch beleuchtet. Der Ring war moderne Stadtentwicklung in vormoderner Einkleidung.

Im Sommer 1907 machte sich Hitler erneut nach Wien auf, um die Aufnahmeprüfung an der Akademie der Künste abzulegen. Seine Mutter war inzwischen an Brustkrebs erkrankt. Doch ließ sie ihren Sohn ziehen. Klara Hitler versprach sich von einem ernsthaften Versuch, Künstler zu werden, mehr als von Adolfs zielloser Bummelei. Die »Hanitante« lieh ihrem Neffen eine beträchtliche Geldsumme, praktisch ein Geldgeschenk, das dem Jahreseinkommen eines jungen Lehrers entsprach. So ausgestattet, konnte Hitler in der Hauptstadt ein zwar nicht üppiges, aber doch auskömmliches Leben führen, ohne für seinen Lebensunterhalt arbeiten zu müssen.

**1907 Umzug nach Wien**

Er mietete ein kleines Zimmer bei einer tschechischen Vermieterin in der Nähe des Westbahnhofs. Es lag im Stadtbezirk Mariahilf, einem dicht besiedelten Zuwandererviertel. Hitler mietete diese Bleibe, obwohl er die Aufnahmeprüfung an der Kunstakademie noch gar nicht bestanden hatte. Er rechnete fest mit seinem Erfolg. Mit einem Stoß Zeichnungen war er in die Hauptstadt gereist, denn die Kunstakademie führte ein zweistufiges Verfahren durch: Erst wenn der Bewerber Arbeiten vorgelegt hatte, die seine Begabung unter Beweis stellten, wurde er zur eigentlichen Prüfung zugelassen. Hitler durfte teilnehmen und Probezeichnungen unter Aufsicht anfertigen. Die Prüfung fand am 2. Oktober 1907 statt. Zwei Drittel der Kandidaten fielen durch. Unter ihnen war Adolf Hitler.

**Okt. 1907 Ablehnung durch die Kunstakademie**

Ganze Romane wurden über die Frage geschrieben, was geschehen wäre, wenn Hitler die Prüfung bestanden hätte. Wie auch immer: Hitler war so von sich überzeugt gewesen, dass er nicht mit einer Ablehnung gerechnet hatte. Er war am Boden zerstört. Bezeichnenderweise verschwieg er sowohl seiner Mutter als auch Freund Kubizek, dass er an der Akademie durchgefallen war.

27 | Abstieg

**Dez. 1907**
**Tod der Mutter**

Klara Hitlers Gesundheitszustand hatte sich inzwischen so stark verschlechtert, dass Hitler kurz darauf nach Linz zurückkehrte, um ihr beizustehen. Der jüdische Hausarzt Dr. Bloch teilte ihm mit, dass seine Mutter den Krebs nicht überleben werde. Hitler kümmerte sich in den folgenden Wochen liebevoll um die Kranke. Klara Hitler starb mit siebenundvierzig Jahren, kurz vor Weihnachten 1907, und wurde neben ihrem Mann in Leonding beigesetzt. Dr. Bloch bezeugt, dass Hitler vom Tod seiner Mutter tief getroffen war. In *Mein Kampf* schrieb Hitler, der Verlust sei für ihn »entsetzlich« gewesen. Es gibt keinen Grund, hieran zu zweifeln.

Hitler blieb noch eine Weile in Linz. In *Mein Kampf* behauptete er hingegen, er sei sofort nach dem Tod seiner Mutter nach Wien zurückgekehrt, um Architekt zu werden. Da er infolge hoher Arzt- und Begräbniskosten keine Geldmittel mehr gehabt habe, sei er gezwungen gewesen, sich sein Brot »selber zu verdienen«. Tatsächlich war Hitler nicht so arm, wie er hier schrieb. Hitler und seine Schwester Paula, die nun bei der Halbschwester Angela und ihrem Ehemann lebte, bekamen eine kleine Waisenrente. Hinzu kam das Erbe der Mutter, das zwischen Paula und ihm gleichmäßig aufgeteilt wurde. Auch vom geliehenen Geld der Tante war noch einiges übrig.

So konnte Hitler ein weiteres Jahr in Wien überleben. Er wartete auf das Erbe des Vaters, das aber erst an seinem vierundzwanzigsten Geburtstag ausgezahlt werden durfte. Bis dahin galt er nach österreichischem Gesetz als minderjährig und stand gemeinsam mit der Schwester Paula unter der Vormundschaft des Leondinger Bürgermeisters. Dessen Versuch, den jungen Mann zu einer Bäckerlehre zu überreden, scheiterte an Hitlers Widerstand. Im Februar 1908 kehrte er nach Wien zurück. Dies war für lange Zeit das letzte Mal, dass seine Familie von ihm hörte.

**Feb. 1908**
**Rückkehr nach Wien**

Kurz darauf traf August Kubizek in der Hauptstadt ein. Hitler hatte die Eltern seines Freundes überredet, ihm ein Musikstudium zu ermöglichen. Kubizek zog in Hitlers Zimmer; man teilte sich die Miete. Im Unterschied zu Hitler bestand Kubizek seine Aufnahmeprüfung und begann ein ernsthaftes Studium. Er mietete einen Flügel, der das gemeinsame Zimmer fast gänzlich ausfüllte. Hitler hielt Kubizek große Vorträge über Musik, die Ringstraße, die Gefahren der Sexualität und der Prostitution, über die Kunst und seine großen Pläne. Dabei tigerte er beständig auf engstem Raum hin und her.

Bei jeder möglichen Gelegenheit besuchten Hitler und Kubizek Wagner-Aufführungen auf Stehplätzen in der Hofoper. Hitler war fast täglich dort. Diese Leidenschaft trug maßgeblich dazu bei, dass seine Geldvorräte schnell dahinschmolzen. Hitler saugte Wagners Werke wie eine Droge auf, am liebsten die Oper »Lohengrin«. Hitler, so Kubizek, versetzte sich in einen »außergewöhnlichen Zustand« und entschwebte in ein »mystisches Traumland«.

Hitler schlief gewöhnlich lange und verbrachte seine Zeit im Wesentlichen auf dem Zimmer. Er las und zeichnete bis in die späte Nacht. Kubizek fragte Hitler, ob ihm sein Malereistudium denn so viel Freizeit lasse, worauf Hitler einen Wutausbruch bekam und behauptete, man habe ihn aus der Akademie geworfen. Auf Kubizeks Frage, was denn nun aus ihm werden solle, konnte Hitler keine Antwort geben. Die Stimmung war angespannt. Hitler explodierte bei den geringsten Anlässen und steigerte sich in grenzenlose Hassreden gegen Gott und die Welt hinein, gegen die Kunstakademie und alle, die ihn an seinem Aufstieg hinderten.

Bald kam es zum Zerwürfnis. Als Kubizek nach einem Heimatbesuch im November 1908 nach Wien zurückkehrte, war Hitler verschwunden. Auch seine Vermieterin wusste nicht, wo er war. Hitler hatte ein neues Zimmer in der Nähe bezogen, aber keine Adresse hinterlassen. Der Grund für dieses plötzliche Abtauchen lässt sich leicht denken: Hitler war an der Kunstakademie zum zweiten Mal durchgefallen und wollte Kubizek seine Niederlage verschweigen.

Er hatte nichts unternommen, um seine Erfolgsaussichten an der Kunstakademie zu verbessern, sieht man von einigen Zeichenstunden ab. Diesmal, im Oktober 1908, wurde Hitler nicht einmal zur Prüfung zugelassen. Damit war der Traum von der Malerei endgültig ausgeträumt. Einem seiner Wiener Professoren war beim ersten Anlauf allerdings aufgefallen, dass Hitler ein begabter Architekturzeichner war, und er riet dem Bewerber, es doch mit der Architektur zu versuchen.

Um an einer technischen Hochschule studieren zu können, hätte Hitler aber das Abitur nachmachen müssen, wozu er kei-

Okt. 1908
**Endgültiges Scheitern an der Kunstakademie**

ne Lust hatte. Und noch eine weitere Chance ließ er ungenutzt: Eine Linzer Bekannte gab ihm ein Empfehlungsschreiben für den berühmten Wiener Künstler Alfred Roller mit. Dieser hatte die Bühnenbilder für die Wiener Wagner-Aufführungen gemalt. Von dieser Empfehlung, die vielleicht zu seiner Ausbildung als Bühnenbildner geführt hätte, machte Hitler aber keinen Gebrauch.

Im Herbst 1908 stand der neunzehnjährige Hitler vor dem Scheitern seiner Phantasien und Träume. Er verachtete Professoren noch mehr als schon zu seiner Schulzeit und pflegte sein Image als verkanntes künstlerisches Genie.

Hitler nahm in den Wiener Jahren vieles auf, was später seine »Weltanschauung« ausmachte. Er will damals »unendlich viel« und »gründlich« gelesen haben. In wenigen Jahren, so der Autor von *Mein Kampf*, »schuf ich mir damit die Grundlagen eines Wissens, von denen ich auch heute noch zehre. In dieser Zeit bildeten sich mir ein Weltbild und eine Weltanschauung, die zum granitenen Fundament meines derzeitigen Handelns wurde.«

Was Hitler las, ist nicht bekannt. Offenbar beschäftigte er sich eingehend mit der Architektur. Darüber hinaus bezog er seine Kenntnisse wohl vor allem aus billigen Heftchen, die damals in den Zeitungsbuden verkauft wurden. Überhaupt darf man die prahlerische Rede vom »granitenen Fundament« nicht allzu ernst nehmen. Gründliche Lektüre lag Hitler nicht. Die »Kunst des richtigen Lesens«, schrieb er, sei: »Wesentliches behalten, Unwesentliches vergessen.« Man kann es auch anders sagen: Hitler las Bücher nicht komplett durch, sondern er suchte sich das heraus, was ihm passte. Er hatte ein hervorragendes Gedächtnis, das aus einer Unzahl von Schubladen bestand, aus denen er das Gewünschte bei passender Gelegenheit herausholen konnte. Auf diese Weise vermittelte er seiner Umgebung den Eindruck, höchst gebildet zu sein.

Fast zwangsläufig geriet der gescheiterte Kleinbürgersohn Adolf Hitler in den Dunstkreis rechtsradikaler Ideologien. Er war ein glühender Alldeutscher und hasste den österreichischen Staat, weil dieser die Deutschösterreicher daran hinderte, sich an das aufstrebende Kaiserreich Deutschland anzuschließen. Ebenso intelligent wie unreif, zugleich voller Hass und voller Ängste, nahm Hitler die rechtsradikalen und antisemitischen Botschaften begierig auf.

Hitler beschreibt Wien in *Mein Kampf* als »Völkerbabylon«: »Widerwärtig war mir das Rassenkonglomerat, das die Reichshauptstadt zeigte, widerwärtig dieses ganze Völkergemisch von Tschechen, Polen, Ungarn, Ruthenen, Serben und Kroaten usw., zwischen allem aber als ewiger Spaltpilz der Menschheit – Juden und wieder Juden. Mir erscheint die Riesenstadt als die Verkörperung der Blutschande.«

Judenfeindliche Parolen dieser Art wurden von der »Christlichsozialen Partei« des Wiener Bürgermeisters Dr. Karl Lueger vertreten. Das war die erste Massenpartei der politischen Rechten. Ihre Wähler waren Kleinbürger, und der Antisemitismus war wesentlicher Inhalt ihres Programms. Gleichzeitig machte Lueger durch zahlreiche Verbesserungen von sich reden, so bei der Wasser- und Elektrizitätsversorgung, im Personennahverkehr (er führte die elektrische Straßenbahn in der Stadt ein) sowie im Sozialwesen. Im März 1910 starb der Bürgermeister. Hitler stand in einer riesigen Menschenmenge an der Ringstraße, als der »König von Wien« zu Grabe getragen wurde. Er bewunderte Lueger. Von ihm lernte er, wie man Massenanhang mit einer Kombination von Hassparolen und sozialen Wohltaten gewinnen konnte.

Gelegentlich war Hitler auch als Zuschauer bei den chaotischen Sitzungen des Reichsrats, also des österreichischen Parlaments, anwesend. Der Grund dafür, dass die Sitzungen nicht funktionierten, lag in einer schlechten Geschäftsordnung, die beispielsweise keine Begrenzung der Redezeit vorsah. Jeder Abgeordnete des Vielvölkerstaates durfte zudem in seiner Landessprache Reden halten, so dass die Abgeordneten sich untereinander nicht verstanden. Der Reichsrat bestärkte Hitler in seiner Verachtung von Parlamentarismus, Demokratie und Sozialismus.

Unter den politischen Zeitschriften und Werbebroschüren, die in Wien an allen Ecken verkauft wurden, befand sich eine Unzahl rechtsradikaler und rassistischer Schriften. Möglicherweise hat Hitler die *Ostara* gelesen, das trübe Produkt des halb verrückten ehemaligen Mönches Jörg Lanz, der sich Lanz von Liebenfels nannte. Für Lanz war die Weltgeschichte vom Kampf zwischen blonden Übermenschen und affenähnlichen Untermenschen bestimmt, die blonde Frauen raubten, um durch Rassenmischung die Welt in den Abgrund zu stürzen.

Lanz war ein Anhänger des kaum weniger verrückten österreichischen Schriftstellers Guido von List. List war derjenige, der das Hakenkreuz, das ursprünglich hinduistische Glückszeichen des Sonnenrades, zum Erkennungsmerkmal seines Germanenkults erhob. Lanz und später Hitler folgten ihm hierin nach. List predigte sexuelle Enthaltsamkeit, naturnahe Lebensweise und die »Rassenhygiene«, womit gemeint war, dass »Arier« nur »Arier« heiraten sollten. »Arier« waren ursprünglich Völker, die in grauer Vorzeit in Indien und im heutigen Iran gelebt hatten. Rassisten wie Lanz, List und später Hitler behaupteten hingegen, die »Arier« seien aus dem Norden gekommen; sie seien die Urväter der Germanen. List forderte, ein alldeutsches Reich zu gründen, dem nur rassereine Germanen mit vollem Bürgerrecht angehören durften. Sie hatten ein Recht auf Faulheit, während die Nichtarier für die Arier zu arbeiten hatten. Dieses Reich zu verwirklichen war nach Lists Auffassung die Mission eines starken Führers, der dereinst »von oben« kommen werde. Wenn man nach den geistigen Urhebern des NS-Staates fragt, gehört List mit Sicherheit dazu.

Guido von List:
*Das Geheimnis der Runen*,
Titelblatt, 1914

Hitler behauptete in *Mein Kampf*, sein Judenhass sei ganz konkret aus der Begegnung mit einem osteuropäischen Juden in Wien erwachsen. Doch dies dürfte eine von seinen Erfindungen sein. Viel wahrscheinlicher ist, dass er den Wiener Rassismus aufsaugte und in den antisemitischen Heftchen, die er damals kaufte, eine willkommene Erklärung für sein eigenes Versagen fand. Erst nach Ende des Ersten Weltkrieges wurde aus dem in Wien Gelernten seine rassenantisemitische »Weltanschauung«.

### Männerheim

Im August 1909 ging Hitler das Geld aus. Er zog in ein anderes Zimmer, konnte aber wohl die Miete nicht bezahlen, sodass er vier Wochen später wieder ausziehen musste. Ab Herbst übernachtete er im Freien und wurde praktisch zum Obdachlosen. Verschmutzt und verlaust fand sich der Zwanzigjährige im Dezember im Obdachlosenasyl von Meidling ein, einem Wiener Vorort. Dort konnte er sich waschen, seine Kleidung desinfizieren und übernachten. Tagsüber mussten die Männer wieder auf die Straße. Hitler ernährte sich von Suppe, die im Asyl und einem nahen Frauenkloster als Spende ausgegeben wurde. Dies war der Tiefpunkt seines bisherigen Lebens.

1909
Obdachlosenasyl
Meidling

Bald besserte sich seine Lage wieder. Er hatte ein weiteres Geldgeschenk bekommen, vermutlich von der »Hanitante«, die glaubte, er studierte noch. Von diesem Geld kaufte er sich unter anderem einen langen Wintermantel. Dennoch muss seine äußere Erscheinung abenteuerlich gewesen sein. Derselbe junge Mann, der nicht lange zuvor in gepflegter Kleidung in die Oper gegangen war und das Geld wie ein wohlhabender Student ausgegeben hatte, fiel nun durch kaputte Schuhe, lange Haare und einen Kinnbart auf.

Dass es bald wieder etwas bergauf ging, verdankte Hitler dem Zusammentreffen mit dem Kleinkriminellen Reinhold Hanisch. Dieser hatte eine zündende Idee: Hitler, der sich Hanisch als ehemaliger Akademiestudent vorgestellt hatte, sollte Wiener Stadtansichten malen, die Hanisch verkaufen wollte. Den Gewinn würde man teilen. Hitler kaufte die nötigen Malutensilien. Im Februar 1910 zogen Hanisch und er in ein Männerwohnheim in der Meldemannstraße 27 um. Dieses Heim in der Brigittenau, nördlich der Innenstadt, war erst fünf Jahre zuvor eröffnet worden und bot für wenig Geld deutlich größeren Komfort als das Obdachlosenasyl.

1910
Männerwohnheim
Meldemannstraße

Die Brigittenau hatte damals einen überdurchschnittlich hohen jüdischen Bevölkerungsanteil. Das Geld für den Bau des Männerheims war unter anderem von jüdischen Spendern aufgebracht worden. Dort bezog der Antisemit Hitler nun eine Art Zimmer, das er zwar tagsüber räumen musste, abends aber wieder beziehen konnte. Das Wohnheim hatte eine Küche, ein Schreibzimmer und eine Bibliothek mit angeschlossenem Lesesaal, in der Zeitungen auslagen.

Hitler verbrachte seine Zeit damit, Zeitungen zu lesen, auf seine übliche erregte Art politische Diskussionen zu führen und, meist nach Postkartenvorlagen, kleinformatige Aquarelle von Wiener Stadtansichten zu malen. Diese Bilder waren detailgetreu, aber von so geringem künstlerischem Wert, dass man sie später massenhaft fälschen konnte, ohne dass ein Unterschied zu den Hitler-Originalen erkennbar war.

Hanisch verkaufte Hitlers Werke in den umliegenden Gasthäusern sowie an Rahmenhändler, die billige Bilder suchten, um ihre Rahmen besser aussehen zu lassen. Das Geschäft funktionierte. Die wichtigsten Abnehmer waren jüdische Händler, mit denen Hitler sogar freundschaftlichen Umgang gepflegt haben soll. Ihnen gegenüber verbarg er natürlich seine judenfeindliche Einstellung. Aus seinem Hass auf »Rote« und Tschechen machte er jedoch keinen Hehl.

1911 verdiente Hitler immerhin so viel, dass er auf die Halbwaisenrente, die seine Halbschwester Angela für die Erziehung Paulas beanspruchte, verzichten konnte. Über ein Bild, um dessen Bezahlung Hanisch Hitler angeblich betrogen hatte, war es inzwischen zum Bruch zwischen den Geschäftspartnern gekommen. Hitler fand andere Vermittler seiner Bilder.

Er lebte sparsam, hielt seine Kleidung in Ordnung und legte viel Wert darauf, sich von den übrigen Bewohnern des Männerheims abzugrenzen. Er ließ sich als »Herr Hitler« anreden und beanspruchte am Tisch des Schreibzimmers einen festen Platz, den ihm niemand streitig machen durfte. Andererseits war er frustriert und neigte zu Wutausbrüchen. Kein Wunder: Die Aussicht, als Postkartenmaler sein Dasein zu fristen, zehrte am ohnehin schon stark angeknacksten Selbstbewusstsein. Es passte nicht zu Hitlers gefühlter Berufung zur »Größe«. Natürlich verschwieg Hitler die für ihn überaus peinliche Zeit im Männerheim in allen späteren Selbstdarstellungen.

In *Mein Kampf* behauptete Hitler, 1912 aus Wien abgereist zu sein. In Wirklichkeit stieg er erst am 24. Mai 1913 in den Zug nach München. Kurz zuvor war das väterliche Erbe an ihn ausgezahlt worden, sodass er die Reise antreten konnte. Indem Hitler das

**1913**
**Umzug nach München**

Jahr seiner Abreise aus Wien um ein Jahr vorverlegte, wollte er vermutlich vertuschen, dass er sich der österreichischen Wehrpflicht entzogen hatte. Er galt als fahnenflüchtig. Darauf stand Gefängnishaft.

Nach einer Weile wussten die österreichischen Behörden allerdings, wo sich Hitler aufhielt. Im Januar 1914 stand die Kriminalpolizei vor der Tür seines Münchner Zimmers und verhaftete ihn. Er sollte in Kürze zur Musterung in Linz erscheinen. Hitler wurde aber kurze Zeit später wieder aus der Haft entlassen. Er schrieb nach Linz, stellte seine angeblich miserable Lage in den Wiener Jahren dar und behauptete, sich dort zum Militärdienst gemeldet zu haben.

**Jan. 1914 Verhaftung wegen Fahnenflucht**

Die Linzer Behörden gingen unerwartet sanft mit ihm um. Er musste erst Anfang Februar zur Musterung in Salzburg an der deutsch-österreichischen Grenze erscheinen. Hitler wurde als »untauglich« ausgemustert, sicher auch wegen seines schlechten körperlichen Zustands. Nicht zum letzten Mal hatte er Glück. Und nicht zum letzten Mal fragt man sich: Hätte Hitler jemals der »Führer« werden können, wenn er damals ins Gefängnis gewandert wäre?

### München

Hitler war in Begleitung eines neuen Bekannten aus dem Wiener Männerheim, Rudolf Häusler, nach München abgereist. Die beiden bezogen ein Zimmer bei einer Schneiderfamilie im Norden Münchens, an den quirligen Stadtteil Schwabing angrenzend. Die eher ärmliche Wohnlage entsprach etwa derjenigen, die Hitler aus Wien kannte. Auch sonst änderte sich wenig an seinem Lebensstil. Er produzierte nach Postkartenvorlagen Aquarelle von berühmten Münchner Gebäuden und bot sie in den Schwabinger Gasthäusern und Cafés zum Verkauf an. Er las bis spät in die Nacht, woraufhin der genervte Rudolf Häusler im Februar 1914 ein eigenes Zimmer neben demjenigen Hitlers mietete. Im Mai verschwand Häusler endgültig aus Hitlers Leben.

Hitler besuchte die Museen und Gemäldegalerien, bewunderte die klassizistischen Bauwerke des Königsplatzes aus dem 19. Jahrhundert und lieh sich Bücher aus der Bayerischen Staatsbibliothek aus. In *Mein Kampf* preist er die Münchner Zeit als die

**Adolf Hitler: *München Alter Hof,* Aquarell, 1914.**
**Nachkolorierte Fassung aus einem Zigarettenbildalbum von 1936**

»glücklichste und weitaus zufriedenste meines Lebens«. Gleiches behauptete er allerdings auch über seine Linzer Zeit.

Wie in Wien las Hitler vermutlich vorrangig Zeitungen und Broschüren minderer Qualität. Er verbrachte viel Zeit in Cafés und Wirtshäusern und war, offenbar noch mehr als in Wien, jederzeit zu einem Streit über Politik aufgelegt. Was sich außenpolitisch tat, nahm er jedoch kaum zur Kenntnis. So traf ihn der Ausbruch des Ersten Weltkrieges völlig überraschend.

## Krieg

Am 28. Juni 1914 wurden der österreichische Thronfolger, Erzherzog Franz Ferdinand, und seine Gattin in der bosnischen Hauptstadt Sarajevo von einem serbischen Nationalisten ermordet. Bosnien gehörte seit 1908 zu Österreich-Ungarn. Die serbische Minderheit Bosniens wehrte sich gegen die Einnahme durch Österreich und suchte Schutz beim benachbarten Königreich

Serbien, das seinerseits unter dem Schutz des russischen Zarenreiches stand. Die österreichische Regierung vermutete nicht zu Unrecht, dass der Mordanschlag auf das Thronfolgerpaar von Serbien aus gesteuert war, und erwog einen Militärschlag gegen das Land, das offensichtlich Terroristen Unterschlupf bot.

Die deutsche Reichsleitung wusste, dass ein österreichischer Krieg gegen Serbien die Gefahr des russischen Eingreifens heraufbeschwor. Und da Russland auch mit Frankreich verbündet war, drohte ein großer Krieg gegen diese beiden Länder. Die deutsche Militärführung beschwor schon seit langem die Gefahr einer »Einkreisung« durch Frankreich und Russland und befürwortete einen Präventivschlag, um dem angeblich drohenden Angriff durch die Gegner in Ost und West zuvorzukommen. Aber auch in Frankreich und Russland wuchs die Bereitschaft zum kriegerischen Risiko. Die Diplomatie aller europäischen Staaten stand unter dem Druck des massenhaften Nationalismus.

Deutschland trifft jedoch erhebliche Mitschuld am Ausbruch des Krieges. Denn Kaiser Wilhelm II. versicherte dem österreichischen Kaiser seine Bündnistreue, was immer dieser auch tun würde. Österreich stellte schließlich Serbien zur Bedingung, innerhalb eines kurzen Zeitraums eine Reihe von einschneidenden Forderungen zu erfüllen. Obwohl dieses Ultimatum weitgehend befolgt wurde, erklärte Österreich Serbien den Krieg. Der russische Zar Nikolaus II. antwortete mit der Kriegserklärung an Österreich und ordnete die Mobilmachung seiner Armee an.

Um einem russischen Einmarsch in Ostpreußen zuvorzukommen, erklärte Kaiser Wilhelm II. am 1. August 1914 Russland den Krieg. Zwei Tage später folgte die deutsche Kriegserklärung an Frankreich.

### Hitler an der Westfront

In *Mein Kampf* schildert Hitler den Juli 1914 als »Alpdruck« und »fiebrige Tropenglut«, als Sehnsucht nach einem reinigenden Gewitter. Mit der Hoffnung, ein Krieg werde die Probleme des beginnenden Jahrhunderts lösen, stand Hitler nicht allein. »Mir selber kamen die damaligen Stunden wie eine Erlösung aus den ärgerlichen Empfindungen der Jugend vor«, schrieb er. Seine Begeisterung hatte handfeste Gründe. Er war immerhin schon fünfundzwanzig Jahre alt, hatte sein bisheriges Leben gründlich verpfuscht und wusste noch immer nicht, was er mit sich anfangen sollte. Daher setzte er in den Krieg die Hoffnung auf eine Besserung seines Lebens. Hinzu kamen politische Gründe. Für Österreich wollte Hitler nicht kämpfen, für Deutschland umso mehr.

Die SPD, inzwischen stärkste Partei im Reichstag, stellte sich hinter den Kaiser und die Regierung, weil Deutschland von Russland, dem besonders arbeiterfeindlichen Zarenreich, angegriffen wurde. Außerdem wollten die Sozialdemokraten, die so oft als »vaterlandslose Gesellen« beschimpft worden waren, unter Beweis stellen, dass sie ihr Vaterland liebten. Nur eine Minderheit der Sozialdemokraten lehnte den Krieg kompromisslos ab und widersetzte sich dem Nationalismus.

Die vermeintliche Einheit aller Parteien und Klassen einschließlich der Arbeiterbewegung wurde später als »Augusterlebnis« verklärt und bildete einen Anknüpfungspunkt für die nationalsozialistische »Volksgemeinschaft«-Propaganda. In den Großstädten des Reiches kam es zu kriegsbegeisterten Massenaufläufen. Eine dieser Demonstrationen fand am 2. August auf dem Münchner Odeonsplatz statt. Später tauchte ein Foto auf, das der Münchner Fotograf Heinrich Hoffmann an diesem Tag aufgenommen hat. Es zeigt Hitler in der Menschenmenge, nachträglich hervorgehoben durch einen weißen Kreis. Es kann sein, dass der Nazi-Anhänger Hoffmann das Foto verfälscht hat, indem er ein Bild seines »Führers« in die Druckvorlage einfügte. Wie auch immer: An Hitlers Kriegsbegeisterung kann kein Zweifel bestehen.

*Aug. 1914*
*Freiwillige Meldung zum Kriegsdienst in der deutschen Armee*

Hitler meldete sich freiwillig zum Kriegsdienst in der deutschen Armee. In der Hektik jener Augusttage übersahen die Münchner Militärdienststellen, dass er Österreicher war und eigentlich gar nicht in den deutschen Reihen hätte kämpfen dürfen. Der Rekrut Hitler wurde bis zum 20. Oktober 1914 militärisch ausgebildet und als Teil des bayerischen Reserve-Infanterieregiments Nr. 16 (nach seinem Kommandeur auch »Regiment List« genannt) an die Westfront in Marsch gesetzt. Das Regiment bestand aus meist älteren Soldaten, war schlecht ausgebildet und noch schlechter ausgerüstet.

Die deutsche Militärführung wollte einen Krieg, der gleichzeitig an zwei Fronten, gegen Frankreich und Russland, geführt

Kriegsbegeisterte Menge
auf dem Münchner Odeonsplatz,
Fotografie, 2. August 1914

wurde, um jeden Preis verhindern. Aus diesem Grund sollten gemäß einem Plan des Generalstabschefs Alfred von Schlieffen die deutschen Armeen Frankreich innerhalb weniger Wochen besiegen und dann per Eisenbahn an die Ostfront verlegt werden. Da Frankreich die Grenze zu Deutschland nach dem verlorenen Krieg von 1870/71 stark befestigt hatte, sollten die deutschen Truppen in das neutrale Belgien einmarschieren, Paris besetzen und den an der deutschen Grenze aufgestellten französischen Truppen in den Rücken fallen. Die Verletzung der belgischen Neutralität meinte man in Kauf nehmen zu können, obwohl England Jahrzehnte zuvor ihren Schutz garantiert hatte. Kurz nachdem die ersten deutschen Soldaten die belgische Grenze überquert hatten, erklärte England am 2. August 1914 Deutschland dann auch den Krieg. Großbritannien entsandte Truppen auf den Kontinent, um Belgien und Frankreich zu Hilfe zu kommen.

Der Zeitfaktor war in der deutschen Kriegsplanung entscheidend. Gelang es nicht, Frankreich schnell zu schlagen, war mit einem langen Krieg in West und Ost zu rechnen. Man glaubte, die

Belgier würden sich nicht wehren. Tatsächlich leisteten die belgischen Soldaten jedoch erbitterten Widerstand. In der zweiten Septemberwoche 1914 brachten französische und britische Truppen den deutschen Vormarsch auf Paris zum Stehen. Die französische Hauptstadt war weniger als zwanzig Kilometer entfernt, als dies geschah. Die gegnerischen Verbände bauten Schützengräben und Unterstände. Eine Linie solcher Verteidigungsstellungen zog sich von der Nordseeküste durch Belgien und Frankreich. In immer neuen Angriffswellen, die keiner der beiden Seiten Geländegewinne einbrachten, stürmten deutsche, französische und englische Truppen in den folgenden Wochen und Monaten wechselseitig aufeinander los.

Alle beteiligten Mächte hatten einen Krieg nach dem Vorbild von 1870/71 erwartet, offene Feldschlachten und vergleichsweise geringe Verluste bis zum Sieg. Sie hatten nicht damit gerechnet, was tatsächlich auf sie wartete. Der Erste Weltkrieg war der erste technisierte Krieg der Geschichte. Er führte zu einem Massensterben ungeheuren Ausmaßes. Maschinengewehre konnten mit einem Schlag Hunderte von angreifenden Soldaten niedermähen. Geschütze feuerten tödliche Granaten aus großer Entfernung ab. Der weitaus größte Teil der Soldaten starb durch Artilleriefeuer, nicht durch die Waffen sichtbarer Gegner. Der Stellungskrieg im Westen raffte Millionen von Soldaten dahin oder machte sie zu Krüppeln. Tote und zerfetzte Leiber lagen oft wochenlang zwischen den Linien, weil sie nicht beerdigt werden konnten. Der Verwesungsgestank war stets präsent.

Auch wurde Giftgas eingesetzt, das in Granaten verschossen oder mit besonderen Anlagen in Richtung des Gegners abgeblasen wurde. Dieses Giftgas war eine Erfindung deutscher Chemiker, und die deutsche Armee setzte es 1915 erstmals ein. Aber bald verwendeten alle kriegführenden Mächte chemische Kampfstoffe.

Als letzte neue Waffengattung kamen schließlich 1916 »Tanks« hinzu, bewaffnete und gepanzerte Kettenfahrzeuge, die zunächst von den Briten eingesetzt wurden. Diese Frühform des Panzers sollte die gegnerischen Linien durchbrechen und dazu beitragen, dass aus dem Stellungskrieg wieder ein Bewegungskrieg wurde.

Wenn überhaupt noch von einem »ritterlichen« Krieg die Rede sein konnte, dann bei der Luftwaffe. Jagdflugzeuge lieferten sich Luftkämpfe hoch über den Schützengräbern und Schlachtfeldern. Der Flieger Manfred von Richthofen war ein überaus populärer Kriegsheld. Als Richthofen gegen Kriegsende bei einem Luftkampf getötet wurde, trat Leutnant Hermann Göring an seine Stelle, später einer der führenden Politiker des NS-Staates.

Am 23. Oktober 1914 traf Hitler mit seinem Regiment in Lille an der französisch-belgischen Grenze ein. Sechs Tage später geriet die Truppe nahe dem belgischen Ypern in eine schreckliche »Feuertaufe«, die Hitler in *Mein Kampf* dramatisch schilderte: »Und dann kommt eine feuchte, kalte Nacht in Flandern, durch die wir schweigend marschieren, und als der Tag sich dann aus den Nebeln zu lösen beginnt, da zischt plötzlich ein eiserner Gruß über unsere Köpfe uns entgegen und schlägt in scharfem Knall die kleinen Kugeln zwischen unsere Reihen, den nassen Boden aufpeitschend; ehe aber die kleine Wolke sich noch verzogen, dröhnt aus zweihundert Kehlen dem ersten Boten des Todes das erste Hurra entgegen.«

Okt. 1914
Ankunft an der Westfront

Ein großer Teil des Regiments kam bei diesem Angriff ums Leben, darunter Hitlers Kommandeur. Von dreitausendsechshundert Soldaten waren hinterher nur noch rund sechshundert am Leben. »Siebzehnjährige Knaben sahen nun Männern ähnlich«, schrieb Hitler. »Die Freiwilligen des Regiments List hatten vielleicht nicht recht kämpfen gelernt, allein zu sterben wußten sie wie alte Soldaten.«

Hitler, der unverletzt davongekommen war, wurde zum Gefreiten befördert. Einen höheren Rang erreichte er nie. Er wollte aber auch gar nicht befördert werden. Denn er hatte einen Posten bei der Befehlsstelle des Regiments ergattert, die hinter der Kampflinie lag. Er und sieben weitere Kameraden waren Meldegänger, die Nachrichten und Befehle von diesem »Stab« zur Front brachten. In den Feuerpausen war dies nicht erforderlich. Hitler fand Zeit zum Zeichnen, Malen und Lesen.

Dass er Meldegänger war und sich damit in einer weitaus günstigeren Lage befand als die armen Kerle in den Schützengräben, verschwieg Hitler in *Mein Kampf*. Dort heißt es stattdessen: »So ging es nun weiter Jahr für Jahr; an Stelle der Schlachtenromantik aber war das Grauen getreten. Die Begeisterung kühlte allmählich ab, und der überschwengliche Jubel wurde erstickt von der Todesangst. Es kam die Zeit, da jeder zu ringen hatte zwischen dem Trieb der Selbsterhaltung und dem Mahnen der Pflicht. Auch mir blieb dieser Kampf nicht erspart. Schon im Winter 1915/16 war bei mir dieser Kampf entschieden. Der Wille war endlich restlos Herr geworden. Aus dem jungen Kriegsfreiwilligen war ein alter Soldat geworden.«

War Hitler ein Drückeberger? Das wohl kaum. Auch Meldegänger waren erheblichen Gefahren ausgesetzt. Am 15. November 1914 kamen drei von ihnen im Einsatz ums Leben. Zwei Tage später, kurz nachdem Hitler das Quartier verlassen hatte, schlug eine Granate in das Hauptquartier des Regiments ein und tötete den größten Teil der anwesenden Soldaten. Am 2. Dezember erhielt Hitler das Eiserne Kreuz II. Klasse. Er war der einzige Meldegänger unter sechzig Soldaten, die an diesem Tag ausgezeichnet wurden.

Hitler, der damals einen großen Schnauzbart trug, war bei seinen Vorgesetzten angesehen und verstand sich auch gut mit seinen Kriegskameraden, die ihn respektierten. Allerdings war »Adi« ein seltsam einzelgängerischer Mensch, der sich im Stabsquartier häufig absonderte. Sein bester Freund war ein Hund namens Foxl, der ihm aus den englischen Stellungen zugelaufen war und ihm gehorchte. Auf sexuelle Anspielungen oder Aufforderungen seiner Kameraden, mit ins Bordell zu gehen, reagierte Hitler prüde und abweisend: Mit Französinnen zu schlafen sei eines deutschen Mannes unwürdig.

**Hitler** (RECHTS HINTEN) als Meldegänger im nordfranzösischen Fournes mit englischem Hund »Foxl«, April 1915

Dass Deutschland den Krieg verlieren könnte, hielt Hitler trotz der riesigen Verluste seines Regiments für ganz und gar unmöglich. Diese Auffassung teilte er mit dem Großteil der Deutschen und der Militärführung. Sollte das Massensterben denn völlig umsonst gewesen sein? Allein die ungeheure Zahl der Opfer verringerte die Chancen auf Frieden.

Denn in diesem Fall wäre klar geworden, dass die Soldaten völlig umsonst gefallen waren.

In einem Brief, den er im Februar 1915 an einen Münchner Bekannten schickte, griff Hitler Menschen an, die nach seiner Auffassung die deutsche Siegeszuversicht absichtlich schwächten. Er schrieb von der »Fremdländerei«, die nach dem deutschen Sieg hoffentlich beendet sei. Die Sozialdemokratie müsse zerschlagen werden und Österreich müsse endlich untergehen. Einem seiner Kameraden sagte Hitler, die Juden seien die »Drahtzieher allen Unglücks«. Er stand also wie in Wien und München im rechtsradikalen Lager.

1915/16 war Hitlers Regiment in schwere Stellungskämpfe mit englischen Truppen bei Fromelles verwickelt. Dann wurde das Regiment in die Schlacht an der Somme geschickt, die über eine Million Soldaten das Leben kostete. Hitler wurde durch eine Granate am linken Oberschenkel verwundet und kam in ein Lazarett in Beelitz bei Berlin, wo er bis Anfang Dezember 1916 behandelt wurde. Anschließend schickte man ihn zu einem Ersatztruppenteil nach München, wo er bis Frühjahr 1917 blieb.

**Okt. 1916
Verwundung
und Lazarettaufenthalt**

Von der Kriegsbegeisterung des August 1914 war zu dieser Zeit nichts mehr zu spüren. Die britische Marine hatte die Nordsee mit Kriegsschiffen blockiert, sodass kaum Lebensmittel nach Deutschland gelangten. Essen wurde knapp, und dies war eine der wichtigsten Ursachen für die Unzufriedenheit, die sich in Deutschland breitmachte. Hitler hingegen machte die Juden für die deutsche Kriegsmüdigkeit verantwortlich. Er behauptete, sie säßen zu Hause im Trockenen, machten gute Geschäfte mit übeteuerten Schmuggelwaren und hetzten die Heimat gegen die Front auf. Solche Vorurteile waren weit verbreitet. Wie ungerecht der Vorwurf jüdischer »Drückebergerei« war, musste auch Hitler wissen, weil in seinem Regiment zahlreiche Juden kämpften und fielen.

Hitler kehrte im März 1917 zu seinem Regiment zurück. Im Sommer stand seine Truppe in schweren Abwehrkämpfen gegen die Engländer bei Ypern. Wegen seiner hohen Verluste wurde das Regiment Anfang August zur Auffrischung ins Elsass verlegt. Von dort nahm Hitler einen rund zweiwöchigen Heimaturlaub, den er in Berlin verbrachte. Einer Postkarte ist zu entnehmen, dass

**März 1917
Rückkehr
zum Regiment
nach Ypern**

ihn die Stadt und ihre Museen begeisterten. In der französischen Champagne kam Hitler im Oktober wieder zum Regiment, das im Frühjahr 1918 erneut sehr große Verluste erlitt.

### Revolution und Sieg im Osten

Im Unterschied zum Westfeldzug erzielte die deutsche Armee im Osten gegen Russland zunächst einige Erfolge. Es gelang Generaloberst Paul von Hindenburg und seinem Stabschef, Generalmajor Erich Ludendorff, einen russischen Angriff auf Ostpreußen abzuwehren. Die triumphale Schlacht an den Masurischen Seen begründete im August 1914 Hindenburgs Ruhm als Feldherr, von dem er noch als Reichspräsident der Weimarer Republik zehrte. Und auch Ludendorff spielte später eine entscheidende Rolle in Hitlers Karriere.

Deutsche Truppen, die dem bedrohten österreichischen Bündnispartner zu Hilfe gekommen waren, standen im September 1915 in ganz Polen und im Baltikum. Als aber Italien auf der Seite der Entente – des Bündnisses von Großbritannien, Frankreich und Russland – in den Krieg eintrat und die österreichische Armee im Süden band, wurde die Lage kritisch. Im Sommer 1916 startete die russische Armee einen Gegenangriff im Süden Polens, der erfolgreich verlief. Die österreichische Armee löste sich teilweise regelrecht auf.

*Aug. 1916 Hindenburg und Ludendorff übernehmen die Oberste Heeresleitung*

In dieser Lage übernahmen Hindenburg und Ludendorff die deutsche Oberste Heeresleitung und errichteten praktisch eine Militärdiktatur. Hinter der Obersten Heeresleitung standen politische Kräfte der extremen Rechten. Sie hatten schon zu Kriegsbeginn weitreichende Gebietserweiterungen Deutschlands in West- und Osteuropa gefordert.

Im April 1917 erklärten auch die Vereinigten Staaten Deutschland den Krieg. Grund dafür war die Wiederaufnahme des unbeschränkten deutschen U-Boot-Krieges, der die britische Seeblockade durchbrechen und England in die Knie zwingen sollte. Deutsche Unterseeboote griffen nun alle Handelsschiffe an, die rund um England in der Nordsee unterwegs waren, gleich ob sie feindlichen oder neutralen Staaten angehörten. Es war absehbar, dass die Übermacht der Amerikaner an Menschen und Material den Krieg entscheiden würde.

Die SPD geriet immer mehr unter den Druck ihres linken Flügels. Die Partei hatte im August 1914 dem Krieg zugestimmt. Inzwischen hatte sich die SPD aber in einen linken Flügel, die Unabhängige Sozialdemokratische Partei (USPD), und die Mehrheits-SPD (MSPD) gespalten. Mit den Stimmen der MSPD forderte der Reichstag im Juli 1917 einen gerechten Frieden ohne »erzwungene Gebietserweiterungen«. Daraufhin veranlasste die Oberste Heeresleitung die Gründung der Deutschen Vaterlandspartei, mit deren Hilfe sie gegen die Friedensbemühungen des Reichstags und für ihre eigenen Ziele Propaganda machte. Die Deutsche Vaterlandspartei war die erste rechtsradikale Partei der deutschen Geschichte, sie war extrem antisemitisch und demokratiefeindlich. In mancher Hinsicht war sie das Vorbild der späteren Nationalsozialistischen Deutschen Arbeiterpartei (NSDAP) Hitlers.

Zur Überraschung der deutschen Führung schied Russland im November 1917 aus dem Krieg aus. Die russischen Soldaten, ganz überwiegend Bauern, waren erschöpft und kriegsmüde. Im Februar wurde Zar Nikolaus II. durch eine Revolution gestürzt, aber die neue vorläufige Regierung setzte den Krieg fort. Dagegen forderten Lenins Bolschewiki die sofortige Beendigung des Krieges und eine umfassende Bodenreform zugunsten der Bauern. Ludendorff ließ Lenin insgeheim aus dem Schweizer Exil nach St. Petersburg schmuggeln, damit er diese Forderungen verwirklichen konnte. Denn sie entsprachen den deutschen Interessen. Am 7. November stürzten die Bolschewiki die Provisorische Regierung und übernahmen die Macht in der russischen Hauptstadt.

Okt. 1917 (nach westlichem Kalender): Machtübernahme durch die russischen Bolschewiki

Lenin wusste, dass die Herrschaft der Kommunisten innerhalb des russischen Riesenreiches nur in einem langen Bürgerkrieg durchgesetzt werden konnte. Daher war es für ihn vordringlich, den Krieg nach außen zu beenden. Sogleich unterbreitete die neue Regierung allen kriegführenden Mächten das Angebot eines Friedens ohne Annexionen und Kontributionen, also ohne Gebietserweiterungen und Entschädigungszahlungen, auf der Grundlage des Selbstbestimmungsrechts der Völker.

Im Januar 1918 veröffentlichte der Präsident der Vereinigten Staaten, Woodrow Wilson, Friedensbedingungen, die dazu dienen sollten, eine liberale Ordnung weltweit durchzusetzen. Die »Vierzehn Punkte« Wilsons richteten sich gleichermaßen gegen das autoritäre Regierungssystem Deutschlands und gegen den russischen Bolschewismus. Auch der amerikanische Präsident sprach sich für einen Frieden ohne Annexionen und Kontributionen sowie für das Selbstbestimmungsrecht der Völker aus, darüber hinaus für einen freien Welthandel und für einen Bund aller Völker, damit sie ihre Konflikte künftig friedlich beilegen sollten. Deutschland hätte alle eroberten Gebiete im Westen und Osten zurückgeben müssen, hätte aber aus dem Krieg aussteigen können, ohne als besiegt zu gelten. Wilson sprach mit diesen Friedensbedingungen indirekt die deutsche Reichstagsmehrheit an, was der Obersten Heeresleitung selbstverständlich missfiel. Denn sie wollte ihre Diktatur fortsetzen und dachte gar nicht daran, auf Gebietserweiterungen zu verzichten.

Im Januar 1918 nahmen rund eine Million Menschen an Munitionsarbeiterstreiks in Deutschland teil. Sie forderten bessere Arbeitsbedingungen, ein sofortiges Ende des Krieges und eine demokratische Verfassung. Die Streiks waren vom linken Flügel der SPD organisiert worden, deren Selbstbewusstsein durch die russische Oktoberrevolution von 1917 gestiegen war. Sie überraschten die Parteiführung der Mehrheitssozialdemokraten. Die Konfliktlinien der Novemberrevolution, die einige Monate später in Deutschland ausbrechen sollte, zeichneten sich bereits ab.

> März 1918
> Frieden von Brest-Litowsk zwischen Deutschland und Russland

Anfang März 1918 unterwarf sich die russische Regierung notgedrungen den deutschen Forderungen. Der Frieden von Brest-Litowsk war aufgezwungen, nicht ausgehandelt. Entlang der russischen Westgrenze entstanden deutsche Marionettenstaaten (Finnland, das Baltikum, Polen und erhebliche Teile der Ukraine). Russland verlor ein Drittel seines Staatsgebietes, die Hälfte seiner Industrie und neunzig Prozent seiner Erdölvorkommen. Und damit nicht genug: Bis August besetzten deutsche Verbände weite Teile Südrusslands sowie das Kaukasusvorland. Auf diese Weise wurden weitere sowjetrussische Zahlungen und Abtretungen erpresst.

Im besetzten Gebiet wurde eine Militärverwaltung eingerichtet, und es wurden erste Schritte zu einer Art deutschem Kolonialreich auf dem europäischen Kontinent unternommen, nämlich auf baltischem und südrussischem Gebiet. Die deutschen Soldaten standen im Spätsommer 1914 etwa auf der Linie, die eine

Generation später Hitlers Wehrmacht in der Sowjetunion erreichen sollte. Die Erinnerung an den Ostfeldzug des Ersten Weltkriegs war zu diesem Zeitpunkt noch lebendig.

Aug. 1914
Deutsche Truppen in weiten Teilen Russlands

## Niederlage und Novemberrevolution

Der Friede von Brest-Litowsk verminderte erheblich Deutschlands Chancen, auf der Grundlage der »Vierzehn Punkte« zu einem milden Frieden mit den Westmächten zu kommen. Ende März 1918 unternahm die Oberste Heeresleitung einen letzten Versuch, das Kriegsglück im Westen zu wenden, bevor die Amerikaner auf dem europäischen Kriegsschauplatz eintrafen. Deutsche Soldaten, die an der Ostfront nicht mehr benötigt wurden, wurden an die Westfront versetzt.

März 1918
Letzte deutsche Offensive im Westen

Die deutsche Armee erzielte dort ab Frühjahr 1918 erhebliche Geländegewinne und stand im Frühsommer etwa dort, wo der deutsche Vormarsch im Herbst 1914 stecken geblieben war. Vielleicht hätte der Durchbruch tatsächlich gelingen können, wenn die Heeresleitung nicht gleichzeitig Truppen in Russland eingesetzt hätte, die im Westen fehlten.

In der letzten deutschen Offensive verdiente sich Adolf Hitler im Juli 1918 sein zweites Eisernes Kreuz, diesmal I. Klasse. Diese Ehre wurde Gefreiten nur sehr selten zuteil, denn das »EK I« war die höchste deutsche Kriegsauszeichnung. Vorgeschlagen wurde Hitler ausgerechnet von einem jüdischen Offizier. In nationalsozialistischen Schulbüchern wurde später die Legende erzählt, Hitler habe ganz allein fünfzehn Franzosen gefangen genommen. In Wirklichkeit bekam er seinen zweiten Orden, weil er unter feindlichem Beschuss eine wichtige Meldung an die Front gebracht hatte.

Seit August waren die Truppen der gegnerischen Seite, die Alliierten, wieder in der Offensive. Gegen die Übermacht englischer Panzer und amerikanischer Truppen kam das erschöpfte deutsche Heer nicht mehr an. Ende September hatten die Alliierten die Deutschen weit zurückgeworfen. Sie waren geschlagen.

Hitlers Regiment kam im September 1918 bei Cambrai zum Einsatz, dann wieder südlich von Ypern in Flandern. In der Nacht vom 13. auf den 14. Oktober wurden Hitler und einige seiner Kameraden bei einem englischen Senfgasangriff zwischen Ypern

Okt. 1918
Verletzung durch Giftgasangriff

und Lille schwer verletzt. Senfgas führt zu starken Augenreizungen bis hin zur Erblindung. Hitler blieb der Verlust seines Augenlichts erspart. Er wurde am 21. Oktober 1918 in ein Lazarett in Pasewalk in Pommern verlegt.

Obwohl der Krieg verloren war, glaubte das deutsche Bürgertum noch im Herbst 1918 an den endgültigen Sieg. Hatte man nicht in Russland riesige Eroberungen gemacht? Hatte man nicht in Belgien und Frankreich glänzende militärische Erfolge erzielt? Die Oberste Heeresleitung bestärkte diese Illusionen, indem sie den Deutschen die tatsächliche Lage verschwieg. Als die Wahrheit Ende August im Reichstag durchsickerte, waren die führenden Parteipolitiker ohne Ausnahme tief schockiert. Arbeiter und einfache Soldaten hatten sich weniger Illusionen gemacht. Im Unterschied zu Hitler glaubten die meisten von ihnen schon seit Anfang 1918 nicht mehr an den Sieg.

Am 29. September 1918 forderten Hindenburg und Ludendorff die Reichsregierung zu einem sofortigen Waffenstillstand auf, weil die endgültige Niederlage nicht mehr abzuwenden sei. Grundlage dieses Waffenstillstands sollten Wilsons »Vierzehn Punkte« sein. Hindenburg und Ludendorff schoben die Schuld für die Niederlage den Linken in die Schuhe, weil sie die Kampfmoral der Soldaten geschwächt hätten. Auf diese Weise sollte der zu erwartende Zorn der Deutschen von der Militärführung auf die sich abzeichnende parlamentarische Demokratie abgelenkt werden. Das war der Beginn der »Dolchstoßlegende«, die den demokratischen Neuanfang von Anfang an belastete und das politische Klima in der Weimarer Republik vergiftete.

Es war andererseits absehbar, dass die extreme Linke die Niederlage zu einem Revolutionsversuch wie in Russland nutzen würde. Um dies zu verhindern und die Linke in Schach zu halten, drängten auch die bürgerlichen Parteien im Reichstag die Mehrheits-Sozialdemokraten zum Regierungseintritt. Davon erhofften sie sich demokratische Reformen in Richtung einer parlamentarischen Demokratie. Diese wurde ihrerseits als Voraussetzung dafür gesehen, zu einem schnellen Friedensschluss auf der Grundlage der »Vierzehn Punkte« zu kommen.

Ab Anfang Oktober 1918 saßen zum ersten Mal Sozialdemokraten in einer Reichsregierung, die nun Präsident Wilson offiziell

**Okt. 1918**
**Hitler fernab der Revolution im Lazarett**

um Waffenstillstandsgespräche bat. Wilson machte aber unmissverständlich klar, dass er nur dann zu solchen Gesprächen bereit sei, wenn zuvor das Militär entmachtet und Deutschland demokratisiert sei. Die Militärdiktatur drohte ihre Macht zu verlieren. Die Oberste Heeresleitung widersetzte sich daraufhin Friedensgesprächen und drohte, den militärischen Kampf wieder aufzunehmen. Seit dem 24. Oktober überschlugen sich die Ereignisse. Die neue Reichsregierung brachte Kaiser Wilhelm II. dazu, Ludendorff zu entlassen. Der Kaiser selbst war allerdings nicht zum Rücktritt bereit. Am 3. November meuterten die Matrosen der deutschen Hochseeflotte. Sie wollten nicht mehr sinnlos weiterkämpfen, gingen an Land und bildeten revolutionäre Arbeiter- und Soldatenräte. Rasch breitete sich der Funken der Revolution über ganz Deutschland aus.

Die Monarchen der Einzelstaaten, beginnend mit Bayern, räumten widerstandslos das Feld. Kaiser Wilhelm II. weigerte sich allerdings immer noch abzutreten. Doch am 9. November erklärte Reichskanzler Prinz Max von Baden eigenmächtig den Rücktritt des Kaisers und übergab sein eigenes Amt an den SPD-Parteivorsitzenden Friedrich Ebert. Wilhelm II. ging ins Exil nach Holland. Ebert bildete eine Provisorische Regierung, den Rat der Volksbeauftragten. Sein Parteifreund Philipp Scheidemann rief die Republik aus.

Scheidemann wusste, dass der frühere SPD-Linke Karl Liebknecht nachmittags das Gleiche vorhatte, und wollte ihm zuvorkommen. Liebknecht, 1914 einer der wenigen sozialdemokratischen Kriegsgegner, hatte inzwischen den »Spartakusbund« gegründet, einen Vorläufer der Kommunistischen Partei Deutschlands (KPD). Er rief, ebenfalls am 9. November, die »Sozialistische Republik« aus und forderte die Massen zu einer Revolution nach bolschewistischem Vorbild auf. Die Arbeiter- und Soldatenräte, russisch »Sowjets« genannt, sollten eine Führungsrolle übernehmen. Dagegen wollte Friedrich Ebert eine parlamentarische Demokratie auf der Grundlage einer liberalen Verfassung begründen.

Zwei Tage später unterzeichnete eine deutsche Delegation unter Führung des christlichen Politikers Matthias Erzberger ein Waffenstillstandsabkommen in Compiègne bei Paris. Damit war der Weltkrieg beendet.

9. Nov. 1918
Zweifache Ausrufung der Republik in Berlin

# Politik

### Trauma

Der Neuanfang nach dem Ersten Weltkrieg stand unter einem denkbar schlechten Stern. Wie wir gesehen haben, begann die Krise der bürgerlichen Gesellschaft in Deutschland nicht erst mit dem Ersten Weltkrieg, sondern mit der Jahrhundertwende. Die Deutschen hätten viel Zeit gebraucht, um sich der so plötzlich entstandenen modernen Gesellschaft anzupassen. Aber diese Zeit hatten sie nicht. Zuerst kam der Weltkrieg dazwischen, dann eine Welle von Gewalt und Unruhen in den frühen zwanziger Jahren, anschließend eine dramatische Geldentwertung und, nach einer kurzen Phase einigermaßen stabiler Jahre, am Ende des Jahrzehnts die Weltwirtschaftskrise.

Gewalt zwischen politischen Gegnern hatte es vor 1914 in Deutschland wenig gegeben. Dass das politische Klima dann aber nach 1918 gewaltsam aufgeladen wurde, hatte seinen Grund zunächst in der Erfahrung des Ersten Weltkriegs, als ein Menschenleben nur noch wenig zählte. Ein weiterer Grund war die schleppende Entwaffnung der Deutschen durch die Siegermächte. Überall gab es mehr oder weniger geheime Waffenlager, aus denen sich Rechts- und Linksradikale bedienten. Sie rüsteten für den Bürgerkrieg.

Betrachten wir zunächst die Ereignisse bis Sommer 1919, denn diese waren eine wesentliche Voraussetzung für Hitlers Karriere. Die russische Oktoberrevolution war der Hintergrund der deutschen Novemberrevolution. In Russland herrschte seit Frühjahr 1918 ein blutiger Bürgerkrieg zwischen Lenins Bolschewiki und ihren Gegnern. Die russischen Kommunisten regierten diktatorisch mithilfe der Roten Armee und einer Geheimpolizei. Diese übte eine Schreckensherrschaft aus. Millionen von Menschen kamen im Bürgerkrieg um, die meisten durch Hungersnöte.

Gleichzeitig fanden Kriege um die westlichen Randstaaten des ehemaligen Zarenreiches statt, so etwa mit Polen. Dieses Land war im 18. Jahrhundert zwischen Russland, Österreich und Preußen aufgeteilt worden. Es wurde nach dem Ersten Weltkrieg neu begründet. Nach erbitterten Auseinandersetzungen zwischen Roter Armee und polnischer Armee dehnte Polen seine Ostgrenze weit auf früher russisches Gebiet aus. Auch im Baltikum kam es zu Krieg und Bürgerkrieg.

Deutsche Soldaten und Zeitfreiwillige, sogenannte Freikorps, waren in diese Auseinandersetzungen verwickelt. Die Freikorps bestanden aus Frontsoldaten, die nicht aus der Armee entlassen werden und Rache für die deutsche Niederlage üben wollten. Aber auch radikalnationalistische Studenten, die für den Wehrdienst im Ersten Weltkrieg zu jung gewesen waren, sammelten sich hier.

1918/19
**Deutsche Freikorps in Osteuropa**

Ähnliche Kämpfe wie im Baltikum mit der Roten Armee gab es zwischen polnischen Aufständischen und deutschen Freikorps in Oberschlesien. Die Freikorps brachten einen tiefen Hass auf Slawen, Bolschewisten und Juden mit, als sie nach Deutschland zurückkehrten. Die führenden Männer der sowjetischen Kommunisten und ihrer Geheimpolizei seien Juden, behaupteten sie. Das Feindbild des »jüdischen Bolschewismus« hat hier seinen Ursprung. Der aus Reval (Tallinn) in Estland stammende spätere Chefideologe der NSDAP, Alfred Rosenberg, beeinflusste mit Schriften wie *Pest in Rußland! Der Bolschewismus, seine Häupter, Handlanger und Opfer* maßgeblich Hitlers Antisemitismus.

Die Freikorps betrieben einen regelrechten Kult um gewalttätige Männlichkeit. Für die »spießige« bürgerliche Gesellschaft hatten sie nur Verachtung übrig. Schnell standen die Freikorps im rechtsradikalen Lager. Sie waren praktisch eine Bürgerkriegsarmee und brachten Kommunisten auf brutalste Weise um.

Auch die Kommunisten und Sozialdemokraten verfolgten die Entwicklung in Russland aufmerksam. Für die KPD war die Oktoberrevolution ein Vorbild, dem sie nacheiferte. Die Mehrheitssozialdemokraten waren ganz anderer Auffassung: Zustände wie in Russland mussten um beinahe jeden Preis verhindert werden. Nur so schien eine politische und wirtschaftliche Erholung Deutschlands möglich. Für Friedrich Ebert und seine Parteigenossen gab es keine Alternative zur parlamentarischen Demokratie.

Auch im bürgerlichen Lager und bei den konservativen Führungsschichten war Sowjetrussland ein Schreckgespenst, zumal Horrormeldungen aus dem russischen Bürgerkrieg nach Deutschland drangen. Um sich vor den Kommunisten zu schützen, nahmen sogar politisch Rechtsstehende die Herrschaft der Sozialdemokraten als geringeres Übel hin.

Im folgenden Monat gewann Ebert den Allgemeinen Kongress der Arbeiter- und Soldatenräte für ein Ende der Revolution und die Bildung einer Nationalversammlung, die dem Reich eine neue Verfassung geben sollte. Dennoch war die politische Linke verbittert, da die Stützen der kaiserlichen Gesellschaft, Beamtenapparat, Militär und adlige Großgrundbesitzer, auch weiterhin den Ton angaben. Um den Wahlen zur Verfassungsgebenden Nationalversammlung zuvorzukommen, die für den 10. Januar 1919 angesetzt waren, unternahmen die Kommunisten einen Aufstandsversuch, der mit Billigung der Sozialdemokraten von der Armee und von Freikorps blutig niedergeschlagen wurde. Seitdem standen sich Kommunisten und Sozialdemokraten unversöhnlich gegenüber.

Freikorpsangehörige ermordeten die Führer des Spartakusbundes/KPD, Karl Liebknecht und Rosa Luxemburg. Luxemburg entsprach als Frau und polnische Jüdin dem Feindbild der Rechtsradikalen.

Wegen der Unruhen in Berlin wurde die Nationalversammlung in Weimar abgehalten. Mehrheitssozialdemokraten und Unabhängige Sozialdemokraten hatten zwar die Mehrheit, mussten aber bei entscheidenden Fragen mit der katholischen Zentrumspartei und der linksliberalen Deutschen Demokratischen Partei zusammenarbeiten. Diese Parteien bildeten die verfassungstreue »Weimarer Koalition«, wogegen KPD, die Deutschnationale Volkspartei (DNVP) und zeitweise die Deutsche Volkspartei (DVP) verfassungsfeindliche Ziele verfolgten. Die Nationalversammlung wählte Friedrich Ebert zum ersten Reichspräsidenten und Philipp Scheidemann zum ersten Reichskanzler.

Die Weimarer Reichsverfassung wurde im Juli 1919 verabschiedet. Die Republik war wie die heutige Bundesrepublik ein Bundesstaat mit Länderparlamenten, die ihrerseits Vertreter in den Reichsrat, den heutigen Bundesrat, entsandten. Preußen spielte dort schon wegen seiner Größe eine gewichtige Rolle. Die Verfassung räumte dem Parlament, das weiterhin Reichstag hieß, weitgehende Rechte ein. Frauen hatten seit den Wahlen zur Nationalversammlung das aktive und passive Wahlrecht. Gewählt wurde nach dem Verhältniswahlrecht. Die Parteien stellten Wahllisten auf und entsandten gemäß ihrem Stimmenanteil

Abgeordnete in den Reichstag. Eine Fünfprozenthürde wie in der heutigen Bundesrepublik gab es nicht.

Als Gegengewicht gegen das Parlament sollte der Reichspräsident wirken, der die Reichsminister gemäß Parlamentsmehrheitsbeschluss ernannte und entließ. Der Reichspräsident wurde vom Volk für eine siebenjährige Amtszeit direkt gewählt. Er konnte unter bestimmten Voraussetzungen den Reichstag auflösen und Neuwahlen anordnen. Andererseits hatte der Reichspräsident ein Notverordnungsrecht (Artikel 48). Im Fall von inneren Unruhen konnte er die bürgerlichen Grundrechte (Meinungsfreiheit, Pressefreiheit, Versammlungsfreiheit usw.) zeitweilig außer Kraft setzen. Er durfte auch Truppen entsenden, wenn ein Land der Republik die verfassungsmäßige Ordnung verletzte. Der Reichspräsident war allerdings verpflichtet, die Zustimmung der Reichstagsmehrheit zu Notverordnungen nachträglich einzuholen.

Unterdessen berieten die Siegermächte über einen Friedensvertrag mit Deutschland, Österreich und Ungarn, der schließlich im Juni 1919 mit Deutschland im französischen Versailles unterzeichnet wurde. In Ostmitteleuropa entstanden eine Reihe neuer Nationalstaaten, die an die Stelle der bisherigen Vielvölkerreiche traten: Finnland, Estland, Lettland und Litauen, Polen, die Tschechoslowakei, Jugoslawien und Ungarn, das allerdings erhebliche Gebiete an das Königreich Rumänien abtreten musste.

> Juni 1919 **Vertrag von Versailles**

Der Völkerbund, das Herzstück der »Vierzehn Punkte« Präsident Wilsons, wurde in der Schweizer Stadt Genf gegründet, blieb aber ein Papiertiger, weil der amerikanische Kongress die Zustimmung zum Beitritt verweigerte. Die Vereinigten Staaten waren nie Mitglied des Völkerbunds.

Über die Zukunft Deutschlands waren sich die Sieger uneins. Frankreich hatte 1914 innerhalb weniger Jahrzehnte zum zweiten Mal einen deutschen Angriff erlebt und wollte dafür sorgen, dass sich so etwas nicht wiederholte. Das Land verlangte die Bezahlung der Kriegsschäden auf seinem Gebiet und die Angliederung des linksrheinischen Gebietes, um einen größeren Sicherheitsabstand zu Deutschland zu haben.

Großbritannien wollte den französischen Forderungen entgegenkommen, aber zugleich dafür sorgen, dass Frankreich keine neue Großmacht auf dem europäischen Kontinent wurde. Daher musste das Deutsche Reich Elsass-Lothringen und Eupen-Malmedy abtreten. Das Saarland wurde unter die Aufsicht des Völkerbunds, aber unter französische Verwaltung gestellt. Für 1935 war eine Volksabstimmung über den endgültigen Verbleib dieses Gebietes vorgesehen.

Englische, französische, belgische, anfänglich auch amerikanische Truppen besetzten das linksrheinische Gebiet, aber nicht dauerhaft, sondern auf Zeit. Rechts des Rheins entstand eine entmilitarisierte Zone, in der keine Truppen Deutschlands oder der Siegermächte stationiert sein durften. Auch im Osten musste das Deutsche Reich Gebiete mit überwiegend polnischer Bevölkerung an Polen abtreten. Die größtenteils deutsch bewohnte Hafenstadt Danzig und das Gebiet um Memel zwischen Ostpreußen und Litauen kamen unter Völkerbundverwaltung. Das Gebiet um Danzig trennte als polnischer »Korridor« fortan das Reichsgebiet von Ostpreußen.

Deutschland wurde weitgehend entmilitarisiert. Es musste seine Luftwaffe, seine U-Boote und die Hochseeflotte an die Siegermächte ausliefern und durfte künftig nur noch eine Berufsarmee von einhunderttausend Soldaten unter Waffen halten.

Auch wurde das Land zu erheblichen, zunächst nicht bezifferten Reparationen verpflichtet. Darunter versteht man Entschädigungsleistungen zur Beseitigung von Kriegsfolgen. Frankreich und Großbritannien hatten sich im Krieg gegenüber den Vereinigten Staaten hoch verschuldet und wollten diese Schulden so schnell wie möglich tilgen. Grundlage der Reparationen war ein Artikel des Friedensvertrags, der Deutschland die alleinige Schuld am Ersten Weltkrieg zuwies (Artikel 231).

Entgegen der deutschen Wahrnehmung raubte der Friedensvertrag Deutschland nicht seine Existenzmöglichkeiten. Es konnte wieder zur Großmacht aufsteigen, womit die Siegermächte für die Zukunft auch rechneten. Als aber die Friedensbedingungen im Mai 1919 bekannt wurden, gab es einen Aufschrei der Empörung quer durch alle politischen Lager. Die ehemaligen Kriegsgegner, die Alliierten, wollten Deutschland »vernichten« oder »verknechten«, hieß es.

Das alles war Ausdruck der Weigerung, der Niederlage nüchtern ins Auge zu sehen. Viele Deutsche glaubten der Dolchstoß-

»Deutschlands Verstümmelung«, Karte von 1919

legende, das siegreiche Heer sei durch die Linken zu Fall gebracht worden. Der Kriegsschuldartikel 231 wurde empört zurückgewiesen, statt sich mit der Frage nach der deutschen Verantwortung im Sommer 1914 ernsthaft auseinanderzusetzen.

Es gab keine andere Möglichkeit als die Annahme des Friedensvertrages, zumal die Alliierten drohten, im Falle einer Weigerung ganz Deutschland zu besetzen. Aber für alle Regierungen der Weimarer Republik stand die Rückgängigmachung des Versailler Vertrages auf der außenpolitischen Tagesordnung. In den Schulbüchern der Weimarer Republik wurde »Deutschlands Verstümmelung« angeprangert, um Schülerinnen und Schüler auf diese Zielsetzung einzuschwören.

Der Versailler Vertrag war Wasser auf die Mühlen der Rechtsextremen, die schon immer behauptet hatten, äußere und innere Feinde wollten Deutschland zerstören. Sie machten seit Juni 1919 Hetzpropaganda gegen die Regierung und gegen alle, die für die Unterzeichnung des Vertrages waren. Matthias Erzberger, der den Waffenstillstand unterzeichnet hatte, gehörte dazu. Bis weit in die Mitte der Gesellschaft hinein brodelten Gefühle von Scham, Wut und Rachegelüsten.

### Erweckungserlebnis?

Hitler hatte von den Ereignissen des Oktober 1918 nichts mitbekommen. Er lag im Lazarett in Pasewalk. Für ihn brach durch die Revolution und die Niederlage eine Welt zusammen. In *Mein Kampf* schrieb er, der Zustand seiner Augen habe sich etwas gebessert, als die Nachricht von der Abdankung des Kaisers eintraf. Aber dann sei er erneut erblindet: »Am 10. November kam der Pastor in das Lazarett zu einer kleinen Ansprache; nun erfuhren wir alles.« Hitler fährt später fort: »Während es mir um die Augen wieder schwarz ward, tastete und taumelte ich zum Schlafsaal zurück, warf mich auf mein Lager und grub den brennenden Kopf in Decke und Kissen. Seit dem Tage, da ich am Grabe der Mutter gestanden, hatte ich nicht mehr geweint. Nun aber konnte ich nicht mehr anders. Nun sah ich erst, wie sehr alles persönliche Leid versinkt gegenüber dem Unglück des Vaterlandes. Es war also alles umsonst gewesen.« Juden und »Marxisten« hätten die Front verraten.

Ohne Frage war die deutsche Niederlage für Hitler ein tief verstörendes Erlebnis, ein Trauma. Diesem Krieg hatte er sich völlig verschrieben. Er hatte ihm erstmals in seinem Leben Zugehörigkeit und eine Aufgabe gegeben. Umso tiefer war der Schock der Niederlage. Hitler fühlte hier nicht anders als ein Großteil des nationalgesinnten Bürgertums. Er behauptete in seinem Buch, die Niederlage sei eine Art Erweckungserlebnis gewesen: »Mit dem Juden gibt es kein Paktieren, sondern nur das harte Entweder – Oder. Ich aber beschloß, Politiker zu werden.«

So lebhaft Hitler hier von seiner Erweckung erzählt, so wenig spricht dafür, dass es sich auch so zutrug. Für die Legende dieses Erlebnisses gab es sogar ein literarisches Vorbild, bei dem sich Hitler offenkundig bediente. Auch Guido von List, dessen Schriften Hitler in Wien gelesen hatte, behauptete, Anfang des Jahrhunderts plötzlich erblindet und zugleich erleuchtet worden zu sein. Hätte Hitler im November 1918 wirklich Politiker werden wollen, so hätte er sich ins Getümmel der Revolution werfen

*Nov. 1918*
*Angebliches*
*»Erweckungs-*
*erlebnis«*

können. Aber er tat nichts dergleichen. Denn dem Heer fühlte er sich zugehörig. Vor allem schützte es ihn davor, wieder vor dem Nichts zu stehen. Wäre Hitler aus dem Militär entlassen worden, so hätte er aufs Neue Postkarten malen müssen. Er war neunundzwanzig Jahre alt. Seine Aussichten waren trübe.

### »Ich konnte reden!«

Hitler wurde am 19. November 1918 aus dem Lazarett in Pasewalk entlassen und zum Reserve-Infanterie-Regiment 16 in München abkommandiert, mit dem er im Oktober 1914 zur Front gefahren war. Die Soldaten des Regiments sollten entlassen werden. Daran hatte Hitler aber kein Interesse. Er wollte so lange wie möglich bei der Truppe bleiben und lebte in der Kaserne, als die Revolution in München stattfand.

Nov. 1918 Rückkehr zum Regiment nach München

In der bayerischen Hauptstadt hatte der linke Sozialdemokrat Kurt Eisner im Namen des Münchner Arbeiter- und Soldatenrates am 8. November 1918 einen bayerischen »Freistaat« ausgerufen. Er bildete eine Regierung aus gemäßigten und linken Sozialdemokraten mit ihm selbst als Ministerpräsident. Im Januar 1919 sollten demokratische Landtagswahlen in Bayern stattfinden.

Die äußerste Rechte wütete gegen »den Juden« Eisner und wollte ihn loswerden. Julius Lehmann etwa, Besitzer eines völkischen Buchverlags, arbeitete eng mit der sogenannten Thule-Gesellschaft zusammen. Die antisemitische Thule-Gesellschaft benutzte das Hakenkreuz als Erkennungszeichen. Sie wollte Eisner gewaltsam stürzen. Beteiligt waren Männer, die später im Umkreis Hitlers auftauchten, darunter der schon erwähnte Hans Frank, Rudolf Heß und der Rassenfanatiker Alfred Rosenberg. Der Umsturzplan wurde verraten. Lehmann und seine Leute kamen kurzzeitig ins Gefängnis.

Mitte Dezember 1918 wurde Hitler, der immer noch bei der Truppe war, mit einer Anzahl Kameraden zur Bewachung eines Kriegsgefangenenlagers für Engländer und Russen in die oberbayerische Stadt Traunstein abkommandiert. Höchstwahrscheinlich Ende Januar 1919 kehrte er nach München zurück. Die Landtagswahl vom 12. Januar hatte der Partei von Ministerpräsident Eisner, der Unabhängigen Sozialdemokratischen Partei (USPD), inzwischen eine schwere Niederlage eingebracht.

Am 21. Februar wurde Eisner von einem Rechtsradikalen erschossen, woraufhin Münchner Kommunisten zu einer erneuten Revolution aufriefen. Sie konnten sich aber nicht durchsetzen. Der neu gewählte Landtag trat zusammen und wählte den Sozialdemokraten Johannes Hoffmann zum Ministerpräsidenten. Hoffmann steuerte auf eine parlamentarische Demokratie in Bayern zu.

Die USPD drängte jetzt aber ebenfalls auf eine Räterepublik, die schließlich am 6. April 1919 ausgerufen wurde. Die gewählte Regierung unter Johannes Hoffmann flüchtete nach Bamberg. Von dort aus organisierte sie den Widerstand gegen die Münchner Räterepublik, an deren Spitze politisch unerfahrene Schriftsteller standen. Es herrschten chaotische Zustände.

*Feb. 1919 Vertrauensmann revolutionärer Soldatenräte*

Mitte Februar war Hitler zum »Vertrauensmann« seines Truppenteils gewählt worden, gehörte also zu den Arbeiter- und Soldatenräten unter Eisner. Als der ermordete Ministerpräsident zu Grabe getragen wurde, war auch Hitler befehlsgemäß dabei. Er trug in dieser Zeit wahrscheinlich eine rote, sozialistische Armbinde am Oberarm. Man kann jedoch so gut wie sicher ausschließen, dass Hitler sozialistische Überzeugungen teilte. Er passte sich ganz einfach an. Hitler war auch nicht der Einzige unter den späteren Top-Nazis, die zeitweilig mit Sozialisten und Kommunisten gemeinsame Sache machten.

Bald rief die KPD eine noch radikalere Kommunistische Räterepublik aus, worauf nun aber die Regierung in Berlin reagierte: Der sozialdemokratische Reichswehrminister Gustav Noske stellte sich gegen die Kommunisten und gab den Befehl, »geordnete Zustände« in München wiederherzustellen. Reichswehrtruppen und Freikorps trafen am 1. Mai 1919 in München ein. Schon im Umkreis der Stadt brachten sie Rotarmisten und Sanitäter um. Daraufhin erschoss die kommunistische Truppe zehn zuvor festgenommene Geiseln, darunter Mitglieder der Thule-Gesellschaft. Dieser Geiselmord rief weithin Entsetzen und neue Gewalt hervor.

Über dreihundert Menschen wurden mehr oder weniger willkürlich von Reichswehrtruppen hingerichtet. Hinzu kamen die zahllosen Opfer der Freikorps, deren Männer nach Gutdünken unter den »Roten« wüteten. An der Niederschlagung der Räterepublik beteiligte sich Hitler nicht. Im Gegenteil: Er wurde bei einer von den Kommunisten angeordneten Neuwahl der Münch-

**Beisetzung Kurt Eisners auf dem Münchner Ostfriedhof,
26. Februar 1919:** Am Rand einer Gruppe russischer Kriegsgefangener,
die im Trauerzug marschieren, Hitler im Uniformmantel (PFEIL)

ner Kasernenräte erneut gewählt. Sie setzten also Vertrauen in ihn. Hitler blieb vorsichtig.

Die Bevölkerungsmehrheit war klar gegen revolutionäre Experimente. Deshalb begrüßte sie mehr oder weniger offen die Gewalt der Freikorps. Bayern und besonders München wurden seit 1919 zum Sammelpunkt des deutschen Rechtsradikalismus, der sich hier nahezu ungehindert entfalten konnte.

Als die »Roten« besiegt waren, richtete die Reichswehr im Mai 1919 sogenannte Untersuchungskommissionen ein. Sie sollten nach kommunistischen Soldaten fahnden. Was machte Hitler? Er bildete mit zwei anderen Soldaten eine dieser Untersuchungskommissionen und schwärzte seine Kameraden an, obwohl das ihren Kopf kosten konnte. Dass er selbst ebenfalls Vertrauensmann der Kasernenräte gewesen war, verschwieg er wohlweislich. »Kein angenehmer Charakter«, hier macht er sich wieder bemerkbar. Nach oben buckeln, nach unten treten – das ungefähr war Hitlers Verhalten im Jahr 1919.

*Mai 1919 Denunziant angeblicher Kommunisten*

Die Teilnahme an der Untersuchungskommission schützte Hitler vor der Entlassung aus dem Militärdienst. Er wurde vorerst noch gebraucht. Das »Gruppenkommando 4« der Bayerischen Reichswehr verfolgte Kommunisten und richtete eine sogenannte Aufklärungs- und Propagandaabteilung ein, die Bevölkerung und

**Mai 1919**
**Spitzel bei der »Aufklärungs- und Propagandaabteilung« der Bayerischen Reichswehr**

Soldaten geheimdienstlich überwachen sollte. Sie sollte zugleich in der Truppe gegen den Bolschewismus Stimmung machen. Man suchte zu diesem Zweck nach Verbindungsmännern, sogenannten V-Männern, die sich als Spitzel unter die Leute mischten.

Chef der Aufklärungs- und Propagandaabteilung war der rechtsextreme Hauptmann Karl Mayr. Er war derjenige, der Hitlers politische Karriere in Gang brachte. Ende Mai stellte Mayr den Gefreiten als V-Mann ein. Hitler, so der Hauptmann rückblickend, glich damals einem »streunenden Hund, der nach einem Herrn suchte«. In Mayr und der Reichswehr fand Hitler diesen Herrn.

Kurz darauf nahm er an einem einwöchigen Schulungskurs in der Münchner Universität teil. Dort hielten verschiedene Experten Vorträge über die deutsche Geschichte, den Krieg, Deutschlands wirtschaftliche Lage, den Sozialismus und die Außenpolitik. Ausgerechnet ein angesehener Historiker, Professor Karl Alexander von Müller, entdeckte nach seinem Vortrag Hitlers Rednergabe. Er sah und hörte mit an, wie Hitler auf eine Gruppe Umstehender einredete und sie offenkundig zu fesseln wusste. Müller machte Mayr auf Hitlers Talent aufmerksam.

Bald hatte Hitler Gelegenheit, seine Gabe unter Beweis zu stellen. Mayr schickte ihn und weitere fünfundzwanzig Männer in ein Reichswehrlager bei Augsburg. Dort, auf dem Lechfeld, waren Soldaten versammelt, die in einem fünftägigen Kurs zu einer ablehnenden Haltung gegen den Bolschewismus gebracht werden sollten. Die meisten Vorträge übernahm Hitler. Er hinterließ einen tiefen Eindruck auf seine Zuhörer. Einer von ihnen sah in ihm einen geborenen »Volksredner, der durch seinen Fanatismus und sein populäres Auftreten in einer Versammlung die Zuhörer unbedingt zur Aufmerksamkeit und zum Mitdenken zwingt«.

Niemand war von dieser Gabe überraschter als Hitler selbst: »Ich begann mit aller Lust und Liebe. Bot sich mir doch jetzt mit einem Male die Gelegenheit, vor einer größeren Zuhörerschaft zu sprechen; und was ich früher immer, ohne es zu wissen, aus dem reinen Gefühl heraus einfach angenommen hatte, traf nun ein: ich konnte ›reden‹.« Hitler stieg in Mayrs Achtung und wurde zu seinem engsten Mitarbeiter.

Am 12. September 1919 sollte Hitler als V-Mann an einer Versammlung der völkisch-rechtsextremen Deutschen Arbeiterpartei (DAP) teilnehmen, die zwei Mitglieder der Thule-Gesellschaft, Karl Harrer und Anton Drexler, im Januar dieses Jahres gegründet hatten. Die Partei tagte in einer Münchner Gastwirtschaft, dem Sterneckerbräu. An diesem Abend sprach der Wirtschaftsfachmann Gottfried Feder, der sich durch ein antisemitisches Buch einen Namen gemacht hatte und den Hitler bewunderte. Hitler beobachtete die Anwesenden und fand, die Partei sei ein lahmer Haufen.

Kurz vor Ende der Veranstaltung griff ein als Gast anwesender Professor den Redner Feder an und trat für die Loslösung Bayerns vom Reich ein. Hitler meldete sich erregt zu Wort und redete den Professor ohne jeden Respekt in Grund und Boden. Parteichef Drexler war beeindruckt. Er fand, einen Mann mit einer so großen Schnauze könne die Partei gut gebrauchen, und lud Hitler ein, der DAP beizutreten. Das tat Hitler in der zweiten Septemberhälfte 1919. Er behauptete später, das Mitglied Nr. 7 gewesen zu sein. In Wirklichkeit war er Nr. 555. Und offensichtlich trifft es auch nicht zu, dass er aus eigenem Entschluss in die DAP ging. Mayr hat jedenfalls berichtet, er selbst habe Hitler den Beitritt befohlen.

**Sept. 1919
Eintritt in
die Deutsche
Arbeiterpartei**

Noch heute kommt es vor, dass Agenten des Geheimdienstes insgeheim die rechtsradikalen Gruppen unterstützen, die sie überwachen sollen. Im Falle Hitlers war es noch viel schlimmer: Hier wurde ein Rechtsradikaler vom rechtsradikalen Geheimdienst der Reichswehr in eine rechtsradikale Partei regelrecht abkommandiert, um den Rechtsradikalismus zu verstärken.

Vorerst blieb Hitler in der Reichswehr, bekam deren Sold und wurde von Mayr zusätzlich für DAP-Propagandareden bezahlt. Erst Ende März 1920 wurde er aus dem Militär entlassen. Zu diesem Zeitpunkt hieß die DAP bereits NSDAP. Ihr wichtigster Mann war inzwischen – Adolf Hitler.

# DER AUFSTEIGER

## Vom Agitator zum Putschisten 64
Agitator 64
»Führer« und »bayerischer Mussolini« 68
Die SA 70
Umfeld 74
Putsch 77

83 »... rein vaterländischer Geist«: Vom Prozess zur Führerpartei
83 Prozess
84 Landsberg
88 NSDAP-Neugründung

## Hitler »privat« I 97
Selbstinszenierung 97
Lebensgewohnheiten 99
Frauen 102

107 **Spiel um die Macht**
107 Durchbruch
109 Wahljahr 1932
113 Endspiel
116 Hitler: unvermeidlich?

# Vom Agitator zum Putschisten

## Agitator

Hitler war der Deutschen Arbeiterpartei im September 1919 beigetreten. Er galt bereits zu dieser Zeit als Spezialist für die »Judenfrage«. Hauptmann Mayr leitete die Anfrage eines Schulungskursteilnehmers zur Beantwortung an Hitler weiter, wie wohl die SPD zur »Judenfrage« stehe und ob die Juden »eine Gefahr für das Volkstum« seien. Hitler bejahte diese Frage: Die Juden seien eine Rasse, keine Religion. Sie seien die treibenden Kräfte der Revolution gewesen. Die Nation müsse sich gegen die Juden zusammenschließen. Nötig sei ein »Antisemitismus der Vernunft«: »Sein letztes Ziel muß unverrückbar die Entfernung der Juden überhaupt sein.«

Die DAP war nur eine unter vielen völkisch-rechtsextremen Vereinigungen in München, fand aber schnell Förderer. Hauptmann Karl Mayr betrachtete die Partei als seine Schöpfung und Adolf Hitler als ›seinen‹ Mann. Die beiden handelten nach dem Motto: Aufsehen ist immer gut. Mitte Oktober 1919 hielt Hitler seine erste Rede für die DAP, die etwa eine halbe Stunde dauerte und viel Beifall fand.

*24. Feb. 1920*
**Umbenennung der DAP zur NSDAP**

Am 24. Februar 1920 versammelten sich rund zweitausend Menschen zu einer Veranstaltung der DAP im Festsaal des Münchner Hofbräuhauses. Unter ihnen waren auch einige hundert sozialistische Gegner der Partei. Die DAP hatte bewusst rote Werbeplakate ausgehängt, um ihre Gegner mit der sozialistischen Farbe zu provozieren. Diesem Zweck diente auch die Hakenkreuzfahne, die Hitler als Parteifahne entworfen hatte. Sie zeigte auf rotem Grund einen weißen Kreis, in dessen Mittelpunkt ein leicht nach rechts gedrehtes Hakenkreuz stand.

Das Hakenkreuz kannte Hitler schon aus Wien. Es war auch bei den Freikorps und in der Thule-Gesellschaft verwendet worden. Aber die Kombination mit Rot und Weiß war seine Idee: »Im Rot sehen wir den sozialen Gedanken der Bewegung, im Weiß den nationalistischen, im Hakenkreuz die Mission des Kampfes für den Sieg des arischen Menschen und der schaffenden Arbeit, die selbst ewig antisemitisch war und antisemitisch sein wird«, schrieb Hitler dazu in *Mein Kampf*.

Da Hitler und der neue Parteivorsitzende Anton Drexler befürchteten, die Veranstaltung könnte vielleicht schlecht besucht sein, arbeiteten sie ein Programm der DAP in fünfundzwanzig Punkten aus. Es unterschied sich wenig von dem, was andere rechtsradikale Gruppen forderten. Der Judenhass zog sich wie ein roter Faden durch das Programm. Bei seiner Ansprache im Hofbräuhaus verkündete Hitler diese Punkte. Fortan hieß die DAP Nationalsozialistische Deutsche Arbeiterpartei (NSDAP). In *Mein Kampf* behauptete Hitler, seine Zuhörer hätten sich wie ein Mann hinter das Programm gestellt und ihm zugejubelt. In Wirklichkeit kam es beinahe zu Schlägereien mit den Gegnern. In diesen Tumult hinein verlas Hitler unter wachsendem Beifall das Parteiprogramm.

Im Januar 1920 war der Versailler Vertrag in Kraft getreten. Dessen Entwaffnungs- und Entmilitarisierungsbestimmungen bedrohten vor allem den Bestand der Freikorps. Im März unternahmen Rechtsradikale in Berlin unter Führung des Politikers Wolfgang Kapp einen Versuch, die Reichsregierung durch einen Staatsstreich zu stürzen. Kapp war Mitglied der von Ludendorff gegründeten Deutschen Vaterlandspartei. Unterstützer des Putsches waren Großlandwirte aus den preußischen Gebieten östlich der Elbe.

**März 1920 Kapp-Putsch**

Am Kapp-Putsch waren Einheiten der Reichswehr beteiligt, vor allem aber die Marinebrigade Ehrhardt, ein besonders gewalttätiges Freikorps aus ehemaligen Marinesoldaten. Diese hatte im Vorjahr zusammen mit anderen Freikorps die Münchner Räterepublik niedergeschlagen. Die Bayerische Reichswehr stand mit Kapp und seinen Leuten in enger Verbindung. Karl Mayr schickte Hitler und einen seiner frühen Gönner, den Dichter Dietrich Eckart, nach Berlin, um die Putschisten aus erster Hand über die Lage in Bayern zu informieren. Die beiden benutzten ein Flugzeug, das ein Geldgeber Eckarts für sie anmietete. Das war Hitlers erste Reise in diesem damals ultramodernen Verkehrsmittel.

Als Hitler und Eckart in Berlin ankamen, war der Staatsstreich bereits gescheitert. Arbeiter und Angestellte sowie die Beamten hatten ihre Arbeit aus Protest vollständig niedergelegt. Dieser Generalstreik rettete der Republik das Leben. Wolfgang Kapp floh nach Schweden, Hitler und Eckart kehrten nach München zurück, ebenso die Marinebrigade Ehrhardt.

Aus dem Scheitern des Kapp-Putsches zogen die deutschen Rechtsradikalen die Lehre, dass die bloße Wiederherstellung der kaiserzeitlichen Machtverhältnisse kein ausreichendes ›Programm‹ war und ein Staatsstreich gegen den geschlossenen Widerstand der Arbeiterschaft keine Erfolgsaussichten hatte. Aussichtsreicher erschien es, die Arbeiter hinter einem radikalnationalistischen Programm zu einen.

Das Augenmerk der Rechtsextremen richtete sich daher auf Bayern. Die sozialdemokratische Regierung Hoffmann war auf Druck der Bayerischen Reichswehr im März 1920 zurückgetreten und durch den rechtskonservativen Ministerpräsidenten Gustav Ritter von Kahr ersetzt worden. Kahr baute Bayern gezielt zur »Ordnungszelle« gegen die Reichsregierung auf. Hier tummelten sich Rechtsradikale aller Schattierungen, unter ihnen Hitlers NSDAP.

Die Radikalisierung der Republik machte sich schnell bemerkbar: Bereits bei der ersten Reichstagswahl vom Juni 1920 verloren die republiktreuen Parteien (SPD, Zentrum und DDP) ihre Mehrheit und erlangten sie nie wieder. Im Herbst desselben Jahres schrieb Mayr an Kapp in sein schwedisches Exil, die völkische Sache komme in München gut voran. Hitler sei eine »bewegende Kraft« geworden, ein Volksredner ersten Ranges.

Zweifellos war Adolf Hitler eine rednerische Ausnahmebegabung. Sieht man sich heute Filme von Hitler-Reden an und hört seine Stimme, sind sein oberösterreichischer Dialekt, sein heiseres Brüllen und seine großen Arm- und Handbewegungen komisch oder abstoßend. Damals aber verfehlten sie ihre Wirkung nicht. Hatte er kein Publikum vor sich, war Hitler wenig beeindruckend. Sprach er leise, hatte Hitler eine tiefe, nicht unangenehme Stimme. Aber davon bekam die Öffentlichkeit so gut wie nichts mit.

Im Laufe der Zeit verfeinerte Hitler seine Technik. Er begann meist eher zurückhaltend, steigerte sich dann und verfiel am Ende seiner Rede in regelrechte Raserei, die sein Publikum in Höchststimmung versetzte. Das Verhältnis zwischen Redner und Publikum war wechselseitig. Hitler brauchte die Erregung, die er erzeugte, um seine innere Leere zu füllen. Seine Zuhörer brauchten ihn, um sich begeistern zu lassen. Sie fühlten sich durch ihn verstanden.

Hitler sprach meist zwei Stunden lang, öfter auch länger, wobei er kaum schriftliche Vorlagen benötigte. Ihm genügten einige Notizen. Später, als er Reichskanzler war, diktierte Hitler seine Reden und überarbeitete sie anschließend sorgfältig. Aber auch dabei blieb er seinen Ursprüngen als Agitator treu. Hitlers Sekretärin berichtet, dass er beim Diktieren seiner Reden in der Reichskanzlei auf und ab lief und sich dabei so in Wut redete, dass sie Angst vor ihrem Chef bekam.

Der Sinn und Zweck von Hitlers Reden war es, seinen Zuhörern die immer gleichen Botschaften in Kopf und Seele zu hämmern: Nur die NSDAP könne Deutschlands Wiedergeburt erreichen. Denn sie sei keine Partei, sondern eine echte Volksbewegung. Unter ihrer Führung werde man die inneren Feinde der Nation ausschalten, Einigkeit wiederherstellen und dereinst auch Deutschlands Macht und Herrlichkeit. Die »Volksgemeinschaft«, die geeinte Nation, werde, sagte Hitler, alle gesellschaftlichen Gegensätze überwinden und allen Deutschen einen Platz nach ihren Fähigkeiten zuweisen.

Hitler lockte schnell immer mehr Zuhörer in die Massenveranstaltungen der NSDAP. Fast immer sprach er in den Bierkellern und Sälen der bayerischen Hauptstadt. Sein Publikum kam anfänglich überwiegend aus dem unteren Mittelstand der Handwerker, kleinen Beamten und Angestellten. Auch Frauen gehörten dazu, darunter Damen der sogenannten besseren Kreise. Sie fanden offenbar Gefallen an dem ungehobelten Burschen. Die Anwesenden erwarteten keine komplizierten Erklärungen, sondern einfache Antworten auf ihre Hassgefühle. Hitlers Selbstbewusstsein lebte fortan von seinem Erfolg als Redner und Aufwiegler – als Agitator.

Die Mitgliederzahl der Partei nahm durch Hitlers Rednertätigkeit zu. Sie stieg von hundertneunzig im Januar auf zweitausend im Herbst 1920. Sein Erfolgsrezept war einfach: Hitler sagte genau das, was seine Zuhörer hören wollten. Und was sie hören wollten, war vor allem die Bestätigung ihres Antisemitismus. Das Rüstzeug hierfür hatte Hitler in Wien erworben. Nun konnte er davon Gebrauch machen.

Bereits im Reichswehrlager bei Augsburg hatte der V-Mann Hitler so sehr gegen die Juden gehetzt, dass der Kommandant dieses Lagers ihn bitten ließ, seine antisemitischen Töne zu dämpfen. In den Münchner Bierkellern hetzte Hitler mit unbeschreiblicher Brutalität gegen die Juden. Sie müssten in Lager gesperrt, jüdische Schieber müssten aufgehängt und die jüdische Minderheit müsse vollständig aus Deutschland ausgewiesen werden. Hitler konnte sich darauf verlassen, dass sein Publikum seine Auffassung teilte. Im August 1920 hielt er eine Rede im Hofbräuhaus zur Frage: »Warum sind wir Antisemiten?« Zweitausend Zuhörer waren anwesend. Sie unterbrachen Hitler nicht weniger als achtundfünfzig Mal durch Beifallsstürme.

*Aug. 1920*
*Hitlers Rede*
*»Warum sind wir Antisemiten?«*

Hitlers blitzartiger Aufstieg vom »herrenlosen Hund« (Karl Mayr) zum Starredner der NSDAP verwandelte auch seine Ideologie und sein Selbstverständnis. Mit der Zeit glaubte er selbst an die antisemitischen Botschaften, die er von sich gab. Und da er ungeheuren Erfolg hatte, fühlte Hitler sich bald zu Höherem berufen – zum »Führer«.

### »Führer« und »bayerischer Mussolini«

Die NSDAP wurde weithin als Hitler-Partei wahrgenommen, denn Hitler war ihr Zugpferd. Dann tauchte aber ein Konkurrent auf. Der Augsburger Lehrer Dr. Otto Dickel war ebenfalls ein begabter Redner. Hitler sah seine Stellung bedroht und reagierte extrem: Er trat aus der Partei aus. Den Verlust ihres wichtigsten Redners wollte Drexler jedoch nicht riskieren. Auf Drexlers Frage, wie man ihn zur Rückkehr bewegen könnte, forderte Hitler den Posten des Ersten Vorsitzenden mit »diktatorischen Machtbefugnissen«. Damit setzte er sich durch. Nachdem er erneut in die NSDAP eingetreten war (Mitglied Nr. 3680), wurde er am 29. Juli 1921 im Hofbräuhaus mit nur einer Gegenstimme zum Diktator der NSDAP gewählt.

*Juli 1921*
*Hitler wird »Führer« der NSDAP*

Das war folgenreich. Denn die NSDAP wurde von jetzt an zur »Führerpartei«. So etwas gab es in ganz Deutschland nicht, obwohl der Ruf nach einem starken Mann und genialen Politiker schon lange erklungen war. Bald begannen die NSDAP-Mitglieder Hitler zu vergöttern. Sie glaubten, er werde stets das Richtige tun. In Wirklichkeit war er in seinen Entscheidungen alles andere als sicher. In der Krise, die seiner innerparteilichen Machtergreifung vorausging, hatte er gezaudert. Erst als es nicht mehr anders ging, setzte Hitler alles auf eine Karte, indem er aus der Partei austrat. Hätte Drexler nicht nachgegeben, wäre Hitlers politische Karriere vielleicht schon an diesem Punkt zu Ende gewesen. So aber ging er als strahlender Sieger aus dem Streit hervor.

Als Hitler im Sommer 1921 die Führung der NSDAP übernahm, dachte er noch nicht daran, auch der alleinige Führer Deutschlands zu werden. Er verstand sich als »Trommler« für die völkischen Nationalisten. Das änderte sich ab Herbst 1922. Denn im Oktober wurde im Königreich Italien Benito Mussolini zum Ministerpräsidenten ernannt.

Mussolini war vor dem Ersten Weltkrieg ein führender Politiker der italienischen Sozialisten gewesen. Die italienischen Sozialisten waren gegen den Krieg gewesen. Mussolini aber war einer seiner eifrigsten Fürsprecher und wurde daher aus der Sozialistischen Partei ausgeschlossen. Aus dem Politiker der Linken wurde der Führer der rechtsradikalen *Fasci di Combattimento* (Kampfverbände), von denen sich die deutsche Bezeichnung »Faschismus« ableitet. Heutige Historiker bezeichnen mit diesem Begriff rechtsradikale Bewegungen, die einem »Führer« folgen, den Hass gegen Demokratie und gegen Menschenrechte predigen und durch einen gewalttätigen Massenanhang politische Macht zu erringen versuchen. So gesehen, sind der italienische Faschismus und der deutsche Nationalsozialismus ähnlich beschaffen.

Tatsächlich ähnelten die »Kampfverbände« in mancher Hinsicht der NSDAP, obwohl die Parteien einander nicht kannten. Die Faschisten trugen schwarze Hemden, verherrlichten Krieg und Gewalt und träumten von der Wiederherstellung des römischen Weltreiches. Als Zeichen verwendeten sie ein Rutenbündel, in dem ein Beil mit der Schneide nach außen steckte. Solche *Fasces* waren im römischen Altertum den höchsten Würdenträgern als Zeichen ihrer Macht vorangetragen worden. Die Faschisten grüßten einander mit dem ausgestreckten rechten Arm, der ebenfalls römische Vorbilder nachahmte. Mussolini war ihr »Führer« (italienisch: *Duce*). Im November 1921 erweiterte er die »Kampfverbände« zur »National-Faschistischen Partei«.

Knapp ein Jahr später übernahmen die Faschisten durch eine Art Staatsstreich die Macht in Italien. Mussolini führte zunächst eine Regierung, an der auch andere Parteien beteiligt waren. Ab

**Okt. 1922**
**Faschistischer »Marsch auf Rom«: Benito Mussolini wird italienischer Ministerpräsident**

**1926 Einführung des »römischen Grußes« in der NSDAP**

1926 war er Italiens Diktator, obwohl der König weiterhin Staatsoberhaupt blieb. Mit Hitler verband Mussolini bald eine »Freundschaft«, die bis zum Ende des Zweiten Weltkriegs hielt.

Mussolinis Triumph im Oktober 1922 wirkte auf die deutschen Nationalsozialisten zündend. Hitler, so verkündeten seine gläubigsten Anhänger schon wenige Wochen später, sei der bayerische Mussolini. Die Nationalsozialisten ahmten den politischen Stil der Faschisten nach. Die SA ähnelte Mussolinis Kampfverbänden. Der von den Faschisten erfundene römische Gruß wurde zum Parteigruß der NSDAP. Ab 1926 war er vorgeschrieben. Dabei musste »Heil Hitler!« gerufen werden. Ebenso wie die Faschisten um Mussolini betrieben die Nationalsozialisten um Hitler einen maßlosen Personenkult.

Ein selbstkritischerer Mann hätte diese Speichelleckerei abgelehnt. Hitler war aber dafür noch empfänglicher als sein italienisches Vorbild. Bald sah er sich selbst als zweiten und sogar besseren Mussolini. Er verglich sich mit Jesus Christus und hielt sich für einen großen Mann: dazu berufen, Deutschlands Schicksal zu wenden.

## Die SA

Durch Hauptmann Mayr hatte Hitler im Herbst 1919 auch Hauptmann Ernst Röhm kennengelernt, der kurz nach Hitler der DAP beigetreten war. Röhm hatte im Ersten Weltkrieg schwere Gesichtsverletzungen erlitten und als Mitglied eines Freikorps an der Niederschlagung der Münchner Räterepublik teilgenommen. Er sah furchterregend aus. Durch Röhm stieg Hitler in die paramilitärische Politik ein, die sich auf bewaffnete Wehrverbände stützte.

Der Versailler Vertrag verpflichtete Deutschland, die Reichswehr auf einhunderttausend Berufssoldaten zu verkleinern. In Bayern waren aber viermal so viele Männer Mitglieder bewaffneter Einwohnerwehren, die im Kampf gegen die »Roten« aus dem Boden geschossen waren. Nach längerem Hin und Her wurden die Einwohnerwehren im Juni 1921 aufgelöst und entwaffnet. Röhm, der beste Verbindungen zur bayerischen Rechten unterhielt, war hierfür zuständig. Er wurde deshalb »Maschinengewehrkönig« genannt. Röhm zweigte einen Teil der Gewehre und Pistolen ab, um die Bestimmungen des Versailler Vertrags zu unterlaufen. An die Stelle der Einwohnerwehren traten zahlreiche paramilitärische Organisationen. Unter ihnen war die »Sturmabteilung« (SA) der NSDAP.

Die SA ging aus einem »Saalschutz« aus ehemaligen Freikorps- und Reichswehrangehörigen hervor, den sich die Partei schon kurz nach ihrer Gründung zugelegt hatte. Nach Hitlers Übernahme der Parteiführung wurde der Saalschutz unter der harmlosen Bezeichnung »Turn- und Sportabteilung« erweitert. Im Spätherbst 1921 gehörten bereits dreihundert junge Männer aus München dazu. Hitler setzte die Turn- und Sportabteilung zur Störung gegnerischer Veranstaltungen ein.

Anfang November kam es zu einer wilden Schlägerei zwischen der SA und Sozialisten bei einer Rede Hitlers im Hofbräuhaus. Bierkrüge flogen als Wurfgeschosse in Hitlers Richtung. Er sprach ungerührt weiter, während die SA die zahlenmäßig angeblich weit überlegenen Gegner aus dem Raum prügelte. In *Mein Kampf* verherrlichte Hitler dieses Ereignis als »Schlacht im Hofbräuhaus« und eigentliche Geburtsstunde der SA.

Mitte Oktober 1922 fand in der nordbayerischen Stadt Coburg ein »Deutscher Tag« statt. Hitler mietete extra einen Sonderzug der Reichsbahn an, mit dem er selbst und sein Gefolge nach Coburg reisten, unter ihnen achthundert SA-Männer. Obwohl die Polizei ausdrücklich verboten hatte, dass die Truppe geschlossen aufmarschierte, tat sie genau das. Die SA prügelte sich mit Sozialisten und Kommunisten, die sich durch den Nazi-Aufmarsch provoziert fühlten. Statt Hitler zu verhaften, half die Polizei tatkräftig den SA-Leuten und drosch gemeinsam mit ihnen auf die Linken ein. Die Nationalsozialisten beherrschten Coburgs Straßen.

Dieser ›Sieg‹ stärkte das Ansehen der NSDAP im rechten Lager. Kurz darauf trat die Nürnberger Ortsgruppe der Deutschen Werkgemeinschaft geschlossen zur NSDAP über, die Hitlers Konkurrent Otto Dickel gegründet hatte. Chef der Ortsgruppe war Julius Streicher. Streicher war ein widerwärtiger Antisemit, der später mit seinem Blatt *Der Stürmer* gegen die Juden hetzte. Streichers Leute verdoppelten die Mitgliederzahl der NSDAP auf zwanzigtausend.

Ebenso wertvoll war für Hitler, dass der Nationalsozialismus in Franken besonders günstige Entfaltungsmöglichkeiten fand. Franken war ländlich geprägt, im Unterschied zum katholischen

Okt. 1922
»Deutscher Tag« in Coburg

Deutscher Tag 14./15. Oktober 1922, NSDAP-Abordnung mit Hakenkreuzfahnen. (2. VON LINKS) Hitler im Kreis seiner Leibwächter

Oberbayern jedoch protestantisch. Die evangelische Kirche stand von jeher dem Staat näher als die im Kaiserreich als »Reichsfeinde« gebrandmarkten Katholiken. In Franken war der Antisemitismus weit verbreitet. Nürnberg war ein weiterer Trumpf: Die Stadt war ein Symbol des mittelalterlichen Heiligen Römischen Reiches Deutscher Nation. Später ließ Hitler dort die Parteitage der NSDAP abhalten.

Die SA wuchs weiter an. Seit Herbst 1922 konnte Hitler auch Hermann Göring zu seinen engsten Mitarbeitern zählen, einen Fliegerhelden des Ersten Weltkrieges. Göring, Träger der höchsten preußischen Kriegsauszeichnung »Pour le mérite«, war mit der vermögenden Freifrau Carin von Kantzow verheiratet, die er während eines beruflichen Aufenthalts in Schweden kennengelernt hatte. Er hatte geschichtliche Vorlesungen an der Münchner Universität gehört, fand aber die Politik reizvoller, nachdem er Hitler hatte reden hören. Göring hatte gute Verbindungen zu den deutschen Adelskreisen, die Hitler nützlich waren. Im September ernannte er Göring zum Chef der SA.

Innerhalb der SA gab es seit Mai 1923 eine Gruppe von Leibwächtern Hitlers, die den »Stoßtrupp Adolf Hitler« bildeten. Der

Der »Stoßtrupp Adolf Hitler« 1923, in der Mitte Hitlers Fahrer und Leibwächter Julius Schreck, der später als »Vater der SS« verehrt wurde

Stoßtrupp bestand aus besonders gewalttätigen jungen Männern, die schwarze Mützen mit Totenkopfabzeichen trugen. Anfänglich hatte der Stoßtrupp weniger als zwanzig Mitglieder, aber im November 1923 zählte er schon rund einhundert Männer. Sein Leiter war zu diesem Zeitpunkt der Schauspieler Julius Schreck, stellvertretender Leiter der Uhrmacher Emil Maurice. Maurice und Schreck waren später Fahrer und zugleich Leibwächter Hitlers. Mitglieder des Stoßtrupps waren ferner der Apothekenhelfer Julius Schaub, der später Hitlers Adjutant wurde, der Verwaltungsangestellte Karl Fiehler, den die Nazis später zum Oberbürgermeister Münchens ernannten, und der ehemalige Major Walter Buch, der Hitler ab 1933 als Oberster Parteirichter der NSDAP diente. Buch war der Schwiegervater von Martin Bormann, von dem später noch die Rede sein wird.

Aus dem Stoßtrupp ging die »Schutzstaffel« hervor, die berüchtigte SS. Chef der SS war seit 1929 Heinrich Himmler. Er war einige Monate nach Hermann Göring der NSDAP beigetreten. Ernst Röhm hatte ihn für die Partei geworben. Himmler war der Sohn eines angesehenen Münchner Lehrers und hatte Landwirtschaft studiert. Der eher schmale Himmler sah mit seiner

**Jan. 1929**
**Heinrich Himmler wird Chef der »Schutzstaffel« (SS)**

runden Nickelbrille und dem kurzem Schnurrbart unscheinbar aus. Er war aber alles andere als harmlos, sondern ein fanatischer Antisemit und völkischer Rassist. In der Partei machte er wegen seiner organisatorischen Fähigkeiten und unbedingten Treue zu Hitler schnell Karriere.

### Umfeld

Hitler hatte inzwischen einen Kreis von Getreuen um sich. Den engsten Kreis bildeten seine Leibwächter, der Metzger Ulrich Graf und der Pferdehändler Christian Weber. Fast ständig war auch der Student Rudolf Heß um Hitler, der zusammen mit Hermann Göring in München studiert hatte. Heß war ein glühender Bewunderer Hitlers und ein ebenso glühender Judenhasser. Er hatte gute Verbindungen ins völkische Lager. Zum engsten Kreis gehörten auch der Fotograf Heinrich Hoffmann, der Journalist Hermann Esser (Hauptmann Mayrs ehemaliger Pressechef) sowie Hitlers ehemaliger Vorgesetzter aus dem Ersten Weltkrieg, Max Amann. Er führte die Geschäfte der NSDAP, des *Völkischen Beobachters* und des Eher-Verlags, den die NSDAP zusammen mit dieser Zeitung gekauft hatte. Ernst Röhm war ebenfalls häufig dabei. Er gehörte mit einer Handvoll anderer Männer zu den wenigen Gefolgsleuten, die Hitler duzen durften.

*1922/23*
*Hitler und die Münchner »Gesellschaft«*

In den Jahren 1922 und 1923 fand Hitler auch Zutritt zu den Kreisen der feinen Münchner Gesellschaft. Ernst (»Putzi«) Hanfstaengl hörte Hitler 1922 reden, war von ihm beeindruckt und trat der NSDAP bei. Hanfstaengl kam aus einer wohlhabenden Münchner Verlegerfamilie. Er hatte in den Vereinigten Staaten studiert und konnte Klavier spielen. Hitler liebte es, sich von Hanfstaengl Wagner-Melodien vorspielen zu lassen. Er war daher gern Gast in seinem Haus. Hanfstaengl, der Hitler mit Kontakten und Geld unterstützte, fiel auf, wie schlecht dessen Tischmanieren waren. Der »Führer« zuckerte seinen Wein, den er damals noch gern trank, und stopfte Sahnetorten in sich hinein.

Durch Hanfstaengl lernte Hitler den Verleger antisemitischer Bücher Hugo Bruckmann und dessen Frau Elsa kennen. Im Vorjahr war Hitler auch mit dem Berliner Klavierfabrikanten Edwin Bechstein und seiner Frau Helene bekannt geworden, die ihre Sommerurlaube regelmäßig in München und den bayerischen

Hugo und Elsa Bruckmann (VORDERE REIHE) bei einer
NSDAP-Veranstaltung im Münchner Zirkus Krone, um 1930/32.
Hinter den Bruckmanns Rudolf Heß, Zweitnächster
hinter Heß Adolf Hitler

Alpen verbrachten. Durch Helene Bechstein kam Hitler in Kontakt mit der in England geborenen Schwiegertochter Richard Wagners, Winifred Wagner.

Im Oktober 1923 war Hitler zum ersten Mal nach Bayreuth eingeladen, wo der Komponist 1876 sein Festspielhaus errichtet hatte. Winifred sah in Hitler sofort Deutschlands Retter und himmelte ihn an. Elsa Bruckmann, Helene Bechstein und Winifred Wagner gehörten zu den ersten weiblichen Hitler-Groupies, wie man heute vielleicht sagen würde. Sie bemutterten Hitler. Durch sie lernte er, wie man sich in den gehobenen Gesellschaftskreisen benehmen musste. Außerdem schenkten ihm die Frauen Geld für die NSDAP und für seine eigenen Bedürfnisse.

Okt. 1923
Hitlers
erster Besuch
in Bayreuth

Ein weiterer Spender und wichtiger Mittelsmann war der Kaufmann Kurt Lüdecke. Anscheinend war es Lüdecke, der den in München lebenden General Ludendorff zuerst auf Hitler aufmerksam machte. Der ehemalige Chef der Obersten Heeresleitung war inzwischen der wichtigste Mann der deutschen Rechtsradikalen. Der Kontakt zu Ludendorff zahlte sich bald auch finanziell aus.

Spenden kamen unter anderem von wohlhabenden Russen, die vor dem russischen Bürgerkrieg nach München geflohen waren.

Hitler, Helene und Edwin Bechstein in Berchtesgaden,
Foto von Mitte der zwanziger Jahre

Hitler mit Winifred Wagner, nach 1933.
Ganz links Adjutant Brückner, zwischen Brückner und Wagner
sowie am rechten Bildrand die Söhne Winifred Wagners,
in ss-Uniform der Diener und Leibwächter Heinz Linge

Ludendorff verteilte die Gelder an verschiedene rechtsradikale Organisationen. Über Ludendorff unterstützte auch der schwerreiche Stahlindustrielle Fritz Thyssen die NSDAP. Hitler, der bescheiden auftrat, beteuerte immer wieder, dass er von der Partei kein Geld erhalte. Mit einiger Sicherheit wanderten aber Teile der Spenden in seine eigenen Taschen.

### Putsch

1923 war das schwerste Krisenjahr der Weimarer Republik. Zu Symbolen dieses Jahres wurden die Inflation und der Hitler-Ludendorff-Putsch. Die Geldentwertung kam nicht von ungefähr. Am Ende des Ersten Weltkriegs war Deutschland hoch verschuldet. 150 Milliarden Reichsmark standen zu Buche. Allein die Zinsen für diese Summe verschlangen fast die gesamten Staatseinnahmen. Deutschland sollte aber Kriegsentschädigungen, also Reparationen, zahlen, damit die Siegermächte aus ihren eigenen Schulden herauskamen. Niemand wusste, wie dies gehen sollte und ob die deutsche Volkswirtschaft überhaupt leistungsfähig genug war, um diese Belastungen zu tragen.

Die hohen Kriegsschulden führten schon in den ersten Jahren der Weimarer Republik zu Geldentwertung. Sie verstärkte sich, weil das Reich die Reparationen durch weitere Schulden bezahlte. Die Siegermächte hatten im Januar 1921 die deutsche Reparationsschuld vorerst auf 226 Milliarden Goldmark festgelegt. Diese Forderung löste einen Sturm der nationalen Entrüstung aus. Hitler füllte im folgenden Monat den größten Versammlungsraum Münchens, den Zirkus Krone, mit sechstausend Zuhörern. Die nationalsozialistische Bildpropaganda zeigte die »gläubige« Menschenmenge aus Hitlers Sicht im effektvollen Gegensatz von Licht und Dunkel. Im April 1922 verringerten die Siegermächte ihre Forderungen auf 132 Milliarden Goldmark, zahlbar in sechsundsechzig Jahresraten (also bis 1988). Auch dies war ein riesenhafter Betrag, nach heutigem Wert ungefähr siebenhundert Milliarden Euro.

Die Regierung unter Reichskanzler Joseph Wirth und seinem Außenminister Walther Rathenau sah aber keinen anderen Weg, als diese Forderungen zu erfüllen oder doch zumindest den ernsthaften Versuch zu unternehmen, die Reparationen zu bezahlen.

Denn andernfalls drohte die Besetzung des Ruhrgebietes. Obwohl sie verantwortlich handelten, wurden Wirth und Rathenau von den Rechten als »Erfüllungspolitiker« verunglimpft. Im August 1921 hatten Rechtsextreme Matthias Erzberger ermordet, der die deutsche Kapitulation am Ende des Ersten Weltkrieges unterschrieben hatte.

Im Juni 1922 traf dasselbe Schicksal Außenminister Rathenau, der als Jude, Chef des Elektrokonzerns AEG und Organisator der deutschen Kriegswirtschaft im Ersten Weltkrieg eine Symbolfigur der jungen Republik war. Die Reichsregierung erließ daraufhin Republikschutzgesetze, wendete sie aber gegen die politische Rechte sehr viel milder an als gegen die Linke. In Bayern, wo die Mordanschläge im Umkreis der SA ausgeheckt worden waren, wurden diese Gesetze nicht beachtet. Die Reichsregierung schritt gegen diese Missachtung nicht ein.

**1923 Besetzung des Ruhrgebietes, »passiver Widerstand«, galoppierende Geldentwertung**

Im Januar 1923 besetzten französische und belgische Truppen das Ruhrgebiet. Es war Deutschlands wichtigstes Industriegebiet mit Stahlkonzernen wie Krupp in Essen. Die Besetzung war formal rechtmäßig, weil Deutschland mit seinen Reparationszahlungen im Rückstand war. Sie stellte aber einen Versuch Frankreichs dar, sein Einflussgebiet zu erweitern. Es gab einen Aufschrei nationaler Empörung in Deutschland. Die Reichsregierung rief zum passiven Widerstand auf, worauf die Arbeiter des Ruhrgebiets und die Beamten in den Generalstreik traten. Ihre Gehälter musste die Regierung zahlen. Da zugleich Steuereinnahmen aus dem Ruhrgebiet wegfielen, brach die Reichsmark praktisch zusammen. Die Ersparnisse breiter Schichten wurden vernichtet. Die Preise schossen in schwindelerregende Höhen.

Die galoppierende Geldentwertung wirkte sich auf die Gemütsverfassung der Deutschen verheerend aus. Die Inflation bildete den Höhepunkt einer zehn Jahre langen Folge niederschmetternder Erfahrungen, die mit dem Ersten Weltkrieg begonnen hatte. Bis Kriegsbeginn hatte die Wirtschaft geboomt, es gab eine fortschrittliche Sozialgesetzgebung und einen funktionierenden Rechtsstaat. Jetzt aber schien die Welt aus den Fugen geraten zu sein. Auf nichts mehr war Verlass. Da die breite Masse die volkswirtschaftlichen Zusammenhänge nicht verstand, machten allerlei Verschwörungstheorien die Runde. Man beschuldigte vor allem jüdische Kaufleute und Händler, die an der Inflation verdienten, weniger nichtjüdische Gewinner.

Ende September brach Reichskanzler Gustav Stresemann den passiven Widerstand ab. Er ließ sich wegen der Inflation und des Elends der Menschen nicht mehr durchhalten. Andererseits begann damit eine Stabilisierung der deutschen Währung. Die Krise hatte ihren Höhepunkt überschritten. Im rechtsradikalen Lager führte Stresemanns notwendiger Schritt zu erneuter Empörung. Inzwischen hatte sich die SA mit zwei anderen paramilitärischen Organisationen zu einem rechtsradikalen »Deutschen Kampfbund« zusammengeschlossen. Nach Stresemanns Schritt übernahm Hitler die Führung des Kampfbundes. Gerüchte, Hitler werde seine Leute zu einem »Marsch auf Berlin« kommandieren (ähnlich wie Mussolinis »Marsch auf Rom« im Jahr zuvor), machten sofort die Runde. Den Nationalsozialisten kam der Abbruch des passiven Widerstands ungelegen. Denn ihre Propaganda wirkte vor allem in der Krise.

Um einem nationalsozialistischen Staatsstreich zuvorzukommen, verhängte die bayerische Landesregierung den Ausnahmezustand und richtete praktisch eine Diktatur in Bayern ein. Ministerpräsident Gustav von Kahr wurde »Generalstaatskommissar«. Zusammen mit Kahr waren der Chef der Bayerischen Reichswehr, General Otto von Lossow, und der Chef der Bayerischen Landespolizei, Hans von Seißer, nun die starken Männer der bayerischen Politik. Diese Dreimännerführung wurde in Anlehnung an römische Vorbilder »Triumvirat« genannt.

Das Triumvirat wollte nicht nur einen Hitler-Putsch abwehren, sondern einen eigenen Staatsstreich durchführen. Insgeheim nahmen die drei Männer mit der Reichswehrführung in Berlin Kontakt auf und fragten nach Unterstützung. Die Antwort war ablehnend. Hitlers Kampfbund entwickelte allerdings eigene Pläne. Demnach sollte der frühere Polizeipräsident Münchens, Ernst Pöhner, neuer bayerischer Ministerpräsident werden. Anschließend wollte der Kampfbund nach Berlin marschieren, die Reichsregierung stürzen und Hitler und Ludendorff als Alleinherrscher einsetzen. Kahr, Lossow und Seißer waren über diese Pläne informiert, unternahmen aber nichts dagegen.

Hitler fühlte sich durch das Zögern des Triumvirats ermuntert.

Er stand aber auch unter Druck, denn die SA wurde unruhig. Sie verlangte baldige Aktionen. Eine weitere Verzögerung, so meinte Hitler, könnte dazu führen, dass seine Truppe von ihm abfallen oder sich gegen ihn wenden würde. Wieder setzte er, wie zuletzt im Sommer 1921, alles auf eine Karte – die Karte eines überstürzten Putsches der NSDAP. Das Triumvirat würde schon mitziehen, so hoffte er.

Hitlers Vorbereitungen waren schlecht. Nur wenige Männer, darunter Ludendorff und SA-Chef Göring, waren informiert. Seinem Leibwächter gab Hitler erst am Vorabend Bescheid: »Graf, morgen um acht Uhr geht's los.« Dies war der Abend des 8. November 1923. Am nächsten Tag jährte sich zum fünften Mal die Ausrufung der verhassten Republik durch den Sozialdemokraten Philipp Scheidemann. Gustav von Kahr hatte für den 8. November zu einer Rede in den Bürgerbräukeller eingeladen. Die NSDAP-Führung glaubte, dass Kahr in dieser Rede vielleicht seinen eigenen Putsch verkünden würde, um dem Kampfbund zuvorzukommen.

<small>8. Nov. 1923
Beginn des
Putsches</small>

Am Abend des 8. November, etwa um halb neun, umstellten der Stoßtrupp Adolf Hitler und weitere SA-Leute den Bürgerbräukeller, der mit rund dreitausend Kahr-Anhängern gut besucht war. Sie schoben ein Maschinengewehr in den Saal. Hitler und seine Leibwächter erschienen. Hitler drängte sich zur Bühne vor, stieg auf einen Stuhl und schoss mit seiner Pistole in die Decke, um sich Gehör zu verschaffen. Er verkündete erregt, die nationale Revolution sei ausgebrochen und die bayerische Regierung abgesetzt. Eine vorläufige neue Regierung werde gebildet. Das Gebäude sei umstellt. Er werde auf die Menschen im Saal schießen lassen, falls sie Widerstand leisteten. Göring beruhigte kurz darauf die Gemüter. Er sagte den Leuten, sie sollten ordentlich Bier trinken.

Unterdessen hatte der aus Hitlers Sicht wichtigste Teil des Putsches begonnen: Er musste das Triumvirat zum Mitmachen bewegen. Hitler befahl Kahr, Lossow und Seißer in einen Nebenraum, fuchtelte mit einer Pistole vor ihnen herum und erklärte, eine neue Reichsregierung unter seiner Führung werde gebildet. Sollte er scheitern, werde er sich und seine Mitarbeiter erschießen. Die Herren sagten Hitler zu, an seinem Staatsstreich teilzunehmen.

Hitler kehrte nun in den Saal zurück. Er erklärte, seine Handlungen richteten sich nur gegen die Berliner »Judenregierung«. Entweder sei am morgigen Tag die »nationale Revolution« erfolgreich oder er tot. Hitler kündigte also auch der großen Menschenmenge seinen Selbstmord an. Kurz darauf traf Ludendorff in seiner kaiserlichen Uniform ein. Hitler holte das Triumvirat aus dem Nebenraum und auf die Bühne. Unter dem Beifall des Publikums erklärten Kahr, Lossow und Seißer ihre Zustimmung zu Hitlers Plänen. Abschließend schüttelte Hitler allen vier Männern die Hand. Es war eine gelungene Theatervorstellung.

Unterdessen aber ging der Staatsstreich schief. Die Putschisten konnten zwar unter Führung Röhms das bayerische Kriegsministerium, also Lossows Amtssitz, und das Polizeipräsidium in München besetzen, aber weiter kamen sie nicht. Hitler machte einen schweren Fehler. Er verließ den Bürgerbräukeller, um seine Leute vor Ort zu unterstützen. Folglich blieb Ludendorff allein mit dem Triumvirat zurück und ließ Kahr, Lossow und Seißer gehen. Obwohl die drei Männer Ludendorff ihr Ehrenwort gegeben hatten, nichts gegen den Staatsstreich zu unternehmen, widerriefen sie sofort alle Zusicherungen an Hitler und telefonierten die Landespolizei herbei.

Am nächsten Morgen wurde Hitler und Ludendorff klar, dass sie das Spiel verloren hatten. Die Kampftruppen hatten während der Nacht ein Fress- und Saufgelage veranstaltet. Nun saßen die Putschisten mehr oder weniger betrunken auf ihren Stühlen im Saal. Stunden vergingen. Wahrscheinlich schlug dann Ludendorff – nicht Hitler – vor, einen Zug von Kampfbund-Leuten durch die Stadt zu führen, um Röhms Männern zu Hilfe zu kommen, die noch immer das Kriegsministerium besetzt hielten. Zweitausend teils bewaffnete Männer machten sich vom Bürgerbräukeller auf. In der vordersten Reihe, direkt hinter den Fahnenträgern, marschierten Ludendorff und Hitler.

Als die Putschisten im Herzen der Stadt, am Odeonsplatz, ankamen, stellte sich ihnen nahe der Feldherrnhalle eine Polizeieinheit entgegen. Es kam zu einer Schießerei, die vierzehn Putschisten und vier Polizisten das Leben kostete. Ein damals wichtiges Mitglied in der Führung der NSDAP, Max Erwin von Scheubner-Richter, wurde erschossen. Die Kugel, die ihn traf, ver-

**9. Nov. 1923**
**Hitler wird um ein Haar erschossen**

fehlte nur um eine Handlänge Hitler, der direkt neben Scheubner-Richter stand und sich zu Boden warf oder zu Boden gerissen wurde. Hätte die Kugel, die Scheubner-Richter traf, Hitler getroffen, so wäre die Weltgeschichte anders verlaufen. Nun warf sich sein Leibwächter Ulrich Graf todesmutig vor Hitler. Er wurde von mehreren Kugeln getroffen, überlebte aber. Hitler blieb mit Ausnahme einer beim Sturz ausgerenkten Schulter unverletzt.

Göring wurde am Oberschenkel getroffen. Auf Ludendorff hatten die Polizisten vielleicht absichtlich nicht geschossen. Er ging aufrecht weiter, ließ sich widerstandslos festnehmen und wurde kurz darauf wieder freigelassen, weil er sein Ehrenwort gab, nicht zu flüchten. Verhaftet wurden eine Reihe von Putschisten, die später zur Führungsmannschaft des NS-Staates gehörten, unter anderen Wilhelm Frick, ein leitender Beamter der Münchner Polizei, der Nürnberger Gauleiter Julius Streicher, Max Amann, Ernst Röhm und Wilhelm Brückner.

Andere Putschisten konnten flüchten. Hermann Göring entwich nach Österreich. Dort wurde er gegen die durch seine Schussverletzung verursachten Schmerzen mit Morphium behandelt. Die Folge war eine Rauschgiftsucht. Er ging mit seiner Frau in ihre schwedische Heimat, wo er eine Entziehungskur hinter sich brachte, nun aber tablettenabhängig war. 1926, als der Reichspräsident eine Strafbefreiung erlassen hatte, kehrte Göring nach Deutschland zurück und gehörte bald wieder zu Hitlers engster Umgebung.

Hitler machte seine Ankündigung nicht wahr, sich und seine Mitarbeiter zu erschießen. Er wurde rasch in ein Auto geschoben und flüchtete in Ernst Hanfstaengls Haus am oberbayerischen Staffelsee. Dort wurde er am 11. November 1923 festgenommen. Die Polizei lieferte ihn in der Festung Landsberg am Lech zur Untersuchungshaft ein.

**11. Nov. 1923**
**Verhaftung**

# »... rein vaterländischer Geist«: Vom Prozess zur Führerpartei

## Prozess

Die NSDAP und der *Völkische Beobachter*, die SA und Hitlers Stoßtrupp wurden nach dem Staatsstreichversuch verboten. Der anstehende Prozess gegen Hitler, Ludendorff und seine Mitputschisten war für die bayerische Regierung jedoch unangenehm. Sie wollte verhindern, dass die geheime Unterstützung des Kampfbundes durch das Triumvirat zur Sprache kam, das im Prozess nicht angeklagt wurde. Aus diesem Grund wurde der Prozess in München geführt statt vor dem Reichsgericht Leipzig, wo er eigentlich hingehört hätte.

Die Staatsanwaltschaft gab Hitler in ihrer Anklageschrift die Hauptschuld. Kahr, Lossow und Seißer waren damit sehr einverstanden, weil sie aus der Schusslinie kamen. Hitler war aber noch mehr einverstanden, weil der Prozess ihm die Möglichkeit gab, sich selbst als »Führer« und Urheber des Putsches darzustellen. Er glaubte, ihm könne nicht viel passieren, weil das Gericht fürchten müsste, er könne die Staatsstreichpläne des Triumvirats ausplaudern.

Der Münchner Prozess war eine Verhöhnung des Rechts. Angeklagt waren Hitler, Ludendorff, Frick, Röhm, Brückner, Pöhner und vier Führer des inzwischen verbotenen Kampfbundes. Richter Neithardt sorgte dafür, dass Ludendorff entlastet wurde, denn ihn wollte er auf jeden Fall freisprechen. Ludendorff, der mit einem großen Auto zu den Verhandlungen gefahren wurde, durfte in kaiserlicher Uniform auftreten und am Tag der Urteilsverkündung sogar seine Pickelhaube tragen. Hitler heftete sich sein Eisernes Kreuz an den Anzug.

Hitler übernahm die volle Verantwortung für den Putsch, bekannte sich aber nicht schuldig. Er durfte stundenlange Monologe im Gerichtssaal halten und seine politischen Ansichten verteidigen. Auch durfte er Kahr, Lossow und Seißer wie ein Ankläger vernehmen. Sie, tönte Hitler, seien die eigentlichen Verräter, weil sie den Putsch gemeinsam mit ihm geplant, ihn und damit das deutsche Volk (!) jedoch im entscheidenden Moment im Stich gelassen hätten.

Die Putschisten vor der Urteilsverkündung am 1. April 1924:
links von Hitler Ludendorff, rechts hinten Wilhelm Brückner,
rechts vorn Ernst Röhm

1. April 1924
Urteil im
Münchner
Prozess gegen
Hitler und
Ludendorff

Das Gericht sprach Ludendorff frei. Hitler, Pöhner und zwei Kampfbund-Führer wurden wegen Hochverrats zur Mindeststrafe von fünf Jahren Festungshaft verurteilt. Die Strafe konnte bereits nach einem halben Jahr guter Führung zur Bewährung ausgesetzt werden. Allen Angeklagten billigte das Urteil »rein vaterländischen Geist und edelsten Willen« zu. Kein Wunder, dass bei der Urteilsverkündung am 1. April 1924 laute »Bravo!«- und »Heil!«-Rufe im Gerichtssaal zu hören waren.

Heß und weitere einundzwanzig Männer des Stoßtrupps traten nach einem zweiten Putsch-Prozess ebenfalls ihre Haft in der Festung Landsberg an. Die Kerntruppe der NSDAP fand sich dort wieder zusammen. Landsberg wurde also zu einer Art illegaler Parteizentrale. Dort konnte Hitler Hof halten.

### Landsberg

Durch den Prozess wurde Adolf Hitler zum Superstar der Rechtsradikalen. In der Festung Landsberg lebte er wie in einem Hotel und bewohnte eine geräumige Zelle im Obergeschoss. Tagsüber stand den Putschisten ein Aufenthaltsraum zur Verfügung, wo Hitler, in Lederhosen im bequemen Schaukelstuhl sitzend, seine

Festungshaft in Landsberg:
Hitler, Rudolf Heß (2. v. l.)

Zeit verbrachte. Er erhielt körbeweise Fanpost, die er an einem eigens bereitgestellten Schreibtisch beantwortete. Durch Briefe, die, ohne kontrolliert zu werden, die Haftanstalt verließen, nahm er weiterhin Einfluss auf die völkische Politik in Bayern.

Der Gefängnisdirektor war ein heimlicher Bewunderer des NSDAP-Führers und machte Hitler und seinen Leuten die Haft so angenehm wie möglich. Feines Essen wurde in solchen Mengen nach Landsberg geschickt, dass Hitler Fett ansetzte. Seine Kameraden rauchten und tranken. Es ging lustig zu. Hitlers Geburtstag am 20. April 1924 wurde mit Blumensendungen und Scharen von Gratulanten begangen. Besucher des »Führers« gaben sich die Klinke in die Hand. Hitler empfing nicht weniger als rund fünfhundert Gäste.

Ab Oktober 1924 schränkte er den Besucherstrom ein, um sich auf die Fertigstellung von *Mein Kampf* zu konzentrieren. Die Idee, ein Buch zu schreiben, kam wohl von Max Amann. Hitler sollte seinen Bekanntheitsgrad zu Geld machen. Das Schreibpapier schickte Hitlers Bewunderin Winifred Wagner in die Anstalt. Sie dürfte auch eine Schreibmaschine bezahlt haben, die sich Hitler ins Gefängnis liefern ließ. Etwa im Juni hatte er mit der Arbeit an dem Buch begonnen.

**Juni 1924**
Hitler beginnt mit der Arbeit an »Mein Kampf«

Ursprünglich sollte es *4½ Jahre Kampf gegen Lüge, Dummheit und Feigheit. Eine Abrechnung* heißen und war schon für Juli 1924 angekündigt. Max Amann schlug dann vor, dem Buch den schmissigeren Titel *Mein Kampf. Eine Abrechnung* zu geben. Anfänglich war es Hitlers Absicht, mit dem Triumvirat »abzurechnen«. Bald wuchs sich das Vorhaben jedoch zu Hitlers Autobiographie und zur Darstellung seiner Weltanschauung aus. Denn Hitler fühlte sich nun zum großen »Führer« berufen und wollte dies durch sein Buch kundtun.

Hitler hatte Probleme mit der deutschen Rechtschreibung und Grammatik. Auch war der erste Band in einem so unmöglichen Stil geschrieben, dass aufmerksame Helfer das Manuskript Satz für Satz durcharbeiten und verbessern mussten. Trotzdem ist *Mein Kampf* unverkennbar Hitlers Buch. Als der erste Band auf den Markt kam, verspotteten manche Zeitungen das Werk als »Mein Krampf«.

*1925/26 »Mein Kampf«- kommt auf den Markt*

Dieser erste Band erschien im Juli 1925 im parteieigenen Eher-Verlag. Den zweiten Band verfasste Hitler im Wesentlichen nach seiner Haftentlassung. Er kam im Dezember 1926 auf den Markt. 1930 wurden die beiden Bände zu einer fast achthundert Seiten umfassenden »Volksausgabe« zusammengefasst. Seitdem und vor allem nach 1933 wurde *Mein Kampf* zu einem Bestseller in zahlreichen Neuauflagen und Übersetzungen. Das Buch machte Hitler und den Eher-Verlag reich.

Wie stark *Mein Kampf* vor 1933 gelesen wurde, wissen wir nicht. Wer das Buch aber las, konnte wissen, was Hitler dachte und beabsichtigte. Wesentlich Neues kam nach Mitte der zwanziger Jahre nicht hinzu. Hitler teilte mit der völkischen Rechten der Weimarer Republik die Überzeugung, dass »Völker« Geschichte machten, nicht der Einzelne oder gesellschaftliche Klassen. Das Lebensrecht des deutschen Volkes sei stärker als allgemeine Menschenrechte, wie sie in der Französischen Revolution 1789 verkündet worden waren. Das deutsche Volk war aus Hitlers Sicht eine »rassische« Gegebenheit. Nach innen sei es von der Verweichlichung der modernen Gesellschaft bedroht, nach außen vom Judentum, das Deutschlands Abstieg seit 1918 verschuldet habe. Im Versailler Vertrag sei die Absicht der Juden zum Ausdruck gekommen, das deutsche Volk zu zerstören.

Mit dieser Überzeugung stand Hitler nicht allein. Insbesondere unter Studenten hatte der Rassenantisemitismus breiten Zulauf. Vielfach handelte es sich bei den rechtsradikalen Studenten um Angehörige der Generation, die den Ersten Weltkrieg und seine Folgen nicht mehr als Soldaten, sondern als Freikorpsmitglieder miterlebt hatten. Diese jungen Männer legten Wert auf ihre »Sachlichkeit«. Ausschreitungen gegen die Juden, Pogrome, lehnten sie ab, ebenso wie Hitler seit 1919. Vielmehr müsse die Politik des Staates darauf ausgerichtet sein, die jüdische Minderheit mit gesetzlichen Mitteln gänzlich aus Deutschland zu »entfernen«. Kein Wunder, dass sich Juristen und andere Hochschulabsolventen aus diesem rechtsradikalen Umfeld nach 1933 in führenden Stellungen des Staats- und Parteiapparates wiederfanden – besonders in der Geheimen Staatspolizei.

Hitler war im Krieg bekanntlich Opfer eines britischen Gasangriffs geworden. In *Mein Kampf* schrieb er über die Juden: »Hätte man zu Kriegsbeginn und während des Krieges einmal zwölf- oder fünfzehntausend dieser hebräischen Volksverderber so unter Giftgas gehalten, wie Hunderttausende unserer allerbesten deutschen Arbeiter aus allen Schichten und Berufen es im Felde erdulden mußten, dann wäre das Millionenopfer der Front nicht vergeblich gewesen. Im Gegenteil: Zwölftausend Schurken zur rechten Zeit beseitigt, hätten vielleicht einer Million ordentlicher, für die Zukunft wertvoller Deutschen das Leben gerettet.«

Der Plan der systematischen Ermordung der europäischen Juden lässt sich hieraus noch nicht erkennen, aber wer so schreibt, der lässt auch töten. Hitler war ein so zwanghafter Antisemit, dass er allen Ernstes glaubte, die Juden seien nahezu allmächtig. Die Juden lenkten angeblich Banken und Unternehmen, um das einfache Volk auszubeuten. Andererseits seien sie die Drahtzieher der bolschewistischen Herrschaft in der Sowjetunion. Gegen diesen nahezu allmächtigen Feind, behauptete Hitler, konnte sich nur ein Land behaupten: Deutschland unter seiner Führung.

Für die Außenpolitik des künftigen NS-Staates war diese Ideologie folgenreich. Der Krieg gegen den »jüdischen Bolschewismus« war nach Hitlers Auffassung Voraussetzung für Deutschlands Weltherrschaft. Auf diese Weise könne das Deutsche Reich zugleich »Lebensraum im Osten« gewinnen, auf den es angewiesen sei, um wirtschaftlich unabhängig zu werden. Deutschland sollte sich also ein Kolonialreich auf dem europäischen Kontinent zulegen, in Polen und besonders in der Sowjetunion. Andere Völkische fanden damals noch, die Zukunft gehöre Deutschland und der Sowjetunion *gemeinsam*. Vereint könnten sie es mit den Westmächten England und Frankreich aufnehmen. Mit seinem Hass auf die Sowjetunion stand Hitler damals noch ziemlich allein.

### NSDAP-Neugründung

Während Hitler in Landsberg saß, stritten sich verschiedene Gruppen und Personen um die Führung des völkischen Lagers. Hitler mischte sich in diese Auseinandersetzungen zunächst aus der Haft heraus ein, zog sich dann aber zurück. Als er schließlich kurz vor Weihnachten 1924 entlassen wurde, waren die Rechtsradikalen so zerstritten, dass nur einer sie wieder einigen konnte: Hitler selbst.

Dez. 1924
Haftentlassung Hitlers

Er hätte schon einige Monate vorher auf Bewährung entlassen werden können. Dagegen kämpfte aber die Münchner Staatsanwaltschaft. Sie konnte sich letztlich nicht durchsetzen, weil das zuständige Oberlandesgericht dem Lobgesang des Gefängnisdirektors auf Hitlers gute Führung glaubte. Aber auch jetzt hätte noch die Möglichkeit bestanden, den Hitlerspuk zu beenden. Denn Hitler war österreichischer Staatsangehöriger. Da er eine politische Straftat in Deutschland begangen hatte, hätte er sofort in sein Heimatland ausgewiesen werden müssen.

Dagegen wehrte sich aber der österreichische Bundeskanzler. Er wollte den Störenfried nicht haben und behauptete, Hitler sei durch seinen Kriegsdienst im deutschen Heer Deutscher geworden. Das war zwar Unsinn, stand aber genauso auch im Urteil gegen Hitler. Wenige Monate nach seiner Freilassung sorgte Hitler selbst dafür, dass man ihn nie wieder abschieben konnte: Er bat in Wien um die Entlassung aus der österreichischen Staatsbürgerschaft. Das wurde ihm gegen eine geringe Gebühr großzügig gewährt. Hitler war bis 1932 staatenlos.

Als Hitler freikam, schien der Nationalsozialismus erledigt. Hätte man ihn fünf Jahre ins Gefängnis gesteckt oder über die Grenze abgeschoben, so wäre seine politische Karriere an dieser Stelle tatsächlich beendet gewesen. Aber es kam anders.

Inzwischen war Hitler zu der Einsicht gelangt, dass er durch einen Staatsstreich nicht an die Macht gelangen würde. Vielmehr sollte die NSDAP durch ihre Teilnahme an Wahlen die Herrschaft erringen. Die Voraussetzungen dafür waren an sich ungünstig. Denn die Weimarer Republik, die 1923 am Abgrund gestanden hatte, stabilisierte sich. Dazu trug ganz wesentlich bei, dass die Währung durch die Inflation saniert war. Unter Führung des amerikanischen Bankiers Charles Dawes arbeitete ein Sachverständigenausschuss einen neuen Plan für die Reparationszahlungen aus, die jetzt an die Leistungsfähigkeit der deutschen Volkswirtschaft gebunden wurden. Jährlich sollten 2,5 Milliarden Goldmark gezahlt werden. Gleichzeitig flossen amerikanische Kredite nach Deutschland. Die angeschlagene Wirtschaft erholte sich.

Auch kulturell machte sich die »Amerikanisierung« deutlich bemerkbar. In Berlin war Jazzmusik überaus populär, amerikanische und deutsche Filmstars wurden bewundert, zumal inzwischen der Tonfilm an die Stelle des Stummfilms getreten war. Radios fanden guten Absatz, Schallplatten verkauften sich hunderttausendfach. Dass die Technik im kulturellen Leben jener Zeit eine so große Rolle spielte, rührte ursprünglich vom Ersten Weltkrieg her, dem ersten Maschinenkrieg der Menschheitsgeschichte. Die Technikbegeisterung wurde durch den Einfluss amerikanischer Lebensformen Mitte der zwanziger Jahre verstärkt.

Automobile wurden vermehrt gekauft, blieben aber auf ein kaufkräftiges Publikum beschränkt. Dafür blühte aber der Automobilsport auf, wie überhaupt der Sport, der quer durch alle gesellschaftlichen und politischen Lager großen Zuspruch und ein Millionenpublikum fand. Was in Deutschland »amerikanisch« genannt wurde, war im Kern die Kultur der Moderne. Sie stieß nicht nur auf Zustimmung, sondern auf ebenso entschiedene Ablehnung konservativer und völkischer Kreise, wie schon in den Boomjahren bis zum Ersten Weltkrieg.

Außenpolitisch beschritt die Republik ebenfalls neue Wege. 1925 schloss Reichsaußenminister Gustav Stresemann mit den Westmächten den Pakt von Locarno. Dies bedeutete den Verzicht auf eine gewaltsame Veränderung der Rheingrenze, zu dem sich Frankreich und Belgien einerseits, Deutschland andererseits verpflichteten. Großbritannien und das faschistische Italien über-

*Okt. 1925*
**Locarno-Verträge über die deutsche Westgrenze**

nahmen die militärische Garantie für die Westgrenze. Sie waren also verpflichtet, mit eigenen Soldaten einzuschreiten, wenn entweder Deutschland Belgien und/oder Frankreich angriff (wie zuletzt 1914) oder Frankreich in Deutschland einmarschierte (wie bei der Besetzung des Ruhrgebietes).

**Sept. 1926**
**Deutschlands Beitritt zum Völkerbund**

1926 trat Deutschland feierlich dem Völkerbund bei. Die deutsch-französische Entspannungspolitik wurde dadurch belohnt, dass die Sieger des Ersten Weltkriegs zusagten, das Rheinland bereits 1930 zu räumen, fünf Jahre früher als im Versailler Vertrag vorgesehen. Stresemann war allerdings ausdrücklich nicht bereit, auch die deutsche Ostgrenze als unveränderlich anzuerkennen. Daher bestanden Spannungen mit Polen fort.

Bei den Reichs- und Landtagswahlen von Ende 1924 hatten die Völkischen starke Stimmenverluste erlitten. Die bayerische Regierung glaubte nun, es sei ungefährlich, das Verbot der NSDAP und des *Völkischen Beobachters* wieder aufzuheben. Das geschah im Februar 1925. Kurz darauf brach Hitler mit Ernst Röhm. Dieser hatte seit seiner eigenen Haftentlassung wieder paramilitärische Politik betrieben und einen »Frontbann« der völkischen Rechten aufgebaut. Hitler hingegen wollte sich auf keine Putsch-Abenteuer mehr einlassen. Röhm warf vorerst das Handtuch und ging nach Bolivien, wo er ein neues Betätigungsfeld als Militärberater fand.

**27. Febr 1925**
**Neugründung der NSDAP**

Am 27. Februar 1925 trat Hitler zum ersten Mal nach dem Putsch wieder auf. Er wählte dafür, propagandistisch geschickt, den Bürgerbräukeller. Wo sein bisheriger Weg geendet hatte, sollte er neu beginnen. Die NSDAP wurde neu gegründet. Hitler trat ihr als Mitglied Nr. 1 bei. Fünftausend Zuhörer drängten sich im und vor dem Saal. Hitler sprach zwei Stunden lang über »Deutschlands Zukunft und unsere Bewegung«. Am Ende seiner Rede machte er unmissverständlich klar, dass er und niemand sonst die Völkischen führe: »Ich bin nicht gewillt, mir Bedingungen vorschreiben zu lassen, solange ich persönlich die Verantwortung trage.« Das Protokoll vermerkt an dieser Stelle: »lebhafter Beifall, Heilrufe«.

Es gab allerdings noch einen ernst zu nehmenden Konkurrenten: Erich Ludendorff. Der General hatte Hitler während seiner Haft die Führung streitig gemacht. Ihn schaltete Hitler geschickt aus. Reichspräsident Ebert starb 1925. Die Wahl eines neuen Staatsoberhaupts stand an. Hitler brachte Ludendorff dazu, sich für die NSDAP um dieses Amt zu bewerben. Ludendorff erregte dadurch den Zorn seines früheren Kriegskameraden Paul von Hindenburg, der ebenfalls kandidierte. Gegen Hindenburg hatte Ludendorff nicht die geringste Chance. Er erhielt im ersten Wahlgang Ende März 1925 kaum mehr als ein Prozent der Wählerstimmen. Damit war er politisch erledigt und verschwand bald ganz von der Bildfläche.

Die Wahl Paul von Hindenburgs zum Reichspräsidenten war eine schwere Belastung für die Republik. Zwar versprach der ehemalige Feldmarschall, die Verfassung zu achten, und hielt sich zunächst auch an diese Zusage. Aber er war kein Mann der Demokratie, sondern des untergegangenen Kaiserreiches. Zudem war Hindenburg bei seiner Amtsübernahme bereits siebenundsiebzig Jahre alt. Sein politisches Urteilsvermögen war nicht allzu groß. Wir werden noch sehen, wie abhängig der Reichspräsident von den Einflüsterungen seines Umfelds wurde und wie sehr dies Hitler nutzte.

*April 1925 Paul von Hindenburg wird Reichspräsident*

Je höher Hitlers Stern stieg, desto mehr Verehrung wurde ihm entgegengebracht. Ein völkischer Schriftsteller hatte schon während der Haftzeit 1924 ein »Volksbuch vom Hitler« veröffentlicht. In diesem Werk wurde Hitler als »lebendige Verkörperung der Sehnsucht der Nation« gefeiert. In der Partei ging man noch weiter und sprach sogar vom »Gottesgnadentum« Hitlers. Er sei durch eine höhere Macht erleuchtet. Als Privatsekretär Hitlers war seit seiner Haftentlassung Rudolf Heß tätig. Er war Hitler bedingungslos ergeben und schon in Landsberg einer seiner engsten Vertrauten gewesen. Heß trug maßgeblich dazu bei, dass der Führerkult um sich griff. Die »Bewegung«, so Heß, müsse einen »unbedingten Glauben an die unbedingte Richtigkeit« der »Mission des Führers« haben. Und auch Hitler selbst war von dieser »Mission« überzeugt – je länger, desto mehr.

Unterdessen hatte die bayerische Landesregierung ein Redeverbot über ihn verhängt, dem sich andere Landesregierungen anschlossen. Hitler störte das nicht besonders. Im Gegenteil, es gab ihm Zeit, den zweiten Band von *Mein Kampf* zu schreiben. Er zog sich dafür in die bayerischen Alpen bei Berchtesgaden zurück. Den Obersalzberg, wo er später ein Ferienhaus besaß, hatte er schon längere Zeit vorher kennengelernt. Zum Schreiben stand ihm dort ein kleines Holzhaus bei der Pension Moritz zur Verfügung. Ende Juli 1925 reiste Hitler zu den Wagner-Festspielen nach Bayreuth und verbrachte dort eine Woche. Seitdem duzte er sich mit Winifred Wagner, die Hitler »Wolf« nannte. Die Festspiele wurden fester Bestandteil seines Jahreskalenders.

Im Sommer des folgenden Jahres kehrte Hitler zur Fertigstellung des Buches auf den Obersalzberg zurück. Im August war das Manuskript fertig, darin eingeschlossen die abschließenden Kapitel über die »Ostpolitik«, also den Krieg gegen die Sowjetunion und den »jüdischen Bolschewismus«.

Seit 1925 sorgte der Landshuter Apotheker Gregor Straßer für eine bessere Aufstellung der Partei, die sich jetzt in Bezirke gliederte, Gaue genannt. Den Gauen standen jeweils Gauleiter vor. Straßer hatte für kurze Zeit in Landsberg gesessen, war aber inzwischen Abgeordneter der Deutschvölkischen Freiheitspartei (DVFP) im Reichstag in Berlin. Die DVFP war eine Nachfolgeorganisation der verbotenen NSDAP. Sie hatte Ortsgruppen in Nord- und Westdeutschland, die Straßer nun für die Hitler-Partei nutzen sollte. Gregor Straßer hatte wenig für die Vergötterung Hitlers übrig und vertrat ein stärker linkes Programm, um die Arbeiterschaft für die Nationalsozialisten zu gewinnen. Trotzdem unterstützte er Hitler und war dabei sehr erfolgreich.

> Juni 1926
> Hitler ernennt Gregor Straßer zum »Reichsorganisationsleiter« der NSDAP

Ein wichtiger Neuzugang war Joseph Goebbels. Er hatte Germanistik studiert, einen Doktortitel erworben und anschließend erfolglos versucht, sich als Schriftsteller einen Namen zu machen. Der eher klein gewachsene Goebbels hatte einen missgebildeten rechten Fuß und litt unter Minderwertigkeitskomplexen. Er war hochintelligent und höchst ehrgeizig. Da er Tagebuch führte, wissen wir, wie er zu Hitler stand. Seit der Lektüre des ersten Bandes von *Mein Kampf* hielt er Hitler für einen geborenen Volksführer und den kommenden Diktator. »Wie lieb ich ihn!«, schrieb er verzückt ins Tagebuch.

Goebbels gehörte zu denjenigen Nationalsozialisten, die den Sozialismus wichtiger fanden als den Nationalismus. Darin unterschied er sich von Hitler. Das änderte sich aber bald. Hitler, der Goebbels' Talent erkannt hatte, lud ihn zu sich nach München ein und behandelte ihn wie einen hohen Gast. Goebbels durfte eine Rede halten, nach der ihn Hitler mit Tränen in den Augen umarmte. Goebbels war überzeugt. »Ich beuge mich dem Größeren, dem politischen Genie«, schrieb er in sein Tagebuch. Er folgte Hitler von nun an bedingungslos.

Im Oktober 1926 ernannte Hitler Goebbels zum Gauleiter von Berlin. In der Reichshauptstadt war die NSDAP bis dahin praktisch nicht vorhanden gewesen; sie hatte nur einige hundert Mitglieder. Goebbels sollte das »rote Berlin« mit seinen großen Arbeiterbezirken für die Partei erobern. Er legte den Schwerpunkt seiner Propaganda einerseits auf den Kampf gegen die moderne Kultur, die im damaligen Berlin aufblühte. Zum anderen betrieb er antisemitische Hetze und ließ die SA zu gewaltsamen Demonstrationen gegen »Rote« und Juden aufmarschieren. Bei seinen zahlreichen Ansprachen trug Goebbels eine Lederjacke, wie sie auch viele Kommunisten trugen, und ahmte den Stil der kommunistischen Propaganda nach.

*Okt. 1926*
*Hitler ernennt Joseph Goebbels zum »Gauleiter« von Berlin*

Hitler, damals sechsunddreißig Jahre alt, war ein für Weimarer Verhältnisse ungewöhnlich junger Politiker. In der Parteipropaganda wurde die »Jugend« der NSDAP beständig hervorgehoben. Das war kein Zufall: In den mittleren Jahren der Weimarer Republik fand eine ausgedehnte politische Auseinandersetzung um die »Jugend« statt. Man kann sogar von einem Jugendmythos sprechen, den Hitlers Partei für sich auszunutzen versuchte. Denn die Partei wurde nur durch den Führerglauben zusammengehalten; Hitler verkörperte sie.

Im Juli 1926 führte die NSDAP ihren ersten Reichsparteitag nach der Neugründung durch. Er fand in Weimar statt, weil Hitler in Thüringen öffentlich reden durfte. Achttausend Mitglieder waren gekommen, um Hitler zuzujubeln, etwa zur Hälfte SA-Leute. Innerhalb der SA bildete mittlerweile die SS, Hitlers früherer Stoßtrupp, eine Auswahl der »Besten«.

*Juli 1926*
*Reichsparteitag der NSDAP in Weimar*

Hitler zeichnete die SS aus, indem er ihr die »Blutfahne« zur Aufbewahrung übergab. Es handelte sich um die Hakenkreuzflagge, die beim Münchner Putschversuch der Marschkolonne vorangetragen worden war. Sie war mit dem Blut der bei der Feldherrnhalle erschossenen Nationalsozialisten befleckt. Die Fahne wurde zu einer Art heiligem Gegenstand. Hitler »weihte« mit ihr neue Fahnen und Feldzeichen der SA, indem er diese mit der Blutfahne berührte. Dieser feierliche Mummenschanz, der kirchliche Gebräu-

Hitler bei der Ankunft zum 2. Reichsparteitag der NSDAP in Weimar, Juli 1926

che nachahmte, beeindruckte die Parteimitglieder und SA-Leute. Er war fortan fester Programmpunkt der Reichsparteitage.

Der Reichsparteitag im Spätsommer 1927, der erstmals in Nürnberg abgehalten wurde, war weniger gut besucht. Auch hatte sich gezeigt, dass der Versuch, die national gesinnte Arbeiterschaft für die NSDAP zu gewinnen, gescheitert war. Hitler gab nun als neue Parole aus, sich vor allem auf den unteren Mittelstand zu konzentrieren, beispielsweise auf Einzelhändler, die sich durch die Konkurrenz vermeintlich »jüdischer« Kaufhauskonzerne bedroht fühlten. Auch Bauern sollten nun kräftiger umworben werden.

Doch noch immer ging es nicht recht voran. Bei der Reichstagswahl vom Mai 1928 schnitt die NSDAP mit 2,6 Prozent überaus schlecht ab. Als letztes Land der Weimarer Republik hob Preußen daher Ende September das Redeverbot für Hitler auf. Man glaubte, dass der Nationalsozialismus verschwinden würde. Das war ein Fehler. Hitler sprach am 16. November erstmals im größten Veranstaltungssaal der Hauptstadt, dem Berliner Sportpalast. Der Saal war mit sechzehntausend Menschen bis auf den letzten Platz gefüllt. Die Rede war ein voller Erfolg, Hitler war im Gespräch. Auch die Mitgliederzahlen der NSDAP stiegen an. Ende 1928 gab es schon über hunderttausend Parteigenossen.

*Nov. 1928*
**Hitlers erste Rede im Berliner Sportpalast**

Es fällt auf, dass Hitler seine judenfeindlichen Töne jetzt dämpfte. Er wollte vor allem das bürgerliche Publikum ansprechen und es nicht durch allzu scharfe antisemitische Töne abschrecken. Stattdessen legte er mehr Gewicht auf die »Volksgemeinschaft«. Denn die wirtschaftliche Lage Deutschlands hatte sich nach der kurzzeitigen Erholung in den mittleren Jahren der Republik erheblich verschlechtert. Anfang 1929 gab es bereits rund drei Millionen Arbeitslose. Indem er die Verlierer und Unzufriedenen ansprach, nutzte Hitler die Wirtschaftskrise und die gesellschaftlichen Konflikte für seine Zwecke.

Bis Sommer 1929 stand eine Reihe von Landtagswahlen auf der politischen Tagesordnung. Pausenlos prasselten Wahlveranstaltungen und Wahlwerbung auf die Bürger herab. Die NSDAP gab sich durch ihre dauernde Anwesenheit in der Öffentlichkeit das Image von Energie und Tatkraft. Als Höhepunkte sprach jeweils auch Hitler einige Male. Infolgedessen verbesserte die Partei ihre Wahlergebnisse deutlich, kam aber nicht über fünf Prozent der Stimmen.

Seit kurzem wurde Hitler auch von der bürgerlich-konservativen Deutschnationalen Volkspartei (DNVP) anerkannt. Deren Vorsitzender war der mächtige Medienunternehmer Alfred Hugenberg. Gemeinsam mit der DNVP und anderen Organisationen der nationalen Rechten nahm die NSDAP an dem Versuch teil, ein Volksbegehren gegen den sogenannten Young-Plan zustande zu bringen. Dabei handelte es sich um einen Plan für die endgültige Regelung der Kriegsentschädigung. Die Zahlung der Reparationen sollte auf neunundfünfzig Jahre verteilt werden. Obwohl der Young-Plan Deutschlands Interessen entgegenkam, machten Hitler und seine Partner eine maßlose Propaganda gegen ihn und gegen die sozialdemokratisch geführte Reichsregierung. Das Volksbegehren scheiterte. Aber Hitler war praktisch über Nacht eine politische Größe der nationalen Rechten geworden. Er war jetzt nicht mehr nur der rechtsradikale »Trommler« aus München, sondern hatte Zugang zu Herren mit Macht, Geld und Einfluss.

Im Mai 1930 kaufte die NSDAP in bester Lage der Münchner Innenstadt, an der Briennerstraße 45, eine große Villa aus dem 19. Jahrhundert. Das Geld für diesen Kauf stammte teilweise aus Industriellenspenden, teilweise aus einer Sonderzahlung, zu der

*Juni–Okt. 1929 Zusammenarbeit von DNVP und NSDAP im »Reichsausschuss« gegen den Young-Plan*

**Jan. 1931**
**Bezug des Münchner »Braunen Hauses« als NSDAP-Parteizentrale**

alle Parteimitglieder verpflichtet wurden – und dies mitten in der Weltwirtschaftskrise. Der Architekt Paul Ludwig Troost, den Hitler kurz zuvor bei den Bruckmanns kennengelernt hatte, erhielt den Auftrag, die Villa umzubauen. Troost war der erste Lieblingsarchitekt Hitlers, der selbst bereits seit seiner Jugend davon geträumt hatte, ein großer Baumeister zu werden. Anfang 1931 zog die Partei in ihr neues Hauptquartier ein. Es wurde nunmehr »Braunes Haus« genannt. Denn die NSDAP wurde wegen der SA-Uniformen mit der braunen Farbe in Verbindung gebracht. Zur Ausstattung des Gebäudes gehörte unter anderem eine Halle, in der die Fahnen und Standarten der Münchner SA aufbewahrt wurden. Dazu zählte auch die »Blutfahne« von 1923.

Hitlers Arbeitszimmer war ein großer Raum an der Gebäudeecke. Zur Ausstattung gehörten eine Büste Benito Mussolinis, ein Gemälde, das die Kämpfe von Hitlers Regiment während des Ersten Weltkriegs darstellte, sowie ein Porträt des preußischen Königs Friedrich II. (»des Großen«), das an der Wand hinter Hitlers Schreibtisch angebracht war. Hitler stellte sich damit in die Nachfolge des Preußenkönigs. Er wollte seine eigene Führerschaft auf ein geschichtliches Vorbild stützen, das auch im konservativen deutschen Bürgertum hohes Ansehen genoss. Mit Preußen konnte der Österreicher Hitler an sich wenig anfangen, aber Friedrich II. verehrte er.

Die nationalsozialistische Propaganda vermittelte den Parteimitgliedern das Bild eines Parteiführers, der ständig um das Wohl der NSDAP besorgt war und viel Zeit an seinem Schreibtisch verbrachte. In Wirklichkeit war Hitler sehr selten in seinem Arbeitszimmer anzutreffen. Er hatte kein Verständnis für die Erfordernisse eines Verwaltungsapparates. Seine Abneigung gegen Bürokratie und Akten war bereits vor seiner Machtübernahme bekannt und brachte seine Mitarbeiter manchmal zur Verzweiflung.

**Feb. 1931**
**Das Hotel »Kaiserhof« wird Hitlers Berliner Hauptquartier**

Seit Februar 1931 hatte die Partei auch ein Hauptquartier in Berlin. Sie mietete das oberste Stockwerk des Hotels »Kaiserhof« am Wilhelmplatz. Dort standen Hitler Privaträume zur Verfügung. Das Hotel befand sich in Sichtweite der Reichskanzlei. Damit befanden sich die NSDAP und ihr »Führer« sichtbar vor den Toren der Macht.

# Hitler »privat« I

## Selbstinszenierung

Zu Beginn seiner Karriere machte Hitler um sein Aussehen ein Geheimnis. Niemand durfte ihn fotografieren. Das politische Spottblatt *Simplicissimus* fragte im Mai 1923: »Wie sieht Hitler aus?« Die Zeitschrift kam zu dem Schluss: »Hitler ist überhaupt kein Individuum. Er ist ein Zustand.« Das war treffend ausgedrückt. Denn Hitler wollte etwas darstellen, nicht jemand sein. Hitlers Vertrauter, der Pressefotograf Heinrich Hoffmann, begann zwar bald darauf, Fotos von Hitler zu veröffentlichen. Aber diese Abbildungen waren sorgfältig vorbereitet und gestellt, damit sie dem Bild des »Führers« entsprachen.

Zu Hitlers Markenzeichen gehörten der berühmte Oberlippenbart (»Hitlerbürste«) und die Locke seines gescheitelten Haares, die ihm von links ins Gesicht fiel. Diese schob er mit einer typischen Geste seiner rechten Hand zurück. Hitler hatte eine große, breite Nase. Aus der Nähe betrachtet war sein Gesicht nicht angenehm. Seine politischen Gegner fanden ihn sogar ausgesprochen hässlich. Dagegen wiesen Hitlers Anhänger immer wieder auf seine strahlend blauen Augen hin. Das hatte einen einfachen Grund: Hitler setzte seinen festen Händedruck und einen langen Blick ins Auge seines Gegenübers bewusst ein, um andere Menschen für sich einzunehmen. Dieser Schauspielertrick verfehlte seine Wirkung fast nie.

Überhaupt war Hitler, wie Ian Kershaw, der beste Kenner seiner Biographie, betont hat, ein begnadeter Schauspieler.

Manche Männer in seiner Umgebung fanden, dass seine Person aus einer Vielzahl unterschiedlicher Rollen bestand. Diese konnte er allesamt perfekt spielen und beinahe nach Belieben wechseln. Der ›wahre‹ Hitler blieb hinter diesen Rollen verborgen. Er hatte fast immer eine unsichtbare Maske auf. Nichts fürchtete Hitler mehr, als bloßgestellt oder in peinlichen Momenten fotografiert zu werden.

Sport trieb Hitler nicht, sieht man vom regelmäßigen Training seines rechten Arms ab, den er stundenlang ohne Unterbrechung zum Hitlergruß erhoben halten konnte. Das war zweifellos eine körperliche Höchstleistung, die er sich aber nicht anmerken ließ.

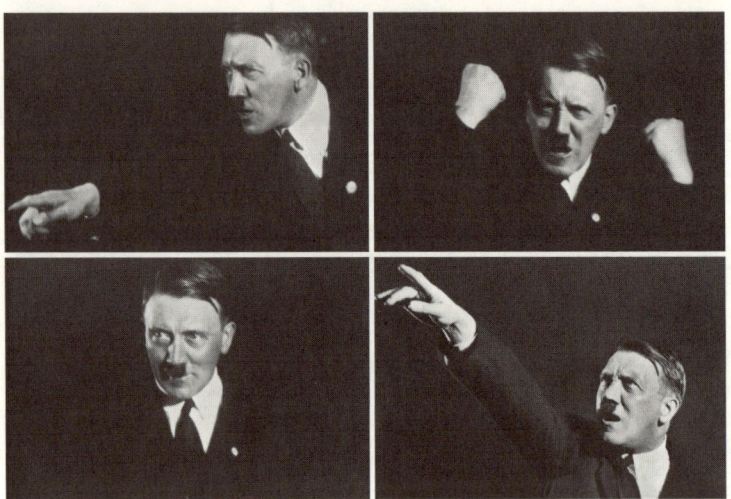

**Hitler in Rednerposen.
Fotoserie von Heinrich Hoffmann, 1930**

Bei seinen Reden schwitzte Hitler so heftig, dass er stark an Gewicht verlor. Aber er konnte sich durch Reden auch in Höchststimmung versetzen. Am Ende eines solchen Tages sackte er fix und fertig in sich zusammen. Das sollte aber niemand sehen. Hitlers Umgebung schützte ihn dann vor neugierigen Blicken.

Anfänglich trug Hitler meist einen einfachen blauen Anzug und eine dunkle Krawatte, in seiner Freizeit am liebsten bayerische Lederhosen. Vor allem aber trug er oft und gern Uniformen – wie so viele politisch aktive Bürger der Weimarer Republik. Bei Parteiveranstaltungen war dies meist die braune Uniform der SA, die Hitler allerdings ohne Mütze trug. Eine Reithose, hohe Schaftstiefel, eine Hakenkreuzbinde und ein Schulterriemen aus Leder vervollständigten seinen Auftritt als Parteisoldat. Dazu trug er stets seine Orden aus dem Ersten Weltkrieg. Bei seinen zahlreichen Wahlkampfreden trug Hitler vor 1933 dunkle Anzüge. Im Anzug erschien er auch, wenn politische Unterredungen anstanden oder wenn er von führenden Persönlichkeiten der deutschen Wirtschaft zu Vorträgen eingeladen wurde. Stets hatte Hitler eine Krawatte umgebunden, legte also auf äußere Form und Abstand zu seiner Umgebung Wert.

## Lebensgewohnheiten

Wenn Hitler nicht gerade Reden entwarf oder hielt, lebte er am liebsten so, wie er es sich seit seiner Jugend angewöhnt hatte. Er verbrachte viel Zeit lesend in seiner Wohnung, die zunächst noch aus einem ärmlichen Zimmer in der Münchner Thierschstraße bestand. Hitlers Stolz waren Bücherstapel, die aus überwiegend geschichtlichen und militärischen Werken bestanden. Gründliches Lesen gehörte nach wie vor nicht zu seinen Gewohnheiten. Er informierte sich aus Zeitungen und merkte sich, was er daraus für seine Reden verwenden konnte.

Außerhalb seiner Wohnung waren Restaurants und Cafés Hitlers Lieblingsorte. Lange bevor Pizzerien und italienische Lokale in der Bundesrepublik Einzug hielten, war Hitler bereits ein Freund italienischer Kost und hielt sich oft in einem Lokal namens »Osteria Bavaria« auf. Dieses Restaurant lag in der Nähe der Redaktion des *Völkischen Beobachters*, die Hitler häufig aufsuchte. Dort und im bevorzugten Café Heck versammelte er seinen wachsenden Hofstaat.

Seit August 1930 gehörte Wilhelm Brückner dazu, der mit Hitler in München vor Gericht gestanden hatte. Er war Hitlers Adjutant. Ebenso wie Julius Schaub begleitete Brückner seinen Chef fast immer.

Wenn sich Hitler überhaupt Rat holte, besprach er sich am liebsten mit diesem ihm ergebenen Kreis. Die Anrede »Mein Führer« war noch nicht üblich. Man sprach den Parteichef respektvoll mit »Herr Hitler« an. Er selbst verwendete, wie bei befehlsgewohnten Männern üblich, nur den Nachnamen als Anrede. Untereinander bezeichneten Hitlers Untergebene ihn üblicherweise als ihren »Chef«.

Die meisten Angehörigen des inneren Kreises gehörten der SA an. Abends begleiteten ihn Leibwächter zu seiner Wohnung. Hitler und sein Begleiter Christian Weber trugen beständig eine Hundepeitsche mit sich herum, Hitler auch eine Pistole. In einen langen dunklen Mantel gehüllt, einen breitkrempigen Hut tief ins Gesicht gezogen, wirkte der Parteiführer wie der Chef einer Gangstertruppe. Das war die NSDAP ja auch wirklich.

Hitler war 1925/26 öfter in den bayerischen Alpen als in seiner Münchner Wohnung. Dies wurde dadurch erleichtert, dass

Hitler und sein Gefolge: Rechts Rudolf Heß, zwischen Heß und Hitler Julius Schaub, links von Hitler Wilhelm Brückner und Ernst Röhm, 1931

er inzwischen stolzer Besitzer eines großen Mercedes-Wagens war, mit dem er zwischen München und Berchtesgaden hin- und herpendeln konnte. Das Auto der von Hitler bevorzugten Edelmarke Mercedes war ein dunkles Cabriolet mit zwei Rückbänken und Kompressor-Motor. Es kostete sechsundzwanzigtausend Reichsmark. Obwohl Hitler nicht wusste, wie er dieses Vermögen aufbringen sollte, hatte er den Wagen schon während der Landsberger Haft bestellt. Letztlich schenkten seine Gönner, das Ehepaar Bruckmann, Hitler das Auto. Selbstverständlich fuhr er nicht selbst. Hitler besaß nie einen Führerschein, sondern ließ sich standesgemäß fahren.

Wenn Hitler in Begleitung seiner Leibgarde durch die Gegend brauste, wirkte er noch mehr als zuvor wie der Boss einer amerikanischen Gangsterbande. Auch dieses Auftreten passte in die Zeit: »Amerika« stand in den Augen vieler vor allem jüngerer Menschen für eine bessere Zukunft. Hitler teilte mit vielen Zeitgenossen die Begeisterung für moderne Technik, vor allem für Autos.

Hitler hatte merkwürdige Lebensgewohnheiten. Von seinem späten Aufstehen war schon die Rede. Ausnahmen waren natürlich seine Wahlkämpfe, bei denen er sich nach den Terminplanungen Goebbels' und seiner Mitarbeiter richtete. Hitler ernährte sich mit karger Kost. Bis zu seinem Putsch hatte er Fleisch gegessen und in Maßen Alkohol getrunken. Nach der Entlassung aus Landsberg ging er dazu über, sich nur noch vegetarisch zu ernähren und auf Alkohol ganz zu verzichten. Der einfache Grund für diesen Wechsel seiner Essgewohnheiten bestand darin, dass er während der Festungshaft deutlich zugenommen hatte. Andererseits war Hitler geradezu süchtig nach Kuchen, Gebäck und anderem süßem Zeug. Das passte nicht recht zu der gesunden Lebensweise, die er ständig predigte.

Hitler gab sich auch seit den späten zwanziger Jahren bescheiden, obwohl er einen kostspieligen Lebensstil führte. Das dafür benötigte Geld wurde ihm anfänglich von wohlhabenden Gönnern zugesteckt. Seit 1930 verdiente er gut am Verkauf seines Buches und erhielt darüber hinaus Spenden von Geschäftsleuten. Am Abend ging er gern zu Konzerten und Kabarettveranstaltungen, ins Kino und dergleichen, stets in Begleitung seiner Leibwächter. Und auch damit war Hitler Teil der Massenkultur, die besonders in Berlin aufblühte.

Die äußeren Anzeichen von Hitlers zunehmendem Wohlstand waren auch seine Wohnungen, mit denen er zugleich Anerkennung im gehobenen Bürgertum zu finden suchte. 1929 zog er in eine geräumige Neunzimmerwohnung im zweiten Obergeschoss eines Hauses am vornehmen Münchner Prinzregentenplatz um. An der Türklingel stand aber nicht sein Name, sondern der seiner Haushälterin, Frau Winter.

*1929 Neue Wohnung am Münchner Prinzregentenplatz*

Inzwischen hatte Hitler auch ein eigenes Ferienhaus am Obersalzberg gemietet. Es handelte sich um das »Haus Wachenfeld«, das einen schönen Blick auf die Alpen und die österreichische Stadt Salzburg freigab. Hitler standen hier fünf Zimmer sowie eine große Wohnstube mit Kachelofen zur Verfügung. Hinzu kamen eine Küche mit Speisekammer, Bad und Toiletten.

Hitler wandte sich an seine Halbschwester in Wien, die inzwischen verwitwete Angela Raubal, und bat sie, als seine Haushälterin das Ferienhaus zu bewirtschaften. Offiziell war sie die Mieterin. Auf diese Weise wollte Hitler Steuern sparen und davon ablenken, dass er ein Ferienhaus in den bayerischen Alpen bewohnte.

Im Sommer 1932 beauftragte Angela Raubal in Vertretung Hitlers einen Architekten mit Planungen für den Umbau. Dieser wurde gleich nach der Machtübernahme durchgeführt. Jetzt gab es eine Autozufahrt zum Haus und eine Garage an der Vorderseite. Auf die Garage kam eine große Sonnenterrasse. Als Verbindung zwischen Haus und Terrasse diente ein Wintergarten. Ferner ließ Hitler rechts neben dem Haus ein Holzgebäude anbauen, in dem seine Leibwächter, Adjutanten und Ärzte untergebracht wurden.

**1933 Kauf von »Haus Wachenfeld« auf dem Obersalzberg, bis 1936 Erweiterung zum »Berghof«**

Kurz darauf kaufte Hitler das Haus. Die Zufahrt wurde mit einem Holztor verschlossen, neben dem Schilder vor Hitlers »scharfen Hunden« warnten und den Durchgang verboten. »Haus Wachenfeld« wurde nämlich schnell zum Ziel von großen Besuchergruppen, die zum Obersalzberg pilgerten, um den leibhaftigen »Führer« zu treffen. Bis 1936 ließ Hitler sein Ferienhaus aufwendig zum »Berghof« erweitern, wo er Hof halten und Staatsgäste empfangen konnte. Eine große Sonnenterrasse lag nun rund um den Wintergarten. Die »große Halle« diente als repräsentativer Empfangsraum und als Ausstellungsraum für Hitlers Gemäldesammlung. Berühmtheit erlangte das rund dreißig Quadratmeter große, elektrisch versenkbare Panoramafenster der Wohnhalle, das einen grandiosen Blick auf die Alpen freigab.

Fotos vom Berghof, auch in Farbe, waren in der NS-Zeit weit verbreitet und unterstützten wirksam den Führerkult. Martin Bormann verwaltete das sogenannte Interessengebiet Obersalzberg, das er mit der Zeit zu einer Hochsicherheitszone ausbaute und mit zahlreichen Gebäuden bepflasterte. Die ursprünglichen Besitzer der Grundstücke, meist Bauern, wurden zum Verkauf gedrängt oder gezwungen.

### Frauen

Hitler hatte gern junge Frauen in seiner Umgebung. Ihnen gegenüber war er oft nett und zuvorkommend. Die Benimmschule, die seine älteren Gönnerinnen ihm zu Beginn seiner Karriere gegeben hatten, zeigte Wirkung. Daraus kann man aber nicht schließen, dass Hitler Frauen achtete. Seit seiner Jugend blickte er auf sie herab und äußerte sich häufig grob verletzend. Wiederholt sagte er, er dürfe nicht verheiratet sein, weil Deutschland seine

Fenster in der »großen Halle« von Hitlers Residenz »Berghof«

Braut sei. Aber dies waren nur großspurige Ablenkungen von seiner Bindungsangst und Selbstherrlichkeit.

Im Sommer 1926, als Hitler im Hotel »Deutsches Haus« in Berchtesgaden am zweiten Band von *Mein Kampf* schrieb, lernte er die sechzehnjährige Maria Reiter kennen. Hitler umwarb das junge Mädchen, die sich geschmeichelt fühlte, weil der bekannte Politiker sich für sie interessierte. Hitler war bereits siebenunddreißig, als er Maria Reiter traf. Zu Weihnachten 1926 schenkte er ihr *Mein Kampf* mit seiner persönlichen Widmung. Die beiden wechselten Briefe, in denen Maria Reiter Hitler ihre Liebe gestanden haben muss. In seinen Antworten bezeichnete er sie herablassend als »Kind« und redete sie durchweg nicht mit ihrem richtigen Vornamen, sondern mit »Mizzi« oder »Mizerl« an. Er ließ sich von ihr »Wolf« nennen. Diesen Namen hatte Hitler in der Frühzeit der NSDAP zur Tarnung verwendet, fand aber offensichtlich Gefallen an dem Bild von Stärke und Schläue, das sich mit »Wolf« verband.

Ende 1926 schrieb Hitler an Maria Reiter: »Ja, Kind, Du weißt wirklich nicht, was Du mir bist und wie lieb ich Dich habe.« Große Gefühle hatte Hitler für »Mizzi« in Wirklichkeit nicht. Im folgenden Frühjahr beendete er das Techtelmechtel. Nach dem Krieg

1926
»Wolf« und Maria Reiter

Hitler und seine Nichte Angelika (Geli) Raubal
auf einer Wiese am Haus Wachenfeld, 1930

behauptete Maria Reiter, sie sei mit Hitler verlobt gewesen und habe sogar eine Liebesnacht mit ihm verbracht. Dies ist aber unwahrscheinlich, weil Hitler bald eine neue Frau um sich hatte.

In Angela Raubal, genannt »Geli«, war Hitler offensichtlich verliebt. Sie war die Tochter seiner Halbschwester.

**1927 Beginn der Beziehung zu Geli Raubal**

Auch Geli Raubal war zwanzig Jahre jünger als Hitler, eine junge, lebenslustige Frau. Sie hatte das Abitur in Linz abgelegt und in München ein Medizinstudium aufgenommen. Später war sie als Musikstudentin eingeschrieben. Hier machte ein Onkel seiner Nichte den Hof – wie damals Hitlers Vater seiner Mutter. Kurz nach ihrer Ankunft in München nahm Geli Raubal eine Beziehung zu Hitlers Fahrer Emil Maurice auf. Hitler, erbost und eifersüchtig, entließ Maurice im Dezember 1927. Seitdem wurde er für einige Jahre von Julius Schreck gefahren.

Seit Oktober 1929 wohnte Geli Raubal offiziell zur Untermiete bei den bisherigen Vermietern Hitlers in der Thierschstraße. In Wirklichkeit bewohnte sie ein Zimmer in seiner neuen Wohnung am Prinzregentenplatz. Er verwöhnte sie mit Geschenken und Kleidern und nahm sie oft mit, wenn er zum Essen ausging. Geli begleitete ihn ins Theater, ins Kino und zu Hitlers häufigen Ausflügen in die Umgebung Münchens sowie auf den Obersalzberg. Sie nahm in München Gesangsstunden, die Hitler bezahlte, aber ein ernsthaftes Musikstudium betrieb sie nicht.

Welcher Art die Beziehung zwischen Hitler und Geli Raubal war, ist bis heute ungeklärt. Ob es ein sexuelles Verhältnis war, weiß man nicht. Fest steht aber, dass Hitler seine Freundin wie seinen persönlichen Besitz behandelte. Sie sollte nach seiner Vorstellung keinen Schritt ohne seine Begleitung tun. Davon hatte Geli Raubal nach zwei Jahren endgültig genug. Sie wollte nach Österreich zurück. Hitler soll ihr das untersagt haben. Kurz darauf, am 19. September 1931, wurde Geli in Hitlers Wohnung tot aufgefunden. Sie hatte sich mit der Pistole ihres Onkels in die Brust geschossen. Die NSDAP behauptete, sie habe sich beim Spielen mit Hitlers Schusswaffe versehentlich getötet. Nach einer anderen Version soll sie nur einen Selbstmordversuch unternommen haben, um auf ihre verzweifelte Lage aufmerksam zu machen, dann aber in der Wohnung verblutet sein. Alles deutet darauf hin, dass Geli Raubal sich das Leben nahm, weil sie von ihrem besitzergreifenden Onkel in den Tod getrieben wurde.

Sept. 1931
Tod
Geli Raubals

Hitler war tief getroffen. Ihre Zimmer am Prinzregentenplatz und in seinem Ferienhaus ließ er zu einer Art Gedenkstätte herrichten, die nur er selbst betreten durfte. Er gab mehrere Porträts Geli Raubals nach Fotografien in Auftrag und hängte diese in seiner Münchner Wohnung auf.

Andererseits war seine Trauer nicht allzu tief, denn kurz nach Gelis Beerdigung auf dem Wiener Zentralfriedhof reiste Hitler nach Hamburg ab und hielt dort eine vom Publikum bejubelte Rede. Tags darauf musste Schreck ihn in einem Stück von Hamburg nach Wien fahren, wo Hitler das Grab seiner Nichte besuchte. Dies war das einzige Mal, dass er Geli Raubal die Ehre erwies.

Eva Braun trat an Gelis Stelle. Sie arbeitete seit Herbst 1929 in einem Zweiggeschäft von Hitlers Fotografen Heinrich Hoffmann. Auch Eva Braun war dreiundzwanzig Jahre jünger als Hitler. Wahrscheinlich schloss Hitler erst nach Geli Raubals Tod Bekanntschaft mit der damals neunzehnjährigen Fotoangestellten.

Es spricht einiges dafür, dass Hoffmann die Verbindung bewusst einfädelte, um seine eigene Stellung an Hitlers Hofstaat zu verbessern.

**1932**
**Vermutlich Beginn der Beziehung zu Eva Braun**

Im Unterschied zu Geli Raubal blieb die Beziehung Hitlers zu Eva Braun ein Geheimnis, von dem die meisten Deutschen erst nach Kriegsende erfuhren. Sie begleitete Hitler nicht in seiner Freizeit. Auf den zahlreichen Fotos, die Hoffmann schoss, ist Eva Braun nur sehr selten zu sehen. Im engeren Umkreis Hitlers war natürlich bekannt, dass »Eva« oder »EB«, wie seine Mitarbeiter sie untereinander nannten, Hitlers Lebensgefährtin war. Auch in diesem Fall ist aber nicht klar, ob die beiden eine sexuelle Beziehung hatten. Der einzige vermeintliche Beleg dafür ist ein handschriftliches Tagebuch Eva Brauns, das nach dem Krieg auftauchte. Sehr wahrscheinlich handelt es sich bei diesem Schriftstück jedoch um eine Fälschung.

Eva Braun als Neunzehnjährige, Porträtfoto von 1931 mit eigenhändiger Unterschrift

**Aug. oder Nov. 1932**
**Selbstmordversuch Eva Brauns**

Sicher ist, dass Eva Braun im Jahr 1932 einen Selbstmordversuch unternahm, entweder im August oder im November. Sie wollte Hitler, der nicht erneut in einen derartigen Skandal verwickelt werden wollte, offenbar unter Druck setzen. Das gelang. Seit spätestens Ende 1932 war Eva Braun die Frau an Hitlers Seite – aber nur dann, wenn er für sie Zeit hatte. Im Februar 1936, kurz vor der Fertigstellung des Berghof-Umbaus, gab Angela Raubal ihre Stellung als Haushälterin am Obersalzberg auf. Seitdem konnte Eva Braun Hitlers Berghof als zweiten Wohnsitz betrachten. Die gemeinsame Zeit mit Hitler beschränkte sich im Wesentlichen auf seine dortigen Ferienaufenthalte.

Lange Zeit hat man gedacht, dass Eva Braun eine oberflächliche Frau gewesen sei. Ganz so einfach ist es jedoch nicht. Sie festigte zielstrebig ihre verborgene Stellung an Hitlers Seite und an seinem Hofstaat, ohne ihm jemals wirklich nahe sein zu dürfen. Ohne Zweifel verehrte Eva Braun Hitler und betrachtete ihn als ihren »Führer«. Ob sie ihn liebte, wissen wir nicht. Umgekehrt scheint es so gut wie ausgeschlossen, dass Hitler Eva Braun liebte.

Eine andere Frau, der Hitler nahestand, war die Ehefrau von

Joseph Goebbels. Hitler verbrachte viel Zeit mit Magda Goebbels und ihrer Familie. Von Freundschaften lässt sich bei Hitler schlecht sprechen. Wenn er aber so etwas wie freundschaftliche Gefühle hegte, dann zum Ehepaar Goebbels. Im Unterschied zu Eva Braun durfte Magda Goebbels die »First Lady« des nationalsozialistischen Staates spielen, oftmals auch dann, wenn ihr Mann nicht dabei war. Das Ehepaar hatte sechs Kinder, deren Vornamen alle den Anfangsbuchstaben H (wie Hitler) trugen.

## Spiel um die Macht

### Durchbruch

Am 24. Oktober 1929 hatte mit dem plötzlichen Verfall der Wechselkurse an der New Yorker Börse die Weltwirtschaftskrise begonnen. Sie wirkte sich in Deutschland schnell aus. Die deutsche Volkswirtschaft war von den Krediten amerikanischer Geldgeber abhängig. Als diese Kredite seit dem New Yorker Börsenkrach zurückgefordert wurden, machten viele Betriebe pleite. Es kam zu massenhafter Arbeitslosigkeit. Jetzt schlug die Stunde der NSDAP.

Ende März 1930 musste die letzte demokratische Regierung der Weimarer Republik unter Reichskanzler Hermann Müller von der SPD zurücktreten. Müller wusste nicht, dass der Sturz seiner Regierung im Hintergrund schon lange vorbereitet worden war. Einer der entscheidenden Männer war hierbei der General Kurt von Schleicher gewesen. Er hatte eine führende Stellung in der Reichswehr inne und arbeitete eng mit Reichspräsident Paul von Hindenburg zusammen. Hindenburg stimmte Schleichers Vorschlag zu, einen neuen Reichskanzler einzusetzen, der allein vom Vertrauen des Reichspräsidenten abhängig war. Der Kandidat war Heinrich Brüning, ein Politiker der katholischen Zentrumspartei. Er hatte im Ersten Weltkrieg als Offizier gedient und war Hindenburg schon deshalb sympathisch.

Brüning sollte mithilfe von Notverordnungen des Reichspräsidenten regieren, also mit dem Artikel 48 der Reichsverfassung. Allerdings musste der Reichstag solchen Notverordnungen im Nachhinein zustimmen. Im Juli 1930 legte Heinrich Brüning dem Reichstag ein Haushaltsgesetz vor, das die öffentlichen Ausgaben

---

24. Okt. 1929
»Schwarzer Freitag« an der New Yorker Börse, Beginn der Weltwirtschaftskrise

März 1930
Sturz der letzten demokratischen Regierung der Weimarer Republik, Heinrich Brüning wird Reichskanzler

stark verringerte. Da hierunter vor allem die immer größere Zahl von Arbeitslosen leiden würde, fand das Gesetz keine Mehrheit im Reichstag. Daraufhin legte Brüning dasselbe Gesetz als Notverordnung nochmals vor. Sie wurde mit den Stimmen der SPD und der NSDAP abgelehnt. Weil der Reichstag seinem Kanzler nicht folgen wollte, löste Hindenburg das Parlament auf. Ob die Verfassung einen solchen Schritt überhaupt zuließ, war unter Juristen umstritten. Jedenfalls musste nun neu gewählt werden. Dies geschah am 14. September 1930.

An sich hätten erst 1932 wieder Reichstagswahlen stattfinden dürfen. Es war absehbar, dass die vorgezogenen Wahlen den radikalen Parteien nützen würden, vor allem der NSDAP. Daher war die Auflösung des Reichstags ein schwerer politischer Fehler. Die Nationalsozialisten hatten mit dieser Chance mitten in der Wirtschaftskrise gar nicht gerechnet. Sie waren hocherfreut. Hitler hatte Joseph Goebbels kurz zuvor zum Reichspropagandaleiter der NSDAP ernannt. Goebbels stürzte sich mit Feuereifer in den Wahlkampf. Hitlers Reden zogen riesige Zuhörermengen an. So sprach er am 10. September vor sechzehntausend Menschen im Berliner Sportpalast und zwei Tage später vor nicht weniger als dreißigtausend Menschen in der schlesischen Stadt Breslau. Das Wahlergebnis übertraf alle Erwartungen. Die NSDAP erreichte 18,3 Prozent und bekam hundertsieben Sitze im Reichstag.

Sept. 1930
Durchbruch der NSDAP zur Massenpartei bei den Reichstagswahlen

Hitler hatte fast sechseinhalb Millionen Wähler für die Partei mobilisiert, achtmal mehr als zwei Jahre zuvor. Rund vierzig Prozent der Wähler kamen aus dem Mittelstand, aber die NSDAP hatte auch andere Gesellschaftsschichten erreicht. Sie war damit die erste Volkspartei Deutschlands – aber eine Volkspartei des Protests. Die Partei war auch moderner organisiert als etwa die SPD und das katholische Zentrum. Eine so plötzliche Veränderung der Parteienlandschaft wie bei dieser Wahl war einmalig und ist es bis heute geblieben. Es war der NSDAP gelungen, die Abneigung der Weimarer Republik durch breite Schichten für sich auszunutzen.

Nichts ist erfolgreicher als der Erfolg. Seit September 1930 schnellten die Mitgliederzahlen der NSDAP in die Höhe. Ende des Jahres wurden fast vierhunderttausend Parteigenossen gezählt, doppelt so viele wie ein Jahr zuvor. Bis Ende 1931 verdoppelte sich die Mitgliederzahl nochmals auf rund achthunderttausend. Es gelang der NSDAP immer stärker, die sogenannten Honoratioren für sich zu gewinnen, also Bürgermeister und Männer, die in den bürgerlichen Vereinen den Ton angaben.

Gegen die Nationalsozialisten konnte jetzt nicht mehr Politik gemacht werden. Reichskanzler Brüning lehnte es allerdings ab, Hitler ein Ministeramt anzubieten. Bei einem Zusammentreffen mit Brüning Anfang Oktober 1930 hielt dieser einen seiner üblichen Monologe und kündigte erregt seine Absicht an, Kommunisten, Sozialdemokraten, Frankreich und Russland zu »vernichten«. Brüning hielt Hitler fortan für das, was er war: einen gefährlichen Fanatiker. Hitler verfolgte seinerseits Brüning mit seinem Hass.

## Wahljahr 1932

Das ganze Jahr 1932 war von Wahlkämpfen ausgefüllt. Sie begannen mit der Reichspräsidentenwahl, denn die siebenjährige Amtszeit Hindenburgs endete. Hitler musste gegen Hindenburg antreten, weil seine Anhänger dies von ihm erwarteten. Ende Februar gab Goebbels die Kandidatur bekannt.

Hitler war staatenlos. Um Reichspräsident werden zu können, brauchte er die deutsche Staatsangehörigkeit. Aus diesem Grund ernannte die Landesregierung von Braunschweig, wo die Nationalsozialisten bereits an der Regierung beteiligt waren, Hitler zum Regierungsrat. So wurde er automatisch deutscher Staatsbürger. Er schwor seinen Beamteneid auf die Weimarer Reichsverfassung – die er dann bei erster Gelegenheit zerstörte.

Auch der Vorsitzende der Kommunistischen Partei, Ernst Thälmann, kandidierte für das Amt des Reichspräsidenten. Es war aber von vornherein klar, dass die Wahl zwischen Hindenburg und Hitler entschieden werden würde. Hitler brachte einen wahren Redenmarathon hinter sich und sprach täglich in einer anderen Stadt. Im ersten Wahlgang erhielt Hitler dreißig Prozent der Stimmen, Hindenburg neunundvierzig Prozent. Da der Reichspräsident damit die absolute Mehrheit knapp verfehlt hatte, war eine Stichwahl erforderlich.

*März 1932*
**Hitler unterliegt Hindenburg bei der Reichspräsidentenwahl**

Für den zweiten Wahlgang kamen Goebbels und Gregor Straßer auf die geradezu geniale Idee, Hitler per Flugzeug in den Wahlkampf zu schicken. Das war in den Vereinigten Staaten schon üb-

Hitler im Lufthansa-Flugzeug, 1932. Flugzeugkabinen waren damals schlecht beheizt. Eine Haube wie diejenige Hitlers setzte man auch beim Motorradfahren auf

lich, aber in Deutschland war noch kein Politiker auf diese Idee gekommen. »Hitler über Deutschland« lautete das doppeldeutige Motto des ersten sogenannten Deutschlandflugs, zu dem der »Führer« nach Ostern 1932 aufbrach. In weniger als einer Woche hielt Hitler zwanzig lange Reden vor fast einer Million Zuhörern, die zu den Massenveranstaltungen der NSDAP strömten.

Manche Zeitgenossen glaubten, Hitler habe einen Doppelgänger, weil er so oft den Ort wechselte. Beim zweiten Wahlgang am 10. April 1932 erhielt Hindenburg dreiundvierzig Prozent und war damit wiedergewählt, aber Hitler konnte seinen Anteil auf siebenunddreißig Prozent steigern.

10. April 1932
Paul von Hindenburg wird als Reichspräsident wiedergewählt

13. April 1932
SA-Verbot

Die Tage des Reichskanzlers Heinrich Brüning waren unterdessen gezählt. Grund dafür war, dass Brüning und Hindenburg am 13. April die SA und SS verboten hatten. Es gab gute Gründe für diesen Schritt, nämlich deutliche Anzeichen auf einen bevorstehenden Putschversuch von Ernst Röhms Parteiarmee, die inzwischen fast vierhunderttausend Männer zählte. General Kurt von Schleicher, der im Hintergrund die Fäden zog, hielt das SA-Verbot jedoch für falsch. Er wollte die SA zum Aufbau einer künftigen Militärdiktatur verwenden. Insgeheim teilte Schleicher Hitler mit, dass die Reichswehr Brüning nicht mehr länger unterstützen werde. Reichspräsident Hindenburg werde Brüning fallenlassen, das SA-Verbot aufheben und Neuwahlen zum Reichstag ansetzen.

Und so kam es: Brüning musste Ende Mai seinen Hut nehmen, und wenige Stunden später informierte Hindenburg Hitler über die Aufhebung des Verbots von SA und SS und die Auflösung des Reichstags. Der neue Kanzler Franz von Papen trat sein Amt am 1. Juni 1932 an. Er war praktisch durch Kurt von Schleicher eingesetzt worden. Politisch war Papen, wie jeder wusste, ein ziemlicher Dummkopf.

*Juni 1932*
*Franz von Papen wird Reichskanzler, Aufhebung des SA-Verbots*

Die Reichstagswahl fand am 31. Juli 1932 statt. Der Wahlkampf stand im Zeichen der Gewalt, praktisch herrschte Bürgerkrieg. Die inzwischen wieder zugelassene SA und der kommunistische Rotfrontkämpferbund lieferten sich fast täglich Straßenschlachten, die zahlreiche Todesopfer forderten. Allein im Juli 1932 wurden sechsundachtzig Menschen getötet, meistens Nationalsozialisten und Kommunisten. Am 17. Juli kam es in Altona bei Hamburg zu einer besonders blutigen, von der NSDAP provozierten Auseinandersetzung zwischen Nationalsozialisten und Kommunisten. Sechzehn unbeteiligte Altonaer Bürger wurden nach dem Abzug der NSDAP-Einheiten von Polizisten erschossen.

Reichskanzler Franz von Papen nahm den »Blutsonntag« von Altona zum Vorwand, die preußische Regierung unter Ministerpräsident Otto Braun (SPD) abzusetzen. Papen setzte sich selbst als geschäftsführender Ministerpräsident Preußens ein. Angeblich sei die preußische Regierung nicht in der Lage, Sicherheit und Ordnung auf ihrem Gebiet zu gewährleisten, zu dem auch Altona gehörte. Der tatsächliche Grund bestand darin, dass Preußen Papens Plänen im Weg stand, eine Diktatur von Adel und Militär zu errichten. Sein sogenannter Preußenschlag war ein Schlag ins Gesicht der Reichsverfassung. Die SPD musste ihn ohnmächtig hinnehmen.

*20. Juli 1932*
*Franz von Papen setzt die preußische Landesregierung ab*

Unterdessen befand sich Hitler wieder im Wahlkampf. Sein dritter »Deutschlandflug« führte ihn in dreiundfünfzig Ortschaften. Die Reichstagswahlen vom 31. Juli brachten den Nationalsozialisten einen erneuten Zuwachs. Mit rund siebenunddreißig

**31. Juli 1932**
**Die NSDAP wird bei den Reichstagswahlen stärkste Partei**

Prozent der Stimmen konnte die NSDAP nunmehr zweihundertdreißig Abgeordnete stellen. Sie war damit die mit Abstand größte politische Gruppierung im Parlament. Andererseits verfehlte die NSDAP deutlich ihr eigentliches Ziel. Sie wollte die absolute Mehrheit, also mehr als die Hälfte der Stimmen, erringen und dadurch Hitlers Alleinherrschaft herbeiführen.

Hitler brauchte also Unterstützung auf dem Weg zur Macht. Am 6. August 1932 traf er zu geheimen Verhandlungen mit Kurt von Schleicher zusammen. Ging es nach seinen Vorstellungen, sollte er Reichskanzler werden, Wilhelm Frick Innenminister, Hermann Göring Luftfahrtminister, Gregor Straßer Arbeitsminister und Joseph Goebbels Propagandaminister. Außerdem wollte Hitler preußischer Ministerpräsident werden. Die Unterredung mit Schleicher verlief gut. Zwar wollte Schleicher nicht alle Forderungen erfüllen, aber er war bereit, Hitler weit entgegenzukommen. Schleicher interessierte vor allem der Massenanhang der Nationalsozialisten. Auf ihre Zustimmung wollte er eine Diktatur der Reichswehr stützen – und damit selbst Alleinherrscher werden.

Schleicher machte aber seine Rechnung ohne Hindenburg. Der alte Herr war zwar kein Freund der parlamentarischen Demokratie, wollte aber keinen Reichskanzler Hitler. Der berühmte Generalfeldmarschall äußerte sich verächtlich über den »böhmischen Gefreiten« Hitler, dessen Geburtsort Braunau er versehentlich Böhmen zuordnete. In dieser Lage setzte Hitler wieder alles auf eine Karte. Er verlangte in Gesprächen mit Kurt von Schleicher und Franz von Papen, man solle ihn zum Kanzler machen. Papen war sogar bereit, Hitler das Amt des stellvertretenden Regierungschefs anzubieten. Wenn Hitler erfolgreich arbeiten und sich das Vertrauen Hindenburgs erwerben würde, sei er, Franz von Papen, bereit, von seinem Amt zurückzutreten und für Hitler Platz zu machen.

**Aug. 1932**
**Hitler lehnt eine Regierungsbeteiligung der NSDAP ab**

Hitler lehnte jedoch ab. Sein Prinzip war: alles oder nichts. Daher schlug er jetzt die Möglichkeit aus, seiner Partei zur Macht zu verhelfen. Auf nichts anderes als die Machtübernahme warteten aber die Anhänger der NSDAP. Auch die SA-Männer waren unzufrieden. Hitler hatte einen schweren taktischen Fehler begangen. Anders gesagt: Im August 1932 hätte nochmals eine Chance bestanden, die Gefahr abzuwenden.

## Endspiel

Die wirtschaftliche Lage in Deutschland hatte sich seit Sommer 1932 nochmals verschlechtert. Im Spätherbst befand sich die Krise der Weimarer Republik auf ihrem Höhepunkt. Nach amtlichen Angaben waren zu diesem Zeitpunkt rund sechs Millionen Menschen ohne Arbeit. In Wirklichkeit waren es mehr als acht Millionen. Die parlamentarische Demokratie hatte jeden Rückhalt in der Bevölkerung verloren. Seit 1918 hatte es eine Krise nach der anderen gegeben. Niemand traute der liberalen Demokratie noch zu, die Probleme der Gesellschaft zu lösen. Die NSDAP präsentierte sich in ihrer Wahlwerbung als letzte Hoffnung der Arbeitslosen.

Die einzige Partei, die nach wie vor zur Republik stand, war die SPD. Aber sie stand auf verlorenem Posten. Mächtige Gruppen zogen hinter den Kulissen ihre Fäden, ohne dass die deutsche Bevölkerung davon etwas mitbekam. Diese Gruppen waren die Großindustrie, vor allem aber die Großgrundbesitzer und die Reichswehr. Sie wollten das Ende der Weimarer Republik. Die entscheidenden Personen waren neben Hitler Franz von Papen, Kurt von Schleicher und Paul von Hindenburg.

Kurt von Schleicher wusste seit August 1932, dass Hindenburg Hitler nicht zum Kanzler ernennen wollte. Ohne die Nationalsozialisten hatte die Regierung aber keine Mehrheit im Parlament. Da Hitler seine Mitarbeit verweigerte, steckte das Land in einer Verfassungskrise. Ende August stimmte der Reichspräsident daher einem Vorschlag Schleichers und Papens zu, den Reichstag erneut aufzulösen. Neuwahlen wurden auf den 6. November 1932 angesetzt. Hitler brach wieder zu einem »Deutschlandflug« auf und hielt fünfzig Reden. Der Wahlkampf war teuer und leerte die Kassen der NSDAP. Wenn es nicht gelingen sollte, diesmal die absolute Mehrheit zu erreichen, war die Zukunft Hitlers und der Partei ungewiss.

Wie Goebbels befürchtet hatte, verfehlte Hitler sein Ziel deutlich. Die NSDAP verlor zwei Millionen Stimmen und hatte jetzt nur noch hundertsechsundneunzig statt bisher zweihundertdreißig Abgeordnete. Hitlers Anhänger nahmen ihm seine Weigerung übel, in die Regierung einzutreten. Die NSDAP hatte den Höhepunkt ihrer Wahlerfolge überschritten. Franz von Papen blieb Reichskanzler, aber die beiden Parteien, die ihn im Reichs-

> 6. Nov. 1932
> **Erhebliche Stimmenverluste der NSDAP bei den Reichstagswahlen**

Schlange von Arbeitslosen vor dem Arbeitsamt Hannover, Herbst 1930. Man beachte die Wahlwerbung für Hitler an der Baracke im Hintergrund

tag unterstützten, die DVP und die DNVP, hatten zusammen nur zehn Prozent der Wählerstimmen hinter sich. Papen ließ erneut bei Hitler anfragen, ob er bereit sei, in die Regierung einzutreten. Hitler lehnte wieder ab. Daraufhin trat die Regierung am 17. November 1932 zurück.

Wie überhaupt eine neue Regierung gebildet werden sollte, war jetzt völlig unklar. Hindenburg blieb bei seiner Ablehnung Hitlers. Unterdessen schmiedete Kurt von Schleicher Pläne für eine Reichsregierung unter seiner Führung und brachte Hindenburg dazu, Papen fallenzulassen. Seit dem 3. Dezember 1932 war Schleicher selbst Reichskanzler. Er hatte die Idee, die NSDAP zu spalten, indem er Gregor Straßer auf seine Seite zog, der auch in den Gewerkschaften einiges Ansehen besaß. Schleicher kannte Straßer und wusste von Spannungen zwischen Hitler und seinem wichtigsten Mitarbeiter. Aus Schleichers Sicht war Straßer der ideale Mann, um ihm die Unterstützung größerer Teile der NSDAP zu verschaffen. Anfang Dezember 1932 führte Schleicher geheime Gespräche mit ihm.

Kurt von Schleicher überschätzte allerdings Straßers Bereitschaft und Fähigkeit, gegen Hitler aufzubegehren. Obwohl Stra-

*3. Dez. 1932 Kurt von Schleicher wird Reichskanzler*

ßer Kritik an Hitler übte, war er ihm treu ergeben. Hitler erfuhr von der Unterredung. Er bestellte Straßer zu sich ins Hotel Kaiserhof, wo es zu einer heftigen Auseinandersetzung kam. Am 8. Dezember trat Gregor Straßer von allen Parteiämtern zurück. Hitler zerschlug anschließend dessen Parteiorganisation und übernahm die Organisationsleitung der NSDAP selbst. Anschließend stellte Hitler Gregor Straßer als Verräter hin. Hitler verzieh ihm sein Zusammengehen mit Kurt von Schleicher nie. Hätte Schleichers Plan funktioniert, so wäre Deutschland und der Welt Hitlers Diktatur erspart geblieben. Da der Plan aber misslang, beschleunigte er Hitlers Weg zur Macht.

8. Dez. 1932
Hitler entlässt Gregor Straßer

Denn Schleicher hatte sich durch Straßers Sturz blamiert. Da er also, kaum im Amt, schon geschwächt war, sah Franz von Papen eine Chance, sich an Schleicher zu rächen – mit Hilfe Hitlers und der NSDAP. Aber nicht nur Franz von Papen sägte an Schleichers Stuhl. Die mächtige Interessenvertretung der ostpreußischen Großgrundbesitzer wandte sich von Schleicher ab, und auch Alfred Hugenberg stellte sich gegen den Kanzler. Er wollte Wirtschafts- und Landwirtschaftsminister werden. Da Schleicher dies ablehnte, setzte Hugenberg auf Hitler.

Am 4. Januar 1933 kam es im Haus eines Kölner Bankiers zu einem Treffen zwischen Hitler und Papen. Hitler hatte aus seinem Fehler vom August 1932 gelernt. Er gab sich Papen gegenüber gemäßigt. Hitler, so schien es Papen, würde nicht mehr auf dem Amt des Regierungschefs bestehen. Papen informierte den Reichspräsidenten über das Ergebnis der Unterredung und konnte danach seine Gespräche mit Hitler fortsetzen.

Am 18. Januar trafen die beiden erneut zusammen. Die NSDAP hatte inzwischen die Landtagswahl in dem Kleinstaat Lippe-Detmold für sich entscheiden. Dieser an sich unbedeutende Sieg gab Hitler neuen Auftrieb. Er erhob nun wieder Anspruch auf den Kanzlerposten. In einem zweistündigen Gespräch mit Oskar von Hindenburg, dem politisch naiven Sohn des Reichspräsidenten, an dem auch Franz von Papen teilnahm, verlangte Hitler ›nur‹ das Kanzleramt für sich und zwei weitere Ministerposten für seine Partei. Papen wollte Vizekanzler werden, also Stellvertreter Hitlers. Am Ende stimmte Hindenburg zu. Der Weg für Hitler war frei.

18. Jan. 1933
Unterredung Hitlers mit Papen; Reichspräsident Hindenburg stimmt anschließend Hitlers Kanzlerschaft zu

Am 28. Januar traten Kurt von Schleicher und seine Regierung zurück. Papen stellte allerdings Bedingungen: Mit Ausnahme der drei Posten dürfe kein Nationalsozialist der Regierung angehören. Hitler sollte von konservativen Ministern in Schach gehalten werden. Man werde Hitler, meinte Papen, einfach an die Wand drücken. Papen schlug Alfred Hugenberg als Reichswirtschafts- und Landwirtschaftsminister vor. Damit war Hitler nur unter der Voraussetzung einverstanden, dass Hugenberg Neuwahlen gleich nach der Regierungsbildung zustimmte. Mithilfe dieser Wahlen wollte Hitler die absolute Mehrheit für NSDAP und DNVP erringen und anschließend ein Ermächtigungsgesetz durch den Reichstag bringen, mit dem sich das Parlament selbst ausschaltete. Es kam zu keiner Einigung. Aber auch Hugenberg meinte, man werde Hitler bald wieder loswerden.

Am Vormittag des 29. Januar 1933 besprach Papen mit Hitler und Göring die Verteilung der Ministerien. Hitler wurde Reichskanzler, sein Mitputschist von 1923, Wilhelm Frick, Reichsinnenminister und Hermann Göring geschäftsführender preußischer Innenminister. Franz von Papen blieb Reichskommissar für Preußen. Alle anderen Ministerposten wurden mit Männern besetzt, die zum größeren Teil bereits der Regierung Schleicher angehört hatten. Diese Männer boten aus Sicht von Papen und Hugenberg die Gewähr dafür, dass Hitler keine Alleingänge unternehmen würde. Hugenberg sagte: »Wir rahmen Hitler ein.«

**30. Jan. 1933**
**Hitler wird**
**Reichskanzler**

Am Vormittag des 30. Januar 1933 waren Hitler und seine Minister zur Vereidigung durch Reichspräsident Paul von Hindenburg bestellt. Hugenberg und er stritten sich noch immer über die Frage der Neuwahlen. Wegen dieser Auseinandersetzung ließen sie Hindenburg eine Stunde warten. Der Reichspräsident war nicht erfreut, nahm die Vereidigung jedoch vor. Am Ende sagte er: »Und nun, meine Herren, vorwärts mit Gott!«

### Hitler: unvermeidlich?

Wie konnte das geschehen? Wie war es möglich, dass Adolf Hitler, ein Mann, der von der Regierungsarbeit und der Verwaltung eines modernen Staates nichts verstand, dem das Recht nichts galt und der offen angekündigt hatte, mit Mord und Terror zu regieren, die Macht über Deutschland erhielt? Hitlers Aufstieg war zu erheblichen Teilen nicht sein Verdienst. Bis zum Putsch 1923 wurde er von der Reichswehr aufgebaut, anschließend von der bayerischen Justiz geschützt und wieder anschließend von allen Landesregierungen unterschätzt. Hitler entging durch Glück und durch die Unvernunft seiner Gegner Verhaftung, Schüssen und Abschiebung. Die zahlreichen Krisen seiner Partei überstand er, indem er alles auf eine Karte setzte. Dieses Verhalten behielt er auch später bei, beispielsweise in der Außenpolitik.

Der Erdrutschsieg der NSDAP im September 1930 war die entscheidende Voraussetzung dafür, dass Hitlers Partei in den Mittelpunkt der deutschen Politik rückte. Ohne die Weltwirtschaftskrise wäre dieser Erfolg nicht möglich gewesen, allerdings auch nicht ohne die vorangehende Umwandlung der NSDAP in eine »Führerpartei«, deren Programm Adolf Hitler selbst war. Als im November 1932 das vermeintliche Ende der NSDAP begann, wurde sie für die Strippenzieher im Hintergrund interessant.

Papen und Hugenberg wollten die NSDAP nur für eine kurze Zeit benutzen, um mithilfe ihres großen Wähleranhangs eine Diktatur der Reichswehr und des Großgrundbesitzes zu errichten. Diese Diktatur sollte die Arbeiterbewegung ausschalten und eine Rückkehr zur parlamentarischen Demokratie auf immer verhindern. Papen und Hugenberg konnten sich offensichtlich nicht vorstellen, dass Hitler seine eigene Macht auf ihre Kosten ausdehnen würde. Er war diesen Männern taktisch haushoch überlegen.

Hitlers Diktatur war nicht unvermeidlich. Es gab immer wieder Momente, in denen man sie hätte verhindern können. Aber die politische Kultur Deutschlands nach dem Ersten Weltkrieg beförderte seinen Aufstieg und verhinderte, dass sich genügend demokratische Politiker und Bürger schützend vor die Verfassungsordnung stellten. Am Ende wurde die Weimarer Republik bewusst zerstört und Adolf Hitler zu einer Macht verholfen, die er aus eigener Kraft nicht hätte erreichen können – trotz seiner Fähigkeiten als Redner und Agitator.

# DER
## »FÜHRER«

**Alleinherrschaft** 120
»Gleichschaltung« 123
Gewerkschafts- und 135
Parteienverbot
»Volksgemeinschaft« 137
»Nacht der 141
langen Messer«

146 **»Führerstaat« und Terror**
146 »Führerprinzip«
151 Judenverfolgung
153 Der ss-Staat

**Aufrüstung und** 155
**Kriegsvorbereitung**

162 **Pogrom**

**Hitler »privat« II** 164
Hofstaat 164
»Reise-Führer« 170
Finanzen 172
Wohnungen 173
Tagesablauf 178

Am Vormittag des 30. Januar 1933 vereidigte Reichspräsident Paul von Hindenburg Hitler und seine Regierung auf die Weimarer Reichsverfassung.

Hitlers Bündnispartner, allen voran Vizekanzler Franz von Papen, waren sich mit ihm darüber einig, dass sie die Verfassung abschaffen wollten. Der Verfassungseid war also ein Meineid. Auch wollte man auf jeden Fall die Arbeiterbewegung politisch mundtot machen. Darüber, was dann kommen sollte, herrschte Uneinigkeit. Auch der neue Reichskanzler Hitler wusste das nicht so genau, abgesehen davon, dass er die Alleinherrschaft anstrebte.

Im Unterschied zur Sowjetunion, wo sich Hitlers Amtskollege Josef Stalin ebenfalls »Führer« nennen ließ, hatte der Nationalsozialismus keine »reine Lehre«, keine Schriften, auf die sich seine Anhänger berufen konnten. Weder das Parteiprogramm von 1920 noch *Mein Kampf* eigneten sich dafür. Hitler selbst war das Programm. Aus Rücksicht auf den Reichspräsidenten und das Militär, die er nicht verprellen durfte, wollte Hitler seine Diktatur mit verfassungsmäßigen Mitteln erreichen. Er fand einen Rechtsstaat vor, den er sich mithilfe der NSDAP gefügig machte und dann zerstörte.

## Alleinherrschaft

30. Jan. 1933
Ein Umbruch?

Am 30. Januar 1933 endete die Weimarer Republik, und es begann der Weg in Diktatur, Krieg und Massenmord. Hinter Hitler stand die NSDAP, die zu einer Massenbewegung geworden war. Ihre Mitglieder sahen in der Amtsübernahme des »Führers« den Beginn einer »neuen Zeit«. Goebbels brachte dieses Triumphgefühl mit einem Fackelzug zum Ausdruck, bei dem SA-Leute und Angehörige des deutschnationalen »Stahlhelm« am Abend des 30. Januar durch das Regierungsviertel zogen.

Bei näherem Hinsehen war der Fackelzug eine gelungene Theaterveranstaltung und dieser Tag noch keine Zeitenwende. Aber der Anspruch des »Führers«, die deutsche Gesellschaft mit

**Das Kabinett Hitler im Kreis von Funktionären und Beamten unmittelbar nach seiner Vereidigung, 30. Januar 1933**

SITZEND (V. L. N. R.): Hermann Göring (NSDAP, Reichsminister ohne Geschäftsbereich, kommissarischer preußischer Innenminister, ab April 1933 preußischer Ministerpräsident, ab Mai 1933 Luftfahrtminister), Adolf Hitler (NSDAP, Reichskanzler), Franz von Papen (parteilos, Vizekanzler), stehend (V. L. N. R.): Der NSDAP-Wirtschaftsfunktionär Walther Funk (ab März 1933 Staatssekretär im Propagandaministerium, ab Februar 1938 Reichswirtschaftsminister, ab Januar 1939 zusätzlich Präsident der Reichsbank), Ministerialrat Hans Heinrich Lammers (NSDAP, ab März 1933 Staatssekretär in der Reichskanzlei, ab November 1937 Reichsminister ohne Geschäftsbereich und Chef der Reichskanzlei), der Chef des »Stahlhelms« Franz Seldte (DNVP, später NSDAP, Reichsarbeitsminister), Günther Gereke (Christlich-Nationale Bauern- und Landvolkpartei, einige Monate lang Reichskommissar für Arbeitsbeschaffung), Johann Ludwig Graf Schwerin von Krosigk (parteilos, ab Januar 1937 NSDAP, Reichsfinanzministerium), Wilhelm Frick (NSDAP, Reichsinnenminister bis August 1943), Werner von Blomberg (parteilos, seit 1937 NSDAP, Reichswehrminister, von Juni 1935 bis zu seiner Entlassung im Februar 1938 Reichskriegsminister), Alfred Hugenberg (Vorsitzender der DNVP, bis Juni 1933 Reichsminister für Wirtschaft und Ernährung). Nicht im Bild sind der Reichsaußenminister bis Februar 1938, Konstantin Freiherr von Neurath (parteilos, ab 1937 NSDAP), der Reichsjustizminister bis zu seinem Tod im Januar 1941, Franz Gürtner (DNVP, ab 1937 NSDAP) sowie der Post- und Verkehrsminister bis Februar 1937, Paul Freiherr von Eltz-Rübenach (parteilos).

mehr oder weniger gewaltsamen Mitteln vollständig umzukrempeln, war auch keine bloße Erfindung der Propaganda. In weiten Teilen der Bevölkerung galt die Weimarer Republik als gescheitert, man sehnte eine starke Führung und eine rasche Neuordnung herbei.

Die Nationalsozialisten konnten daher massenhafte Zustimmung mobilisieren. Der Führerkult der NSDAP wurde auf Staat und Gesellschaft übertragen. Hitler war im Leben der Deutschen bald allgegenwärtig und wurde von seiner Partei zum Nationalsymbol überhöht.

NSDAP-Propagandaplakat, 1933

Auf einem Plakat aus der Frühzeit des NS-Regimes sieht man ihn mit Deutschland gleichgesetzt, das wiederum aus einer riesigen Masse von SA-Männern besteht. Sie alle scharen sich um den »Führer«, der eine riesige Hakenkreuzfahne in der Hand hält. Über ihm schwebt der Heilige Geist als Symbol göttlichen Segens.

Der Führerkult stieß in breiten Teilen der deutschen Gesellschaft auf eine tiefe Sehnsucht nach Harmonie und Führertum. Er hatte mit der tatsächlichen Person Hitlers wenig zu tun. Das Herrschaftssystem funktionierte, weil es eine Wechselwirkung zwischen Volk und »Führer« gab. Sofern sie nicht zu den Opfern des neuen Regimes gehörten, übertrugen sehr viele Menschen ihre Hoffnungen und Erwartungen auf die Person Hitlers.

Hoffnung allein genügte aber nicht. Ergebnisse mussten her. Tatsächlich gelangen Hitler in der Wirtschafts- und Außenpolitik Erfolge, die man bei seiner Machtübernahme nicht für möglich gehalten hätte. Innerhalb eines Jahres veränderten der »Führer« und die NSDAP Deutschland mehr als alle vorangehenden Regierungen seit 1918.

Hier, so schien es der Mehrheit der Deutschen, packte eine Regierung energisch an. Viele Beobachter, auch solche im Ausland, rieben sich verblüfft die Augen. Die Umwälzungen waren so tiefgreifend und ihre Geschwindigkeit so hoch, dass sie einer Revolution glichen. Im August 1934 war Hitler Alleinherrscher.

## »Gleichschaltung«

Papen, Hugenberg und Hindenburg stimmten Hitlers Forderung nach Neuwahlen zu, obwohl sie wussten, dass dies ein taktischer Fehler war. Hitler war also seit dem ersten Tag seiner Kanzlerschaft wieder ganz in seinem Element: Er führte Wahlkampf. »Volksgemeinschaft« war hierbei das Leitwort. Seit August 1914 träumten viele Deutsche von einer solchen Einheit des Volkes, die helfen sollte, die Spannungen und Gegensätze der modernen Industriegesellschaft zu überwinden.

Am 1. Februar 1933 verlas der Kanzler über das Radio einen viertelstündigen »Aufruf an das deutsche Volk«. Er beklagte das Elend der Massenarbeitslosigkeit und malte das Schreckgespenst des Bolschewismus an die Wand. Seine Regierung habe den Auftrag erhalten, die Nation gegen diese Gefahr zu einen und wiederherzustellen. Bewusst warf Hitler Kommunisten und Sozialdemokraten in einen Topf: Die »Marxisten« hätten aus Deutschland ein »Trümmerfeld« gemacht. Was er selbst in den nächsten vier Jahren vorhatte, um das Land wieder aufzubauen, ließ Hitler weitgehend offen. Trotzdem rief er am Ende aus: »Nun, deutsches Volk, gib uns die Zeit von vier Jahren, und dann urteile und richte uns!«

*1. Feb. 1933 Hitlers Regierungserklärung*

Deutlicher wurde Hitler, als er am 3. Februar die Gelegenheit nutzte, seine innen- und außenpolitischen Vorstellungen vor den Spitzen von Heer und Marine zu erläutern. Zu den Zuhörern gehörten auch Reichswehrminister Werner von Blomberg und der Chef seines Ministeramtes, Generalmajor Walter von Reichenau. Beide waren Nationalsozialisten. Hitler versprach die »Beseitigung des Krebsschadens der Demokratie« sowie die »Ausrottung des Marxismus mit Stumpf und Stiel«. Ziel des künftigen Krieges, so Hitler, sei die »Ausweitung des Lebensraumes des deutschen Volkes mit bewaffneter Hand«, wahrscheinlich in Osteuropa. Dort werde man den eroberten Boden »germanisieren« und »rücksichtslos einige Millionen Menschen ausweisen«, also vertreiben. Hitler sagte die Wiedereinführung der allgemeinen Wehrpflicht und die geheime Aufrüstung der Reichswehr zu. Kein General widersprach seinen abenteuerlichen Kriegsankündigungen.

*3. Feb. 1933 Hitler spricht vor der Reichswehr*

Einige Tage später eröffnete Hitler den Wahlkampf der NSDAP offiziell mit einer deutschlandweit übertragenen Rede im über-

**10. Feb. 1933**
**Hitlers Wahlkampfrede im Berliner Sportpalast**

füllten Berliner Sportpalast. Goebbels führte bei der Veranstaltung Regie. Hitler trat in der braunen Parteiuniform auf. Er redete seine Zuhörer als »Volksgenossen und -genossinnen« an, brüllte zunehmend, wetterte gegen den Marxismus und forderte dessen Ausrottung. Er setzte eine »Volksgemeinschaft« von Arbeitern und Bauern gegen Klassenkampf und Parlamentarismus und versprach die Säuberung des Staates von Schmutz und Korruption.

Als rednerischer Höhepunkt folgte eine Art Glaubensbekenntnis im Stil des Vaterunser: »Denn ich hege felsenfest die Überzeugung, dass eben doch dann einmal die Stunde kommt, in der die Millionen, die uns heute verfluchen, hinter uns stehen und mit uns begrüßen werden dann das gemeinsam geschaffene, mühsam erkämpfte, bitter erworbene neue Deutsche Reich (Bravo!) der Größe und der Ehre und der Kraft und der Herrlichkeit und der Gerechtigkeit. – Amen!«

Der Kanzler als gottgesandter Führer – das war die Rolle, die Hitler sich hier anmaßte. Er reiste nun wieder mit dem Flugzeug von Stadt zu Stadt und hielt flammende Ansprachen. Anders als bisher stand ihm nun auch der staatliche Rundfunk zur Verfügung, den Goebbels für die Propaganda nutzte. Und es dauerte auch nicht lange, bis eine millionenschwere Spende deutscher Großindustrieller die leeren Kassen der NSDAP füllte. Hitler und Goebbels konnten wieder alle Register ziehen.

Unterdessen bereitete Hermann Göring die Machtergreifung der NSDAP in Preußen vor. Die Nationalsozialisten zogen Nutzen daraus, dass Papen die preußische Regierung im vergangenen Sommer gestürzt hatte. Göring war als geschäftsführender preußischer Innenminister formal Franz von Papen unterstellt, aber ihm unterstand die Polizei, das entscheidende Machtmittel. Wer die Berliner Straßen beherrschte, beherrschte einen wesentlichen Teil Deutschlands, wie schon Gauleiter Goebbels gewusst hatte. Die Gewalt der SA wurde unter Göring gewissermaßen Staatsauftrag.

**17. Feb. 1933**
**Görings »Schießerlass« für die preußische Polizei**

Die preußische Polizei, ordnete Göring an, sollte »gegen kommunistische Terrorakte und Überfälle« rücksichtslos die Schusswaffe einsetzen. Wer das nicht tat, hatte mit Bestrafung zu rechnen. Einige Tage danach bildete Göring eine sogenannte Hilfspolizei aus fünfzigtausend SA-Leuten und Angehörigen des Stahlhelms.

Sie war bewaffnet und hatte durch Görings »Schießerlass« einen Freibrief zum Terror. Die SA-Männer brannten darauf, nun endlich mit ihren Gegnern abzurechnen. Kommunisten und Juden wurden von der Hilfspolizei willkürlich verhaftet, in Folterkeller verschleppt und dort schwer misshandelt oder umgebracht. Dies waren die Anfänge der Konzentrationslager.

Musste Göring nicht fürchten, dass die braune Truppe außer Kontrolle geriet? Dieses Risiko ging er bewusst ein. Denn Göring war, wie Hitler und Goebbels, fest davon überzeugt, dass die Kommunisten versuchen würden, die neue Regierung zu stürzen. Diesem eingebildeten Staatsstreich wollte man zuvorkommen, indem die KPD durch Gewalt aus der Deckung gelockt wurde. Versuchten die Kommunisten einen Aufstand, sollte deren Partei sofort verboten werden.

Schutzpolizist und SA-»Hilfspolizist«, März 1933

Am Abend des 27. Februar stand das Reichstagsgebäude in Flammen! Brandstifter war der junge Holländer Marinus van der Lubbe. Er war ein Maurer, der zeitweise der kommunistischen Partei seines Landes angehört hatte, aber mit der KPD nichts zu tun haben wollte. Hitler ließ sich in der Nacht des 27. Februar, noch im brennenden Reichstagsgebäude, gehen und schwelgte in Rachephantasien: »Jeder kommunistische Funktionär wird erschossen, wo er angetroffen wird. Die kommunistischen Abgeordneten müssen noch in dieser Nacht aufgehängt werden. Alles ist festzusetzen, was mit den Kommunisten im Bunde steht. Auch gegen Sozialdemokraten gibt es jetzt keine Schonung mehr!« Göring äußerte sich ähnlich.

27. Feb. 1933 Reichstagsbrand

An Hinrichtungen ohne Gerichtsverfahren war in dieser Phase noch nicht zu denken. Doch in der Nacht begann die Polizei mit Massenverhaftungen kommunistischer Funktionäre und Abgeordneter, unter ihnen der KPD-Vorsitzende Ernst Thälmann. In den Schubladen des Innenministeriums lagen seit November

1932 Pläne für die Verhängung des Ausnahmezustandes im Fall eines beginnenden Bürgerkriegs. Auf diese griff nun Frick zurück. Hitler war daran zunächst gar nicht beteiligt; die Notverordnung »zum Schutz von Volk und Staat« vom 28. Februar, meist »Reichstagsbrandverordnung« genannt, war nicht seine Idee, sondern die des Innenministeriums.

*28. Feb. 1933 Hindenburgs »Notverordnung zum Schutz von Volk und Staat«*

Die Verordnung setzte die verfassungsmäßigen Grundrechte »bis auf weiteres« außer Kraft. Außerdem durfte die Reichsregierung die Befugnisse derjenigen Länder übernehmen, die angeblich nicht in der Lage waren, die »nötigen Maßnahmen« zu treffen, um die Ordnung wiederherzustellen. Diese Verordnung war formal verfassungsgemäß, denn sie stützte sich auf Artikel 48 der Reichsverfassung. Tatsächlich aber handelte es sich um die Gründungsurkunde des nationalsozialistischen Unrechtsstaates.

Um die Schuld des Weltkommunismus zu ›beweisen‹, hatte die Polizei den Chef der KPD-Reichstagsfraktion und drei bulgarische Kommunisten verhaftet. Sie wurden zusammen mit van der Lubbe vor dem Reichsgericht in Leipzig angeklagt, aber mangels Beweisen freigesprochen. Das war eine schallende Ohrfeige für den eigentlichen Urheber des Prozesses, Göring. Van der Lubbe wurde hingegen zum Tode verurteilt und in Leipzig enthauptet. Denn Hitler hatte die Todesstrafe für menschengefährdende Brandstiftung rückwirkend eingeführt, damit der Brandstifter hingerichtet werden konnte.

*23. Dez. 1933 Urteil des Reichsgerichts im Reichstagsbrandprozess*

Das war ein schwerer Verstoß gegen uralte Grundsätze des Rechts: Niemand darf nach einem Gesetz verurteilt werden, das zum Zeitpunkt seiner Tat nicht galt. Das Reichsgericht kam Hitler auf halbem Weg entgegen: Es sprach die Bulgaren frei und beging einen Justizmord an van der Lubbe. Hitler genügte das nicht: Er ließ den »Volksgerichtshof« als politisches Sondergericht gründen.

*5. März 1933 NSDAP und DNVP erringen die Mehrheit bei den letzten ›legalen‹ Reichstagswahlen*

Die NSDAP verstärkte nach dem Reichstagsbrand ihre Hetze gegen den »Marxismus«. Kommunisten wurden verfolgt, Sozialdemokraten teilweise massiv behindert oder ebenfalls verhaftet. Das Ergebnis der Reichstagswahl vom 5. März 1933 gab einer Vorhersage Hitlers recht, die neue Regierungskoalition werde die absolute Mehrheit erreichen: Die NSDAP und die von der DNVP geführte »Kampffront Schwarz-Weiß-Rot« erhielten zusammen rund zweiundfünfzig Prozent der Stimmen, wobei die NSDAP deutlich zugelegt hatte, um rund elf auf vierundvierzig Prozent. Im Januar hatte Hitler der DNVP versprochen, er werde die Regierung auch nach Stimmgewinnen der NSDAP nicht umbilden. Dieses Versprechen brach er nun. Er ernannte Goebbels, wie schon länger beabsichtigt, zum Reichsminister für »Volksaufklärung und Propaganda« – wobei die »Volksaufklärung« keineswegs Aufklärung des Volkes meinte, sondern dessen umfassende Beeinflussung im Sinne des Regimes.

13. März 1933
Hitler ernennt Joseph Goebbels zum Reichspropagandaminister

Hitler begnügte sich nämlich nicht mit der Diktatur seiner Partei. Sein Herrschaftsanspruch war allumfassend, totalitär. Niemand sollte sich ihm entziehen können. Die Propaganda sollte für die »Gleichschaltung« der deutschen Gesellschaft sorgen. Joseph Goebbels war unbestrittener Herr und Meister der NS-»Bewusstseinsindustrie«, wie ein Historiker treffend formuliert hat. Goebbels bestimmte, was in Deutschland gehört, gelesen und gesehen werden sollte. Die ihm unterstehende Propagandaleitung der NSDAP bombardierte die Parteigenossen mit »Wochensprüchen«, die ihnen Worte des »Führers« in Erinnerung brachten und zu treuer Gefolgschaft aufrufen sollten.

Goebbels ließ Fotos, Bilder und Plakate herstellen, die Bild und Image des »Führers« bis ins kleinste Dorf trugen. Der Propagandaminister lernte hierbei aus der Warenwerbung, diese wiederum von amerikanischen Vorbildern. Das Waschmittel »Persil« war die erste Marke gewesen, die mithilfe moderner Werbung in die Köpfe der deutschen Käufer gekommen war. Eine leicht wiedererkennbare Figur, die »weiße Frau«, stand für Reinheit und Glück. Hitler war die »weiße Frau« auf dem Gebiet der Politik, auf seine Weise ein Markenname.

Die Regierung Hitler war die erste in Deutschland, die den staatlichen Rundfunk gezielt für ihre Zwecke einsetzte. Die Elektrounternehmen wurden verpflichtet, erschwingliche Radios zu produzieren. Diese fanden als »Volksempfänger« recht weite Verbreitung und waren Goebbels' wichtigstes Sprachrohr (»Goebbels-Schnauze«). 1933 waren in Deutschland rund vier Millionen Rundfunkgeräte in Betrieb. Bei Kriegsausbruch waren es dreimal mehr, nicht nur Volksempfänger, sondern auch teurere Geräte.

Zudem gab es den vom Propagandaministerium verordneten »Gemeinschaftsempfang«. Schüler, Behördenmitarbeiter oder die »Gefolgschaft« von Industrieunternehmen wurden zu bestimmten Zeiten zusammengerufen und verpflichtet, Rundfunkübertragungen zu lauschen. So sollte das Zusammengehörigkeitsgefühl gestärkt werden.

Die NSDAP eignete sich die Presse der KPD und SPD an. Anschließend griffen Gau- und Kreisleiter nach den bürgerlichen und kirchlichen Blättern. Max Amann, Reichsleiter für die Presse und Chef des NSDAP-eigenen Eher-Verlags, verwaltete bald einen riesigen Pressekonzern. Ein Schriftleitergesetz schränkte die Rechte der Zeitungsverleger stark ein, Redakteure mussten schreiben, was das Propagandaministerium vorgab. Goebbels lenkte den Kurs der Zeitungen durch tägliche Pressekonferenzen im Propagandaministerium und durch Anweisungen an die Provinzblätter, die diese zu befolgen hatten.

Letztlich sicherte sich Goebbels auch den Zugriff auf den Film. Anfangs machte man noch den Versuch, mit platten Propagandaproduktionen Einfluss zu nehmen. Für den Massenmarkt der Kinogänger wurden aber andere Filme benötigt, vor allem Unterhaltungs- und Revuefilme mit beliebten Schauspielern. Goebbels hielt sich gern in diesem Milieu auf, besonders unter Schauspielerinnen, mit denen er Verhältnisse hatte. Die »Filmschaffenden« folgten ihrerseits gern Einladungen des Propagandaministers, der einträgliche Aufträge und Rollen zu vergeben hatte.

Die NSDAP hatte für Hitler die Macht errungen. Jetzt, als er die Macht in Händen hatte, brauchte er die Partei eigentlich nicht mehr. Die »Bewegung« hatte kein Ziel mehr. Deshalb begann sie mit einer »Revolution«. Denn die Funktionäre der NSDAP brannten darauf, sich Staat und Verwaltung untertan zu machen. Sie wollten dafür belohnt werden, dass die Partei Hitler zur Macht verholfen hatte.

Hitler seinerseits ließ die NSDAP gewissermaßen von der Kette, weil auch er den Staat erobern wollte. Es gab nämlich einige Länder, die noch nicht von Deutschnationalen oder Nationalsozialisten regiert wurden: die Hansestädte Hamburg, Lübeck und Bremen sowie Hessen, Baden, Württemberg, Sachsen, Schaumburg-Lippe und Bayern. Die Regierungen dieser Länder wurden gestürzt. Damit begann die eigentliche Machtergreifung der NSDAP.

Das Vorgehen war verblüffend einfach: Die Gauleiter der

Hitlerpartei setzten die SA in Marsch. Diese spiegelte durch Aufmärsche und Gewaltakte »Volkszorn« vor und führte absichtlich »unhaltbare Zustände« herbei. Dann setzte Innenminister Frick Bevollmächtigte als Reichskommissare ein, die natürlich der NSDAP angehörten. Das geschah innerhalb weniger Tage, zwischen dem 5. und 9. März 1933. Auf die Gewalt »von unten« folgte also der gesetzliche Eingriff »von oben« – ein typischer Bestandteil des nationalsozialistischen Herrschaftssystems. Fast überall gaben die Regierungschefs nach und fügten sich. Nur in Bayern, der Heimat der NSDAP, stieß man auf hinhaltenden Widerstand des Ministerpräsidenten Held von der Bayerischen Volkspartei (BVP). Erst nachdem Frick General Franz Ritter von Epp zum Reichskommissar ernannt hatte, gab Held auf. Epp wurde geschäftsführender Ministerpräsident. Der Chef der SS, Heinrich Himmler, stieg vom geschäftsführenden Münchner Polizeipräsidenten zum Chef der bayerischen Politischen Polizei auf. Eine seiner ersten Amtshandlungen bestand darin, die dicke Akte beschlagnahmen zu lassen, die seine Amtsvorgänger über den »Führer« angelegt hatten. Sie wanderte in Hitlers persönlichen Panzerschrank und wurde kurz vor Kriegsende auf seinen Befehl vernichtet.

Auch in Bayern wurde eine SA-Hilfspolizei nach preußischem Vorbild gebildet. Sie verhaftete in der ersten Märzhälfte Funktionäre der KPD, des sozialdemokratischen Reichsbanners Schwarz-Rot-Gold und der SPD. Die Verhafteten wurden im ersten Konzentrationslager des NS-Staates eingesperrt. Himmler ließ es in der Kleinstadt Dachau, vor den Toren Münchens, errichten. Das geschah in aller Öffentlichkeit. Himmler persönlich gab eine Pressekonferenz; Zeitungen berichteten über das neue Lager. »Dachau« wurde schnell zum Inbegriff von Folter und Mord. Das war auch so beabsichtigt, denn man wollte Angst und Schrecken verbreiten. Formal war die Verhängung von »Schutzhaft« legal: Sie stützte sich auf die Reichstagsbrandverordnung.

Die Parteirevolution der NSDAP ging unterdessen ziemlich unkontrolliert weiter. Kreis- und Ortsgruppenleiter vertrieben mithilfe der SA »marxistische« oder liberale Bürgermeister gewaltsam aus ihren Amtsstuben, brachten sie teilweise um und setzten Kommissare aus den eigenen Reihen an ihre Stelle. Oft übernah-

März 1933
»Parteirevolution«
und Machtübernahme
der NSDAP
in den Ländern

22. März 1933
Eröffnung des
Konzentrationslagers Dachau

men SA-Führer das Kommando über die Polizei. Das gewaltsame Vorgehen der NS-Funktionäre sorgte für erhebliche Unruhe in der Bevölkerung.

Hitler und seinen Leuten kam daher der Beschluss des Reichsinnenministeriums sehr zupass, den neugewählten Reichstag in Potsdam zu eröffnen. Ursprünglich gehorchte diese Planung der Not: Im ausgebrannten Reichstagsgebäude konnte man nicht tagen. Potsdam war aber ein Symbol Preußens. Die Anwesenheit von Reichspräsident Hindenburg würde die Reichstagseröffnung zu seinem großen Tag machen. Für die NSDAP ergab sich hier eine willkommene Gelegenheit, die preußische Geschichte für ihre Zwecke einzuspannen. Preußens Glanz und Gloria, so die Botschaft, hatte sich in der Reichstagswahl mit der jungen Bewegung der Nationalsozialisten vermählt.

Goebbels, seit einer Woche Propagandaminister, gab sich alle Mühe, dem »Führer« sein Können zu beweisen. Sein wesentlicher Beitrag bestand darin, das große Ereignis reichsweit im Rundfunk übertragen und den »Tag von Potsdam«, den 21. März, auch in anderen Städten feiern zu lassen. Der Reichspräsident erschien in seiner kaiserlichen Uniform und wurde von der Menge begeistert gefeiert. Hitler, bescheiden im Frack, hielt sich eher im Hintergrund. Niemand nahm daran Anstoß, dass gewählte Abgeordnete der KPD nicht teilnehmen konnten, weil sie verhaftet worden waren.

In der Potsdamer Garnisonskirche, wo der preußische König Friedrich II. begraben lag, fand ein Staatsakt statt, bei dem Reichspräsident und Kanzler den toten König ehrten. In seiner Rede gab sich Hitler geschickt den Anschein eines gemäßigten Staatsmannes. Eine stundenlange Parade von Reichswehrtruppen und NSDAP-Angehörigen schloss sich an. Der »Tag von Potsdam« löste echte Begeisterung aus. In Deutschland, so schien es, übernahm das »Dritte Reich« – der nationalsozialistische Staat – das Erbe des Zweiten Reiches – des Kaiserreiches – und erfüllte es mit dem neuen Leben einer echten Volksbewegung.

Nichts war weiter von der Wirklichkeit entfernt. Das zeigte sich zwei Tage später, als der Reichstag erneut zusammentrat, diesmal in der Kroll-Oper, einem nicht genutzten Theatergebäude in Berlins Stadtmitte. Auf der Tagesordnung stand das »Gesetz zur Behebung der Not von Volk und Staat«. Es sollte die Regierung Hitler ermächtigen, Gesetze ohne Zustimmung des Reichstags zu erlassen. Was die Stunde geschlagen hatte, wurde schon äußerlich sichtbar. An der Stirnwand hinter dem Rednerpult prangte eine riesige Hakenkreuzfahne. SA-Leute zogen auf und umstellten drohend das Gebäude. Hitler erschien in seiner Parteiuniform.

Der SPD-Vorsitzende Otto Wels lehnte das Gesetz ab, obwohl er mit seiner Verhaftung rechnen musste. Wels bekannte sich in seiner mutigen Rede zum Rechtsstaat, zu den »Grundsätzen der Menschlichkeit und der Gerechtigkeit, der Freiheit und des Sozialismus«. Berühmt geworden sind Wels' Worte: »Freiheit und Leben kann man uns nehmen, die Ehre nicht.« Hitler ließ es sich nicht nehmen, auf Wels zu antworten. Er war wütend und sprach höhnisch und brutal, unter dem lauten Jubel seiner Anhänger: Wels solle Hitlers Absicht nicht unterschätzen, seine Gegner zu vernichten.

Das sogenannte Ermächtigungsgesetz musste mit der Zweidrittelmehrheit aller Abgeordneten verabschiedet werden. NSDAP und DNVP zusammen hatten diese Mehrheit nicht. Da die SPD gegen das Gesetz stimmte und die Kommunisten an der Sitzung nicht teilnehmen durften, kam es auf die katholische Zentrumspartei an. Hitler hatte sie mit dem Versprechen umworben, die Rechte und Einrichtungen der Kirchen zu schützen und gute Beziehungen zum Vatikan herzustellen, dem Staat des Papstes in Rom. So stimmte das Zentrum dem Ermächtigungsgesetz zu. Der Reichstag schaltete sich selbst aus und übertrug Hitler die Alleinherrschaft. Das Gesetz war auf vier Jahre befristet, aber die Regierung, also Hitler selbst, konnte es nach Belieben verlängern. Das geschah 1937 und 1941.

*23. März 1933 Hitlers »Ermächtigungsgesetz« wird vom Reichstag beschlossen*

Die NSDAP hatte die Macht in den Ländern bereits erobert, aber am Fortbestand der Länder hatte Hitler kein Interesse. Sie wurden »gleichgeschaltet«, wie es mit einem typischen NS-Begriff hieß. Ihre verfassungsmäßigen Rechte wurden beseitigt und »Reichsstatthalter«, meist Gauleiter der NSDAP, ernannt. Für Preußen setzte sich Hitler selbst als Reichsstatthalter ein und bootete damit Franz von Papen, den bisherigen Reichskommissar, aus. Kurz darauf ernannte Hitler Hermann Göring zum preußischen Ministerpräsidenten. Die Länder hatten nach der

*11. April 1933 Hitler ernennt Hermann Göring zum preußischen Ministerpräsidenten*

**Jan. 1934**
**Auflösung des Reichsrats, Abschluss der »Gleichschaltung« der Länder**

Verfassung der Weimarer Republik eigentlich dafür zu sorgen, dass die Reichsregierung nicht zu viel Macht erhielt. Damit war es spätestens im Januar 1934 vorbei. Der Reichsrat, die Länderkammer, wurde aufgelöst. Aus dem Gebäude des Reichsrates, an der Leipziger Straße in Berlin gelegen, wurde Görings Dienstvilla.

Hitler wurde unterdessen zum politischen Superstar. Standesbeamte mussten sich mit Eltern herumschlagen, die ihren neugeborenen Kindern unbedingt den Vornamen »Hitler« oder »Hitlerine« geben wollten. Da man den Namen des »Führers« nicht verhunzen mochte, trugen sie stattdessen »Adolf« oder »Adolfine« in die Geburtsurkunden ein. »Adolf« war einer der beliebtesten Vornamen. Nach wenigen Monaten war der Hitlergruß in der Öffentlichkeit verbreitet. Im Juni 1933 verpflichtete Reichsinnenminister Frick die Beamten zur Anwendung des Hitlergrußes. Begründung: Da der Führer der NSDAP das Reich nunmehr allein führe, sei der Parteigruß zugleich der deutsche Gruß. Die Verbundenheit des ganzen deutschen Volkes mit seinem »Führer« könne kaum besser zum Ausdruck gebracht werden.

**10. Mai 1933**
**Bücherverbrennung in den Universitätsstädten**

Am 10. Mai 1933 fanden in Berlin und den meisten anderen Universitätsstädten Bücherverbrennungen statt. Organisiert wurden sie von der »Deutschen Studentenschaft«, die sich selbst als »geistige SA« bezeichnete. Die rechtsradikalen Studenten machten Jagd auf jüdische Professoren, Studenten und Mitarbeiter und sonderten nach vorbereiteten Listen angeblich undeutsche Bücher aus Bibliotheken und Buchhandlungen aus. In Berlin brannte der Scheiterhaufen auf dem Opernplatz gegenüber der Universität. Musikkapellen spielten auf. Der deutsch-jüdische Dichter Heinrich Heine, dessen Werke ebenfalls verbrannt wurden, hatte im 19. Jahrhundert geschrieben: »Dort, wo man Bücher verbrennt, verbrennt man auch am Ende Menschen.« Das waren prophetische Worte.

Das Radio übertrug die Verbrennungsaktion deutschlandweit und schaltete von Stadt zu Stadt, wo sich jeweils Reporter aufgestellt hatten. In Berlin filmte die Wochenschau das Ereignis. Die Wochenschau, ein Vorläufer unserer heutigen Tagesschau, war eine Zusammenstellung aus kurzen Filmbeiträgen über wichtige Ereignisse, die vor dem eigentlichen Film im Kino gezeigt wurden. Seit 1933 kontrollierte Goebbels die Wochenschau.

Die Bücherverbrennung wurde mit erschreckender Gleichgültigkeit hingenommen, teils sogar ausdrücklich begrüßt. Die breite Mehrheit der kleinen Leute hatte ohnehin nie viel mit moderner Literatur anfangen können. Aber auch das gebildete Publikum hatte im Großen und Ganzen nicht viel einzuwenden. Schriftsteller wie Gerhart Hauptmann und Stefan George jubelten. Sie glaubten, an einer kulturellen Erneuerungsbewegung teilzuhaben. Über den nationalsozialistischen Terror sah man großzügig hinweg.

Rückblickend erscheint es unfasslich, wie gut gelaunt die deutsche Gesellschaft in die Diktatur ging. »Freut euch des Lebens!« war die Parole vieler Festumzüge, die seit Januar 1933 stattfanden. Bürgerliche Vereine marschierten einträchtig mit SA und anderen Parteigliederungen am Publikum vorbei. Hakenkreuze mischten sich mit herkömmlichen Symbolen. Die Nazifizierung des öffentlichen Lebens schritt schnell voran. Die »Gleichschaltung« ging mit einer Selbstgleichschaltung von unten einher.

Zahlreiche Feier- und Festveranstaltungen gliederten bald den Kalender des NS-Staates. Die Bedeutung der vielen Staats- und Parteifeiern lag auch darin, dass man Hitler einmal live erleben und hören, ihn wenigstens aus der Ferne sehen und ihm zujubeln konnte, etwa an »Führers Geburtstag« am 20. April oder am 1. Mai, dem »Tag der nationalen Arbeit«. Die größte Massenveranstaltung des nationalsozialistischen Festkalenders war der Reichsparteitag der NSDAP im September, der schon vor 1933 in Nürnberg stattgefunden hatte und künftig »auf immerdar«, wie Hitler festlegte, in der alten Reichsstadt abgehalten werden sollte. Die Teilnahme am Reichsparteitag gab den NSDAP-Mitgliedern Gelegenheit zu lustvoller Unterwerfung und zum Aufgehen in der Masse.

Die führergläubige Regisseurin Leni Riefenstahl, eine Freundin Hitlers, verherrlichte den Reichsparteitag 1934 filmisch als »Triumph des Willens« und gab damit dem Selbstverständnis des Regimes eine griffige Formel an die Hand.

Den höchsten Stellenwert hatten für Hitler und die NSDAP der Gedenktag des gescheiterten Putsches. Am Abend des 8. November sprach Hitler im Bürgerbräukeller vor alten Parteigenossen. Tags darauf wurden die am 9. November 1923 getöteten »Gefal-

Totenehrung beim Appell von SA und SS
beim Nürnberger Reichsparteitag im September 1934,
auf halber Höhe Hitler (MITTE), Himmler (LINKS)
und der neue SA-Chef Lutze (RECHTS)

lenen« geehrt. Die Regie führte stets Goebbels, der einen eindrucksvollen Totenkult in Szene setzte. Der Reichsparteitag und der 9. November waren zugleich diejenigen Veranstaltungen, die am stärksten bei der christlichen Religion Anleihen nahmen. Der Nationalsozialismus präsentierte sich als Ersatzreligion mit Hitler als dem höchsten Priester der »Bewegung«, mit Märtyrern, Segnungen und Weihen, Licht und Dunkel.

Seit 1934 wurde bei solchen Staats- und Parteifeierlichkeiten die erste Strophe des Deutschlandliedes (»Deutschland, Deutschland über alles«) zusammen mit der ersten und der vierten Strophe des aus der SA übernommenen Horst-Wessel-Liedes abgesungen (»Die Fahne hoch, die Reihen fest geschlossen«). Alle Anwesenden mussten sich zu diesem Zweck erheben und den Hitlergruß entbieten. In den Schulen gehörten Flaggenehrungen und das Singen der beiden Hymnen mit erhobenem Arm zum Pflichtprogramm. »Nichtarier« waren davon allerdings ausgeschlossen.

### Gewerkschafts- und Parteienverbot

Im Mai 1933 entmachtete die Hitler-Regierung die Gewerkschaften. Der Allgemeine Deutsche Gewerkschaftsbund (ADGB) hatte immerhin vier Millionen Mitglieder. Die NSDAP hatte nicht die Absicht, die Organisation des ADGB zu zerstören. Sie wollte diese einfach übernehmen.

Goebbels verschleierte die bevorstehende Entmachtung der Gewerkschaftsbewegung durch ein Meisterstück seiner Propaganda. Der 1. Mai, der traditionelle Kampftag der Arbeiterbewegung, wurde als »Tag der nationalen Arbeit« kurzerhand zum gesetzlichen Feiertag erklärt und in großen Massenveranstaltungen begangen. Allein auf dem Berliner Tempelhofer Feld sollen eine Million Menschen anwesend gewesen sein. Goebbels und Hitler beschworen in ihren Reden die »Volksgemeinschaft«.

Auf Jubel und feierliche Gefühle folgte Gewalt. Am Morgen des 2. Mai rückten SA- und SS-Hilfspolizisten aus, besetzten planmäßig Gewerkschaftshäuser und -verlage in ganz Deutschland und verhafteten führende Funktionäre und Redakteure. Der ADGB war wie gelähmt. Er hatte mit diesem Anschlag nicht gerechnet. Häuser und Vermögen der Gewerkschaften riss sich eine Organisation unter den Nagel, die am 10. Mai als »Deutsche

*Mai 1933 »Tag der nationalen Arbeit«, Zerschlagung der Gewerkschaften, Gründung der »Deutschen Arbeitsfront«*

Arbeitsfront« (DAF) gegründet wurde. Ihr Chef war der NSDAP-Funktionär Robert Ley. Alle Arbeitnehmer und Arbeitgeber mussten der DAF beitreten. Kapital und Arbeit sollten, so die Propaganda, unter dem Banner der »Volksgemeinschaft« zusammenwirken und ihre Gegensätze überwinden.

Nachdem die Arbeiterbewegung entmachtet war, schritt die Regierung zur Ausschaltung der SPD. Die KPD wurde nie offiziell verboten, war aber durch die Reichstagsbrandverordnung und durch Massenverhaftungen längst ins Abseits gedrängt.

*Juni 1933*
*Verbot der SPD, Köpenicker »Blutwoche«*

Am 22. Juni 1933 erklärte Reichsinnenminister Frick die SPD zur »volks- und staatsfeindlichen Organisation«, weil ein Teil der Parteiführung nach Prag geflüchtet war und von dort zum Sturz der Regierung Hitler aufgerufen hatte. Das Parteiverbot ging mit erneuter Brutalität einher: SA und SS machten in Berlin-Köpenick Jagd auf Kommunisten und Sozialdemokraten. Fünfhundert Personen wurden verschleppt und schwer misshandelt, nicht weniger als einundneunzig umgebracht. Am Ende dieser »Blutwoche« saßen Tausende Sozialdemokraten in Haft.

Nachdem die SPD verboten war, wussten die übrigen Parteien, was die Stunde geschlagen hatte. Sie merkten erst jetzt, dass sie sich durch ihre Zustimmung zum Ermächtigungsgesetz selbst überflüssig gemacht hatten, und lösten sich auf. Am 14. Juli erließ die Reichsregierung ein Gesetz »gegen die Neubildung von Parteien«. Darin hieß es kurz und bündig: »In Deutschland besteht als einzige politische Partei die Nationalsozialistische Deutsche Arbeiterpartei.«

*Juli 1933*
*Verbot politischer Parteien außer der NSDAP*

Hitler stärkte seine Macht, indem er »das Volk« anrief. Das war schon im März 1933 weitgehend gelungen und setzte sich nach der Errichtung der Diktatur fort. So erließ die Regierung Hitler im Juli 1933 ein Gesetz, wonach sie die Wähler zu Volksabstimmungen aufrufen durfte. Die erste Gelegenheit zu einem solchen Plebiszit kam im Oktober. Hitler gab überraschend Deutschlands Rückzug aus der Genfer Abrüstungskonferenz und den Austritt des Landes aus dem Völkerbund bekannt. Das war ein gewagter Schritt in Richtung Aufrüstung und Krieg. Hitler hatte zwar im Mai Deutschlands Friedenswillen betont, doch war mit dem Austritt aus dem Völkerbund die Verständigungspolitik Stresemanns offiziell beendet.

Die Volksabstimmung hierüber verband der »Führer« mit einer weiteren Reichstagswahl – bei der freilich nur eine Partei auf dem Stimmzettel stand. Am 12. November bekamen die Wahlberechtigten folgende Frage vorgelegt: »Billigst Du, deutscher Mann, und Du, deutsche Frau, diese Politik Deiner Reichsregierung, und bist Du bereit, sie als den Ausdruck Deiner eigenen Auffassung und Deines eigenen Willens zu erklären und Dich feierlich zu ihr zu bekennen?« Die »Reichsregierung« war natürlich Hitler, den man gar nicht mehr beim Namen nennen musste.

12. Nov. 1933
Plebiszit und »Reichstagswahl«

Rund fünfundneunzig Prozent machten ihr Kreuz bei »Ja«, das waren rund vierzig Millionen Deutsche. Ebenso eindrucksvoll war das Ergebnis der Reichstagswahl. Die NSDAP mobilisierte über zweiundneunzig Prozent der Wahlberechtigten, die für die Einheitsliste stimmten. Trotz vereinzelter Wahlfälschungen gab das Ergebnis Volkes Meinung ziemlich zutreffend wieder. Im Dezember 1933 folgte ein weiteres Gesetz, das die NSDAP zur »Trägerin des deutschen Staatsgedankens« erhob. Damit war die Alleinherrschaft der Nationalsozialisten gesetzlich festgeschrieben.

1. Dez. 1933
Die NSDAP wird Staatspartei

### »Volksgemeinschaft«

Hitler verdankte sein Ansehen in der Bevölkerung zunächst und vor allem der Überwindung der Massenarbeitslosigkeit, die ihrerseits von einem nationalsozialistischen »Wirtschaftswunder« herrührte. Schon 1936 war in Deutschland wieder Vollbeschäftigung erreicht. »Gute Jahre« traten nach dem Empfinden sehr vieler Zeitgenossen an die Stelle der ständigen Krisen, die Deutschland seit Kriegsende erschüttert hatten.

Wesentlicher Grund dieser Stabilisierung war die Aufrüstung in Verbindung mit Arbeitsbeschaffungsmaßnahmen, die Hitler nicht erfand, aber als erster deutscher Regierungschef anwandte. Diese Maßnahmen folgten der damals noch wenig bekannten Lehre des britischen Volkswirtes John M. Keynes, dass sich der Staat in Zeiten der Wirtschaftskrise verschulden müsse, um die Konjunktur anzukurbeln und die Nachfrage zu steigern.

In der Erinnerung der Zeitgenossen hat vor allem der Autobahnbau Spuren hinterlassen. Er wird vielfach als positive Leistung Hitlers betrachtet. Doch auch die Autobahn war nicht seine Erfindung. Entsprechende Pläne lagen schon seit Ende der zwanziger Jahre in

Hitler beim ersten Spatenstich
an der neuen Reichsautobahn, September 1933

**Sept. 1933**
**Baubeginn an der »Reichsautobahn«**

den Schubläden. Hitler begeisterte sich für diese Idee und setzte sie gegen den Widerstand von Reichsverkehrsministerium und Reichsbahn durch. Der erste Spatenstich an der Autobahn Frankfurt–Darmstadt im September 1933 war eine sorgfältig inszenierte Propagandaveranstaltung, bei der »Soldaten der Arbeit« mit geschulterten Spaten vor dem »Führer« aufmarschierten. Solche Bilder von Aufbruch und Anpacken verfehlten ihre Wirkung nicht, obwohl die Autobahn tatsächlich nur wenig zur Verringerung der Massenarbeitslosigkeit beitrug.

**Aug. 1938**
**Der »Volkswagen« (KdF-Wagen) wird angekündigt**

Der Autobahnbau war eng mit Hitlers Plänen zur Massenmotorisierung verbunden. Als Auto- und Technikfan träumte er davon, dass in Deutschland bald ebenso viele Autos fahren würden wie in den Vereinigten Staaten. Er sprang deshalb auch auf den Vorschlag des Konstrukteurs Ferdinand Porsche an, einen erschwinglichen Kleinwagen für jedermann zu bauen, »Volkswagen« genannt. Die Ankündigung des »Führers«, bald könne jeder Deutsche ein solches Auto fahren, erschien verlockend. Gebaut werden sollte das Auto in einer seit 1938 eigens zu diesem Zweck aus dem Boden gestampften Fabrik mit angeschlossener Stadt in Wolfsburg. Der Name war Programm. Hitler spielte oft

**Hitler im offenen VW-Wagen, Frühjahr 1944. Auf der Rückbank SS-Chef Himmler, am Steuer Chauffeur Erich Kempka**

mit dem Beinamen »Wolf«, den er sich selbst beigelegt hatte. Wolfsburg sollte Hitlers Autostadt sein. Das Unternehmen wurde von Robert Leys Deutscher Arbeitsfront (DAF) finanziert, die das geraubte Vermögen der Gewerkschaften dazu verwendete. Auf diese Weise sparte der Staat Geld. Die »Volksgenossen« sparten auf ihren »Volkswagen«. Niemand erhielt allerdings ein solches Fahrzeug, weil das Volkswagenwerk im Krieg Rüstungsgüter herstellen musste – Hitler allerdings war Besitzer eines VW-Kabrioletts, mit dem er sich nach seinen Spaziergängen am Obersalzberg zum Berghof zurückkutschieren ließ.

Die Arbeiter, die weitaus größte Bevölkerungsgruppe, sollten mit dem Anreiz zum modernen Warenkonsum für den Staat eingenommen und mobilisiert werden. Sie sollten für die Aufrüstung schuften, statt gegen ihre politische Entrechtung und die schlechten Löhne aufzubegehren. Das Vorbild der versprochenen Konsumgesellschaft waren die Vereinigten Staaten. Es gab neben dem Volkswagen den Volksempfänger, den Plan eines Volkskühlschranks und dergleichen mehr. Die meisten dieser Konsumhoffnungen blieben unerfüllt – erst nach dem Krieg kam der Massenkonsum in Westdeutschland richtig in Schwung. Die in der NS-Zeit geweckten Erwartungen konnten nun verwirklicht werden.

An sich hatten Arbeiter wenig Grund, mit dem neuen Regime zufrieden zu sein. Es gab zwar Vollbeschäftigung, aber der Lebensstandard verbesserte sich kaum. Entscheidend war wohl, dass das Regime den Beschäftigten das Gefühl gab, die gesellschaftliche Stellung hänge nicht mehr davon ab, wie viel der Einzelne in der Lohntüte hatte. Man war zwar seiner Rechte beraubt, hatte aber wenigstens wieder einen Arbeitsplatz und ein regelmäßiges Einkommen. Zwar blieben die Löhne niedrig, aber deutsche Arbeiter und Angestellte hatten deutlich mehr Urlaubsanspruch als zuvor. Heute ist es selbstverständlich, dass Arbeitnehmer Urlaubsreisen machen. Damals war das keineswegs der Fall.

Die Reisen, die von der NS-Gemeinschaft »Kraft durch Freude«, einer Unterorganisation der DAF, veranstaltet wurden, boten einem Teil der »Volksgenossen« erstmals die Möglichkeit, die eigenen vier Wände zu verlassen und am bislang bürgerlichen Fremdenverkehr teilzunehmen. Sie mussten zwar am Urlaubsort an Gemeinschaftsveranstaltungen der NSDAP teilnehmen, das wurde aber hingenommen, weil man reisen konnte. Der deutsche Massentourismus begann in der Vorkriegszeit. Er setzte sich nach dem Krieg auf höherer Stufe fort.

Es gelang dem nationalsozialistischen Staat, vielen Deutschen ein Gefühl der Gleichheit und Zugehörigkeit zu vermitteln, das mit bloßem Zwang nicht hätte erreicht werden können. Man darf aber nicht vergessen, dass all dies nur durch den Rüstungsboom ermöglicht wurde. Ohne Rüstung hätte es keine Vollbeschäftigung gegeben, ohne Vollbeschäftigung keine »Volksgemeinschaft«.

Die Aufrüstung war aber auf Pump finanziert. Vorgesehen war 1933 allein für Rüstungszwecke eine Summe von sechsunddreißig Milliarden Reichsmark, das Sechsfache des gesamten Staatshaushaltes. Dieses Geld wurde durch verdeckte Kredite von Unternehmen und Geschäftsbanken an den Staat aufgebracht. Verdeckt waren sie, weil die Aufrüstung geheim bleiben sollte. Bekamen die Westmächte zu früh Wind von diesem Bruch des Versailler Vertrages, drohte nach Hitlers Überzeugung ein Krieg, dem Deutschland vorerst nicht gewachsen sein würde.

## »Nacht der langen Messer«

Hitler, so schien es, hatte die Deutschen innerhalb weniger Monate auf seine Seite gebracht. Wie brüchig seine Herrschaft in Wirklichkeit noch war, zeigte sich jedoch im Frühjahr 1934. Unzufriedenheit und »Meckerei« machten sich breit. Die Wirtschaft steckte in der Krise, weil die Aufrüstung einen beträchtlichen Mangel an ausländischen Zahlungsmitteln nach sich zog und die Lebensmittelversorgung schlechter wurde.

*Frühjahr 1934 Wirtschaftskrise wegen der Aufrüstung, Unzufriedenheit der »Volksgenossen«*

Auch bekam die NSDAP-Führung die SA nicht in den Griff. Sie bedrohte das Bündnis, das Hitler schon zu Beginn seiner Herrschaft mit dem Militär geschlossen hatte. Die Reichswehr hatte hunderttausend Mann, die SA aber schon Anfang 1933 das Vierfache. Innerhalb des nächsten Jahres wuchs die Parteiarmee auf drei Millionen an, nicht gezählt die ehemaligen Mitglieder des Stahlhelms, der in die SA eingegliedert worden war.

Die SA war ein Sammelbecken unzufriedener Parteigenossen. Sie sahen sich vielfach als Opfer von korrupten Parteibonzen, die nach der Machtübernahme unverdient in Saus und Braus lebten, während die einfachen Mitglieder die Knochen hingehalten hatten. Folglich müsse die Machteroberung weitergehen. Der Stabsführer der SA, Ernst Röhm, formulierte das so: Im Januar 1933 habe die *nationale* Revolution begonnen. Jetzt sei es an der Zeit für die national*sozialistische* Revolution.

Hier machte sich also Widerstand des linken Parteiflügels bemerkbar, den Hitler längst entmachtet glaubte. Außerdem verübelte Röhm Hitler seinen Schmusekurs mit der Reichswehr. Nach seiner Vorstellung sollte die Reichswehr in die SA eingegliedert werden, wodurch diese zu einem nationalsozialistischen Volksheer werden sollte. Einen Eroberungskrieg hätte Hitler aber mit einer solchen Miliz nicht führen können. Dazu brauchte er eine moderne und gut geführte Truppe. Ernst Röhm war dafür in Hitlers Augen nicht der richtige Mann. Tatsächlich war Röhm politisch naiv und hatte keine Vorstellung von der Gefahr, die ihm und seiner Organisation drohte. Spätestens seit März 1934 arbeiteten Reichswehrminister Blomberg und sein wichtigster Untergebener Reichenau auf Röhms Entmachtung hin.

Etwa gleichzeitig schmiedete eine Gruppe konservativer Adliger aus Papens Umfeld Pläne, Hitler zu stürzen. Grund dafür waren die zahllosen Rechtsbrüche und Gewalttaten des neuen Regimes, über die man in der Vizekanzlei Papens Informationen zusammentrug. Diese Männer betrachteten völlig zu Recht Hitler als geistigen Urheber und Motor des Unrechtsstaates. Folglich musste nicht nur die SA entmachtet werden, sondern Hitler gleich mit. Das Militär sollte putschen und eine Militärdiktatur errichten, der später möglicherweise die Rückkehr Deutschlands zur Monarchie folgen sollte. Blomberg und Reichenau dachten aber gar nicht daran, mit der Reichswehr einen Staatsstreich gegen Hitler zu riskieren. Sie wollten die SA loswerden, nicht den »Führer« und seine Partei.

*17. Juni 1934 Vizekanzler Franz von Papen wendet sich in der Universität Marburg gegen die Willkürherrschaft der NSDAP*

Vermutlich war eine Rede Franz von Papens in der Marburger Universität am 17. Juni 1934 Auslöser für den Entschluss Hitlers, die SA-Führung *und* die konservative Opposition zu beseitigen. Die Marburger Rede erregte gewaltiges Aufsehen im In- und Ausland. In beide Richtungen zu schlagen war ohne Zweifel Hitlers Idee – und machtpolitisch ein kluger Schachzug. Fest steht aber auch, dass Hitler durch gezielte Falschinformationen in dem Glauben bestärkt wurde, die SA wolle ihn tatsächlich stürzen. Er brachte sich wieder einmal in Rage und schaltete seinen Verstand aus. Noch heute werden die Ereignisse vielfach fälschlich »Röhm-Putsch« genannt.

Urheber der Putschgerüchte war allem Anschein nach die SS. Sie sah in der Aktion gegen Röhm eine willkommene Gelegenheit, aus dem Schatten der SA herauszutreten und Macht zu gewinnen. Heinrich Himmler und seine rechte Hand, der ehemalige Marineoffizier Reinhard Heydrich, hatten inzwischen in Berlin wichtige Machtpositionen bekommen. Auf dem Weg dorthin hatte sich Himmler die Politische Polizei der gleichgeschalteten Länder unterstellt, vorerst mit Ausnahme Preußens. Dort gab es ein »Geheimes Staatspolizeiamt«, das im Berliner Prinz-Albrecht-Palais seinen Sitz hatte. Dieses Gebäude wurde zum Inbegriff des Nazi-Terrors. Himmler war jetzt Inspekteur und stellvertretender Chef der preußischen Geheimen Staatspolizei (Gestapo). Noch unterstand diese aber dem preußischen Ministerpräsidenten Hermann Göring.

Folglich befahl Hitler Göring, die Verhaftung von SA-Führern und Konservativen in Berlin vorzubereiten. Er selbst flog am Morgen des 30. Juni nach München, um Röhm und seine Kumpane festzunehmen, die in einem Kurhotel in Bad Wiessee Urlaub machten. In Bayern sollte die Leibstandarte »Adolf Hitler« in Aktion treten. Das war eine auf ihn persönlich eingeschworene SS-Truppe, die per Bahn anreiste. Als Hitler in München ankam, erfuhr er von angeblichen Putschvorbereitungen der dortigen SA. Hitler tobte vor Wut. Er verhaftete persönlich die höchsten SA-Führer Münchens und kündigte ihnen ihre Erschießung an. Anschließend raste Hitlers Autokolonne nach Bad Wiessee.

In seinem Kurhotel aus dem Schlaf geklopft, sah Ernst Röhm den »Führer« vor sich stehen. Hitler fuchtelte mit einer Pistole herum, nannte Röhm einen Verräter und erklärte ihn für verhaftet. Im nächsten Zimmer weckte man den Breslauer Polizeipräsidenten Edmund Heines. Dieser SA-Obergruppenführer lag mit einem anderen Mann im Bett. Es war bekannt, dass Röhm, Heines und andere SA-Führer homosexuell waren. Hitler hatte das bislang nicht gestört. Goebbels, der Zeuge der Heines-Verhaftung war, schlachtete aber diese Männerliebe in den nächsten Tagen weidlich aus, um Hitlers Mordbefehle durch einen Sexskandal zu verschleiern.

30. Juni 1934
Hitler verhaftet
Ernst Röhm

Hitler und seine Leute fuhren zum »Braunen Haus«. In der Parteizentrale der NSDAP tobte Hitler vor der versammelten Partei- und SA-Prominenz wie ein Irrsinniger. Er hatte buchstäblich Schaum vor dem Mund. Dass der Reichskanzler sich derartig gehenließ, fanden manche Zuhörer befremdlich. Da stand nun der mächtigste Regierungschef Europas und brüllte vom »größten Treuebruch der Weltgeschichte«! Alle Verschwörer erschießen!

Hitler persönlich hakte eine Todesliste ab und befahl dem Chef der inzwischen eingetroffenen Leibstandarte, Sepp Dietrich: »Lassen Sie die SA-Führer erschießen wegen Landes- und Hochverrats!« Dietrich gehorchte. Im Untersuchungsgefängnis Stadelheim, wo die Verhafteten aus München und Wiessee eingesperrt worden waren, wurde ein SA-Führer nach dem anderen hingerichtet. Die Waffen für dieses Verbrechen hatte die Reichswehr geliefert. Nur Röhm blieb vorerst am Leben.

30. Juni 1934
Mordbefehl
Hitlers

Hitler war unterdessen auf dem Rückflug nach Berlin, wo er völlig erschöpft eintraf. Goebbels hatte am Morgen Göring angerufen und das vereinbarte Stichwort durchgegeben: »Kolibri«.

Daraufhin hatte Heydrich SS-Leute mit Listen losgeschickt, um SA-Führer und »Reaktionäre« zu verhaften. Sie wurden teils im Gefängnis der Gestapo im Prinz-Albrecht-Palais, meist aber in der Kaserne der Leibstandarte in Berlin-Lichterfelde erschossen. Viele alte Rechnungen wurden beglichen. Hitlers Gegenspieler Gregor Straßer wurde in einer der Gestapo-Kellerzellen umgebracht. Offiziell hatte er Selbstmord begangen. Hitlers Amtsvorgänger Kurt von Schleicher und seine Ehefrau wurden von Gestapo-Beamten in ihrem Haus bei Potsdam regelrecht abgeknallt. Erschossen wurde auch Schleichers Vertrauter, General Ferdinand von Bredow. Vermutlich hätte Hitler gern auch Papen ermorden lassen. Das konnte er sich aber politisch nicht leisten, weil es zu viel Aufsehen im Ausland erregt hätte. Papen wurde in seiner Wohnung unter Hausarrest gestellt. Später schickte Hitler ihn nach Wien, wo Papen den »Anschluss« Österreichs vorbereiten durfte.

Himmler und Göring bedrängten Hitler unterdessen, auch Ernst Röhm töten zu lassen. Schließlich stimmte Hitler zu. Sein Freund sollte aber nach Möglichkeit zum Selbstmord gezwungen werden. Himmler schickte den Kommandanten des KZ Dachau, SS-Brigadeführer Theodor Eicke, nach Stadelheim. Da Röhm sich nicht selbst töten wollte, ermordeten Eicke und sein Adjutant Röhm mit Pistolenschüssen.

*1. Juli 1934 Ernst Röhm wird auf Befehl Hitlers erschossen*

Mindestens fünfundachtzig Menschen fielen der »Nacht der langen Messer« zum Opfer, nach manchen Schätzungen auch bis zu zweihundert. Die SA wurde unter ihrem neuen Stabsführer Viktor Lutze »gesäubert«. Was von ihr übrig blieb, hatte keine Bedeutung mehr.

Die Reichswehrführung hatte von dem bevorstehenden Massaker gewusst und die SS mit Waffen und Munition versorgt. Sie zeigte sich hocherfreut über die Entmachtung Röhms und schwieg feige zur Ermordung der Generäle Schleicher und Bredow. Im Kabinett lobte Blomberg die staatsmännische und soldatische Größe Hitlers. Blomberg und Reichenau glaubten, sie hätten sich ihre Unabhängigkeit im neuen Staat bewahrt. Das Gegenteil war der Fall. Das Militär hatte sich zum Mordkomplizen Hitlers gemacht und kettete sich an ihn.

Justizminister Gürtner behauptete, mündliche Befehle Hitlers seien so gut wie richtige Gesetze. Auch der nationalsozialistische

Starjurist Carl Schmitt fand: »Der Führer schützt das Recht«! Die Regierung verabschiedete am 3. Juli ein Gesetz, mit dem der Mord im Staatsauftrag rückwirkend für rechtmäßig erklärt wurde.

Hitler erholte sich erst einmal an der Ostsee, wo er mit der Familie Goebbels Urlaub machte. Anschließend zog er sich in seinen Feriensitz in den bayerischen Alpen zurück und feilte an einer mit Spannung erwarteten Rede, die er Mitte Juli vor den Reichstagsabgeordneten in der Kroll-Oper halten wollte. Zahlreiche SA-Führer waren im Saal, die mit den Opfern der Röhm-Aktion bekannt oder befreundet gewesen waren. Daher sorgte Hitler für die Anwesenheit der Leibstandarte. Bewaffnete Bodyguards standen direkt neben dem Rednerpult. Am Ende einer quälend langen Ansprache voller Beschuldigungen gegen Röhm und die Konservativen ging der »Führer« zum Angriff über: »Und es soll jeder für alle Zukunft wissen, dass, wenn er die Hand zum Schlag gegen den Staat erhebt, der sichere Tod sein Los ist.«

3. Juli 1934
»Gesetz über Maßnahmen der Staatsnotwehr« legitimiert nachträglich die Morde

Die Rede war ein voller Erfolg. Hitler hatte gesagt, was in breiten Kreisen gedacht wurde. Er hatte »Ordnung geschaffen«, hatte sein Ansehen wiederhergestellt. Allgemein war man froh, dass er dem Terror der SA ein (wenn auch gewaltsames) Ende bereitet hatte. Zwar war die Bevölkerung beunruhigt, dass auch Unbeteiligte zu Tode gekommen waren. Aber das könne man nicht Hitler vorwerfen, sagten viele. Allzu viele »Volksgenossen« glaubten, Hitler wisse nichts von Verbrechen in der NS-Diktatur. Das war eine der schlimmsten Auswirkungen des Führerkults. Auf diese Weise konnten sich die Menschen unbequeme Fragen nach der eigenen Verantwortung vom Hals halten. Das geflügelte Wort dazu lautete: »Wenn das der Führer wüsste!« Er wusste natürlich alles. Die öffentliche Moral verkam in dem Maße, wie der Stern des »Führers« stieg.

Unterdessen verfiel Reichspräsident Paul von Hindenburg immer stärker. Um sich zu überzeugen, dass der alte Herr auch wirklich bald sterben würde, reiste Hitler am 1. August 1934 zu Hindenburg auf dessen ostpreußisches Gut Neudeck. Der Reichspräsident erkannte ihn nicht mehr und redete Hitler mit »Majestät« an. Gleich nach seiner Rückkehr legte Hitler dem Kabinett ein Gesetz vor, welches das Amt des Reichspräsidenten mit dem des Reichskanzlers vereinigte. Das Gesetz trat mit Hindenburgs

**2. Aug. 1934**
**Hitler übernimmt das Amt des Reichspräsidenten und wird »Führer und Reichskanzler«**

Tod einen Tag später, am 2. August 1934, in Kraft. Nun war Hitler auch Staatsoberhaupt.

Reichswehrminister von Blomberg ließ noch am selben Tag die gesamten Streitkräfte auf Hitler vereidigen. Das war seine Idee, nicht die des »Führers«. Am 19. August 1934 hatten die deutschen Wähler abschließend über die Frage abzustimmen, ob das Amt des Reichspräsidenten mit dem des Reichskanzlers vereinigt werden solle. Fast neunzig Prozent beantworteten diese Frage mit »Ja«, bei einer Wahlbeteiligung von annähernd sechsundneunzig Prozent. Das Ergebnis gibt die tatsächliche Zustimmung zu Hitlers Politik wieder. Er war nun unbestrittener Führer der NSDAP, Staatsoberhaupt, Reichskanzler und Oberbefehlshaber, kurz: »Der Führer und Reichskanzler«.

## »Führerstaat« und Terror

### »Führerprinzip«

An die folgenden Jahre bis Kriegsausbruch erinnerten sich viele Zeitgenossen noch lange danach als »gute Jahre« – als Jahre einer raschen Wirtschaftsgesundung und eines bescheidenen Wohlstands. Manch einer lebte sogar wie im Rausch angesichts der vielen Aktivitäten und Leistungen, die das neue Regime aus dem Hut zauberte. Aber die Diktatur verfestigte sich, und die Gewalt nahm zu.

Die Mitgliederzahl der Hitlerpartei war schon 1933 sprunghaft angewachsen. Im Januar wurden noch achthundertfünfzigtausend Parteigenossen gezählt, im April waren es zweieinhalb Millionen. Viele dieser neuen Mitglieder waren von der »jugendlichen« Kraft der Partei beeindruckt und wollten mitwirken. Die verächtliche Bezeichnung »Märzgefallene« – eine den ursprünglichen Sinn umkehrende Anspielung auf die Todesopfer der Revolution von 1848 – brachte aber eine zweite Wahrheit auf den Punkt: Oftmals war bloße Anpassungsbereitschaft der Grund für den Parteieintritt. Man hoffte, dass die NSDAP-Mitgliedschaft dem eigenen Fortkommen diente.

Die NSDAP sah ihre Aufgabe darin, die Deutschen »gleichzuschalten«. Sie verstand sich als Staatspartei und stellte sich in der

Propaganda als Schutz und Schirm der »Volksgemeinschaft« dar. Die Partei wuchs wie ein Riesenkrake in die Gesellschaft hinein.

Im Sommer 1933 ernannte Hitler eine Anzahl hoher Funktionäre zu »Reichsleitern«, die gemeinsam die »Reichsleitung der NSDAP« bildeten. »Reichsleiter« war nun der höchste Parteirang, nicht zu verwechseln mit den Gauleitern. Im September beförderte Hitler seinen Landsberger Mithäftling Rudolf Heß zum »Stellvertreter des Führers« in der NSDAP. Im Dezember wurde Heß Reichsminister ohne Geschäftsbereich, um die Partei in der Regierung zu vertreten. Nach außen hin war er mächtig, tatsächlich aber ohne größeren Einfluss. Heß überließ die Verwaltungsarbeit seinem »Stab« in der Münchner Parteizentrale.

*Juni 1933*
**Hitler setzt die »Reichsleitung« der NSDAP ein**

Seit Oktober 1933 wurden die Mitarbeiter dort von einem ebenso ehrgeizigen wie skrupellosen NSDAP-Funktionär geführt: Reichsleiter Martin Bormann. Er kam aus der Freikorps-Bewegung und hatte zehn Jahre zuvor einen angeblichen kommunistischen Verräter bestialisch ermorden lassen, wofür er ein paar Jahre Gefängnishaft hatte absitzen müssen. Zu den damaligen Mördern hatte auch Rudolf Höß gehört, der spätere Kommandant des KZ Auschwitz. Bormanns Stab wuchs stetig an und gewann an Macht.

*Okt. 1933*
**Martin Bormann wird Reichsleiter und »Stabsführer« von Hitlers Stellvertreter Rudolf Heß**

Der bisherige Beamtenapparat des Staates blieb weitgehend erhalten, nachdem die Parteirevolution beendet und die Amtsetagen »gesäubert« waren. Die Beamten waren aber dem Druck der NSDAP ausgesetzt und mussten sich dem Führerprinzip unterwerfen. Sie waren zum Hitlergruß verpflichtet und mussten seit 1937 einen Treueid auf den »Führer des Deutschen Reiches und Volkes, Adolf Hitler« leisten. Anpassung in der einen oder anderen Form war die Regel, Widerstand die große Ausnahme. Nicht wenige Beamte übten sogar vorauseilenden Gehorsam, weil sie von Hitler und der NSDAP überzeugt waren.

Mitte der dreißiger Jahre hatten an die siebenhunderttausend Personen Leitungsfunktionen als Blockwarte, Zellen-, Ortsgruppen-, Kreis- oder Gauleiter. Der »große Führer« brachte eine Unzahl »kleiner Führer« hervor. Äußeres Merkmal dieser Nazifizierung waren Uniformen, Rangabzeichen und dergleichen, die zunehmend das Straßenbild prägten. Hinzu kamen die vielen Hakenkreuzfahnen, neben Hitler das wichtigste Bildsymbol des Nationalsozialismus.

In dem Maße, wie Hitlers persönliche Macht zunahm, verlor die Reichsregierung an Bedeutung. Bis zum Ermächtigungsgesetz hatte der Kanzler die Kabinettssitzungen noch ernst genommen, aber schon bald war das Kabinett eigentlich nur noch dazu da, Hitlers Gesetzesvorlagen abzusegnen, sofern sie überhaupt auf den Schreibtischen der zuständigen Minister landeten. Denn der Parteiapparat mischte sich zunehmend in die Gesetzgebung ein. Die Regierung trat immer seltener zusammen, zum letzten Mal am 5. Februar 1938.

**5. Feb. 1938 Letzte Sitzung der Reichsregierung**

Hitler war der Auffassung, dass in der Politik wie in der freien Wildbahn ein Leistungskampf herrschen sollte, bei dem sich der Stärkste durchsetzen musste. Er übertrug also die Grundsätze des Darwinismus auf die Regierungsarbeit. Daher kämpften Parteifunktionäre untereinander und gegen die Staatsbeamten, persönliche Bevollmächtigte und Sonderbevollmächtigte untereinander und gegen alle übrigen Interessenten um Macht und Einfluss. Nähe zur Macht war im Nationalsozialismus persönliche Nähe zu Hitler. Auf sie strebte man zu, auch wenn für die meisten NS-Funktionäre der »Führer« ein unerreichbarer Halbgott blieb.

Man wusste, was Hitler wollte, oder glaubte es zu wissen, weil man *Mein Kampf* kannte. Jeder wusste, dass Hitler den Kampf gegen »Feinde« als obersten Grundsatz staatlichen Handelns betrachtete. Man wusste auch, dass Hitler stets die radikalste Lösung bevorzugte. Daher war die Verfolgung von »Gegnern« das Gebiet, auf dem man sich am besten hervortun konnte. Im Streben um Macht und Einfluss überboten sich die Funktionäre gegenseitig mit Vorschlägen für die Verschärfung der Politik. Im Führerstaat Hitlers fielen sämtliche Sicherungen fort, die als Bremse gegen diese Radikalisierung hätten wirken können. Dies ist ein wichtiger Teil der Erklärung, warum der NS-Staat so verbrecherisch war.

Hitler war bald auch für seine Minister schwer zu erreichen. Nur wenige Politiker hatten ständigen Zugang zu ihm, etwa Goebbels, Himmler, zeitweise Göring, später sein Lieblingsarchitekt Albert Speer und der leitende Parteifunktionär Martin Bormann. Der »Führer« umgab sich mit einem schwer zu durchdringenden Kreis von Alt-Nationalsozialisten, Adjutanten und Leibwächtern. Die täglichen Regierungsgeschäfte führte der Jurist Hans Heinrich Lammers, Hitlers Staatssekretär in der Reichskanzlei. Da es im Führerstaat nicht möglich war, Entscheidungen an Hitler vorbei oder gar gegen seinen Willen zu treffen, musste Lammers häufig mit Hitler Rücksprache halten. Er stieß dabei auf zunehmende Schwierigkeiten, weil die Adjutanten ihn nicht zum »Führer« vorließen oder Hitler sich entzog. Es gab auch keine klare Verteilung der Zuständigkeiten. Man konnte sich auf nichts verlassen. Hitler konnte jederzeit in Vorgänge eingreifen, die ihn interessierten oder ihm wichtig erschienen. An die Stelle von Gesetzen traten zunehmend sogenannte Führererlasse, die nach Meinung nationalsozialistischer Rechtsexperten Gesetzen gleichzusetzen waren. Lammers formulierte Hitlers mündliche Weisungen zu Gesetzen oder Erlassen um, die der »Führer« dann nur noch unterschreiben musste.

Alle Berufs- und Altersgruppen waren einer, oft auch mehreren NS-Organisationen angegliedert. Die Partei sollte das Leben der Menschen bis in den Alltag hinein regeln und durchdringen. Jugendliche waren dem Zugriff des NS-Staates weitgehend schutzlos ausgeliefert. Hitler, der Schulversager, hielt eine gründliche Ausbildung in den Sprachen und humanistischen Schulfächern wie Griechisch und Latein für überflüssig. Naturwissenschaften und besonders der Sport sollten stattdessen eine größere Rolle spielen.

»Jugend« hatte in der NSDAP einen hohen Stellenwert. Die Hitlerjugend (HJ) bekam 1934/35 wachsenden Zulauf, vor allem auf dem flachen Land, wo es bisher oft gar keine Jugendarbeit gegeben hatte. 1934 traten die evangelischen Jugendverbände geschlossen der HJ bei. Die katholischen Jugendverbände wurden drangsaliert und schließlich ganz verboten, die jüdischen Jugendgruppen ebenfalls.

Beim Reichsparteitag 1935 hielt Hitler eine Rede vor fünfzigtausend begeisterten Hitlerjungen. Seine Forderung: Die deutschen Jungen der Zukunft müssten »schlank und rank sein, flink wie Windhunde, zäh wie Leder und hart wie Kruppstahl«. Seit 1936 war die Hitlerjugend Staatsjugend. Unter dem Motto »Jugend führt Jugend« boten HJ und Bund deutscher Mädel (BDM) Aufstiegsmöglichkeiten auch für Jugendliche, die nicht aus bürgerlichen Schichten kamen. Mädchen nahmen den BDM nicht selten als Freiraum wahr, weil sie sich der Aufsicht der Eltern entziehen und Verantwortung für größere Gruppen übernehmen konnten.

1. Dez. 1936
»Gesetz über die Hitlerjugend«

Vielfach wurden Traditionen der bürgerlichen Jugendbewegung fortgeführt, es gab Fahrten und Wanderungen, aber auch eine mehr oder weniger ausgeprägte ideologische Erziehung. Mädchen sollten durch »anmutige« Turnübungen, Fahrten und Heimabende auf die Mutterschaft und den Dienst an der »Volksgemeinschaft« vorbereitet werden. In welchem Ausmaß es der Partei gelang, die Jugendlichen zu beeinflussen und zu lenken, ist umstritten. Es fällt aber auf, dass HJ-Angehörige an Ausschreitungen gegen Juden wie dem Novemberpogrom 1938 überdurchschnittlich stark beteiligt waren. Die Hitler-Begeisterung der Jugendlichen war nicht gespielt. Die meisten jubelten dem »Führer« zu und verehrten ihn.

25. März 1939
»Jugenddienstpflicht«

Ab März 1939 war die Zugehörigkeit zu Jungvolk und HJ beziehungsweise zum BDM gesetzlich vorgeschrieben. Zu diesem Zeitpunkt waren die Jugendorganisationen allerdings schon nicht mehr attraktiv. Bei den Jungen gab es zunehmend militärischen Drill, um sie noch besser auf den Krieg vorzubereiten. Hierauf folgten Arbeitsdienst und Kriegsdienst. Ganzen Jahrgängen wurden zwanzig Jahre ihres Lebens geraubt. Die Ernüchterung nach dem Krieg war für sie vielfach schmerzhaft.

»Adolf-Hitler-Marsch« der Berliner HJ zum Reichsparteitag nach Nürnberg: Abmarsch einer Marscheinheit, 1. August 1937

In den Großstädten versuchten Jungen zunehmend, sich vor dem HJ-Dienst zu drücken, indem sie schulische Verpflichtungen vorschoben. Manche verteidigten ihre Selbständigkeit. Sie schlossen sich zu Gruppen zusammen und widersetzten sich der Gängelung durch Staat und HJ. Meist gehörten diese der Arbeiterschaft an. In Hamburg ließen sich Jugendliche aus bürgerlichen Familien nicht gefallen, dass Swingtanzen in der Öffentlichkeit verboten war. Was als unpolitischer Protest begonnen hatte, wurde vom Staat als politischer Widerstand verfolgt. Eine eigene

HJ-Polizei, der Streifendienst, wurde auf die Gruppen angesetzt. Die Gestapo ermittelte und verhaftete zahlreiche junge Leute. Im Krieg gab es sogar besondere Konzentrationslager für Jungen und Mädchen. Aber die große Mehrheit der Jugendlichen machte mit.

*Juni 1940*
*Gründung des »Jugendschutzlagers« Moringen in Niedersachsen*

## Judenverfolgung

Die Kehrseite der angeblichen »Volksgemeinschaft« war Terror gegen alle diejenigen, die nach Meinung der NSDAP nicht zur Gemeinschaft gehörten, sei es aus politischen oder ideologischen Gründen. Hitlers Machtübernahme war für die deutschen Juden ein Schock. Denn hier wurde erstmals in Europa ein fanatischer Antisemit zum Regierungschef. Obwohl der Antisemitismus in der Wahlwerbung zurückgefahren worden war, wusste jeder der vielen NSDAP-Wähler seit 1930, dass er der am meisten antisemitischen Partei Deutschlands seine Stimme gab. In den Augen der Nationalsozialisten galten die Juden als Deutschlands gefährlichste Feinde. Die Gewalt der NSDAP richtete sich daher von vornherein gegen die jüdische Minderheit. Das waren etwa fünfhundertsechzigtausend Menschen in Deutschland, darunter hundertsechzigtausend in Berlin.

SA-Trupps griffen im Februar und März 1933 Einzelhandelsgeschäfte, Anwalts- und Arztpraxen an. Juden wurden öffentlich verhöhnt und misshandelt. Diese Ausschreitungen riefen scharfe Kritik in den Vereinigten Staaten hervor, wo jüdische Organisationen teils dazu aufriefen, keine deutschen Waren mehr zu kaufen, sie also zu boykottieren. Der fanatische Judenhasser Julius Streicher behauptete daraufhin, das Judentum habe Deutschland den Krieg erklärt. Für Hitler war dies eine willkommene Gelegenheit, die politischen Energien von Partei und SA gegen die Juden zu richten.

Am 1. April beschmierten SA-, SS- und Stahlhelm-Männer Einzelhandelsgeschäfte und Warenhäuser, Kanzleien und Praxen mit Davidsternen und Parolen wie »Juda verrecke« und beklebten sie mit Plakaten: »Deutsche! Wehrt euch! Kauft nicht bei Juden!« Kunden wurden eingeschüchtert und vom Betreten der Geschäfte abgehalten. Viele Hausfrauen hatten Zivilcourage und gingen trotzdem in ihren Stammgeschäften einkaufen. Die Geschäfte waren von dichten Zuschauermengen umlagert. Die meisten von ihnen äußerten weder Missfallen noch Zustimmung. Goebbels

*1. April 1933*
*Antisemitische »Boykott«-Aktion*

hatte auf »Volkszorn« gegen die Juden gehofft. Aus seiner Sicht war die Aktion ein Misserfolg. Sie wurde vorzeitig abgebrochen.

*7. April 1933*
*»Gesetz zur Wiederherstellung des Berufsbeamtentums«*

Eine Woche später erließ die Regierung ein Gesetz, mit dem sozialdemokratische und jüdische Beamte zwangsweise in den Ruhestand versetzt werden konnten. Von allen Beamten wurde jetzt ein »Ariernachweis« verlangt. Wer einen jüdischen Großelternteil hatte, galt als Jude im Sinne des Gesetzes. Man kann hier wieder den Wechsel von »unten« und »oben« beobachten: erst Gewalt und Boykott durch SA und SS, dann das Gesetz.

Für die deutschen Juden war der 1. April 1933 ein tiefer Einschnitt, der eigentliche Beginn der nationalsozialistischen Herrschaft. Die Untätigkeit ihrer Mitbürger zeigte ihnen, dass sie alleingelassen wurden. Von den Kirchen war nicht ein einziges kritisches Wort zu vernehmen. Im Laufe des Jahres verließen siebenunddreißigtausend Juden ihre Heimat oder kehrten nicht mehr aus dem Ausland zurück. 1934 und 1935 waren es jeweils rund zwanzigtausend.

Es gab eine Fülle von geschriebenen Gesetzen und Verordnungen gegen vermeintliche »Feinde« des deutschen Volkes, vor allem gegen die Juden. Der Besitz der jüdischen Minderheit wurde »arisiert«: Nichtjüdische Geschäftspartner, Konkurrenten und NSDAP-Funktionäre rissen sich Unternehmen jüdischer Inhaber unter den Nagel, oft zu Spottpreisen. Ende 1935 hatte bereits ein Viertel der »jüdischen« Betriebe den Besitzer gewechselt.

*15. Sept. 1935*
*Antisemitische »Nürnberger Gesetze«*

Unterdessen hatten Ausschreitungen gegen die Minderheit wieder zugenommen. Hitlerjungen waren an diesen Gewaltaktionen vielfach beteiligt. Hitler selbst veranlasste daraufhin, dass die Reichstagsabgeordneten auf dem Reichsparteitag 1935 die Nürnberger Rassengesetze beschlossen, die schon seit Längerem vorbereitet worden waren. Damit waren Eheschließungen zwischen Juden und Nichtjuden verboten, außerehelicher Geschlechtsverkehr zwischen Juden und Nichtjuden stand unter Strafe. Das »Reichsbürgergesetz« legte fest, dass Juden keine Reichsbürger mehr sein durften und damit keine öffentlichen Ämter bekleiden und nicht wählen konnten. Die Nürnberger Gesetze schlossen die jüdische Minderheit aus der deutschen Gesellschaft aus und machten sie zu Bürgern zweiter Klasse. Auf die Juden wirkten die Gesetze niederschmetternd.

Betroffen waren auch die Nachkommen von Juden, die zum christlichen Glauben übergetreten waren. Denn es war gemäß der NS-Rassenideologie nicht möglich, die »jüdische« Eigenschaft abzulegen. Obwohl die Nationalsozialisten behaupteten, die Juden seien eine »Rasse«, gelang es ihnen andererseits nicht, unveränderliche körperliche Merkmale festzulegen. Daher richtete man sich nach der Religionszugehörigkeit. Juden im Sinne der Nürnberger Gesetze waren laut einer ersten Verordnung von 1935 Menschen, die mindestens drei jüdische Großeltern hatten. Zwei jüdische Großeltern oder ein jüdischer Elternteil führten zum »Mischling ersten Grades«, ein jüdischer Großelternteil zum »Mischling zweiten Grades«. Somit stieg die Zahl der als Juden ausgegrenzten Personen erheblich an.

Das Vorgehen entsprach weitgehend den Forderungen radikaler Antisemiten in Gestapo und SD. Zu ihnen gehörte der junge SS-Offizier Adolf Eichmann, der später die Transporte in die Todeslager lenkte. Die Nürnberger Gesetze sollten die Juden zur Auswanderung zwingen. Ihre bürgerliche Gleichstellung war aufgehoben; nun sollten sie vollständig vertrieben werden. Gleichzeitig erhöhte der Staat den wirtschaftlichen Druck auf die Minderheit. Die Ausplünderung der Juden war bislang weitgehend unorganisiert verlaufen. Künftig kassierte der Staat mit. Auch Großunternehmen, die wegen der schwierigen Wirtschaftslage bis 1936 weitgehend verschont worden waren, wurden nun »arisiert«. Bereicherung und Korruption nahmen sprunghaft zu.

Auswandernde Juden wurden darüber hinaus mit der »Reichsfluchtsteuer« belegt, die 1938 größere Gewinne einbrachte als die Einkommenssteuer. Auch mussten die Juden einen immer größeren Anteil ihres Vermögens an den Staat abtreten, bevor sie das Land verließen. Bis Kriegsbeginn stieg dieser Anteil auf sechsundneunzig Prozent.

*Ab 1936 Erhebliche Ausweitung der »Arisierung«, Erhöhung der »Reichsfluchtsteuer«*

## Der SS-Staat

Unterdessen wuchs die SS zur mächtigsten Organisation der NS-Diktatur heran. Hitler hatte Himmlers »schwarzes Korps« im Juli 1934 zur eigenständigen Parteigliederung erhoben und es sich persönlich unterstellt. Das war die Belohnung für die Morde an Ernst Röhm und anderen. Noch am 30. Juni 1934 war Heydrich

*Juli 1934 Hitler unterstellt sich die SS persönlich und wertet sie auf*

zum SS-Obergruppenführer befördert worden, also in einen Generalsrang.

<small>Juni 1936
Hitler befiehlt Himmler die Zentralisierung der Polizei</small>

Im Juni 1936 übertrug Hitler Himmler die »einheitliche Zusammenfassung der polizeilichen Aufgaben im Reich«. Der nannte sich nun »Reichsführer SS und Chef der Deutschen Polizei im Reichsministerium des Innern«. Himmler betrachtete sich als Polizeiminister des nationalsozialistischen Staates. Der Polizeiapparat umfasste die Schutzpolizei und Gendarmerie, die Gestapo, den Sicherheitsdienst der SS (SD) und die Kriminalpolizei. Gestapo und SD wurden zur »Sicherheitspolizei« unter Führung Heydrichs zusammengefasst. Nach Himmlers Vorstellung solle die Sicherheitspolizei eine schlagkräftige Staatsschutzorganisation sein, berufen zu Terror und Mord im Namen der »Volksgemeinschaft«.

Die in dunklen Ledermänteln auftretenden Beamten der Gestapo waren bald gefürchtet, auch wenn man nicht zu den Gegnern des Regimes gehörte. Ehrenamtliche Spitzel des SD belauschten die Bevölkerung und erstatteten regelmäßig Bericht über Meinungen und Stimmungen. Andererseits konnte die Gestapo auf die Bereitschaft der Deutschen zählen, sich gegenseitig zu bespitzeln und anzuzeigen. Seit 1933 standen kritische Äußerungen über Führer, Staat und Partei als »Heimtücke« unter Strafe. Für die Aburteilung sorgten Sondergerichte, also Organe einer nationalsozialistischen Rechtsprechung nach Hitlers Vorstellungen.

Die SS war seit Juli 1934 auch für alle Konzentrationslager zuständig. Himmler sorgte dafür, dass nach dem Vorbild Dachaus die »wilden« KZ der Anfangszeit durch staatliche Konzentrationslager ersetzt wurden. Röhms Mörder Theodor Eicke stieg vom Dachauer Lagerkommandanten zum »Inspekteur der Konzentrationslager und Führer der SS-Wachverbände« auf. An sich hätte man die KZ gar nicht mehr benötigt. Der politische Widerstand war schon weitgehend gebrochen. Im Sommer 1935 befanden sich »nur« noch viertausend Häftlinge in den Lagern. Trotzdem wurden 1936/37 zwei große KZ neu gegründet, in Sachsenhausen nördlich von Berlin und Buchenwald bei Weimar.

<small>Juli 1936
Gründung des KZ Sachsenhausen

Juli 1937
Gründung des KZ Buchenwald</small>

Diese Gründungen hingen mit der Kriegsvorbereitung zusammen. Die SS wollte am Rüstungsboom teilhaben und eigene Wirtschaftsbetriebe aufziehen, für die nun in den KZ billige Arbeitskräfte zur Verfügung standen. Der Zweck der neuen KZ bestand andererseits nicht mehr nur darin, politische Gegner des NS-Staates zu terrorisieren. Sie sollten vielmehr, wie es in der SS-Spitze hieß, dazu beitragen, den »Volkskörper« von Erkrankungen und Vergiftungen zu befreien. Die SS sah sich zunehmend in der Rolle einer Art Gesundheitspolizei, die rassistischen Grundsätzen folgte. Betroffen waren Menschen, die als gesellschaftliche Außenseiter galten, darunter Homosexuelle und Zeugen Jehovas, »Asoziale« sowie Sinti und Roma. Die Lager füllten sich außerdem mit Zehntausenden »Berufs- und Gewohnheitsverbrechern« sowie »Arbeitsscheuen«, die in zwei großen Wellen verhaftet wurden.

Sinti und Roma nannte man damals noch abschätzig »Zigeuner«. Sie reisten teilweise in bunten Wohnwagen durch die Lande und schlugen für kürzere oder längere Zeit ihr Lager auf. Andere waren sesshaft und an die Mehrheitsgesellschaft angepasst, wie das in Westeuropa sehr häufig der Fall war. Die Bezeichnung »Zigeuner« gab es im deutschen Sprachraum seit Jahrhunderten. Vorurteile gegen diese Minderheit waren weit verbreitet. Schon lange vor Hitlers Machtübernahme wurde dieser »Antiziganismus« mit rassistischen Feindbildern aufgeladen. Im nationalsozialistischen Deutschland wurde der Antiziganismus von »Rasseexperten« bekräftigt. Diese behaupteten, man könne die Sinti und Roma in angeborene Merkmalsgruppen einteilen. Die Kriminalpolizei ging im Rahmen einer »vorbeugenden Verbrechensbekämpfung« gegen Sinti und Roma vor, die in besondere Lager gesperrt oder als angeblich »Asoziale« in die KZ eingewiesen wurden. Ihr Schicksal glich dem der Juden.

April/Juni 1938
**SS-Aktion »Arbeitsscheu Reich« gegen sogenannte »Asoziale«**

Juni 1936
**Erlass des Reichsinnenministeriums zur »Bekämpfung der Zigeunerplage«**

## Aufrüstung und Kriegsvorbereitung

Einen Punkt hätte jede nationalistische Regierung Deutschlands ganz oben auf die Tagesordnung gesetzt: den Versailler Vertrag rückgängig zu machen. In dieser Frage gab es keinerlei Meinungsverschiedenheiten zwischen Hitler und seinen konservativen Bündnispartnern. Aufrüstung, die Wiedereinführung der Wehrpflicht, die Rückerlangung der »Wehrhoheit« im Rheinland, nach Möglichkeit auch die Eingliederung Österreichs – das alles war schon im Gespräch, als Hitler die Macht übernahm. Die

**Jan. 1934**
**Deutsch-polnischer Nichtangriffspakt**

**16. März 1935**
**Wiedereinführung der allgemeinen Wehrpflicht**

**7. März 1936**
**Rheinlandbesetzung durch die Wehrmacht, vorläufiger Höhepunkt des Hitlerkults**

Nachkriegsordnung war schon lange nicht mehr stabil. Hitler berief sich auf das Selbstbestimmungsrecht der Völker, nutzte die Schwäche seiner Gegner aus und brachte das verhasste »System von Versailles« durch Gewalt und Drohungen zum Einsturz. Im Januar 1934 schloss Deutschland einen Nichtangriffspakt mit Polen. Der Vertrag schwächte Frankreich, Polens Bündnispartner. Ein Jahr gab Hermann Göring öffentlich die Existenz einer Luftwaffe bekannt. Obwohl die Luftwaffe eindeutig gegen den Versailler Vertrag verstieß, schritten die Westmächte nicht ein. Folglich beschloss die Reichsregierung fünf Tage später die Wiedereinführung der allgemeinen Wehrpflicht. Die Reichswehr hieß nun auch offiziell »Wehrmacht«. Die Stärke der neuen Wehrmacht wurde auf rund eine halbe Million Mann festgelegt, fünfmal so viel wie die bisherige Berufsarmee.

Wieder ein Jahr später, im März 1936, entschloss sich Hitler, die Wehrmacht in das entmilitarisierte Rheinland einmarschieren zu lassen. Seine militärischen Ratgeber rieten ab. Sie fürchteten ein Einschreiten französischer Truppen, dem die Wehrmacht nicht gewachsen wäre. In einer Reichstagsrede am 7. März verkündete Hitler unter ohrenbetäubenden »Heil!«-Rufen feierlich, die Reichsregierung habe mit dem heutigen Tag die volle und uneingeschränkte Souveränität Deutschlands in der entmilitarisierten Zone des Rheinlands wiederhergestellt.

In Wirklichkeit wartete Hitler höchst angespannt auf das, was nun kommen würde. Denn er hatte wieder einmal alles auf eine Karte gesetzt. Ein entschiedener Gegenstoß der französischen Armee hätte tatsächlich ausgereicht, um die Wehrmacht aus dem Rheinland zu werfen und womöglich ganz Deutschland zu besetzen. Hitler hätte eine solche Niederlage politisch nicht überlebt; seine Diktatur wäre beendet gewesen. Aber er hatte Glück, wie so oft in seinem Leben. Frankreich unternahm nichts.

Hitler hatte recht behalten gegenüber den zögernden Militärs. Er hielt sich nun für unfehlbar. Es sei ein Wunder, dass das deutsche Volk ihn gefunden habe und er das deutsche Volk, rief er aus. Die Vorsehung habe ihn, Hitler, geschickt, um sein Vaterland zu erlösen. In Wirklichkeit war Hitlers Sendungsbewusstsein nichts anderes als Größenwahn und der Instinkt eines Spielers, der um hohe Einsätze zockte – diesmal und noch lange danach mit Erfolg.

Die Begeisterung der Deutschen kannte keine Grenzen. Der Hitler-Kult erreichte in diesem Wochen ungeahnte Ausmaße. Am 1. August 1936 eröffnete Hitler die Olympischen Sommerspiele. Zwei Wochen lang prangte Berlin bei schönstem Sommerwetter im Schmuck der Hakenkreuz- und Olympiafahnen. Die Hauptstadt zeigte sich weltoffen. Die meisten Medaillen gingen an die deutsche Mannschaft. Der Star war aber der afroamerikanische Leichtathlet Jesse Owens aus den Vereinigten Staaten, sehr zum Ärger Hitlers. Kaum jemand schaute hinter die Kulissen der perfekten Propaganda-Inszenierung, die durch die Olympia-Filme Leni Riefenstahls noch zusätzlich überhöht wurde. Viele ausländische Besucher waren beeindruckt von der Organisation der Spiele, der Stärke und scheinbaren Friedensliebe des neuen Reiches.

Deutschland schmiedete in dieser Zeit ein Bündnis mit Italien. Der italienische Dikator und Führer der Faschisten, Benito Mussolini, nannte dieses Bündnis bei einer öffentlichen Ansprache in Mailand die »Achse«. Das war ein griffiges Wort. Am 25. September 1937 traf der »Duce« zu seinem ersten Staatsbesuch in Deutschland ein, wo er mit allen Ehren empfangen wurde. Hitler pries bei einer Massenkundgebung auf dem Tempelhofer Feld das Bündnis zwischen italienischem Faschismus und Nationalsozialismus und die »geniale schöpferische Tätigkeit« Mussolinis. Der »Duce« antwortete auf Deutsch und beteuerte erneut den unbedingten Friedenswillen beider Nationen.

Davon konnte jedoch keine Rede sein, vor allem was Hitler betraf. Am Nachmittag des 5. November 1937 bestellte er die Spitzen des Heeres, der Luftwaffe und der Marine sowie Kriegsminister von Blomberg zu sich in die Reichskanzlei. Hitler entwickelte seine Kriegspläne. Er betonte die Notwendigkeit, das Volk ständig in Bewegung zu halten, weil das NS-Regime sonst seine Massenunterstützung verlieren könne. Spätestens 1943 oder 1945 müsse Deutschland seine »Raumfrage« lösen, also Krieg führen. Sollte sich schon vorher eine Gelegenheit ergeben, sei er entschlossen, bereits 1938 Österreich und die Tschechoslowakei anzugreifen. So könne sich das Reich im Osten absichern, die Wehrmacht vergrößern und Nahrungsressourcen gewinnen. England und Frankreich seien keine ernsthaften Gegner. Sie hätten Österreich und die Tschechoslowakei längst abgeschrieben.

1. Nov. 1936
Mussolini spricht von der »Achse Berlin–Rom«

22. Mai 1939
»Stahlpakt« zwischen Deutschland und Italien

Nov. 1937
Hitler legt seine Kriegspläne offen

Hitlers Zuhörer waren nicht überzeugt, teils sogar entsetzt. Die Heeresführung befürchtete einen überstürzten Krieg. Aber offenen Widerspruch gab es nicht. Es herrschten keine Meinungsunterschiede über den Krieg als solchen, wohl aber über das Tempo auf dem Weg dorthin. Hohe Heeresoffiziere wollten die Aufrüstung abschließen, *bevor* Krieg geführt wurde. Hitler wollte Krieg führen, *damit* die Aufrüstung weitergehen konnte. Der Krieg sollte sich gewissermaßen selbst ernähren.

*Feb. 1938*
*Hitler unterstellt sich ein neues »Oberkommando der Wehrmacht«*

1938 radikalisierte sich der NS-Staat. Innenpolitisch war dies unter anderem daran abzulesen, dass Hitler im Februar eine Reihe von Ministern auswechselte. Das war nicht von langer Hand geplant, sondern das Ergebnis eines Zufalls: Reichskriegsminister Werner von Blomberg hatte sich durch eine überstürzte Ehe mit einer Prostituierten blamiert. Gegen den Oberkommandierenden des Heeres, Werner von Fritsch, wurden Vorwürfe erhoben, er sei homosexuell, was nicht stimmte. Hitler entließ jedoch beide Militärs und nahm weitere Umbesetzungen vor. Das Auswärtige Amt übernahm der führergläubige ehemalige Sektvertreter Joachim von Ribbentrop. Künftig gab es keinen Kriegsminister mehr, sondern das »Oberkommando der Wehrmacht« (OKW) unter General Wilhelm Keitel, das Hitler unmittelbar unterstand. Keitel und sein wichtigster Ratgeber Alfred Jodl waren fügsame Offiziere, die Hitler nach Belieben steuern konnte. Die Selbständigkeit des Militärs war endgültig dahin, obwohl das Heer unter seinem neuen Befehlshaber, Generaloberst Walther von Brauchitsch, dem OKW nicht unterstellt war.

Während sich die nationalsozialistische Politik in Deutschland verschärfte, dehnte sich das Reich nach außen weiter aus. Der Nationalsozialismus wurde von nun an mit militärischer Gewalt beziehungsweise Gewaltandrohung ins Ausland ›exportiert‹. Hitler war entschlossen, Österreich zumindest zu einem von Deutschland vollständig abhängigen »Satellitenstaat« zu machen. Immerhin enthielt ja schon das Parteiprogramm der NSDAP von 1920 die Forderung nach dem »Anschluss«, die Hitler dann in *Mein Kampf* mit »blutsmäßiger« Verwandtschaft begründet hatte.

Es gab in Österreich ein halb katholisches, halb faschistisches Regime. Aber trotz innerer Verwandtschaft mit dem NS-Regime wollte die österreichische Regierung unter Kurt Schuschnigg ihr

Land nicht Hitler in den Rachen werfen. Schuschnigg sah in Mussolini den Schutzherrn der österreichischen Unabhängigkeit. Die österreichische NSDAP war verboten, seit sie 1934 mit Hitlers Zustimmung versucht hatte, die Regierung zu stürzen. Damals war Schuschniggs Amtsvorgänger Engelbert Dollfuß ermordet worden. Göring empfahl Hitler, Schuschnigg bei einem persönlichen Zusammentreffen unter Druck zu setzen. Das Treffen fand am 12. Februar 1938 auf dem Obersalzberg statt. Hitler hatte hohe Militärs herbeiholen lassen, um Schuschnigg einzuschüchtern. Er herrschte den österreichischen Bundeskanzler sofort an. Die Vorsehung habe ihn, Hitler, dazu ausersehen, Österreich zu beseitigen: »Wer weiß – vielleicht bin ich über Nacht einmal in Wien; wie der Frühlingssturm! Dann sollen Sie etwas erleben!«

Die Drohung zeigte Wirkung. Schuschnigg verpflichtete sich, die NSDAP wieder zuzulassen und sein Land praktisch mit Deutschland zu verschmelzen. An sich war der angedrohte Einmarsch nun nicht mehr erforderlich. Trotzdem befahl Hitler am 12. März, Österreich zu besetzen. Göring und Hitler zwangen Schuschnigg zum Rücktritt, damit ein österreichischer Nationalsozialist an seine Stelle treten konnte. Mussolini griff nicht ein, sondern ließ Österreich im Stich, damit die »Achse« Form annehmen konnte.

Am frühen Morgen des 13. März 1938 begann Hitlers angeblicher »Freundschaftsbesuch« in Österreich. Im offenen Mercedes-Wagen überquerte er am Nachmittag die Grenze, symbolträchtig in seinem Geburtsort Braunau. Auf der Weiterfahrt nach Linz kam Hitlers Autokolonne kaum voran, weil begeisterte Menschenmassen sie stundenlang aufhielten. Als der »Führer« schließlich abends in der Stadt seiner Jugend eingetroffen war, läuteten die Glocken. Die Massen vor dem Rathaus waren außer sich vor Freude. Hitler war tief bewegt und weinte. Erst unter dem Eindruck dieses Jubels entschloss er sich, Österreich vollständig einzugliedern.

Am 15. März 1938 sprach er vor einer Viertelmillion Menschen auf dem Wiener Heldenplatz. Auf dem Balkon der Hofburg rief er aus: »Als Führer und Kanzler der deutschen Nation und des Reiches melde ich nunmehr den Eintritt meiner Heimat in das Deutsche Reich!« Es gab minutenlangen, ohrenbetäubenden Beifall. Man stelle sich das einmal vor: Aus Wien war Hitler, der Versager, 1913 nach München geflohen. Ein knappes Vierteljahr-

15. März 1938
Hitler verkündet den »Anschluss« Österreichs

hundert später kehrte er als gefeierter Alleinherrscher zurück. Auch in Berlin wurde Hitler nach dem Erfolg in Österreich ein rauschender Empfang bereitet.

Für die österreichischen Juden begann schon am Tag des »Anschlusses« ein Alptraum. Himmler und Heydrich waren schon einige Tage zuvor in Wien eingetroffen. Die Eingliederung Österreichs ging mit gewalttätigen Ausschreitungen gegen die jüdische Minderheit einher. In Wien wurden Juden dazu gezwungen, die Bürgersteige mit Bürsten zu schrubben, während NSDAP-Anhänger und antisemitische Gaffer sie verhöhnten. Es folgte eine Raub- und Plünderungsorgie größten Ausmaßes.

Innerhalb weniger Tage wurden rund zwanzigtausend Menschen verhaftet, vor allem Kommunisten und Juden. Bei Linz entstand das Konzentrationslager Mauthausen. Dort mussten die Häftlinge für ein SS-eigenes Unternehmen Steine brechen. Sie waren für die Errichtung neuer Großbauten für Staat und Partei in Linz vorgesehen. Die Judenverfolgung war in Österreich radikaler als in Deutschland, obwohl die Österreicher bis 1938 nicht mit judenfeindlicher Propaganda bombardiert worden waren. Das zeigt, wie stark der Antisemitismus im Europa der dreißiger Jahre schon um sich gegriffen hatte. Bald aber wurde die nunmehrige »Ostmark« in den judenfeindlichen Propagandafeldzug einbezogen. Die im Vorjahr in Deutschland eröffnete Wanderausstellung »Der ewige Jude« wurde auch in Wien gezeigt und war ein großer Publikumserfolg. Nicht lange nach dem »Anschluss« kam Eichmann nach Wien, um die Ausplünderung und Vertreibung der österreichischen Juden zu leiten.

Wie Hitler im November 1937 angekündigt hatte, sollte die Tschechoslowakei als Nächstes an die Reihe kommen. Im Nordwesten des Landes gab es deutschsprachige Minderheiten, die Sudetendeutschen, die »heim ins Reich« geholt werden sollten. Was hier geschehen sollte, war der erste Schritt, um einen nationalsozialistischen »Lebensraum« in Osteuropa zu schaffen. Nachdem Hitler beim Reichsparteitag am 12. September 1938 eine wüste Rede gegen die Tschechen gehalten hatte, beschloss der britische Premierminister Neville Chamberlain, den drohenden Krieg in letzter Minute abzuwenden und mit Hitler persönlich zu verhandeln. Chamberlain traf am 15. September auf dem Obersalzberg ein, wo Hitler ihn höflich begrüßte und dann geschickt mit einer Mischung aus Drohung und scheinbarer Nachgiebigkeit verhandelte.

Doch Angebote nahm er nicht an, sondern stellte immer neue Forderungen. Denn er wollte auf seinen Krieg nicht verzichten. Daher teilte die britische Regierung Hitler am 27. September mit, England werde Frankreich beistehen, falls Frankreich der Tschechoslowakei zu Hilfe käme. Immer noch war Hitler zum Krieg entschlossen. Dann aber schaltete sich Mussolini als Vermittler ein. Auch er fürchtete einen großen Krieg. So stimmte Hitler einer Verhandlungslösung widerwillig zu, und der Krieg war abgewendet.

Am frühen Morgen des 30. September unterschrieben Hitler, Chamberlain, der französische Ministerpräsident Daladier und Mussolini im neuen »Führerbau« am Königsplatz das Münchner Abkommen. Es sah die sofortige Angliederung des »Sudetenlandes« an Deutschland und seine Besetzung durch deutsche Truppen vor.

*30. Sept. 1938 Münchner Abkommen über die Angliederung des »Sudetenlandes«*

Der britische Premierminister kehrte nach London zurück, wo er unter dem Jubel der Bevölkerung den Frieden verkündete. Auch Hitler wurde in Berlin triumphal empfangen, nicht wegen der Sudetendeutschen, die den meisten nichts bedeuteten, sondern wegen der Abwendung des Krieges. Die tschechische Regierung wurde erst am Tag der Unterzeichnung über die Aufteilung ihres Landes informiert.

Kampflos fielen Deutschland mit dem Abkommen wirtschaftlich wertvolle Gebiete der Tschechoslowakei in die Hände. Das Münchner Abkommen bildete den Höhepunkt der Beschwichtigungspolitik, des *Appeasement,* anderer Länder gegenüber Hitler und dem nationalsozialistischen Deutschland. Die britische Regierung, die hierbei die führende Rolle spielte, hatte allerdings Gründe. Man machte sich in London keine Illusionen und war davon überzeugt, dass der deutsche Diktator über kurz oder lang einen europäischen Krieg vom Zaun brechen würde. Da England für einen solchen Krieg vorerst nicht gerüstet war, wollte man vor allem Zeit gewinnen. Hitler hingegen hielt England und Frankreich nun für schwach und nachgiebig.

Das Münchner Abkommen schwächte andererseits den militärischen Widerstand gegen Hitler. Einige hohe Militärangehörige und Beamte hatten nämlich beabsichtigt, Hitler wegen seiner unverantwortlichen Kriegspolitik in der Reichskanzlei zu verhaften und vor Gericht zu stellen, vielleicht sogar an Ort und Stelle zu erschießen. Dieses Vorhaben wurde wegen des Münchner Abkommens abgeblasen. Die nachgiebigen Westmächte, so der bittere Vorwurf der Verschwörer, retteten Hitlers Diktatur. Viele von ihnen waren dann auch später an dem Attentat gegen Hitler am 20. Juli 1944 beteiligt.

## Pogrom

9. Nov. 1938
Hitler befiehlt Ausschreitungen gegen die Juden

Die Radikalisierung im Jahr 1938 richtete sich vor allem gegen die Juden. Was in Österreich im Frühjahr geschehen war, fand seine Fortsetzung in der Pogromnacht vom 9./10. November 1938. Sie war angeblich Ausdruck »spontanen Volkszorns« wegen des Attentats, das ein junger polnischer Jude auf einen Angehörigen der deutschen Botschaft in Paris verübt hatte. Seine Eltern waren zuvor Opfer einer gewaltsamen Abschiebung polnischer Juden aus Deutschland geworden, welche die Gestapo organisiert hatte. Und so war auch die Gewalt des Pogroms organisiert, und zwar reichsweit. Erstmals übte der gesamte Staatsapparat Gewalt gegen die jüdische Minderheit aus, um sie durch Terror zur Flucht aus Deutschland zu zwingen. Hitler persönlich trug Goebbels auf, die Juden »den Volkszorn« spüren zu lassen. In München zerstörte auf Befehl des Diktators hin der frühere »Stoßtrupp Adolf Hitler« die Ohel-Jakob-Synagoge und brannte sie nieder. Hieran war Hitlers Adjutant Julius Schaub maßgeblich beteiligt.

Von »spontanem Volkszorn« konnte also keine Rede sein. Aber

München: Ein Jugendlicher mit dem Davidstern der Synagoge Ohel Jakob nach deren Niederbrennung durch den »Stoßtrupp Adolf Hitler« in der Nacht zum 10. November 1938

Baden-Baden: Eine Kolonne verhafteter jüdischer Männer wird von SS-Einheiten an Passanten vorbeigeführt, rechts auf der Mauer filmt ein Gaffer, 10. November 1938

der NS-Staat musste den Judenhass auch nicht künstlich erzeugen. An manchen Orten begannen die Ausschreitungen, bevor Weisungen der NS-Führung eintrafen; an anderen Orten dauerte das Pogrom an, nachdem es offiziell beendet war. Überall in Deutschland und Österreich brannten in dieser Nacht Gestapo, SA, Hitlerjugend und NSDAP-Funktionäre Synagogen und Bethäuser nieder, zerstörten und plünderten »jüdische« Geschäfte. Rund anderthalbtausend Gotteshäuser gingen in Flammen auf; über siebentausend Geschäfte wurden zerstört. Die Feuerwehr ließ sie befehlsgemäß niederbrennen. Die Ausschreitungen spielten sich vor den Augen der deutschen Bevölkerung ab. Vielfach spendeten die Menschen Beifall. Andere waren schockiert vom Ausmaß der Gewalt, aber nur wenige zeigten Mitleid mit den Juden.

Die Kirchen und die Militärführung schwiegen. Das Pogrom forderte offiziell rund einhundert Todesopfer. Aber Hunderte von Juden begingen aus Angst vor dem Terror Selbstmord. Zudem verhaftete die Gestapo rund dreißigtausend Juden und lieferte sie in die KZ ein. Die Festgenommenen wurden oft mitten durch die Innenstädte getrieben und den Gaffern zur Schau gestellt. Viele dieser Häftlinge kamen in den Lagern durch gezielte Grausamkeit um. Während und in der Folge der Pogromnacht verloren wohl bis zu anderthalbtausend Menschen ihr Leben.

**12. Nov. 1938 Göring ordnet eine »Sühneleistung« der Juden und ihre »Ausschaltung aus dem deutschen Wirtschaftsleben« an**

Nach der »Kristallnacht«, wie das Pogrom verharmlosend bezeichnet wurde, mussten die deutschen Juden eine »Wiedergutmachung« in Höhe von einer Milliarde Reichsmark aufbringen, um die beträchtlichen Sachschäden der Ausschreitungen zu bezahlen. Dabei hatten die Nazis selbst sie verursacht. Auch durch Berufsverbote verloren große Teile der jüdischen Minderheit Arbeit und Einkommen. Da sie so immer ärmer wurden, verringerte sich ihre Chance, dem drohenden Verhängnis zu entkommen. Denn in den dreißiger Jahren wuchs überall in Europa der Antisemitismus. Immer weniger Länder waren bereit, jüdische Flüchtlinge aus Deutschland aufzunehmen; sie wollten nicht mit armen jüdischen Emigranten belastet werden. Obwohl 1938 vierzigtausend Juden aus Deutschland emigrierten, kam die NS-Führung ihrem Ziel also nicht näher. Im Gegenteil: Mit dem »Anschluss« Österreichs waren rund zweihunderttausend jüdische Staatsangehörige mehr vorhanden, doppelt so viele, wie bisher ausgewandert waren. Bald suchte man nach neuen »Lösungen«.

## Hitler »privat« II

### Hofstaat

Hitlers Lebensstil war nach anfänglich disziplinierter Arbeit als Reichskanzler bald wieder derjenige des verhinderten Künstlers, den er sich in seinen Wiener und Münchner Jahren angewöhnt hatte. Nach wie vor umgab er sich gern mit jenen Männern, die sein früher Gönner Ernst Hanfstaengl abfällig »Chauffeureska« nannte. Das waren die groben Leibwächter, Fahrer und Adjutanten, die Hitler seit dem Beginn seiner politischen Karriere begleiteten. In der Reichskanzlei gab es eine »Persönliche Adjutantur des Führers und Reichskanzlers«. Dieser Dienststelle gehörten auch seine Sekretärinnen Johanna Wolf und Christa Schroeder an. Eine wichtige Stellung bei Hitler hatte der Hausintendant der Reichskanzlei, Arthur Kannenberg. Dieser frühere Berliner Kneipier sorgte für den »Führerhaushalt« (Bestellung von Lebensmitteln und

Getränken, Ausrichtung von Empfängen, Beaufsichtigung der Küche etc.) und unterhielt als Hofnarr seinen Chef mit Witzen und Akkordeonspiel.

Adjutanten sind im Grunde bessere Laufburschen. Hitlers Adjutanten hatten jedoch beträchtliche Macht, mehr jedenfalls, als ihnen normalerweise zugekommen wäre. Wollte man zu Hitler vordringen, kam man an ihnen nicht vorbei. Hatte man endlich einen Termin, war der »Führer« unkonzentriert, weil sich binnen kurzer Zeit einer der persönlichen Adjutanten in das Gespräch hineindrängte.

Als Chefadjutant diente der schon erwähnte Mitputschist Hitlers, Wilhelm Brückner, inzwischen im SA-Generalsrang. Er stellte das Personal der Adjutantur ein, verwaltete Hitlers Terminkalender, kümmerte sich um dessen persönliche Sicherheit, plante die Reisen und begleitete ihn überallhin. Bei Hitlers Mitarbeitern war Brückner beliebt.

Neben ihm war der spätere SS-General Julius Schaub ständig in Hitlers Nähe. Schaub war Hitlers wandelndes Notizbuch (»Schaub, schreiben Sie!«), er besorgte Weihnachtsgeschenke für den Kreis seiner näheren Bekannten, bezahlte Hitlers Rechnungen und diente als Mädchen für alles. Obwohl oder gerade weil Brückner intelligenter war, bevorzugte Hitler Schaub. 1940 entließ er Brückner und beförderte Schaub zu seinem Chefadjutanten. Spitzenpolitiker und Militärs des NS-Staates taten gut daran, sich mit Schaub gutzustellen, und biederten sich ihm häufig auf peinliche Weise an.

Albert Bormann, der jüngere Bruder des Reichsleiters Martin Bormann, war ebenfalls Adjutant bei Hitler. Die beiden Brüder waren allerdings hoffnungslos verkracht. Albert Bormann leitete Hitlers Privatkanzlei und kümmerte sich um die Privatpost. In seinem Büro sollen mehrere Aktenordner mit der Aufschrift »Verrückt« gestanden haben, in denen Brückner und er einschlägige Fanpost sammelten. Andererseits wusste Albert Bormann aus der Flut von Zuschriften und Bittgesuchen recht genau Bescheid über die Stimmung der Deutschen. Er hatte daher einen gewissen Einfluss auf den »Führer«, sehr zum Ärger seines Bruders, der erst im Laufe des Krieges eine Schlüsselstellung bei Hitler erreichte.

Auch das Militär war durch Adjutanten vertreten. Chefadjutant der Wehrmacht beim »Führer und Reichskanzler« war seit 1938 Rudolf Schmundt, der als Hitlers militärischer Lieblingsadjutant galt. Es versteht sich, dass während des Zweiten Weltkrieges die militärischen Adjutanten wichtiger wurden als zuvor. Sie alle erreichten in Hitlers Diensten hohe Ränge.

Zum engeren Umfeld Hitlers in der Reichskanzlei gehörte ferner Reichsleiter Philipp Bouhler, der Chef der »Kanzlei des Führers«, sowie seine Ärzte, unter ihnen der Begleitarzt Dr. Karl Brandt und sein Leibarzt, der Urologe Dr. Theodor Morell.

Ebenfalls fast ständig um Hitler war der geschäftstüchtige Fotograf Heinrich Hoffmann. Da Hitler im Mittelpunkt der nationalsozialistischen Bildpropaganda stand, wurde diese maßgeblich von Hoffmann geprägt, der das alleinige Recht zur Vervielfältigung von Hitler-Fotos hatte. Diese brachte er in verschiedenen Büchern unters Volk, die als Geschenke für die Jugend beliebt waren und hohe Auflagen erzielten. Auch die Tagespresse und Postkarten verbreiteten seine Aufnahmen.

Hoffmann führte dem Publikum Hitler »im Alltag« vor, als Mensch wie Du und Ich. Die prickelnde Wirkung ergab sich aus dem Nebeneinander von vermeintlicher Nähe zum volksnahen »Führer« und dem stets vorhandenen Bewusstsein seiner Allmacht. Natürlich war das alles inszeniert. Seit 1933 wurden keine Fotos Hitlers gedruckt, die nicht in irgendeiner Form gestellt waren. Anlässlich einer Propagandafahrt auf dem Rhein hat jedoch ein Fotograf unerlaubte Bilder gemacht, die ahnen lassen, wie viel Kraft das Hitler abforderte. Im ersten Bild sieht man, wie Hoffmann den »Führer« inszeniert. Kurz darauf hat der Fotograf Hitler in einem unbeobachteten Moment erwischt. Da sitzt er zusammengesunken und mürrisch auf seinem Platz. Eine weitere Aufnahme, ein verwackelter Schnappschuss vom Obersalzberg, zeigt Hitler geradezu albern. Dieses Bild wurde zu seinen Lebzeiten natürlich nie veröffentlicht.

Hitler hatte schon in der »Kampfzeit« größten Wert auf Personenschutz gelegt. Nach 1933 nahm dieses Schutzbedürfnis erheblich zu. Einerseits war Wachsamkeit geboten, weil Hitler tatsächlich von Mordanschlägen bedroht war. Andererseits verlangte der Führermythos, dass sich Hitler ständig in der Öffentlichkeit zeigte. Paradefahrten, bei denen er im offenen Pkw stand

Hitler auf dem
»deutschen Rhein« 1936,
Inszenierung eines Fotos
durch Heinrich Hoffmann

Einige Momente später:
Hitler glaubt sich unbeobachtet

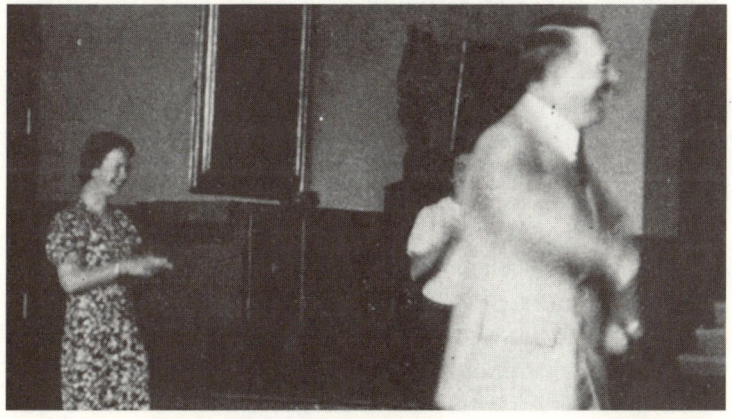

Hitler (VORDERGRUND), seine Münchner Haushälterin Anni Winter (LINKS)
und seine Sekretärin Johanna Wolf (HALB VERDECKT) in der »großen Halle«
des »Berghofs«, 1937

Berlin, Unter den Linden, auf Höhe der sowjetischen Botschaft: Hitler (STEHEND) im Mercedes-Benz 770K W 150II, 1. Mai 1939. Auf der hinteren Sitzbank v. l. Propagandaminister Joseph Goebbels und der Chef der Deutschen Arbeitsfront, Robert Ley, links hinter Hitler sein Diener und Leibwächter Heinz Linge, am Steuer Erich Kempka

und die Menge grüßte, waren eigentlich schierer Leichtsinn, weil er eine gute Zielscheibe für Schützen abgab. Hitler aber konnte oder wollte auf diese Auftritte nicht verzichten.

Brückner und Schaub hatten bereits dem »Stoßtrupp Adolf Hitler« angehört, Hitlers Eliteschlägertruppe aus den zwanziger Jahren. Julius Schreck, der Gründer der SS, war bis zu seinem Tod 1936 Hitlers Fahrer. Danach übernahm Erich Kempka diese Aufgabe. Ihn hatte Hitler im Vorjahr seiner Machtübernahme in das »SS-Begleitkommandos« geholt, zusammen mit sieben weiteren kräftigen Männern, die fortan seine Leibwache bildeten. Hitlers Persönliche Adjutantur und das SS-Begleitkommando kamen also weitgehend aus demselben gewalttätigen Umfeld der »Kampfzeit«.

Kempka war für Hitlers Fuhrpark verantwortlich, der fast ausschließlich aus Autos der Nobelmarke Mercedes-Benz bestand. 1945 besaß die Reichskanzlei nicht weniger als vierzig große Mercedes-Limousinen. Am liebsten benutzte Hitler einen offe-

Spielzeugauto »Der Wagen des Führers«, um 1940.
Im offenen Mercedes Elastolin-Figuren Hitlers (mit beweglichem rechtem Arm, damit Kinder den Hitlergruß nachahmen konnten), der Chauffeur und zwei SA-Angehörige

nen Paradewagen mit drei Sitzbänken. Das Fahrzeug war mit allen möglichen Raffinessen ausgestattet, einschließlich einer Panzerung von Karosserie und Scheiben. Spielzeugfirmen stellten Modelle des Wagens her, und natürlich gab es auch den uniformierten »Führer« selbst als Spielzeugfigur zu kaufen. So kamen Hitler und sein Auto als Weihnachts- oder Geburtstagsgeschenk in die Kinderzimmer der Jungen.

Himmler, dem die Stellung des Begleitkommandos ein Dorn im Auge war, setzte im Frühjahr 1933 ein »Führerschutzkommando« ein, das aus Kriminalpolizisten bestand, die das Handwerk des Personenschutzes besser beherrschten als das Begleitkommando. War der »Führer« im Pkw unterwegs, folgten dichtauf zwei Autos mit schwerbewaffneten Personenschützern. Im ersten Wagen saß das Begleitkommando, im zweiten Wagen saßen Himmlers Leute. Zwischen den Gruppen gab es zwar Konkurrenz, insgesamt aber funktionierte die Zusammenarbeit.

Zum Begleitkommando gehörten auch Hitlers Kammerdiener. Das waren besonders große, gutaussehende Angehörige der SS-Leibstandarte, die in einer Hotelfachschule ausgebildet und dann in die Reichskanzlei versetzt wurden. Hitlers erster Kammerdiener war der Marinematrose Karl-Wilhelm Krause, der im Juli 1934 seinen Dienst antrat. Einer der Diener musste stets für Hitler zur Verfügung stehen, etwa seine Kleidung bereitlegen. Auf Autofahrten hatte der Diener Hitler mit allem zu versorgen, was dieser benötigte. Das wurde dann nach vorn gereicht (Brille, Butterbrote, Medikamente).

Mit der Zeit wurden noch eine Reihe weiterer SS-Leute in der Hotelfachschule ausgebildet, um bei Hitlers zahlreichen Empfängen bereitzustehen. Die Diener trugen schwarze Hosen und weiße Jacketts mit SS-Abzeichen am Kragen. Sie hatten stets eine Pistole bei sich, um bei Gefahr Hitler schützen zu können. Natürlich hätten sie auch Hitler erschießen können. Die Diener wurden jedoch gut bezahlt, ihre Familien wurden auf seine persönlichen Kosten mit Lebensversicherungen abgesichert, und sie waren stolz, in der Nähe des »Führers« sein zu dürfen. Waren sie mit Hitler unterwegs, trugen auch die Kammerdiener schwarze SS-Uniformen. Einer der Diener saß im Auto mit einer Maschinenpistole im Anschlag und hätte im Ernstfall bereit sein müssen, sein Leben für den »Führer« einzusetzen.

Für Hitlers Mitarbeiter war inzwischen die Anrede »Mein Führer« verbindlich. Ältere Getreue, die es wagen durften, den Kanzler als »Herr Hitler« anzureden, waren immer seltener in seiner Umgebung. Das SS-Begleitkommando bekam seine Weisungen von Brückner oder Schaub. Die Kammerdiener wurden natürlich direkt von Hitler angewiesen. Dabei benutzte er einen zurückhaltenden Befehlston (»Krause, morgen werde ich um neun Uhr geweckt. Zeitungen und Depeschen vor die Tür. Gute Nacht«), er sagte aber auch gelegentlich »Danke«, wenn alles zu seiner Zufriedenheit war. Die Männer in seinem Umkreis bekamen die Launen des »Chefs« öfter zu spüren. Krause und Brückner etwa wurden wegen Lappalien entlassen.

## »Reise-Führer«

Hitler liebte das Bad in der Menge, die großen Massenveranstaltungen, den Jubel. 1936/37 war er immer nur für ein paar Tage in Berlin, ansonsten ständig unterwegs zu Kundgebungen, Aufmärschen, Paraden, Reden, Ausstellungseröffnungen, Tagungen der NSDAP-Spitze und dergleichen mehr. Die Gegenwart des »Führers« in der Öffentlichkeit war ein wesentlicher Bestandteil des Führermythos. Am längsten hielt er sich während der Olympischen Sommerspiele im August 1936 zusammenhängend in der Hauptstadt auf.

Hitler war also ein »Reise-Führer«. Als Verkehrsmittel dienten ein Sonderzug, den ihm die Reichsbahn zur Verfügung stellte, das Flugzeug oder das Auto. Aus Sicherheitsgründen gab er immer erst kurz vor der Abfahrt bekannt, wie und wohin er reisen würde. Flog er, musste der Fuhrpark vorauseilen, um ihn nach der Landung aufzunehmen und zum Zielort zu fahren. Benutzte er die Bahn, mussten Flugzeuge und Autos die Reise begleiten, damit Hitler das Verkehrsmittel nach Belieben wechseln konnte. Das Fliegen war am bequemsten, weil Hitler von den jubelnden Menschenmassen verschont blieb, die seine Autofahrten immer wieder behinderten. Flugzeuge standen auch schneller zur Verfügung als der Sonderzug. Allerdings war das Fliegen auch riskanter.

Ab 1942 benutzte Hitler eine verbesserte Version seines Flugzeugs »Condor«, die nun auch eine Sicherheitsausstattung mit schwerer Panzerung und Bewaffnung besaß. Sein Sessel hatte einen eingebauten Fallschirm. Bei Bedarf sollte Hitler an einem Griff ziehen, woraufhin sich eine Bodenklappe öffnen und der »Führer« am Fallschirm sanft zu Boden schweben würde. Benutzt wurde dieses System allerdings nie. Bei Kriegsende umfasste die Flugzeugstaffel vierzig Maschinen. Im Grunde war das eine eigene Fluggesellschaft für Hitler und die NS-Prominenz. Man ist versucht, von einer »Führer-Air« zu sprechen.

Seine Wochenenden verbrachte er meist auf dem Obersalzberg, ebenso seine ausgedehnten Urlaubszeiten. Der Berghof war nicht nur Wohnsitz, sondern auch Herrschaftsort. Hier empfing er zahlreiche in- und ausländische Gäste und Diplomaten. Während Hitlers Ferienaufenthalten erweiterte die NS-Prominenz den Hofstaat um Hitler. Goebbels, Göring, Speer und andere hatten Wohnsitze auf dem Obersalzberg. Sie reisten Hitler nach, um ihm nahe zu sein, und beobachteten argwöhnisch, wer Zugang zu ihm bekam. Da Minister Lammers die Regierungsgeschäfte nur in engem Kontakt mit Hitler führen konnte, wurde notgedrungen eine zweite Reichskanzlei in Berchtesgaden errichtet, in der Lammers und seine Mitarbeiter während Hitlers Berghof-Zeiten ihr Arbeitsquartier aufschlugen. Sie mussten warten, bis der »Führer« irgendwann Zeit für sie hatte.

War Hitler nicht anwesend, führte Eva Braun das Regiment auf dem »Berg«. Sie hatte häufig ihre Freundinnen und deren Kinder zu Gast. Der Umgangston war ansonsten verkrampft-höflich. Die Damen wurden von Hitler mit »gnädige Frau« angesprochen; Eva Braun war für das Dienstpersonal das »gnädige Fräulein«. Sie hatte ihn im Beisein Dritter mit »Mein Führer« anzusprechen; er nannte sie »Fräulein Braun«. Nur in sehr vertrautem Kreis benutzten die beiden die Vornamen. Kamen hohe Gäste, musste Eva Braun in ihrem Zimmer verschwinden. Die Beziehung sollte geheim gehalten werden.

Eva Braun war eine begeisterte Fotografin und drehte zahlreiche farbige Schmalfilme auf dem Obersalzberg. Auf diesen sieht man Hitler und seinen Hofstaat, Hitler mit NS-Größen oder Hitler mit seiner Schäferhündin Blondi. Auch Eva Brauns Aufnahmen waren sorgsam inszeniert. Sie war eine gelehrige Schülerin Heinrich Hoffmanns, bei dem sie weiterhin angestellt war, und glaubte genauso an den »Führer« wie die große Mehrheit der Deutschen.

### Finanzen

Hitler kam als wohlhabender Mann ins Amt und war, als er zwölf Jahre später Selbstmord beging, sehr reich. 1933 ließ Hitler verkünden, er verzichte auf sein Gehalt als Reichskanzler und lebe nur von seinen Schriftstellerhonoraren. In Wirklichkeit ließ er sich seit der Übernahme des Reichspräsidentenamtes auch dessen Gehalt überweisen. Er erzielte auch sonst enorme Einkünfte. 1932 hatte Hitler ein Jahreseinkommen von rund fünfundsechzigtausend Reichsmark. Im folgenden Jahr, als die Verkäufe von *Mein Kampf* richtig anzogen, nahm er rund 1,2 Millionen Reichsmark (umgerechnet rund 5 Millionen Euro) ein. Einkommenssteuer zahlte er hierfür nicht. Seit Ende 1934 war er nicht mehr steuerpflichtig.

*Mein Kampf* brachte bis Kriegsende fünfzehn Millionen Reichsmark Autorenhonorare auf Hitlers Konto beim Eher-Verlag. Etwa die Hälfte davon ließ er sich auszahlen. Diese Geldquelle war unsauber, weil die städtischen Standesämter verpflichtet wurden, das Buch anzukaufen und Jungvermählten zu schenken. Seit Kriegsbeginn war die Wehrmacht mehr oder weniger freiwillige Hauptabnehmerin von *Mein Kampf*. Der Postminister musste Hitler Gebühren für die zahlreichen Sonderbriefmarken zahlen, auf denen der Kopf des »Führers« abgebildet war. Dies spülte hohe Beträge in die Kasse. Bis Kriegsende flossen auch siebenhundert Millionen Reichsmark aus der sogenannten Adolf-Hitler-Spende, einer mehr oder weniger freiwilligen Geldgabe von Industrieunternehmen, auf Hitlers Konten. Mit diesem Geld wurden unter anderem seine Mercedes-Karossen bezahlt. Nach den vielen Jahren als armer Schlucker schöpfte er nun aus dem Vollen.

Wofür Hitler sein Geld ausgab, ist weitgehend unklar, weil seine öffentlichen und privaten Kassen kaum zu unterscheiden sind und Belege vernichtet wurden. Einiges floss in den Umbau und die Erweiterung seiner Wohnsitze in Berlin und auf dem Obersalzberg, einiges auch in seine private Kunstsammlung. Hitler beschenkte darüber hinaus verdiente NS-Führer und Generäle. Sie bekamen Landgüter, Kunstwerke und hohe Barbeträge. Es versteht sich, dass Hitlers Geschenke mit der Erwartung verbunden waren, dem »Führer« kritiklos zu folgen.

Hitlers Finanzen sind ein Ausschnitt aus der schamlosen Bereicherung von NSDAP-Funktionären. Hermann Göring war sprichwörtlich korrupt. Die Enteignung der jüdischen Minderheit öffnete, wie bereits erwähnt, Bereicherung und Vetternwirtschaft Tür und Tor.

### Wohnungen

Die Neue Reichskanzlei ist Teil des Mythos um Adolf Hitler, der bis heute nachwirkt. Dieser Großbau an der Berliner Voßstraße wurde von Albert Speer geplant und Anfang 1939 in Betrieb genommen. Bereits vier Jahre zuvor hatte Speer an der zum Wilhelmplatz gelegenen Seite der Reichskanzlei einen Balkon nach Hitlers zeichnerischen Vorgaben anbringen lassen, auf dem sich

»Die Wohnung des Führers«:
Alte Reichskanzlei, Wilhelmstraße 77, Postkarte von 1938

der »Führer« zujubeln lassen konnte. Der Ort war nicht zufällig gewählt: Genau an dieser Stelle hatte Hitler seine begeisterten Anhänger am Abend seiner Ernennung begrüßt.

Damals hatte sich hinter diesem Fenster sein Arbeitszimmer als Reichskanzler befunden. Es war ihm bald zu klein und zu wenig repräsentativ. Ein neues Amtszimmer wurde im hinteren Teil der Alten Reichskanzlei (Wilhelmstraße 77) eingerichtet. Aber auch dies genügte Hitler bald nicht mehr. Sein Arbeitssaal in Speers Neuer Reichskanzlei war eine reine Kulisse, um ausländische Besucher zu beeindrucken. Gearbeitet hat Hitler dort nie.

Viele meinen, Hitler habe in der Neuen Reichskanzlei gewohnt. Hitler bewohnte jedoch, wenn er überhaupt in Berlin war, eine vergleichsweise kleine Dienstwohnung im Gebäude der Alten Reichskanzlei. Hitler ließ die Alte Reichskanzlei bis Frühjahr 1934 zur »Wohnung des Führers« umbauen. Das Ergebnis war eine Mischung aus Empfangs- und Repräsentationsräumen im Erdgeschoss und Hitlers Dienstwohnung im Obergeschoss. Am wenigsten wurde an dieser Wohnung verändert, die schon Reichskanzler Brüning benutzt hatte. Sie bestand aus Arbeitszimmer, Wohnzimmer, Schlafzimmer und Bad sowie einem »Fremdenzimmer« mit eigenem Bad. Dieses Zimmer bewohnte Eva Braun, wenn sie in Berlin war. Das kam jedoch ganz selten vor. Angrenzend, aber außerhalb seiner eigenen Räume, befand sich ein schmuck-

**Mai 1934**
**Hitler bezieht die zuvor umgebaute Alte Reichskanzlei als Dienstwohnung**

loser Raum, den Hitlers Sekretärinnen »Treppenzimmer« nannten. Hier warteten sie, wenn er sie zum Diktat bestellte.

Die Innenarchitektur übernahm Gerdy Troost, die Frau von Hitlers erstem Lieblingsarchitekten. Betrachtet man Innenaufnahmen der »Führerwohnung«, überrascht die geschmackvolle Ausstattung. Hitler legte in einem privaten Umfeld weniger Wert auf Größe und Kitsch, als man denken könnte, sondern bemühte sich um ein halb bürgerliches, halb fürstliches Image.

Auffallend sind die vielen Bücherschränke in seinem privaten Arbeitszimmer. Bis 1933 hatte Hitler viele Bücher gekauft, aber auf die ihm eigene Weise stets so gelesen, dass sie seine vorgefassten Meinungen bestätigten. Nach seiner Machtübernahme erhielt er Bücher vor allem als Geschenke. Seine Bibliothek umfasste zuletzt nicht weniger als sechzehntausend Bände. Er besaß beispielsweise die gesammelten Werke des englischen Dramatikers William Shakespeare, aus denen er wörtlich zitieren konnte, die gesammelten Werke des Schriftstellers Karl May oder die Briefe Friedrichs II. von Preußen. Die meisten dieser Bücher las er nie. Andererseits behauptete Hitler von sich, jede Nacht ein Buch zu lesen. Das dürfte vor allem auf militärische Werke zutreffen. Auch historische und baugeschichtliche Literatur verschlang der »Führer« geradezu und wusste auf diesen Gebieten viel.

Seine Privaträume waren, wie die gesamte »Führerwohnung«, auf Wirkung bedacht. Bei der künstlerischen Ausstattung legte er Wert auf Kennerschaft. Hitler sammelte Kunstwerke vornehmlich des 19. Jahrhunderts. Er besaß aber auch einige erlesene Gemälde der deutschen und italienischen Renaissance-Malerei. Im Unterschied zu Göring, der während des Krieges Kunstwerke aus ganz Europa zusammenrauben ließ, bezahlte Hitler die meisten Werke in seinem Besitz oder ließ sie sich als Dauerleihgabe von Museen aushändigen.

Er besaß ferner das eingangs erwähnte Gemälde seiner Mutter, das Hitler nach der einzigen Fotografie Klara Hitlers hatte anfertigen lassen. Es hing über dem Kopfende seines Bettes. Abgesehen von diesem Bild gab es in der ganzen »Führerwohnung« nichts, das auf Hitlers Herkunft und Privatleben schließen ließ. Im krassen Gegensatz zur Wirklichkeit seines unsteten Lebens spiegelte Hitler sich und anderen vor, als künstlerisch und literarisch hochsensibler Mensch nur für das deutsche Volk zu leben und zu arbeiten.

Im Erdgeschoss der Reichskanzlei lag eine ausgedehnte Wohnhalle, offenbar Hitlers ganzer Stolz. Man betrat diesen Raum durch eine Flügeltür, die zwischen zwei großen Wandteppichen lag. Teppiche, ein Flügel und Gemälde sorgten für einen Eindruck von Gemütlichkeit, Luxus und Geschmack. Über dem Kamin hing bald eines der berühmtesten Bilder des 19. Jahrhunderts, Arnold Böcklins »Toteninsel« von 1883. Man kann das Gemälde heute in der Berliner Nationalgalerie bewundern. Die wenigsten Museumsbesucher dürften wissen, dass es einmal Hitler gehört hatte.

Die Wohnhalle war mit moderner Unterhaltungstechnik ausgestattet. Damit lag Hitler ganz im Trend seiner Zeit: Er war, wie die meisten »Volksgenossen«, ein Kinofan. An der Wand rechts vom Eingang stand ein Radio- und Schallplattenschrank. Darüber verdeckte ein eher unschöner Vorhang Maueröffnungen, durch die Projektoren einer Profi-Kinoanlage seit 1937 ihre Bilder abstrahlten. Die Leinwand wurde in Richtung Kamin aufgestellt.

Links neben dem Projektor-Vorhang gelangte man in einen »Damensalon«, der im Stil des 18. Jahrhunderts eingerichtet war. Dort hing ein Porträt Friedrichs II. Dieses Bild begleitete Hitler während des Krieges in seine militärischen Hauptquartiere und schließlich auch in den »Führerbunker«. Dort saß er in seinen letzten Tagen dumpf brütend vor dem Bild und starrte den Preußenkönig an. Der hatte mehr Kriegsglück gehabt.

Durch einen »Rauchsalon« gelangte man in den Speisesaal, der unter der Dachterrasse von Hitlers Dienstwohnung lag. Auch dieser sollte an preußische Traditionen erinnern, nämlich an die berühmten Tafelrunden Friedrichs II. im Potsdamer Schloss Sanssouci. Aber Hitlers Gäste waren vor allem Publikum. Sie hatten zuzuhören, wenn der »Führer« zu seinen langen Monologen ausholte. Vom Speisesaal aus kam man in einen »Wintergarten«, der mit einem halbrunden Abschluss in den Garten der Reichskanzlei ragte. Hitler hielt sich gern dort auf und nutzte den Wintergarten für Empfänge, auch dann noch, als in der Neuen Reichskanzlei längst größere Räume zur Verfügung standen.

Der Diktator legte großen Wert darauf, ausländische Besucher in einem geeigneten Rahmen empfangen zu können. Aus

Wilhelmstraße 77:
Innenansicht von Hitlers »Wohnhalle«
Blick nach links Richtung Kamin, über dem später Böcklins
»Toteninsel« hing. Vor den Treppenstufen wurde ab 1937
eine Leinwand für Filmvorführungen herabgelassen oder fest
eingebaut

Dieselbe »Wohnhalle«,
Blick nach rechts Richtung Musikmöbel. Darüber ein Vorhang,
hinter dem sich Öffnungen für die Kinoprojektion
verbargen

diesem Grund wurde im rechten Winkel zum Wintergarten ein zweistöckiger Anbau in den Garten des benachbarten Auswärtigen Amtes gesetzt. Genutzt wurde dieser Saal selten. Im Obergeschoss befanden sich Dienstwohnungen für Mitarbeiter der Reichskanzlei. Für Hitlers Fahrer Kempka wurde Mitte der dreißiger Jahre sogar ein eigenes Wohnhaus im Garten des Auswärtigen Amtes erbaut. Ein Chauffeur in den Ministergärten – das zeigt deutlich, welche herausgehobene Stellung Hitlers Fahrer und Leibwächter hatten.

*1935/36 Bau eines ersten Luftschutzbunkers unter einem Anbau der Alten Reichskanzlei*

Der Saalbau im Garten war vollständig unterkellert. Dort befand sich ein Luftschutzbunker für Hitler und seine engsten Mitarbeiter. Den Luftschutzkeller konnte er durch ein Treppenhaus erreichen, das von der Terrasse vor dem Schlafzimmer seiner Wohnung in den Keller führte.

## Tagesablauf

Hitlers Arbeitstag begann gegen zehn Uhr, teilweise auch erst mittags. Der erste Termin war immer ein mehr oder weniger kurzes Zusammentreffen mit Brückner und Schaub. Dann ging es mit Besprechungen weiter, die in einen dichtgedrängten Reisekalender gepackt wurden.

Seit 1934 sah Hitlers Tagesablauf etwa so aus: Am Vorabend teilte er seinem Kammerdiener mit, wann er geweckt werden wollte und welche Kleidung für den nächsten Tag herauszulegen war. Eineinhalb Stunden vor dem Wecktermin mussten Zeitungen und Telegramme im »Fremdenzimmer« auf einem Hocker vor seinem Schlafzimmer abgelegt werden. Zum gewünschten Termin klopfte der Diener an Hitlers Schlafzimmertür, weckte ihn mit den Worten: »Mein Führer, es ist 9.30 Uhr« – oder welche Zeit auch immer – und wartete auf Antwort. Hitler trat in seinem altmodischen Nachthemd an die Tür, öffnete sie einen Spaltbreit und griff ›blind‹ nach den Schriftstücken, die er im Bett zu lesen pflegte. Hitler war Brillenträger, wollte aber in der Öffentlichkeit nicht mit Brille gesehen werden. Vorlagen, die er in Gegenwart Dritter zu lesen bekam, mussten in einer extragroßen Schrift getippt sein.

Während der Diener im Untergeschoss das Frühstück zubereitete, überflog Hitler die neuesten Zeitungen und Schriftstücke, nahm ein kurzes Bad, rasierte sich und zog sich an. Meist handelte es sich um die übliche Uniform: braunes Jackett mit goldenem Parteiabzeichen am linken Revers, Eisernes Kreuz und Verwundetenabzeichen auf der linken Brustseite sowie Hakenkreuzbinde am linken Arm. Etwa zwanzig Minuten nach dem Wecken hatte das Frühstück bereitzustehen, das aus lauwarmer Milch, etwas Schokolade und einigen Zwiebacken, manchmal auch Tee, Knäckebrot und einem Apfel bestand.

Hitler frühstückte meist hastig im Stehen. Dabei ließ er sich die Mittagsspeisekarte zeigen, wählte aus, was serviert werden sollte, und bestimmte seine Tischnachbarn. Anschließend hatte der Diener Hitler voranzugehen und ihm die Türen zu öffnen, bis man im Festsaal, im Obergeschoss der Alten Reichskanzlei, angekommen war. Im Grunde war das ein höfisches Zeremoniell, wie es Fürsten und Könige einzuhalten pflegen.

Der »Chef« durchquerte das Zimmer seiner Sekretärinnen, grüßte kurz und ging weiter zu seinen Adjutanten. Dann begann die Tagespflicht. Am Anfang trugen stets Lammers und der Pressechef Otto Dietrich ihre Anliegen vor. Die anschließenden Termine, unterbrochen von einer langen Mittagspause, fanden meist im dienstlichen Arbeitszimmer in der Alten Reichskanzlei statt, nachmittags auch im Wintergarten. Neben den Verpflichtungen füllten das Mittag- und Abendessen mit anschließender Freizeit Hitlers Tag.

Zu Beginn der Mittagspause, die meist erst am frühen Nachmittag begann, kehrte Hitler zu seinen Sekretärinnen zurück, nahm sich etwas Zeit, um Geschenksendungen, Ehrenbürgerurkunden und dergleichen zu betrachten oder eine Unterschrift zu leisten, und kehrte dann kurz in seine Wohnung zurück. Anschließend ging Hitler hinunter und traf im Rauchsalon seine rund zwanzig Mittagsgäste.

Diese wurden von Hitlers Adjutanten auf seine Anordnung hin telefonisch eingeladen. Meist handelte es sich um Gauleiter oder andere Parteifunktionäre. Es gab aber auch Prominente, die sich jederzeit zum Essen anmelden konnten, darunter Goebbels, für den stets ein Platz Hitler gegenüber freigehalten wurde. Waren Frauen zugegen, führte Hitler seine Tischdame am Arm und nahm am mittleren Tisch seiner »Tafelrunde« Platz, wo auch Brückner und Schaub saßen. An seinem Tisch bestritt er meist allein die Unterhaltung. Wenn Goebbels anwesend war, kamen auch Dialoge mit dem Propagandaminister zustande, die amüsant sein konnten. Das einfach gehaltene Mittagessen war schnell beendet. Meist verging nicht mehr als eine halbe Stunde, bis der »Führer« die Tafel aufhob.

Hitler hasste das Alleinsein und hatte gern gutaussehende Frauen um sich, die seine Adjutanten finden und einladen mussten. Das konnten Einladungen zum Abendessen sein, aber auch zu Künstlerempfängen, an denen Hitler im Frack teilnahm und den unterhaltsamen Gastgeber für Filmstars und Schauspieler gab. Hatte Hitler keine auswärtigen Termine oder reiste er nicht ins Wochenende ab, fand um sieben oder acht Uhr das Abendessen statt, zu dem meist ebenfalls einige Gäste kamen. Nach dem Abendessen ging die kleine Schar in Hitlers Wohnhalle, wo die Filmvorführung begann.

Neben einem festen Bestand an Filmen lieferte das Propagandaministerium stets eine Auswahl der neuesten Streifen. Die Liste wurde Hitler beim Abendessen zur Auswahl vorgelegt. Es kam vor, dass drei Spielfilme hintereinander über die Leinwand flimmerten, zumal der Hausherr des Öfteren die Vorführung mit barschen Worten unterbrach, weil ihm ein Film nicht gefiel.

Hitler schätzte leichte Filmkost: Krimis, Preußen-Filme, Marinefilme, aber auch amerikanische Produktionen wie Walt Disneys »Micky Maus«, die er von Goebbels zu Weihnachten 1937 geschenkt bekam (»Er freut sich sehr darüber. Ist ganz glücklich über diesen Schatz«, so Goebbels in seinem Tagebuch), den Horrorfilmklassiker »King Kong« und das amerikanische Bürgerkriegsepos »Vom Winde verweht«. Ob er die geniale Hitler-Satire »Der große Diktator« von Charlie Chaplin gesehen hat, ist unklar, aber durchaus denkbar.

Gegen Mitternacht kehrte man in den Rauchsalon zurück, wo die Diener einen Imbiss servierten. In der kalten Jahreszeit brannte ein Feuer im Kamin. Bei Kaffee, Tee und alkoholischen Getränken wurde »geplaudert«, meist über Belanglosigkeiten, Klatsch und Tratsch. Hitler erlaubte sogar das Rauchen in seiner Umgebung, führte aber wieder selbst das Wort. Zwei bis drei Stunden vergingen auf diese Weise mehr oder weniger unterhaltsam. Dann durften sich seine Gäste endlich verabschieden.

Hitlers Tag war dann aber noch nicht zu Ende. Er ließ sich die

Terminblätter für den nächsten Tag geben, blätterte Meldungen der staatlichen Presseagentur durch und begab sich gegen vier Uhr früh in seine Wohnung, wo im Schlafzimmer eine Tasse Tee bereitgestellt war. Hitler galt als Antialkoholiker, soll sich aber abends einen Schuss Cognac zum Tee bestellt haben. Kein Wunder: Er schlief schlecht. Oft kam er erst gegen fünf Uhr oder noch später zur Ruhe. Folglich stand er erst mittags auf.

Wie es scheint, sorgte seine Heimkinoanlage vollends dafür, dass Hitler die Nacht zum Tag machte und erst gegen Mittag ansprechbar war. Mit »Micky Maus« gegen den Regierungsalltag – das sagt viel aus über Adolf Hitler. Mit dem harten Arbeitsalltag eines Berufspolitikers hatte das alles nicht viel zu tun. Anders gesagt: Hitler war ein ziemlicher Faulpelz.

Der Tagesablauf auf dem Berghof glich demjenigen in der Reichskanzlei. Auch hier versammelte sich der Hofstaat zu später Stunde um den Kamin in Hitlers Wohnhalle. Die Gespräche sollen hier streckenweise weniger ermüdend gewesen sein als in der Reichskanzlei, weil Hitler fesselnd über Geschichte, Architektur, Kunst und Musik vortragen konnte. Aber eine echte Unterhaltung kam nicht zustande, und bald wiederholten sich seine Standardthemen. Bisweilen merkte er selbst, dass seine Monologe jegliche Geselligkeit erdrückten. Dann schlug er vor, doch ein paar Schallplatten zu hören. Wenn sich Hitler zu früher Morgenstunde endlich zur Ruhe begab, blühte die Gesellschaft in der Wohnhalle auf, bis es auch für sie Zeit wurde, zu Bett zu gehen.

# DER KRIEGSHERR

Diktatoren-Pakt 184

188 Polenfeldzug

Nord- und Westeuropa 193

198 »Barbarossa«

»Wolfsschanze« 205

209 Kriegswenden

»Totaler Krieg« 215

220 Widerstand und Attentat
220 Spielräume
222 Elsers Bombe
225 »Weiße Rose«
227 20. Juli 1944

*Legion Condor?*

## Diktatoren-Pakt

Hitler wollte den Krieg. Die Tinte unter dem Münchner Abkommen war noch kaum trocken, als er befahl, das Abkommen zu brechen und die Besetzung der »Rest-Tschechei« vorzubereiten. Die Slowakei sollte zu einem deutschen Marionettenstaat werden. Den Einmarsch in die Tschechoslowakei bereitete Hitler wie ein Polit-Gangster vor. Er setzte den tschechischen Staatspräsidenten Emil Hacha im Arbeitssaal seiner Neuen Reichskanzlei so unter Druck, dass dieser einen Schwächeanfall erlitt und mit einer Spritze von Hitlers Leibarzt Morell wieder auf die Beine gebracht werden musste. Dann unterschrieb Hacha eine Bitte um deutschen Schutz.

*15. März 1939 Einmarsch der Wehrmacht in der Tschechoslowakei, Errichtung des »Protektorats Böhmen und Mähren«*

Am Morgen des 15. März 1939 besetzten deutsche Soldaten kampflos die Tschechoslowakei. Die Bürger standen am Straßenrand und ballten ohnmächtig ihre Fäuste. Hitler machte sich mittags mit seinem Sonderzug auf, um sein neues Gebiet förmlich in Besitz zu nehmen. Es wurde fortan »Protektorat Böhmen und Mähren« genannt. Schon am nächsten Tag war Hitler wieder zurück in Berlin, wo er wie üblich als Sieger empfangen wurde.

Deutschlands letzte unblutige Eroberung fand am 21. März 1939 statt. Die litauische Regierung erklärte sich unter deutschem Druck bereit, das Memelgebiet an Deutschland abzutreten. Hitler ging es allerdings weniger um die deutsche Bevölkerungsmehrheit als um den Hafen von Memel und um eine weitere Ausgangsstellung zum Krieg gegen Polen. Dieser östliche Nachbar war nun von Süden und Norden in die Zange genommen.

Hitlers Hoffnung, die Westmächte würden den Bruch des Münchner Abkommens einfach schlucken, war verfehlt. Die britische Regierung erklärte, sie werde weiteren Eroberungsversuchen Deutschlands mit Waffengewalt entgegentreten. Die Beschwichtigungspolitik war zu Ende. Auch die französische Regierung zeigte sich entschlossen, Deutschland Widerstand zu leisten. Polen galt als nächstes Angriffsziel Hitlers.

Bestehende Spannungen zwischen der deutschen Minderheit und polnischen Nationalisten in Polen wurden auf Hitlers Geheiß von seinem Danziger Gauleiter Albert Forster hochgefahren, um Deutschland einen Kriegsvorwand zu liefern. Nach außen hin ging es in den deutsch-polnischen Konflikten ›nur‹ um Danzig und den Korridor. In Wirklichkeit wollte Hitler Polen besetzen und als Staat gänzlich ausschalten.

Der Diktator wollte keine Zeit verlieren, um den deutschen Rüstungsvorsprung vor den Westmächten zu nutzen. Am 23. Mai 1939 versammelte er eine Gruppe von Generälen in seinem Arbeitssaal in der Neuen Reichskanzlei. Man müsse fremde Staaten erobern, um die deutschen Wirtschaftsprobleme zu lösen, sagte er. »Es entfällt also die Frage Polen zu schonen und bleibt der Entschluss, bei erster passender Gelegenheit Polen anzugreifen.« Deutschland werde außerdem Holland und Belgien überrennen, Frankreich schlagen und anschließend von der französischen Küste aus England niederkämpfen. Dem Krieg mit Großbritannien kam aus Hitlers Sicht entscheidende Bedeutung zu. Er wusste, dass die britische Marine wie im Ersten Weltkrieg die deutschen Einfuhren auf dem Seeweg blockieren würde.

23. Mai 1939 Hitler gibt seinen Entschluss zum Überfall auf Polen bekannt

Daher, so sagte Hitler den Generälen, könne der Krieg mit England sehr lange dauern und werde eine Auseinandersetzung auf »Leben und Tod« werden. Er nannte als frühesten deutschen Angriffstermin noch immer (wie schon 1937) das Jahr 1943. Es war also klar, dass Deutschland noch gar nicht für den großen Krieg gerüstet war.

Andererseits wussten alle Anwesenden, dass Polen 1939 angegriffen werden sollte. Folglich kam dort nur ein kurzer Krieg in Betracht. Die Beute, die dort zu machen war, sollte die Fortsetzung des Krieges im Westen ermöglichen. Den Generälen hätten die Haare zu Berge stehen müssen. Anders als im November 1937 waren sie aber nicht beunruhigt über das, was sie von Hitler zu hören bekamen. Mitte Juni war die Planung des Oberkommandos des Heeres (OKH) für den Krieg gegen Polen fertig. Man wollte den deutschen Truppenaufmarsch als militärische Übung tarnen.

Der sowjetische Diktator Stalin hatte die Schritte der Westmächte zum Schutz Polens aufmerksam verfolgt. Ihm war klar, dass sie sowjetische Unterstützung benötigen würden. Mitte April hatte er sowohl mit den Westmächten als auch mit Deutschland Verhandlungsgespräche aufgenommen. Stalin wollte zunächst erkunden, was die UdSSR – »Union der Sozialistischen Sowjetrepubliken« war seit Ende 1922 die offizielle Staatsbezeichnung der Sowjetunion – durch ein Bündnis mit einer der beiden Seiten gewinnen könnte. Durch seine Spione hatte er schon kurz nach Hitlers Befehl erfahren, dass Deutschland im Herbst Polen angreifen würde.

Während sich die Verhandlungen mit England und Frankreich weiter hinschleppten, lagen die Grundzüge eines deutschen Angebots bereits in Moskau vor. Dieses lief darauf hinaus, Polen und das Baltikum zwischen Deutschland und der Sowjetunion zu teilen. Hitler hatte es eilig, wie Stalin wusste. Er ließ den »Führer« und seinen Außenminister Ribbentrop jedoch zappeln.

Hitler führte Europa an den Abgrund. Obwohl der Frieden am seidenen Faden hing, gab er sich entspannt und reiste gemäß seinem üblichen Jahreskalender durch die Lande. In Berlin ließ er sich kaum sehen. Im August 1939 war er fast durchweg auf dem Obersalzberg. Dort schwebte er über den Alltagssorgen der Menschen und führte sich auf wie der Herr der Welten. Am 12. August kam der italienische Außenminister Ciano auf den Obersalzberg. Er hatte erst am Vortag von Ribbentrop erfahren, dass ein Angriff auf Polen bevorstand. Ciano war zornig, weil Italien nicht informiert worden war, und entsetzt, weil Hitler zum Krieg wild entschlossen schien. Währenddessen ging ein Anruf aus Moskau ein: Man wolle über ein deutsch-sowjetisches Abkommen verhandeln. Ribbentrop war hocherfreut.

Am 19. August schlossen Deutschland und die Sowjetunion einen Wirtschaftsvertrag. Die Sowjetunion lieferte Weizen und Gemüse, Erze und kriegswichtige Rohstoffe, vor allem aber Erdöl nach Deutschland. Im Gegenzug lieferte das Reich Maschinen und Industrieprodukte in die Sowjetunion.

Dann folgte der deutsch-sowjetische Nichtangriffspakt. Die Nachricht über dieses Abkommen wurde um Mitternacht des 21. August bekanntgegeben. Sie schlug ein wie eine Bombe, auch bei Hitlers Militärführern, die von nichts gewusst hatten. Stalin ließ es sich nicht nehmen, selbst an den Verhandlungen teilzunehmen. Am frühen Morgen des 24. August setzten Ribbentrop und der sowjetische Außenminister Molotow ihre Unterschriften unter den deutsch-sowjetischen Nichtangriffsvertrag. Die Vereinbarung über die Aufteilung Polens und des Baltikums wurden in einem streng geheimen Zusatzprotokoll niedergelegt.

*23. Aug. 1939 Hitler-Stalin-Pakt über die Aufteilung Polens und Osteuropas*

Josef Stalin (WEISSE JACKE) und Reichsaußenminister
Joachim von Ribbentrop nach dem Abschluss des
deutsch-sowjetischen Nichtangriffsvertrags, 24. August 1939

Polen und die Westmächte erklärten zwar, der Pakt ändere gar nichts und man werde zu seinen Bündnisverpflichtungen stehen. Aber natürlich war man in London und Paris niedergeschlagen, weil es nicht gelungen war, anstelle Hitlers einen Pakt mit der Sowjetunion zu schließen. Für Hitler war jetzt der Weg zum Krieg gegen Polen frei.

# Polenfeldzug

**22. Aug. 1939**
Hitler erläutert seine Kriegsziele gegen Polen und fordert »größte Härte«

Der »Führer« war begreiflicherweise in Höchststimmung über seinen außenpolitischen Coup. Am Mittag des 22. August versammelte er seine Oberbefehlshaber in der »großen Halle« des Berghofes. Die Generäle waren in Zivil angereist, um Aufsehen zu vermeiden, meist per Flugzeug. Auch Hitlers Adjutanten waren anwesend. Insgesamt hörten etwa fünfzig Männer Hitler zu, der lässig an seinen Flügel gelehnt sprach.

Zunächst einmal erklärte Hitler seinen Generälen, dass er sich selbst für völlig unersetzlich hielt. In zwei bis drei Jahren sei Deutschland vielleicht nicht mehr in einer so glücklichen Lage wie jetzt, denn: »Niemand weiß, wie lange ich noch lebe. Deshalb Auseinandersetzung besser jetzt.« Alles das war Ausdruck von Hitlers Größenwahn: Von ihm allein hänge Deutschlands Zukunft ab. Er war inzwischen fünfzig Jahre alt und glaubte, zur Verwirklichung seiner Politik nicht mehr viel Zeit zu haben.

Hitler betonte aber auch, dass Deutschland aus wirtschaftlichen Gründen unter Zeitdruck stand. Es gebe nur die Alternative, jetzt zuzuschlagen oder »früher oder später mit Sicherheit vernichtet zu werden«. Deutschland werde aus Polen »Getreide, Vieh, Kohle, Blei, Zink« holen. Andererseits sprach Hitler verächtlich über die Westmächte. Sie seien nur »kleine Würmchen«, wie er beim Münchner Abkommen gesehen habe. Einen möglichen Pakt mit Russland habe er den Gegnern nun aus der Hand geschlagen.

Nach der Mittagspause sprach Hitler weiter. Erneut kündigte er einen »Kampf auf Leben und Tod« mit den Westmächten an. Hitler verlangte die »Vernichtung« Polens: »Herz verschließen gegen Mitleid. Brutales Vorgehen. 80 Millionen Menschen müssen ihr Recht bekommen. Ihre Existenz muss gesichert werden. Der Stärkere hat das Recht. Größte Härte.« Damit war klar, dass die deutsche Kriegsführung und Besatzungspolitik in Polen verbrecherisch sein würde.

Erneut schaltete sich jetzt der britische Premierminister Chamberlain ein, um zu einer Verhandlungslösung über Danzig und den Korridor zu kommen. Hitler hatte gegenüber seinen Oberbefehlshabern schon deutlich gemacht, dass er den Krieg unbedingt wollte. Er habe nur Angst, hatte er am 22. August gesagt, dass ihm wieder »irgendein Schweinehund einen Vermittlungsplan vorlegt«! Und dennoch schwankte er, weil er das Einschreiten der Westmächte fürchtete. Die Verhandlungen mit der englischen Seite, die Hitler und Ribbentrop in den letzten Tagen vor dem Krieg führten, ließen sich auch propagandistisch nutzen. Hitler wollte den Deutschen weismachen, er habe alles für eine friedliche Lösung getan. In Wirklichkeit schlug er die Möglichkeit einer friedlichen Konfliktlösung aus, setzte alles auf eine Karte – und verzockte sich.

Um viertel vor fünf am 1. September eröffnete das deutsche Schlachtschiff *Schleswig-Holstein*, das angeblich zu einem Freundschaftsbesuch gekommen war, das Feuer auf das polnische Munitionsdepot auf der Westerplatte, die dem Hafen von Danzig vorgelagert war. Im Bauch des Schiffes waren deutsche Elitesoldaten versteckt, die nun an Land gingen und gemeinsam mit SS-Einheiten der Danziger »Heimwehr« die Stadt besetzten. Der Zweite Weltkrieg begann.

1. Sept. 1939
Beginn des Zweiten Weltkrieges

Gegen zehn Uhr trat Hitler vor den Reichstag in der Kroll-Oper. Auf dem Weg von der Reichskanzlei dorthin gab es kaum Publikum, schon gar keinen Jubel. Das war ein sichtbarer Unterschied zum August 1914. Die Deutschen hatten Angst vor einer Auseinandersetzung mit Frankreich und England, die wie im Ersten Weltkrieg zu einer verheerenden Niederlage führen könnte. Hitler behauptete in seiner Rede, alles für den Erhalt des Friedens getan zu haben. Polen habe Deutschland jedoch angegriffen, log der »Führer«. »Polen hat nun heute Nacht zum ersten Mal auf unserem eigenen Territorium auch durch reguläre Soldaten geschossen. Seit 5.45« – hier vertat sich Hitler um eine Stunde – »wird jetzt zurückgeschossen. Und von jetzt ab wird Bombe mit Bombe vergolten!«

Er wolle, so Hitler, jetzt nichts anderes mehr sein als der »erste Soldat des Deutschen Reiches!«. Er trug jetzt die feldgraue Uniformjacke des Obersten Befehlshabers mit goldenen Knöpfen und einem goldenen Reichsadler auf dem linken Ärmel. Er werde diese Uniform erst nach dem Sieg wieder ablegen – oder das Ende des Krieges nicht mehr erleben. Kapitulation komme überhaupt nicht in Frage. »Ein November 1918 wird sich niemals mehr in der deutschen Geschichte wiederholen!« Tatsächlich sah man Hitler seit Kriegsbeginn nicht mehr in Zivil oder in der Parteiuniform.

**3. Sept. 1939
Kriegserklärungen Englands und Frankreichs**

Am Morgen des 3. September übergab der britische Botschafter Henderson ein Ultimatum. Sollte Deutschland nicht bis elf Uhr den Rückzug der Truppen aus Polen erklären, befänden sich Großbritannien und das Deutsche Reich im Krieg. Hitler hielt sich zu diesem Zeitpunkt im Wintergarten der Alten Reichskanzlei auf, wo er mit Ribbentrop auf und ab ging. Er soll ärgerlich und ratlos zum Außenminister gesagt haben: »Was nun?«

Dies deutet darauf hin, dass Hitler bis zuletzt nicht mit dem Eingreifen der Westmächte gerechnet hatte. Ribbentrop hatte ihm immer wieder eingeredet, diese Gefahr sei gering, und hatte ihn damit zum Krieg angestachelt. Da das britische Ultimatum auslief, ohne dass Hitler etwas unternahm, erklärte Premierminister Chamberlain, dass sich Großbritannien und Deutschland nunmehr im Kriegszustand befänden. Am späten Nachmittag folgte auch die französische Kriegserklärung.

Hitler rechtfertigt vor dem Reichstag in der Kroll-Oper den deutschen Überfall auf Polen, 1. September 1939

Der Krieg änderte Hitlers Leben. Rein äußerlich kam das in seiner militärischen Uniform zum Ausdruck. Hitler begeisterte sich am Krieg, den er so lange gewollt hatte. Zum ersten Mal in seinem Leben hatte er nun einen Beruf, den des Kriegs- und Feldherrn. Zweifellos verstand er viel von seiner neuen Tätigkeit, von Waffen, von langfristigen Strategien und kurzfristiger Taktik. Militärische Werke bildeten einen wesentlichen Teil der Bücher, die Hitler las. Anfänglich beschränkte er sich auf seine Rolle als Oberbefehlshaber und überließ das eigentliche Kriegsgeschäft dem Generalstab, also den Berufssoldaten. Zunehmend mischte er sich aber in die Einzelheiten der Kriegsführung ein, denn Hitler war bald davon überzeugt, den militärischen Fachleuten überlegen zu sein.

Überall, wo er sich fortan länger aufhielt, war das »Führerhauptquartier«. Den Krieg gegen Polen führte Hitler überwiegend aus seinem schwerbewaffneten Sonderzug mit der Tarn-

**Hitler und Umgebung am Bahndamm in Polen.**
v. l. n. r.: **Nicolaus von Below (Luftwaffenadjutant), Gerhard Engel (Heeresadjutant), verdeckt möglicherweise Heinrich Himmler, Rudolf Schmundt (Wehrmachtsadjutant), Hitler, Martin Bormann**

bezeichnung »Amerika«, der schon am 3. September aus Berlin Richtung Front rollte. Mit an Bord waren Hitlers persönliche Adjutanten Brückner und Schaub, seine Sekretärinnen und Diener, die Fotografen Heinrich Hoffmann und Walter Frentz (Hitlers neuer »Bildberichterstatter« und Farbfotograf), Hitlers Ärzte und seine militärischen Adjutanten, ferner Martin Bormann, Funker, Köche und viele andere mehr. Ab und an machte der Sonderzug halt, worauf sich Hitler und sein Gefolge volkstümlich-lässig zu Gesprächen ins Freie setzten.

In Polen angekommen, ließ sich Hitler zur Front chauffieren, wo er den deutschen Vormarsch durch ein Fernrohr beobachtete. Weitere Fahrzeuge begleiteten seine Frontfahrten. Obwohl noch gekämpft wurde und Hitler sich damit gefährdete, ließ er es sich nicht nehmen, aufrecht im Mercedes zu stehen und die deutschen Soldaten zu begrüßen.

Die Wehrmacht kam in Polen unerwartet schnell voran. Die Luftwaffe zerstörte die gegnerischen Flugzeuge überwiegend noch am Boden und sicherte durch Bombenabwürfe den Vormarsch von Bodentruppen und Panzern. Die wichtigste Waffe waren hierbei Sturzkampfbomber, abgekürzt »Stukas«. Im Vorderteil dieser Flugzeuge war eine Sirene montiert, die beim Sturzflug vor dem Bombenabwurf vom Fahrtwind angetrieben wurde und ein grausiges Heulen von sich gab. Außerdem bombardierte die Luftwaffe im großen Stil die polnischen Städte, obwohl das Kriegsvölkerrecht Bombenangriffe auf Wohngebiete – im Unterschied zu militärischen Zielen – ausdrücklich untersagte. Die Luftwaffe hatte solche Angriffe, die nur Schrecken verbreiten sollten – Terrorangriffe –, bereits im April 1937 ausprobiert. Damals hatte die deutsche »Legion Condor«, die im Geheimen am spanischen Bürgerkrieg teilnahm, die baskische Stadt Guernica in Schutt und Asche gelegt.

Frankreich war gemäß seinem Militärvertrag mit Polen verpflichtet, innerhalb von zwei Wochen Deutschland anzugreifen. Das hätte auch Erfolg gehabt, weil dreimal mehr französische als deutsche Truppen im Westen standen. Aber es geschah nichts, weil Polen schnell unterlag. Der Krieg im Westen wurde für Monate zum weitgehend ereignislosen »Sitzkrieg«, auch »Witzkrieg« genannt. Polen fühlte sich verraten und von seinen Bündnispartnern im Stich gelassen.

Am 17. September marschierte die Rote Armee zur Überraschung der polnischen Regierung in Polen ein. Dieses Vorgehen entsprach den geheimen Absprachen zwischen Molotow und Ribbentrop. Zwei Tage später zog Hitler unter dem begeisterten Jubel der deutschen Bevölkerung in Danzig ein. Der »Führer« holte die Stadt nun wieder ins Reich zurück. Anschließend befand sich sein Hauptquartier für eine Woche in dem nahe Danzig gelegenen Seebad Zoppot. Von hier aus flog er zweimal an den Stadtrand von Warschau. Die polnische Hauptstadt wurde von der Luftwaffe schwer bombardiert. Hitler sah durch ein Fernrohr zu.

Am 27. September legten die Verteidiger Warschaus die Waffen nieder. Hitler kehrte nach Berlin zurück. Am 5. Oktober flog er erneut nach Warschau und nahm eine große Siegesparade ab. Tags darauf ergaben sich die letzten polnischen Truppen.

Einen Friedensvertrag mit Polen gab es nicht, weil sowohl Deutschland als auch die Sowjetunion behaupteten, das Land habe aufgehört zu existieren. Öffentlich durfte in Deutschland nicht von einem Krieg gesprochen werden. Aber schon die Zahl der Opfer strafte diese Verharmlosung Lügen: Zehntausend deutsche und sechsmal so viele polnische Soldaten kamen ums Leben.

Am 28. September schlossen Ribbentrop und Molotow in Moskau den deutsch-sowjetischen Grenz- und Freundschaftsvertrag. Damit wurde offiziell, was zuvor geheim vereinbart worden war: Polen wurde zum vierten Mal seit dem 18. Jahrhundert geteilt.

## Nord- und Westeuropa

Hitler konnte es nach dem schnellen deutschen Sieg über Polen gar nicht abwarten, auch Frankreich anzugreifen. Am 23. November sprach er vor etwa zweihundert Generälen und hohen Wehrmachtsoffizieren in der Neuen Reichskanzlei über die Notwendigkeit eines unverzüglichen Angriffs im Westen. Wegen schlechten Wetters und ungenügender militärischer Vorbereitung war daran jedoch nicht zu denken. So verschob sich der Angriffstermin bis ins Jahr 1940.

Durch einen schnellen Sieg über Frankreich wollte Hitler England aus dem Krieg heraushalten. Aber die deutsche Kriegswirtschaft war auf Eisenerz aus dem neutralen Schweden angewiesen, das im nordnorwegischen Hafen Narvik verschifft wurde. Eile war geboten, denn im April 1940 zeigte sich, dass die Briten Deutschland mit ihrer Kriegsmarine zuvorkommen wollten. Als Angriffstermin gegen Dänemark und Norwegen setzte Hitler den 9. April 1940 fest. Englische Kriegsschiffe begannen einen Tag vorher, Minen in den Gewässern um Narvik auszulegen.

Der deutsche Angriff kam überraschend. Dänemark wurde fast widerstandslos besetzt. Gegen Norwegen ging die Operation weniger glatt. Zwar gelang es den Deutschen, Narvik einzunehmen, aber Soldaten der Kriegsgegner eroberten die strategisch wichtige Stadt beinahe zurück. Deutschland hatte allerdings inzwischen Frankreich angegriffen, und deshalb wurden die Truppen der deutschen Kriegsgegner dort dringender gebraucht. Man verlegte sie schnell aus Norwegen nach Frankreich. Nur aus diesem Grund blieb Hitlers Wehrmacht die erste größere Niederlage im Zweiten Weltkrieg erspart.

9. April 1940
Beginn des Krieges gegen Dänemark und Norwegen

**10. Mai 1940**
**Deutscher Angriff auf Frankreich**

Am 9. Mai reiste Hitlers gepanzerter Sonderzug »Amerika« von einem Berliner Stadtrandbahnhof ab. Zunächst fuhr der Zug lange nordwärts, damit geheim blieb, dass der »Führer« eigentlich in den Westkrieg zog. Schließlich kam »Amerika« in der Nähe von Euskirchen im Rheinland an. Von dort aus wurden Hitler und sein Gefolge zum »Felsennest« in der Eifel gefahren, dem ersten festen »Führerhauptquartier« während des Krieges. Nachts begann der deutsche Angriff in Richtung Westen.

Ursprünglich war eine Wiederholung des Schlieffen-Plans vorgesehen gewesen, wie im Ersten Weltkrieg. Hitler scheute jedoch das Risiko eines langen Stellungskrieges gegen die zahlenmäßig weit überlegene französische Armee und setzte auf Risiko: Gemäß einem Plan von Generalleutnant Erich von Manstein sollte die Wehrmacht zwar in Holland und Belgien einmarschieren. Aber zusätzlich sollten Panzerverbände durch die unwegsamen Ardennen auf Luxemburg vordringen, die in diesem Abschnitt schwache französische Verteidigung überrennen und zur Kanalküste vordringen, um eine gute Ausgangsstellung zum Krieg gegen England zu gewinnen.

Die Überraschung gelang. Die Niederlande ergaben sich schon nach wenigen Tagen. Die Luftwaffe hatte die Altstadt von Rotterdam in Schutt und Asche gelegt. Das neutrale Belgien kapitulierte am 18. Mai. Drei Tage später erreichten deutsche Panzerspitzen, von den Ardennen kommend, die Kanalküste. Die französischen und englischen Truppen wurden abgeschnitten und eingekesselt. Es gelang dem britischen Kriegsministerium allerdings, über dreihunderttausend englische und französische Soldaten praktisch in letzter Minute aus dem Hafen von Dünkirchen nach England zu schaffen.

Für den zweiten Teil des Feldzugs verlegte Hitler sein Hauptquartier in die Nähe der belgischen Hauptstadt Brüssel. Die französische Verteidigung brach zusammen. Sie war auf den modernen Krieg mit schnellen Panzerwaffen und Flugzeugangriffen nicht eingerichtet. Am 14. Juni 1940 zog die Wehrmacht in Paris ein. Drei Tage später erreichte Hitler in seinem Hauptquartier die Nachricht, dass die neue französische Regierung unter Marschall Pétain um Waffenstillstand gebeten hatte. Er führte ein Freudentänzchen auf, das später berühmt wurde, weil es gefilmt wurde.

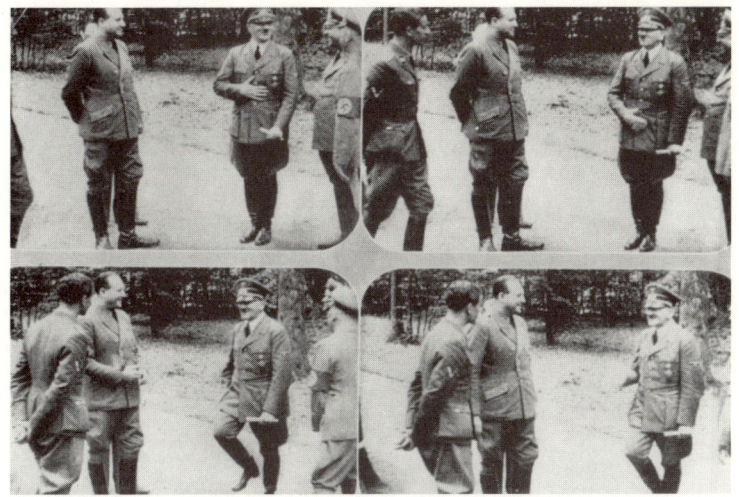

Brûly-de-Pesche in Belgien: Hitler freut sich im Hauptquartier »Wolfsschlucht« über das Kapitulationsangebot der französischen Regierung. Ausschnitte aus einem Filmstreifen des Kameramanns Walter Frentz, 17. Juni 1940

Am 22. Juni 1940 unterzeichneten Unterhändler der französischen Regierung in Compiègne einen Waffenstillstand mit Deutschland – im selben Salonwagen, in dem die deutsche Abordnung 1918 die Kapitulation unterschrieben hatte. Hitler wohnte der Zeremonie kurz bei und genoss schweigend den Triumph der Rache. Die »Schmach von Versailles« schien endgültig ausgelöscht. Der Norden und die Westküste Frankreichs kamen unter deutsche Besatzungsherrschaft, der Süden wurde zu einem Marionettenstaat unter Marschall Pétain, einem berühmten französischen Heerführer des Ersten Weltkrieges.

Hitler ordnete an, dass zur Feier dieses Sieges eine Woche lang die Festglocken läuten und zehn Tage die Fahnen wehen sollten. Zusammen mit ehemaligen Kriegskameraden und seinem Hofstaat besuchte er die Schlachtfelder Flanderns, wo er im Ersten Weltkrieg gedient hatte. Am frühen Morgen des 28. Juni flog er für einen Kurzbesuch nach Paris, um die Hauptstadt zu besichtigen. Hitler wollte hier ganz Künstler sein. Daher begleiteten ihn die Architekten Hermann Giesler und Albert Speer sowie der

22. Juni 1940
**Frankreich kapituliert**

Compiègne bei Paris: Hitler hört der Verlesung der
Präambel zum deutsch-französischen Waffenstillstandsvertrag
durch OKW-Chef Wilhelm Keitel zu,
22. Juni 1940

Bildhauer Arno Breker auf der Fahrt durch die Stadt. Hitler hatte allen Ernstes überlegt, Paris völlig zerstören zu lassen. Dann fand er aber, es genüge, wenn Berlin unter Speers Bauleitung noch viel schöner würde. Glücklicherweise kamen Speers Pläne für die gigantische Neugestaltung der Reichshauptstadt nicht mehr zur Ausführung.

Am Nachmittag des 6. Juli 1940 traf Hitlers Sonderzug am Anhalter Bahnhof in Berlin ein. Der Jubel war beispiellos. Hunderttausende Menschen waren auf den Beinen, außer sich vor Freude. Hitler wurde immer wieder auf den Balkon der Reichskanzlei herausgerufen, um die »Heil!«-Rufe der Menschenmassen entgegenzunehmen. In weniger als fünf Wochen hatte die Wehrmacht erreicht, was das deutsche Heer im ganzen Ersten Weltkrieg nicht geschafft hatte. Nur vor diesem Hintergrund ist verständlich, dass die Deutschen den Sieg unbändig feierten. Die »Volksgenossen« schrieben diesen Triumph Hitler zu. Keitel, der Chef des OKW, pries Hitler sogar als »größten Feldherrn aller Zeiten« (der Volksspott machte daraus später die Abkürzung

»Gröfaz«). Zwar hatte Hitler den Sieg vor allem Manstein zu verdanken, aber Keitels Verehrung entsprach dem Empfinden der allermeisten Deutschen. Hitler war auf dem Höhepunkt seiner Karriere und seiner Popularität.

Am 19. Juli hielt Hitler eine große Rede in der Kroll-Oper. Er gab sich hier ganz als Feldherr und begrüßte besonders die Generäle, die er zur Belohnung für den erfolgreichen Frankreichfeldzug zu Feldmarschällen ernannt hatte. Für Göring, der schon Feldmarschall war, hatte sich Hitler einen neuen Rang ausgedacht. Er war nun »Reichsmarschall«, worüber sich Göring ungemein freute. Hitlers Rede dauerte über zwei Stunden.

*Juli 1940 Hitler steht auf dem Höhepunkt seiner Macht*

Erst ganz zum Schluss seiner Rede wetterte Hitler gegen den »Kriegshetzer« Winston Churchill und drohte England die Vernichtung an, falls es nicht zur Vernunft komme. Genau am Tag des deutschen Angriffs auf Frankreich war Churchill englischer Premierminister geworden. Er dachte gar nicht daran, die Waffen niederzulegen oder sich mit Hitler über eine Aufteilung Europas zu verständigen. Beinahe postwendend lehnte Churchill ab.

Hitler hielt sich im Juli 1940 auf dem Obersalzberg auf. Dort führte er auch Gespräche mit seiner Militärführung. Es ging um die Frage, wie England ausgeschaltet werden könnte. Militärisch kam eigentlich nur in Betracht, mit Kriegsschiffen auf der britischen Insel zu landen. Dieses Vorhaben war mit den begrenzten Mitteln der Kriegsmarine nur schwer durchführbar. Auch musste die deutsche Luftwaffe erst einmal die Lufthoheit über Südengland erringen. Hitler war von diesem Kriegsplan von Anfang an nicht überzeugt. Trotzdem flogen ab dem 13. August deutsche Jagdflugzeuge von Nordfrankreich aus pausenlos Angriffe gegen britische Jäger in der »Luftschlacht um England«. Wenn es ihnen gelingen sollte, die Luftherrschaft zu erringen, wäre England verloren und reif für die deutsche Invasion (»Operation Seelöwe«).

*13. Aug. 1940 Beginn der »Luftschlacht um England«*

Zehn Tage später führten deutsche Bomber einen Terrorangriff auf Wohngebiete in London durch, auf den die britische Luftwaffe mit einem ersten Angriff auf Berlin antwortete. Göring hatte großmäulig verkündet, kein englisches Flugzeug werde den deutschen Luftraum erreichen. Nun zeigte sich, was von solchen Versprechungen zu halten war. Hitler drohte Vergeltung an. Bei einer Rede im Berliner Sportpalast wütete er, man werde die englischen Städte »ausradieren«. Die weiteren Angriffe auf Londoner Wohngebiete begannen drei Tage später. Britische Bomber flogen jedoch mehr Angriffe auf Deutschland als umgekehrt. Nächte in Bombenkellern gehörten bald zum Alltag der deutschen Zivilbevölkerung.

Mitte September war der Höhepunkt der Luftkämpfe über dem Englischen Kanal und Südengland erreicht. Die Luftwaffe konnte ihre englischen Gegner nicht schlagen. Hitler ordnete nunmehr an, das »Unternehmen Seelöwe« auf unbestimmte Zeit zu verschieben. Allerdings setzte die Luftwaffe ihre Bombenangriffe fort. Der Name der englischen Stadt Coventry ist zu trauriger Berühmtheit gelangt. Sie wurde in der Nacht des 14. November 1940 in Schutt und Asche gelegt.

*15. Okt. 1940 Hitler verschiebt die Landung in England; sie findet nie statt*

## »Barbarossa«

Erstmals Anfang Juni 1940, auf dem Höhepunkt deutscher Siegesgewissheit, kam Hitler auf den Krieg gegen die Sowjetunion zurück. Am 21. Juli, kurz nach Churchills Ablehnung von Hitlers Friedensangebot, befahl er seinen Oberkommandierenden auf dem Obersalzberg, das »russische Problem« in Angriff zu nehmen. Die Oberkommandos der Wehrmacht und des Heeres (OKH) hatten allerdings schon mit solchen Planungen begonnen, ohne dass Hitler dies hätte anordnen müssen.

*Juli 1940 Hitler befiehlt die Vorbereitung des Krieges gegen die UdSSR*

Zehn Tage später befahl Hitler dem OKH, den Krieg gegen die Sowjetunion vorzubereiten. Das riesige Land müsse im Frühjahr 1941 so schnell wie nur irgend möglich, also in einem »Blitzkrieg«, »erledigt« werden, um England zum Frieden bereit zu machen. Sei die Sowjetunion erst einmal geschlagen, müsse England aufgeben und sich mit Deutschland verständigen. Der Feldzug entstand also aus einer Lage, die genau umgekehrt zu Hitlers langfristigen Zielsetzungen stand. In *Mein Kampf* war der Sieg über England Voraussetzung für den Sieg über die UdSSR. Jetzt sollte die Sowjetunion niedergeschlagen werden, um England besiegen zu können.

Wiederholt betonte der Diktator den Zeitdruck, unter dem die deutsche Kriegsführung stehe. Denn es war absehbar, dass die Vereinigten Staaten Großbritannien zu Hilfe kommen und möglicherweise selbst in den Krieg eintreten würden. Hitlers Strategie lief darauf hinaus, die Sowjetunion und anschließend England auszuschalten, bevor es zum Kriegseintritt der USA und damit zur Überlegenheit der Westmächte kommen würde. Anschließend sollte Deutschland den Kampf mit den Vereinigten Staaten um die Weltherrschaft aufnehmen.

Im Hintergrund standen kriegswirtschaftliche Zwänge, aus denen Hitler und die NS-Führung denkbar radikale Schlussfolgerungen zogen. Seit dem Anschluss Österreichs hatte Deutschland weite Teile Südosteuropas in wirtschaftliche Abhängigkeit gebracht. Besondere Bedeutung kam Rumänien zu, das Erdöl lieferte. Nachdem Deutschland Frankreich besiegt hatte, erhob die Sowjetunion Ansprüche auf den Balkan. Auch wirkte sich die britische Seeblockade wie im Ersten Weltkrieg bereits aus. Die deutschen Lebensmittelvorräte gingen zur Neige. Für das Jahr 1941 wurde mit einschneidenden Kürzungen der deutschen Lebensmittelrationen gerechnet. Doch solche Kürzungen durchzuführen bedeutete aus Sicht der NS-Führung, sich dem Volkszorn auszusetzen und damit ein ähnliches Kriegsende wie 1918 zu riskieren. Ein solches Ereignis sollte sich auf keinen Fall wiederholen.

Wichtigster Lieferant von landwirtschaftlichen Produkten war seit dem deutsch-sowjetischen Wirtschaftsabkommen die Sowjetunion. Sie war jedoch nicht bereit, ihre Lebensmittellieferungen in dem Umfang zu erhöhen, wie Deutschland es forderte, und verlangte Gegenleistungen in Form von Landgewinnen. Eine solche Abhängigkeit von der Sowjetunion war aus nationalsozialistischer Sicht völlig unannehmbar. So entstand der Plan, sich mit militärischer Gewalt zu holen, was die Sowjetunion nicht freiwillig herausgeben wollte.

Im November 1940 kam eine sowjetische Abordnung unter Führung Molotows nach Berlin, um über die künftigen deutsch-sowjetischen Beziehungen zu verhandeln. Der sowjetische Außenminister machte Interessen an Skandinavien und auf dem Balkan geltend. Für Hitler war dies der letzte Anstoß für den Krieg gegen die UdSSR. Dabei ging von ihr keine militärische Bedrohung aus, wie er gegenüber Untergebenen zugab.

Hitler befahl der Wehrmacht am 18. Dezember, Sowjetrussland noch vor Beendigung des Krieges gegen England in einem

**12./13. Nov. 1940 Berlin-Besuch Molotows**

**18. Dez. 1940**
**Hitler befiehlt das »Unternehmen Barbarossa«**

schnellen Feldzug niederzuwerfen. Er wählte dafür die Bezeichnung »Unternehmen Barbarossa«. Kaiser Friedrich Barbarossa hatte im Mittelalter einen Kreuzzug gegen die Muslime in Jerusalem angeführt. Der Krieg gegen die Sowjetunion war Hitlers Kreuzzug gegen den »jüdischen Bolschewismus« und zur Gewinnung von »Lebensraum«, wie er ihn seit *Mein Kampf* gewollt hatte. Alle anderen militärischen Möglichkeiten waren damit vom Tisch. Hitler hatte sich für die radikalste Variante entschieden. Er setzte erneut alles auf eine Karte. Nach dem triumphalen Sieg über Frankreich schien alles möglich und alles erlaubt.

Der fanatisch antisemitische Staatssekretär im Reichsernährungsministerium, Herbert Backe, entwickelte seit Anfang 1941 einen »Hungerplan« für die besetzte Sowjetunion, der Hitlers Zustimmung fand. Die vorrückende Wehrmacht sollte sich »aus dem Lande ernähren«. Sie sollte der einheimischen Bevölkerung ihre Lebensmittel wegnehmen, damit die deutsche Bevölkerung nicht hungern musste. Dieses Vorhaben war todernst gemeint. »Viele 10 Millionen von Menschen werden in diesem Gebiet überflüssig und werden sterben«, hieß es in einem deutschen Dokument. Und im Protokoll einer Besprechung verschiedener

**Mai 1941**
**Beschluss über den millionenfachen Hungertod der sowjetischen Bevölkerung**

Staatssekretäre wurde Anfang Mai 1941 festgehalten, der Krieg könne nur weitergeführt werden, »wenn die gesamte Wehrmacht im 3. Kriegsjahr aus Russland ernährt wird. Hierbei werden zweifellos zig Millionen Menschen verhungern, wenn von uns das für uns Notwendige aus dem Lande herausgeholt wird.«

Da die sowjetische Zivilbevölkerung nicht bereit sein würde, diese mörderische Politik widerstandslos hinzunehmen, musste die Gegenwehr mit brutalster Gewalt gebrochen werden. Als Träger des Widerstands sahen Hitler und seine Militärführer die Juden an, die angeblich den Staats- und Parteiapparat beherrschten. Folglich würde die sofortige Ermordung aller »jüdischen Bolschewisten« die Sowjetunion zum Einsturz bringen. Die Grundzüge des Raub- und Vernichtungskrieges, der nun auf den Weg gebracht wurde, lagen bereits im Frühjahr 1941 fest. Strategische, wirtschaftliche und ideologische Kriegsziele gingen eine enge Verbindung ein.

Der »Führer« und seine militärischen Planer wussten allerdings sehr wohl, dass die Rote Armee mehr Soldaten und Panzer aufbieten konnte als die Wehrmacht. Der Feldzug war also ein erhebliches Wagnis. Alles hing von einem schnellen Sieg in den ersten Wochen ab. Durch Vorstöße deutscher Panzer und die Unterstützung der Luftwaffe sollte die Masse der gegnerischen Armeen eingekesselt und vernichtet werden. Spätestens im Herbst 1941 sollten die Angreifer, so Hitlers Befehl, eine Linie von der Hafenstadt Archangelsk am Weißen Meer bis nach Astrachan am Unterlauf der Wolga erreicht haben. Beide Städte lagen Tausende Kilometer von der sowjetischen Westgrenze entfernt. Diese Planung war militärischer Irrsinn, entstanden aus einer Mischung aus wirtschaftlichen Zwängen, Größenwahn und Unterschätzung des Gegners.

Vor dem Angriff auf die Sowjetunion wurden noch der Balkan und Nordafrika Kriegsschauplätze. Denn Hitlers wichtigster Bündnispartner, der italienische »Duce« Mussolini, verfolgte eigene Kriegspläne. Mussolini ging es mit diesen Feldzügen vor allem darum, gegenüber Hitler das Gesicht zu wahren, der seinen »Achsen«-Partner wiederholt vor vollendete Tatsachen gestellt hatte. Der »Duce« rächte sich, indem er seinerseits Feldzüge befahl, ohne Hitler vorher zu informieren. Um die »Achse« zu schützen, musste Hitler zweimal den Italienern zu Hilfe eilen, in Nordafrika – dorthin schickte Hitler den General Erwin Rommel – und in Griechenland.

27. Sept. 1940
Dreimächtepakt zwischen Deutschland, Italien und Japan; Militärputsch in Jugoslawien nach dem Beitritt des Landes im März 1941

Der Feldzug gegen Griechenland, das »Unternehmen Marita«, wurde auf Jugoslawien ausgedehnt, das sich, anders als Ungarn, Rumänien und Bulgarien, geweigert hatte, der »Achse« beizutreten. Der Krieg gegen Jugoslawien und Griechenland begann am 6. April 1941 und war einen Tag nach Hitlers 52. Geburtstag am 21. April 1941 beendet. Hitler kehrte wieder einmal – zum letzten Mal – als großer Sieger nach Berlin zurück und ließ sich als Feldherr feiern.

April 1941
Feldzug auf dem Balkan

Anschließend begab er sich auf den Obersalzberg. Dort erreichte ihn am 11. Mai die sensationelle Nachricht, dass der zweite Mann der NSDAP, sein Stellvertreter Rudolf Heß, nach England geflogen war. Heß war seit Kriegsbeginn zunehmend ins Abseits geraten, während sein Büroleiter Martin Bormann immer mehr Macht hinzugewonnen hatte. Außerdem war Heß – wie lange Zeit Hitler selbst – davon überzeugt, dass der Krieg gegen den »Bolschewismus« nur im Bündnis zwischen Deutschland und

11. Mai 1941
Englandflug von Rudolf Heß

Großbritannien erfolgreich geführt werden könne. Davon wollte Heß die britische Regierung persönlich überzeugen.

Heß war auf seine Weise ein Spinner. Er konnte sich gar nicht vorstellen, dass die britische Regierung seine Friedensvorschläge einfach in den Wind schlagen könnte. Genau das geschah aber. Churchill weigerte sich, mit Heß zusammenzutreffen, der stattdessen bis Kriegsende in britischer Haft gehalten wurde. Hitler hatte nicht gewusst, dass Heß nach England fliegen wollte. Seine Autorität als »Führer« litt erheblich unter dem Alleingang seines Stellvertreters. Hitler übernahm selbst Heß' Stellung. Bormann wurde Chef der »Parteikanzlei«. Fortan wich er nicht mehr von Hitlers Seite. Im April 1943 ernannte Hitler Bormann zum »Sekretär des Führers«. Bormann war einer der mächtigsten Männer des NS-Staates, brutal und durchsetzungsfähig. Aber er hatte keine eigenen Ideen, sondern hing in Treue an seinem »Führer«.

Auch schloss sich Hitler eng mit den Reichs- und Gauleitern zusammen, seinen wichtigsten innerparteilichen Stützen. Bei einer Ansprache auf dem Obersalzberg spielte er am 13. Mai die Rolle des von Heß Betrogenen und Verlassenen. Im Anschluss kam es zu einer seltsamen Szene: Alle rund siebzig Anwesenden erhoben sich von ihren Stühlen und stellten sich wortlos um den »Führer«. Hitler lehnte am großen Kartentisch vor dem Riesenfenster seiner Wohnhalle und hatte (vermutlich gespielte) Tränen in den Augen. Anschließend versicherte Göring Hitler im Namen aller Anwesenden, er könne auf die unbedingte Treue seiner Gefolgschaft zählen. Die Heß-Krise war vorüber.

Als neuen Angriffstermin gegen die Sowjetunion hatte Hitler inzwischen den 22. Juni 1941 festgelegt, genau ein Jahr nach dem deutsch-französischen Waffenstillstand. Man wusste in Berlin, dass das Wetter eine entscheidende Rolle spielen würde. Im Herbst waren die jahreszeitlich üblichen Regenfälle zu erwarten, im Winter arktische Temperaturen. Gelang es nicht, diesen »Blitzkrieg« rechtzeitig zu gewinnen, geriet der gesamte Feldzugsplan in Gefahr. Der »Führer« setzte wieder einmal alles auf eine Karte.

Am 22. Juni 1941, morgens um halb vier, begann der größte und schrecklichste Krieg der Weltgeschichte, das »Unternehmen Barbarossa«. Rund drei Millionen Soldaten der Wehrmacht und rund sechshunderttausend Soldaten verbündeter Staaten, aufgeteilt auf drei große Heeresgruppen, überschritten die sowjetische Grenze auf ihrer gesamten Länge von der Ostsee bis zu den Karpaten. Ihnen standen anfänglich etwa zweieinhalb Millionen Soldaten der Roten Armee gegenüber.

Die Wehrmacht erzielte zu Beginn große Erfolge. Für die Rote Armee war der Angriff überraschend gekommen; Stalin war wie gelähmt. Erst nach Tagen rief er in einer Rundfunkansprache seine Soldaten und die Bevölkerung zum »Großen Vaterländischen Krieg« auf, in Erinnerung an die erfolgreiche Verteidigung Russlands gegen die Armee des französischen Kaisers Napoléon vor fast hundertdreißig Jahren. Der sowjetische Diktator befahl die Bildung von Partisaneneinheiten, also von bewaffneten Verbänden Nichtuniformierter. Hitler und seiner Führungsriege kam Stalins Aufruf gelegen. Denn auf diese Weise konnten sie ihren Mordfeldzug gegen Zivilisten als Abwehr von Partisanenangriffen ausgeben.

Bereits Ende Juni 1941 hatte die Heeresgruppe Mitte Białystok und Minsk in Weißrussland erobert und über dreihunderttausend sowjetische Soldaten gefangen genommen. Es folgten eine Reihe weiterer Kesselschlachten, durch die bis Herbst 1941 über drei Millionen sowjetische Soldaten in deutsche Gefangenschaft gerieten. Trotz dieser Siege scheiterte die Gesamtplanung für das »Unternehmen Barbarossa« praktisch schon im Juli 1941. Denn die Rote Armee verteidigte sich zäh und verzögerte den deutschen Vormarsch um Wochen.

Hitler dachte im August sogar über einen Friedensschluss mit Stalin nach, doch folgten den Überlegungen keine Taten. Die deutschen Verluste stiegen. Ende Juli waren über zweihunderttausend deutsche Offiziere und Soldaten verwundet, vermisst oder tot. Vier Wochen später stiegen diese Verluste auf über dreihunderttausend Männer. Ende September war mehr als die Hälfte der deutschen Panzer zerstört oder nicht mehr einsatzbereit. Bis Mitte Dezember waren hundertsechzigtausend deutsche Soldaten an der Ostfront gefallen. Fast sechshunderttausend weitere Angehörige der Wehrmacht galten als verwundet oder vermisst. In den folgenden Jahren stiegen diese Zahlen nochmals steil an.

Am 19. September besetzten deutsche Truppen die ukrainische Hauptstadt Kiew. Eine Woche später endete die riesige Schlacht um diese Stadt. An siebenhunderttausend sowjetische Soldaten wurden gefangen genommen. Die Heeresgruppe Süd besetzte anschließend größere Teile der Krim und des industriell wichtigen Donezbeckens. Unterdessen belagerte die Wehrmacht Leningrad und hungerte die Stadt aus. Es war Hitlers erklärter Wille, Leningrad nach dem Fall der Stadt dem Erdboden gleichzumachen. Zwar gelang es der Wehrmacht nicht, Leningrad zu besetzen. Aber über achthunderttausend Einwohner der Stadt verhungerten, die meisten bereits im Winter 1941. Dieses Massensterben ist in Deutschland weitgehend in Vergessenheit geraten.

2. Okt. 1941
Deutsche Offensive gegen Moskau

Das gleiche Schicksal drohte Moskau. Am 2. Oktober begann der Vormarsch der Heeresgruppe Mitte auf die sowjetische Hauptstadt. Die Offensive trug den Namen »Taifun«. Sie war ein großes Risiko. Der Angriff auf die sowjetische Hauptstadt war der letzte verzweifelte Versuch, den Sieg in einem bereits gescheiterten Blitzfeldzug doch noch zu erzwingen. Zwar besiegte die Wehrmacht bis Monatsende die Rote Armee erneut in einer großen Doppelschlacht. Aber inzwischen hatte der Herbstregen eingesetzt. Dann kam die Kälte mit Temperaturen bis zu fünfzig Grad minus. Einzelne Vorposten der angreifenden Wehrmacht konnten durch ihre Fernrohre bereits die Türme des Moskauer Kremls sehen. Aber weiter kamen sie nicht. Die Soldaten litten unter den eisigen Temperaturen, weil die Heeresleitung nicht rechtzeitig für die Lieferung warmer Kleidung gesorgt hatte.

Dez. 1941
Scheitern des »Blitzkrieges« vor Moskau

Den Deutschen wurde dies bewusst, als Hitler kurz vor Weihnachten 1941 das Volk aufrief, Winterkleidung für die Truppen im Osten zu spenden. Die »Volksgenossen« hatten allen Grund zu Entsetzen und Sorge. Denn die Rote Armee hatte inzwischen einen unerwarteten Gegenangriff gestartet. Die sowjetischen Soldaten waren aus Sibirien an die Front vor Moskau abkommandiert worden. Zeitweilig sah es so aus, als würden die sowjetischen Soldaten, die anders als ihre deutschen Gegner bestens für den Winter ausgerüstet und gut bewaffnet waren, die deutsche Ostfront einfach überrennen.

In dieser schwierigen Lage verbot Hitler den Truppenführern an der russischen Front jegliches Zurückweichen. Sie sollten genau die Stellung mit aller Kraft verteidigen, an der sie gerade standen. Dann aber gestattete Hitler Rückzüge in Verteidigungsstellungen, die rund hundert Kilometer weiter westlich lagen.

Wohl ebenso viele deutsche Soldaten starben dort an Hunger und Kälte wie durch die Waffen der Roten Armee. Denn der russische Winter 1941 war ungewöhnllich kalt.

Der »Führer« rechnete es sich als persönliches Verdienst zu, die Ostfront durch seinen Halte-Befehl vor dem Zusammenbruch bewahrt zu haben. Der stärkere Wille, so meinte er, habe wieder einmal gesiegt. Ganz falsch war dieses Selbstlob nicht. Aber nicht dieser Befehl allein hatte die militärische Katastrophe abgewendet, sondern auch sein Befehl zu taktischen Rückzügen. Dieser war von den Generälen gefordert worden, die Hitler so sehr verachtete. Seine »Erfolge« vor Moskau waren jedoch folgenreich: Er entließ den schwachen Oberbefehlshaber des Heeres, Generalfeldmarschall Walther von Brauchitsch, und übernahm selbst das Oberkommando über das Heer.

19. Dez. 1941 Hitler übernimmt den Oberbefehl über das Heer

Statt des kurzen Zweifrontenkriegs, den Hitler und seine Generäle zu Beginn im Sinn gehabt hatten, musste Deutschland nun dauerhaft gegen mächtige Gegner in Ost und West kämpfen. Zwar war der Krieg noch nicht verloren, weil es der NS-Führung relativ schnell gelang, die eigene Bevölkerung auf einen langen Krieg einzurichten. Hitler war aber den Herausforderungen seiner militärischen Führungstätigkeit nicht gewachsen. Er war als Kriegsherr immer nur dann erfolgreich, wenn er es mit schwachen Gegnern zu tun hatte und die Situation für ihn günstig stand.

Nüchterner denkende Männer aus Hitlers Umgebung forderten schon Ende 1941, den Krieg durch Friedensverhandlungen zu beenden. Hitler jedoch hatte wiederholt deutlich gemacht, dass eine Kapitulation und ein Friedensschluss ohne »Endsieg« niemals in Frage kämen. Daran hielt er fortan starrsinnig fest.

## »Wolfsschanze«

Hitler reiste am 23. Juni 1941 mittags aus Berlin ab und fuhr mit seinem Sonderzug in sein neues »Führerhauptquartier«. Im November des Vorjahres hatte er seinen Adjutanten auf die Suche nach einem geeigneten Standort geschickt und sich schließlich für ein Gelände in der Nähe von Rastenburg in Ostpreußen entschieden. Es war gut an den Verkehr angebunden. Eine Eisenbahnlinie

Ende Juni 1941 Hitler zieht in die »Wolfsschanze« um

lief durch das Gelände, sodass Hitler mit seinem Zug an- und abreisen konnte. In Rastenburg befand sich auch ein Flugplatz, wo die Flugzeuge für ihn und seine Minister bereitstanden. Fritz Todt, Hitlers Bevollmächtigter für Autobahnen und Bunkerbauten, ließ das Hauptquartier bis April 1941 aufbauen und bezugsfertig machen. Hitler wählte den Namen »Wolfsschanze«. Er hatte ja eine Vorliebe für »Wolf« als Stellvertreter seines Vornamens.

Es war seit Kriegsbeginn Hitlers Wunsch, möglichst nahe am militärischen Geschehen zu sein. An sich hätte er den Krieg auch von Berlin aus leiten können. Doch er wollte seinen Soldaten ein Zeichen geben, dass er als oberster Kriegsherr in ihrer Nähe war.

Da Hitler und seine Generäle mit einem kurzen Krieg gegen die Sowjetunion rechneten, wollte er sich in der Wolfsschanze eigentlich nur für einige Monate aufhalten. Daraus wurden dann aber mehr als drei Jahre. Die Oberkommandos der Wehrmacht und des Heeres mussten selbstverständlich ebenfalls in Ostpreußen anwesend sein, desgleichen Reichsmarschall Hermann Göring und SS-Chef Heinrich Himmler, soweit sie nicht auf Reisen waren. Sie hatten Quartiere in einigen Kilometern Entfernung. Der Chef der Reichskanzlei, Hans Heinrich Lammers, pendelte zwischen der Reichshauptstadt und der Wolfsschanze hin und her.

Das Gelände wurde zum Schutz vor Fliegerangriffen mit hohen Bäumen bepflanzt und mit Tarnnetzen versehen, sodass es nicht so leicht von oben entdeckt werden konnte. Es fielen jedoch niemals Bomben auf Hitlers Hauptquartier. Die einzigen Angriffe, die die Bewohner der Wolfsschanze ertragen mussten, kamen von Schwärmen angriffslustiger Stechmücken, die im Sommer zu einer Plage wurden. Denn die Wolfsschanze lag mitten in der sumpfigen Umgebung der Wälder von Masuren.

Als die Anlage vollständig ausgebaut war, besaß sie drei Sperrkreise, die von Soldaten und SS-Männern bewacht wurden. Im Sperrkreis I, dem am höchsten gesicherten Bereich, befand sich Hitlers privates »Führerhaus«, eine friedlich anmutende größere Holzbaracke mit Säuleneingang. Daneben stand Hitlers Luftschutzbunker. Auf dem Gelände gab es zu Beginn des Russlandfeldzugs außerdem noch neun weitere Bunker für verschiedene Personen, die Hitler in seiner Nähe haben wollte.

Goebbels war meist in Berlin, besuchte seinen Herrn und Meister aber regelmäßig zu Gesprächen. Ihm kam die Wolfsschanze vor wie ein angenehmer Ferienort. Dagegen bezeichnete Alfred Jodl, der Chef des Wehrmachtsführungsstabes, das Hauptquartier als eine Mischung aus Kloster und Konzentrationslager. Er hatte allerdings nie ein KZ von innen gesehen und wusste nicht, wie es dort wirklich zuging. Die Wolfsschanze war jedenfalls eine abgeschiedene Männerwelt. Mit Ausnahme von Hitlers Sekretärinnen hatten Frauen dort keinen Zutritt. Etwa vierzig Personen hielten sich ständig um Hitler auf. Bis zu zweitausend Männer waren in der Wolfsschanze tätig. Neben den SS-Leuten, die für die Bewachung zuständig waren, handelte es sich ganz überwiegend um Wehrmachtsangehörige.

Hitler trug in der Wolfsschanze stets seine Oberbefehlshaber-Uniform, wovon er mehrere in gleicher Ausführung besaß. Seine Kammerdiener achteten darauf, dass Hitler nicht nachlässig gekleidet war. Sogar sein Berliner Friseur war stets im Hauptquartier einsatzbereit, damit des »Führers« Haarschnitt saß. Den Mittelpunkt seines Lebens in Ostpreußen bildete die große militärische Lagebesprechung, die täglich um die Mittagszeit stattfand. Sie dauerte oft zwei Stunden oder länger. Anhand von Kartenmaterial wurden alle Kriegsschauplätze nacheinander vor Hitler aufgeblättert und die Stellungen der Wehrmacht gegenüber den gegnerischen Truppen gezeigt. Da nur in der Sowjetunion ständig gekämpft wurde und Hitler sich in das »Unternehmen Barbarossa« am stärksten einmischte, nahm dieser Kriegsschauplatz am meisten Aufmerksamkeit in Anspruch.

An die Lagebesprechung schloss sich das Mittagessen im größeren Kreis an, bei dem Hitler stets einen festen Platz in der Mitte der Tafel einnahm. Der Speiseraum, wie überhaupt die gesamte Anlage, war einfach ausgestattet. An der Stirnseite des Raumes hing bald eine Fahne mit dem großen roten Stern der Sowjetarmee, die von deutschen Truppen erbeutet worden war. Auf diese Weise hatte man stets den Hauptfeind vor Augen. Nach dem Mittagessen empfing Hitler Besucher und Gäste. Anschließend mussten ihm seine Sekretärinnen bei Kaffee und Kuchen Gesellschaft leisten. Danach stand eine zweite Lagebesprechung an. Diese fand gegen sechs Uhr abends statt. Das ausgedehnte Abendessen wurde nach dieser zweiten Besprechung eingenommen. Manchmal mussten Hitlers Tischgäste drei Stunden aushalten, weil er ausgedehnte Monologe hielt.

Mehrmals wöchentlich wurden in einer Kinobaracke Entwürfe für die neueste Wochenschau vorgeführt, damit Hitler sie für die deutschen Kinos freigeben konnte. Spielfilme wurden eher selten gezeigt. Um Hitler etwas Zerstreuung zu bieten, ließ Bormann die Schallplattensammlung des »Führers« vom Obersalzberg heranschaffen. Aber auch hier stellte sich bald dieselbe Eintönigkeit ein, die schon beim Musikhören in Hitlers Ferienresidenz geherrscht hatte.

An das Abendessen schloss sich als letzter Punkt von Hitlers Tagesablauf eine Teestunde im ausgewählten Kreis an, an der wiederum Hitlers Sekretärinnen Christa Schroeder, Gerda Christian und seit 1943 Gertraud Junge teilnehmen mussten. Da Hitler zunehmend seltener Reden in der deutschen Öffentlichkeit hielt und in der Wolfsschanze kaum noch diktierte, langweilten sich seine Sekretärinnen zu Tode. Sie waren fast ausschließlich dafür zuständig, Hitler Gesellschaft zu leisten. Schon bald war die Teestunde gefürchtet. Denn hier ließ der »Führer« seinem Redezwang freien Lauf. In den ersten Wochen nach dem Angriff auf die UdSSR berauschte er sich an den Aussichten auf eine Kolonie für deutsche Herrenmenschen, die russische »Eingeborene« versklaven sollten. Später redete Hitler endlos über seine Jugend, über die »Kampfzeit«, über die Juden, über Deutschlands Zukunft oder über die Gefahren des Rauchens. Das sind nur einige der Themen, die sich zudem ständig wiederholten. Die Tage endeten immer später. Die Teestunde begann oft erst gegen Mitternacht und konnte sich bis in die frühen Morgenstunden hinziehen. Niemand durfte einschlafen, bevor Hitler selbst zu Bett ging.

Seit dem 19. Dezember 1941 war Hitler, wie schon erwähnt, zugleich Oberkommandierender des Heeres. Kein anderer Staatsmann während des Krieges, weder Stalin noch der amerikanische Präsident Roosevelt oder Premierminister Churchill, bestimmte so sehr die Einzelheiten der Kriegsführung wie Hitler. Er lud sich eine ungeheure Arbeitslast auf. Vor dem Krieg hatte der »Führer« nicht gerade durch Fleiß und Eifer geglänzt. Nun aber wollte er auf allen Gebieten allein herrschen.

Hitlers Belastungen griffen seine Gesundheit an. Die militärische Krise vor Moskau ließ seine Haare grau werden. Hitler aß zu wenig, und was er aß, tat ihm nicht gut. Nach außen hin hielt er dennoch den Glauben an den »Endsieg« eisern aufrecht und setzte sich damit selbst unter Druck. Mehr und mehr litt er unter Schlaflosigkeit. Seine Monologe waren für ihn ein Mittel, sich innerlich wenigstens etwas vom Alltagsstress der Kriegsführung abzulenken.

Leibarzt Morell riet Hitler zu regelmäßiger Bewegung. Doch Hitler beschränkte sich auf kurze tägliche Spaziergänge mit seiner Schäferhündin Blondi. Morell erkannte auch, dass Hitler herzkrank war, es bestand jedoch seiner Meinung nach keine unmittelbare Gefahr. 1942 fiel dem Leibarzt ein merkwürdiges Zittern von Hitlers linkem Arm auf. Aber erst zwei Jahre später stellte er die richtige Diagnose. Der »Führer« litt unter der Parkinson-Krankheit, einer Erkrankung des Gehirns und der Nerven, die unheilbar ist und über kurz oder lang zum Tod führt. Morell verabreichte seinem Patienten täglich Spritzen und Medikamente, um seinen körperlichen Verfall zu verlangsamen und ihn bei Kräften zu halten. Körperlich ging es Hitler immer schlechter, vor allem ab 1944, aber seine geistigen Fähigkeiten litten nicht.

*Dez. 1942 Dr. Morell bemerkt Hitlers Parkinson-Erkrankung, erkennt sie aber nicht*

## Kriegswenden

Die Winterkrise 1941 war die erste Kriegswende. Hitler und seine militärischen Führer hatten alles auf eine Karte gesetzt. Jetzt stellte sich heraus, dass der hohe Einsatz zum ersten Mal keinen Gewinn eingebracht hatte. Als sei der Kampf gegen die Sowjetunion und Großbritannien nicht schon schwer genug, erklärte Hitler dann auch noch den Vereinigten Staaten den Krieg. Dies gab er bei einer schon länger geplanten Reichstagsrede am 11. Dezember 1941 öffentlich bekannt. Zu diesem unsinnigen Entschluss war Hitler nicht gezwungen. Der wichtigste Grund bestand darin, dass Deutschland mit Japan verbündet war. Japanische Flugzeuge hatten wenige Tage vor Hitlers Kriegserklärung Pearl Harbor überfallen, einen wichtigen Flottenstützpunkt der Amerikaner auf der Insel Hawaii. Präsident Roosevelt hatte daraufhin Japan den Krieg erklärt. In diesen trat nun auch Hitlerdeutschland ein.

*11. Dez. 1941 Hitler erklärt den Vereinigten Staaten den Krieg*

Unterdessen liefen Vorbereitungen für den Wiedervormarsch

der deutschen Truppen in der Sowjetunion. Im Grunde handelte es sich um ein zweites »Unternehmen Barbarossa«, nicht bloß um eine neue Offensive. Der Schwerpunkt des »Unternehmens Blau« lag im Süden des Landes. Hitler wollte Stalingrad einnehmen lassen, eine wichtige Industriestadt an der Wolga. Sie zog sich über vierzig Kilometer am Westufer dieses größten russischen Flusses hin. Wichtiger noch war es für Hitler, die sowjetischen Erdölquellen am Kaukasus und am Kaspischen Meer einzunehmen. Er sagte ganz offen, dass der Krieg nicht mehr zu gewinnen sei, wenn er diese Gebiete und das Erdöl nicht in die Hand bekäme. Der Kaukasus war also das wichtigste Ziel.

Hitler wollte allerdings Stalingrad und den Kaukasus *gleichzeitig* erobern, nicht nacheinander. Daher teilte er die Heeresgruppe Süd in zwei Teile auf. Der nördliche Teil sollte auf Stalingrad, der südliche nach Baku am Kaspischen Meer vorrücken. Diese Entscheidung war, militärisch gesprochen, glatter Wahnsinn. Die Spaltung der Heeresgruppe führte dazu, dass keines der beiden Ziele erreicht werden konnte.

28. Juni 1942
Beginn der deutschen Sommeroffensive in der Sowjetunion

»Unternehmen Blau« begann Ende Juni 1942. Mitte Juli verlegte Hitler sein Hauptquartier nach Winniza in der Ukraine, drei Flugstunden von Ostpreußen entfernt. Hitler wollte dem Angriff auf Stalingrad und den Kaukasus möglichst nahe sein. Das neue Hauptquartier trug die Bezeichnung »Werwolf«, zusammengesetzt aus Hitlers Pseudonym und einem Fabeltier aus den germanischen Volkssagen. Die Lebensbedingungen in Werwolf waren wegen der Witterung und einer noch größeren Mückenplage weit schlechter als in der Wolfsschanze. Nach dem Scheitern des Sommerfeldzugs kehrte man Ende Oktober 1942 dorthin zurück.

Dass der deutsche Sommerfeldzug im Süden der Sowjetunion stattfinden würde, traf die Rote Armee erneut überraschend, wie ein Jahr zuvor der Angriff auf ihr Land. Um nicht wieder in großen Kesselschlachten vernichtet zu werden, zogen sich die sowjetischen Verteidiger erst einmal vor der Wehrmacht zurück, die auch ihre Ausgangsstellungen vom Winter 1941 wieder erreichen musste. Am 23. August 1942 traf die 6. Armee unter General Friedrich Paulus an den nördlichen Ausläufern von Stalingrad ein und begann mit der Einschließung der Stadt. Da Stalingrad den Namen des sowjetischen Diktators trug, ging es Hitler auch ums

Prestige. Und aus demselben Grund wollte Stalin die Eroberung »seiner« Stadt um jeden Preis verhindern.

Die deutsche Luftwaffe bombardierte die Stadt tagelang. Rund vierzigtausend Menschen kamen dabei ums Leben. Daraufhin wurden rund dreihunderttausend Einwohner von den sowjetischen Behörden auf das andere Ufer der Wolga in Sicherheit gebracht. Aber es blieben Zehntausende in der Stadt. Sie mussten die heftigen Kämpfe zwischen Soldaten der Wehrmacht und Rotarmisten erleiden. Mitte November waren rund neunzig Prozent des mittlerweile komplett zerstörten Stalingrad in deutscher Hand. Die Verteidiger standen mit dem Rücken zur Wolga und leisteten erbitterten Widerstand.

**Ende Aug. 1942 Beginn der Schlacht um Stalingrad**

Am 19. November begann jedoch im Nordwesten und Süden der Stadt eine sowjetische Gegenoffensive. Innerhalb weniger Tage war die schon abgekämpfte 6. Armee eingekesselt. Die Erfolgsaussichten, aus diesem Kessel auszubrechen, waren gering. Hitler befahl, Stalingrad aus der Luft mit Nachschub und Lebensmitteln zu versorgen, bis die Soldaten von außen befreit würden. Tatsächlich erreichten jedoch nicht annähernd so viele Lufttransporte die Stadt, wie benötigt wurden. Die eingeschlossenen Soldaten hatten, wie ein Jahr zuvor, zu wenig warme Kleidung. So fielen mehr Soldaten dem Hunger und Erfrierungen als dem eigentlichen Kampf zum Opfer.

Am 12. Dezember begann der Versuch einer deutschen Panzerarmee, den Einschließungsring aus südlicher Richtung zu durchbrechen. Aber die Panzer kamen nur bis rund fünfzig Kilometer an Stalingrad heran, denn die Rote Armee leistete heftigen Widerstand. Daher untersagte Hitler am 21. Dezember erneut den Ausbruch und überließ damit die Soldaten ihrem Schicksal. Weihnachten 1942 erlebten die Eingeschlossenen in traurigster Stimmung.

Obwohl die Lage der 6. Armee aussichtslos war, lehnte Paulus am 8. Januar 1943 die sowjetische Aufforderung zur Kapitulation ab. Daraufhin begann eine letzte Großoffensive der Roten Armee, die am 25. Januar den Kessel in einen nördlichen und einen südlichen Teil aufspaltete. Fünf Tage später gratulierte Paulus Hitler in einem Telegramm zum Jahrestag seiner Machtübernahme und stellte so seine Treue zum »Führer« unter Beweis. Dabei wusste Paulus, dass vor allem Hitler am Untergang der 6. Armee schuld war.

Nach der deutschen Kapitulation in Stalingrad: Ein Zug kriegsgefangener deutscher Soldaten im Stadtzentrum. Im Hintergrund die Trümmer eines Getreidesilos, Fotografie wahrscheinlich vom Februar 1943

Hitler seinerseits beförderte am 30. Januar Paulus zum Generalfeldmarschall. Das war auch eine deutliche Aufforderung an Paulus, sich nicht zu ergeben, denn dies hatte bislang noch kein deutscher Feldmarschall getan. Aber am folgenden Tag gingen Paulus und seine Offiziere in sowjetische Gefangenschaft. Hitler tobte vor Wut, als er davon erfuhr. Nach seiner Auffassung hätte sich Paulus erschießen müssen, um der Schmach der Kapitulation zu entgehen.

*Ende Jan./ Anfang Feb. 1943*
**Die 6. Armee kapituliert in Stalingrad**

Am 3. Februar verkündete das Oberkommando der Wehrmacht in einer Rundfunksendung, die 6. Armee habe »bis zum letzten Atemzug« gekämpft. Sie sei aber der Übermacht des Gegners und ungünstigen Verhältnissen erlegen und vollständig vernichtet worden. Das NS-Regime ordnete drei Tage Staatstrauer an. Lokale und Kinos blieben geschlossen; im Radio lief nur ernste Musik. Die Niederlage sollte propagandistisch in einen Sieg umgebogen werden: Paulus und seine Männer hätten angeblich den Einbruch des Bolschewismus nach Europa verhindert. Niemand sollte wissen, dass Paulus oder seine Soldaten in Gefangenschaft gegangen waren. Der sowjetische Rundfunk hatte allerdings bereits gemeldet, dass über neunzigtausend deutsche Soldaten in

Stalingrad gefangen genommen worden waren. So trug die Propagandalüge zum Vertrauensverlust der Deutschen in die nationalsozialistische Führung bei.

In der deutschen Erinnerung spielt die Zahl von dreihunderttausend eingeschlossenen Soldaten in Stalingrad eine wichtige Rolle. Die tatsächliche Zahl war wohl geringer. Nach neueren Berechnungen fanden sechzigtausend deutsche Soldaten den Tod im Kessel. Unvergleichlich höher als die deutschen waren die sowjetischen Verluste. Bis zu einer Million Rotarmisten starben im Kampf um Stalingrad. Hinzu kam eine unbekannte Zahl von Einwohnern der Stadt.

Stalingrad war die zweite große Kriegswende. Das Gesetz des Handelns ging jetzt endgültig an die sowjetische Seite über. Hitler hatte gesagt, dass der Krieg ohne die Erdölfelder nicht mehr zu gewinnen sei. Also hätte er den Krieg beenden müssen. Doch nichts dergleichen geschah.

Die Schlacht war auch eine psychologische Kriegswende. Die Erschütterung der Deutschen war tief und spürbar. Hitler war selbst Oberkommandierender des Heeres und konnte daher keinen Sündenbock für die Niederlage vorschieben. Viele Deutsche rechneten nun mit dem Verlust des Krieges, ohne es laut zu sagen. Die Bindung zwischen Volk und »Führer« begann zu bröckeln.

Die Hauptlast des Krieges gegen Hitlerdeutschland trug die Rote Armee. Stalin verlangte deshalb immer dringlicher von seinen Bündnispartnern Roosevelt und Churchill, vom Westen her auf dem europäischen Kontinent zu landen und auf diese Weise die Sowjetunion zu entlasten. Doch auf die Invasion in Frankreich musste Stalin noch länger warten. Im November 1942 besetzten stattdessen englische und amerikanische Truppen Französisch-Nordafrika. Gleichzeitig erlitten auch Rommels Panzerverbände, die bis nach El Alamein in Ägypten vorgerückt waren, eine verheerende Niederlage. Rommels Aufgabe war es nunmehr, die Armeen der Westmächte in Nordafrika aufzuhalten. Doch das gelang nicht. Die deutsch-italienischen Truppen mussten schließlich im Mai 1943 in Tunis kapitulieren.

Kurz darauf setzten Soldaten der Vereinigten Staaten und des Vereinigten Königreichs auf die Insel Sizilien über und eroberten sie. Für die Führung der italienischen Faschisten war dies ein

Mai 1943
Deutsch-italienische Kapitulation in Nordafrika

**Sept./Okt. 1944**
**Italien tritt aus der »Achse« aus; die Wehrmacht besetzt Italien**

Zeichen, dass der Krieg an Deutschlands Seite nicht mehr zu gewinnen war. Benito Mussolini wurde am 25. Juli gestürzt und verhaftet. Sein Nachfolger unterzeichnete Anfang September einen Waffenstillstand mit den USA und Großbritannien. Ihre Truppen konnten nun an der Südwestküste Italiens an Land gehen.

Hitler war außer sich vor Zorn über den Abfall seines wichtigsten Verbündeten. Er ließ Mussolini von Fallschirmjägern und Elitetruppen der Waffen-SS aus seiner Haft in einem italienischen Gebirgsort befreien. Der ehemalige »Duce« durfte eine faschistische Marionettenregierung von Hitlers Gnaden in Norditalien einsetzen. Aber seine Tage waren gezählt.

Im Oktober erklärte Italien Deutschland den Krieg. Die Wehrmacht besetzte Italien, wo sie zähen, letztlich aber vergeblichen Widerstand gegen die vorrückenden amerikanischen und britischen Truppen leistete. Nach demselben Muster marschierte die

**Feb. 1944**
**Deutsche Besetzung Ungarns**

Wehrmacht noch im Februar 1944 in Ungarn ein, das ebenfalls das Bündnis mit der »Achse« hatte aufkündigen wollen.

**6. Juni 1944**
**Landung der Westmächte in der Normandie**

Am 6. Juni 1944 landeten amerikanische, britische und kanadische Truppen an der Küste der Normandie in Frankreich. Dieser »D-Day« war das größte Landungsunternehmen der bisherigen Kriegsgeschichte. Hitler hatte auf die Invasion schon lange gewartet und sie geradezu herbeigesehnt. Er war davon überzeugt, dass man den Feind schlagen und ins Meer zurückwerfen werde. Die Vorbereitungen zur Verteidigung der französischen Küste hatte Generalfeldmarschall Erwin Rommel getroffen, seit seiner Rückkehr aus Nordafrika ein gefeierter Kriegsheld.

Zwischen Rommel und dem deutschen Oberbefehlshaber im Westen gab es allerdings schwerwiegende Meinungsverschiedenheiten über die Verwendung von Panzerverbänden, die Rommel an der Küste der Normandie stationieren wollte, sein Vorgesetzter dagegen im Hinterland. Denn die Alliierten hatten die Deutschen verwirrt und den Eindruck erzeugt, ihr Angriff werde an der Kanalküste stattfinden. Erst nach einigen Stunden war klar, dass die Landung an der Küste der Normandie die eigentliche Landung und nicht nur ein Ablenkungsmanöver war.

An einem der Landungsstrände standen starke deutsche Verbände. Die Angreifer erlitten dort verheerende Verluste, bis es ihnen gelang, den Strand in die Hand zu bekommen. Aber insgesamt konnte die Wehrmacht nicht schnell genug reagieren. Entgegen Hitlers Erwartung blieben die Westmächte auf dem europäischen Kontinent und rückten auf Deutschland vor.

Am 22. Juni 1944 jährte sich zum dritten Mal der deutsche Angriff auf die Sowjetunion. Die Rote Armee setzte ein symbolträchtiges Zeichen. Sie begann an diesem Tag eine Großoffensive gegen die Heeresgruppe Mitte, die praktisch zusammenbrach. Dies, nicht die Landung in der Normandie, war der entscheidende Beitrag zur deutschen Niederlage. Erst Ende August konnte die Wehrmacht die Rote Armee an der Weichsel, in Lettland und an der ostpreußischen Grenze vorläufig aufhalten. Es war jetzt nur noch eine Frage der Zeit, bis sowjetische Truppen die deutschen Grenzen überschritten.

22. Juni 1944
Beginn der sowjetischen Sommeroffensive und Zusammenbruch der Heeresgruppe Mitte

## »Totaler Krieg«

Seit der Krise vor Moskau waren Deutschland und seine Kriegswirtschaft in relativ kurzer Zeit auf einen langen Krieg eingestellt worden. Das war der Grund dafür, dass der Krieg noch so lange fortgesetzt werden konnte und die Wehrmacht bis zum Herbst 1942 unbesiegbar schien.

Hitler setzte den Thüringer Gauleiter Fritz Sauckel als seinen persönlichen »Generalbevollmächtigten für den Arbeitseinsatz« ein. Sauckel, ein skrupelloser Nationalsozialist, hatte zur Aufgabe, Arbeitskräfte aus allen von Deutschland besetzten Gebieten ins Reich zu bringen. Anfänglich hatte man vorgehabt, sowjetische Kriegsgefangene einzusetzen. Anfang 1942 stellte sich aber heraus, dass diese zum Großteil bereits verhungert oder erschossen worden waren. Stattdessen wurden Zivilisten ›angeworben‹.

21. März 1942
Hitler ernennt Fritz Sauckel zum »Generalbevollmächtigten für den Arbeitseinsatz«

Nicht weniger als zwölf Millionen ausländische Zwangsarbeiter mussten während des Krieges in der Landwirtschaft und vor allem in der Industrie deutsche Männer ersetzen, die in immer größerer Zahl zum Wehrdienst einberufen wurden. Der größte Teil der unfreiwilligen Arbeitskräfte, unter ihnen etwa zur Hälfte junge Frauen, kam aus Polen und der Sowjetunion. Diese Menschen wurden in besonderen Lagern bei den Betrieben festgehalten, die sich wie ein dichtes Netz über das Reich ausbreiteten.

Jeder Deutsche hatte bald ein Lager in seiner näheren Umgebung und konnte mit eigenen Augen sehen, was dort geschah. In den Rüstungsfabriken mussten die »Fremdarbeiter« unter oft schrecklichen Bedingungen arbeiten. Sie wurden von der deutschen Belegschaft oft nicht gut behandelt, die sich ihnen gegenüber als »etwas Besseres« betrachten konnte. Auch durften die Zwangsarbeiter bei den immer häufiger werdenden feindlichen Luftangriffen keinen Schutz in Bunkern suchen. Zehntausende von ihnen kamen bei den Angriffen ums Leben.

Ferner ernannte Hitler Fritz Todt, auf den er große Stücke hielt, zum Rüstungsminister. Als Todt dann im Februar 1942 bei einem Flugzeugabsturz starb, bestimmte Hitler kurzerhand Albert Speer, seinen Lieblingsarchitekten, zu dessen Nachfolger. Speer war als Rüstungsminister ebenso begabt wie als Architekt, vor allem auf organisatorischem Gebiet. Es gelang ihm, die Herstellung von deutschem Kriegsmaterial erheblich zu steigern, was ihm einen bevorzugten Platz in Hitlers engerem Kreis einbrachte. Seine Erfolge beruhten darauf, dass er die Führung der deutschen Großindustrie stärker als bisher in die Kriegsanstrengungen einspannte und die Rüstungsproduktion rationalisierte.

**8. Feb. 1942**
**Hitler ernennt Albert Speer zum Reichsminister für Bewaffnung und Munition (seit Juni 1943: Reichsminister für Rüstung und Kriegsproduktion)**

Andererseits machte Speer umfassenden Gebrauch von den Arbeitskräften, die Sauckel ihm besorgte. Und schließlich forderte Speer auch bei Himmler Häftlinge aus den Konzentrationslagern an oder verlangte von den Betriebsleitungen, sich mit solchen Anforderungen an Himmler zu wenden. Doch ging es ihm dabei keineswegs darum, Menschen aus dem KZ zu retten, sondern um die maximale Ausbeutung der Arbeitskraft, bevor man sie ins KZ zurückschickte. Nach dem Krieg stellte Speer das natürlich anders dar.

Für die Regierungstätigkeit des NS-Staates war Hitlers Abwesenheit in der zweiten Kriegshälfte problematisch. Der »Führer« blieb der Reichshauptstadt und München immer stärker fern und mied die Öffentlichkeit. In den drei Jahren ab Herbst 1941 hielt sich Hitler insgesamt nur wenige Tage in München und Berlin auf. Für die Deutschen waren die »guten Jahre« des NS-Regimes vorbei. Sie zweifelten zwar nicht am »Führer«, kritisierten aber zunehmend die Rolle der NSDAP, deren Parteibonzen sich vor dem Kriegsdienst drückten und auf Kosten der Allgemeinheit einen teuren Lebensstil pflegten.

Goebbels erkannte schnell, dass Hitlers ausschließliche Konzentration auf die militärische Leitung seine politische Führungsfähigkeit schwächte. Er forderte wiederholt, Hitler solle das militärische Geschäft den Generälen überlassen, wozu Hitler aber nicht bereit war. Von einem geordneten Regierungsbetrieb konnte immer weniger die Rede sein. Zwar unterschrieb Hitler im Laufe des Krieges etwa vierhundert »Führer-Erlasse«, die innenpolitische Angelegenheiten betrafen und Gesetzen gleichgestellt waren. Meist erstellte Lammers dafür die Vorlagen. Aber Goebbels, Bormann und Albert Speer hatten ebenfalls Einfluss auf Hitler, weil sie ihn direkt ansprechen konnten. Der Zufall bestimmte letztlich darüber, welche innenpolitischen Entscheidungen Hitler während des Krieges fällte.

Deutschland wurde also zu einem »Führerstaat mit nicht anwesendem Führer«, wie ein Historiker es formuliert hat. Einerseits war seine Machtfülle unbeschränkt. Andererseits machte er von dieser Macht unsystematisch Gebrauch. Schon allein aus praktischen Gründen war das kaum anders möglich. Denn kein Einzelner war in der Lage, einen modernen Staat wie Deutschland im Zweiten Weltkrieg ganz allein zu führen.

Nach der Kriegswende bei Stalingrad hielt Joseph Goebbels am 18. Februar 1943 eine berüchtigte Rede im Berliner Sportpalast. Ein handverlesenes Publikum aus überzeugten Nationalsozialisten und Prominenten (wie etwa Theater- und Filmschauspieler) saß in dem riesigen Raum. Goebbels erinnerte an das Opfer der deutschen Soldaten im Osten und das »Heldentum« der Krieger von Stalingrad. Er hetzte gegen Deutschlands Kriegsgegner, die angeblich den Krieg verursacht hatten, und gegen die Juden, die dabei die Fäden gezogen hätten. Anschließend stellte Goebbels seinem Publikum zehn rhetorische Fragen. Jedes Mal antwortete das Publikum mit einem laut gebrüllten »Ja!«.

18. Feb. 1943
Goebbels' Sportpalast-Rede

Zuhörer von Goebbels' Rede im Berliner Sportpalast, 18. Februar 1943

Den Höhepunkt bildete die Frage: »Wollt ihr den totalen Krieg? Wollt ihr ihn, wenn nötig totaler und radikaler, als wir ihn uns heute überhaupt erst vorstellen können?« Die Antwort waren laute »Ja«- und »Heil«-Rufe. Die Menschen sprangen auf und hoben den rechten Arm zum Hitlergruß. Die Sportpalastrede ist die bekannteste und zugleich bösartigste Rede des Propagandaministers. Er wollte die Deutschen auf größere Kriegsanstrengungen vorbereiten. Vor allem aber wollte er Hitler ein Zeichen geben, er solle nun wirklich alles nur Mögliche für den deutschen Sieg tun, ohne auf das Volk Rücksicht zu nehmen. Die gesamte deutsche Gesellschaft sollte militarisiert und auf das eine Ziel des Sieges ausgerichtet werden. Opfer waren zu erbringen.

Hitler allerdings wusste, wie wichtig es war, eine gute Stimmung in der Bevölkerung aufrechtzuerhalten. Daher folgten auf Goebbels' große Worte lange Zeit keine größeren Taten. Zu einschneidenden Veränderungen kam es erst im Sommer 1944, etwa als die wöchentliche Arbeitszeit auf über siebzig Stunden erhöht und der Strom- und Gasverbrauch eingeschränkt wurden.

*24. Aug. 1943*
*Hitler ernennt Heinrich Himmler zum Reichsinnenminister*

»Totaler Krieg« hieß deshalb vor allem vollständige Kontrolle nach innen. Seit August 1943 war der SS-Chef Himmler zugleich Reichsinnenminister. Die Deutschen lebten nun vollends in einem Polizeistaat, in dem jede unbedachte Äußerung über die Kriegslage zu Gestapo-Verhaftung und sogar zum Todesurteil wegen angeblicher »Wehrkraftzersetzung« führen konnte. Auch das KZ-System wuchs ins Riesenhafte.

Am stärksten bekamen die Deutschen den »totalen Krieg« durch die Bombenangriffe britischer und amerikanischer Flugzeuge zu spüren, die 1943 auf ein bisher unbekanntes Höchstmaß anstiegen. In den beiden letzten Kriegsjahren wurden sie zur alltäglichen Leidenserfahrung. Die Luftwaffe hatte nicht genügend Jagdflugzeuge, um die Bomber abzuwehren. Die zahlenmäßige Überlegenheit der Gegner war bald so groß, dass sie praktisch rund um die Uhr einfliegen konnten, die Amerikaner bei Tag, die Briten nachts, beide von England aus.

In den großen Städten und ihrem Umland waren Flugabwehrkanonen (Flak) aufgestellt, die zu feuern begannen, wenn die Luftwaffe gegnerische Flugzeuge meldete und die Sirenen Bombenalarm gaben. Bedient wurde die Flak mangels Männern – denn sie wurden an der Front gebraucht – bald von jungen Oberschülern. Sie waren in der Hitlerjugend bereits vormilitärisch ausgebildet und auf Befehl und Gehorsam getrimmt worden. Oftmals empfanden sie es als ihren persönlichen Erfolg, wenn sie einen feindlichen Bomber vom Himmel holten. Gefühle der Rache spielten dabei eine Rolle, zunehmend aber auch Wut auf die Führung, die Deutschland und die Flakhelfer in diese schreckliche Lage gebracht hatte.

Vielfach kam es bei großen Angriffen zu grausigen »Feuerstürmen«, so in Hamburg Ende Juli/Anfang August 1943. Dort starben fünfunddreißigtausend Menschen. Große Brandherde, wie sie bei der Bombardierung von Städten entstehen, brauchen viel Sauerstoff. Sie saugen Luft mit solcher Gewalt ein, dass ein regelrechter Sturmwind durch die Straßen faucht. Die Brände vereinigen sich im Grunde zu einem einzigen Feuer mit unvorstellbar hohen Temperaturen, aus dem es kein Entkommen gibt.

Sommer 1943 »Feuersturm« durch alliierte Brandbomben in Hamburg

Die am stärksten bombardierte Stadt war natürlich Berlin. Hitler wurde aber durch diese Angriffe nie gefährdet. Dass ganze Städte in Schutt und Asche versanken, war ihm gleichgültig. Bei mehr als einer Gelegenheit äußerte sich Hitler kaltschnäuzig-befriedigt darüber, dass die Bomben der Gegner schon einmal das Gelände freimachten für den nationalsozialistischen Städtebau der Nachkriegszeit. Er nahm nie Bombenschäden in Augenschein, besuchte nie eine hart getroffene Stadt, anders als etwa Goebbels. Auf dem idyllischen Obersalzberg war der Abstand zur Wirklichkeit des »totalen Krieges« am stärksten.

Für die Alltagserfahrung der Deutschen war der Luftkrieg hingegen einschneidend. Die Bewohner der großen Städte verbrachten keine ruhige Nacht. Die Angst war stets mit im Bunker. Es bestand auch immer die Gefahr, dass das Haus darüber völlig zerstört und die Bunkerinsassen verschüttet wurden. Auch konnten die Luftschutzräume zu Todesfallen werden, wenn Feuerstürme sie erfassten. Die Menschen erstickten oder verbrannten in ihnen.

Ziel der Luftangriffe war es, die Deutschen in ständigem Schrecken zu halten und zum Aufstand gegen Hitler zu bewegen. Die Angegriffenen waren jedoch ständig müde und erschöpft. Woher hätten sie unter diesen Bedingungen die Energie nehmen sollen, etwas gegen das Regime zu tun? Sie reagierten unterschiedlich auf die Bombenangriffe. Neben Teilnahmslosigkeit gab es Wut und Hass, weniger auf die eigene Regierung, die all dies doch verschuldet hatte, als auf die feindlichen Flieger und die Regierungen, die sie losschickten.

Es gab aber auch ganz andere Verhaltensweisen: Vielfach sagten die Deutschen hinter vorgehaltener Hand, die Angriffe seien eine gerechte Strafe dafür, was Deutschland mit den Juden gemacht habe. Und für diejenigen jüdischen Deutschen, die noch in den Städten Arbeitsdienst leisten mussten, bedeutete jede Bombe zwar eine große Gefahr – denn sie durften nicht in die Bunker gehen –, doch vor allem auch Hoffnung auf eine baldige Befreiung.

**18. Okt. 1944 Gründung des »Volkssturms« unter Himmler und den Gauleitern der NSDAP**

Am 18. Oktober 1944 gab die NSDAP die Bildung des »Deutschen Volkssturms« bekannt. Alte Männer und Kinder sollten sich den Panzern der Roten Armee entgegenstellen. Die Verluste unter den Volkssturm-»Männern« (oftmals waren es ja halbe Kinder) waren sehr hoch. Der Volkssturm war das letzte Aufgebot, um »fanatischen Widerstand« zu leisten. Militärisch bewirkte er so gut wie nichts. Propagandistisch wurde allerdings ein großes Getöse veranstaltet. So wünschte sich Goebbels das Volk durch die NSDAP geeint und von ihr geführt in den »Endsieg«. In Wirklichkeit aber sorgte vor allem der Terror von SS und Polizei dafür, dass die Deutschen wohl oder übel bei der Stange blieben. SS-Chef Himmler war seit August 1943 Reichsinnenminister. Seit dem 21. Juli 1944 war er auch Befehlshaber des Ersatzheeres. Einen Tag zuvor war in der Wolfsschanze eine Bombe explodiert.

## Widerstand und Attentat

### Spielräume

Wer Widerstand gegen ein totalitäres Regime leistet, setzt sein Leben aufs Spiel. Den Mut, sich und die eigene Familie zu gefährden, brachten auch unter der Diktatur des Nationalsozialismus nur wenige Menschen auf. Widerstand unterscheidet sich von der Zivilcourage, wie sie beispielsweise durch die Verweigerung des Hitlergrußes zum Ausdruck kam. Aber selbst solche Handlungen konnten vom Staat als Widerstand eingestuft und verfolgt werden.

Wer sich mit dem Widerstand gegen den Nationalsozialismus beschäftigt, stößt unweigerlich auf die Zustimmung, die

Der Hamburger Werftarbeiter August Landmesser (KREIS) verweigert im Oktober 1936 als Einziger den Hitlergruß. Landmesser musste später wegen angeblicher »Rasseschande« mit seiner jüdischen Lebensgefährtin KZ-Haft erleiden und kam 1944 in einem Strafbataillon der Wehrmacht ums Leben

das NS-Regime für sich mobilisieren konnte. Immer wieder sind uns im Laufe dieses Buches Anpassungsbereitschaft und vorauseilender Gehorsam, jubelnde »Volksgenossen« und das Leben der Deutschen auf Kosten von fremden Völkern begegnet, die im Krieg unter deutscher Besatzung und Ausbeutung zu leiden hatten.

Allzu viele Bürger des nationalsozialistischen Staates nahmen dessen Gewalt gegen vermeintliche Feinde und im In- und Ausland passiv hin, zogen Nutzen daraus, wurden als Gaffer Zeugen dieser Gewalt oder übten sie selbst aus. Es gab durchaus Handlungsspielräume zwischen Wegsehen bzw. aktivem Mitmachen einerseits und lebensgefährlichem Widerstand andererseits. Aber diese Möglichkeiten wurden ganz selten ergriffen, weil die meisten gar nicht an Widerstand dachten oder nicht wagten, sich dem Regime zu widersetzen. Hinzu kommt, dass die Deutschen im Krieg vor allem mit sich selbst beschäftigt waren. Seit der Kriegswende bei Stalingrad wuchs zudem der Terror des NS-Staates ins Uferlose.

Konnte man also überhaupt Widerstand leisten? Die einzigen gesellschaftlichen Kräfte, die sich der »Gleichschaltung« des frühen NS-Regimes in begrenztem Maß hatten entziehen können, waren die katholische und die evangelische Kirche. Der Nationalsozialismus an der Macht war betont religions- und kirchenfeindlich, obwohl Hitler sich ständig auf göttliche Eingebungen, die »Vorsehung« und dergleichen berief. Geistliche und kirchliche

**1935–37
NS-Propaganda gegen die katholische Kirche**

Einrichtungen wurden mit einer Vielzahl von alltäglichen Schikanen bedrängt und zeitweise mit erfundenen Anschuldigungen gegen Ordensleute überzogen. Viele Priester, vor allem solche der katholischen Kirche, wurden verhaftet und in Konzentrationslager gesperrt. Im Unterschied zu Goebbels scheute Hitler jedoch die große »Abrechnung« mit den Kirchen, denn er wollte Unruhe unter den Gläubigen vermeiden und die Ausschaltung des Klerus auf die Nachkriegszeit verschieben.

Dies eröffnete gewisse Spielräume. Viele Gläubige lehnten die Vergötterung Hitlers ab und bewahrten sich durch ihr Festhalten an der christlichen Religion innere Unabhängigkeit. Aber organisierter Widerstand aus den Kirchen heraus fand nicht statt. Das hatte vor allem den Grund, dass sie die geringen Möglichkeiten eigenständigen Handelns gegenüber Staat und Partei nicht aufs Spiel setzen wollten. Wir werden noch sehen, dass führende Vertreter der Kirchen gegen den Massenmord an Kranken und Behinderten protestierten. Zur Verfolgung der Juden schwiegen die Kirchen jedoch, sieht man von ganz wenigen Ausnahmen ab.

Widerstand war also im NS-Staat auf wenige Menschen und Gruppen beschränkt, die zudem gesellschaftlich isoliert waren. Diejenigen, die verfolgt und getötet wurden, hatten so gut wie keine Chance, Hitlers Herrschaft zu gefährden. Wenn Kommunisten trotz der Drohung mit dem KZ illegale Zeitungen druckten, war das Widerstand. Wenn Juden um ihr Überleben kämpften, war das ebenfalls Widerstand. Der Versuch, Hitler zu töten, war natürlich die stärkste Form des Widerstands. Für ein solches Attentat kamen im Wesentlichen zwei Personenkreise in Betracht: Einzeltäter und solche aus der Mitte des Regimes.

### Elsers Bombe

Hitler war sich bewusst, dass sein Leben gefährdet war. Im August 1939 hatte er gegenüber seinen Generälen erwähnt, ein »Idiot« könne ihn durch ein Attentat beseitigen. Am Abend des 8. November 1939 sprach Hitler aus Anlass des Putsch-Gedenkens im Münchner Bürgerbräukeller. Bis zu dreitausend Männer waren anwesend, um ihrem »Führer« zu lauschen. Direkt hinter dem Rednerpult befand sich eine Säule, die einen darüber liegenden Balkon und das Dach des Kellers trug. In der Säule tickte eine Zeitbombe.

**8. Nov. 1939
Bombenanschlag im Münchner Bürgerbräukeller**

Eingebaut hatte sie der vierunddreißigjährige schwäbische Tischler Johann Georg Elser. Elser hatte in den zwanziger Jahren zeitweise dem kommunistischen Rotfrontkämpferbund angehört. Aber nicht Parteipolitik war sein Antriebsgrund, sondern politisches Urteilsvermögen. Hitler, davon war Elser zu Recht überzeugt, beutete die Arbeiter aus. Außerdem wollte Hitler den Krieg. Um diesen zu verhindern, musste der Diktator getötet werden, am besten zusammen mit Göring und Goebbels.

Elser hatte sich Arbeit in einem Steinbruch gesucht und dort unbemerkt Sprengstoff an die Seite geschafft. Dann hatte der handwerklich begabte Tischler aus zwei Uhren einen raffinierten Zeitzünder gebastelt. Im Spätsommer 1939 begannen seine unmittelbaren Vorbereitungen. An nicht weniger als dreißig Abenden besuchte er den Bürgerbräukeller, aß eine Kleinigkeit, versteckte sich anschließend auf der Galerie und ließ sich nachts einschließen. Elser höhlte die Säule hinter Hitlers Standort aus. Das Loch verschloss er mit einem eigens angefertigten Deckel, der kaum zu erkennen war. Morgens versteckte sich Elser wieder und verließ im Trubel des Mittagsgeschäfts das Lokal mit einem kleinen Koffer. Darin befand sich der Schutt seiner nächtlichen Aushöhl-Arbeit.

In der Nacht zum 6. November war Elser mit allem fertig: Die Bombe befand sich an ihrem Platz. Elser stellte den Zünder auf 21.20 Uhr am 8. November ein, denn Hitler sprach üblicherweise eineinhalb Stunden ab 20.30 Uhr. In der Nacht zuvor hatte Elser im Bürgerbräukeller geprüft, ob alles noch funktionierte. Der Hohlraum war gut abgedichtet, sodass man auch mit einem Ohr an der Säule das Ticken des Zeitzünders nicht hören konnte. Alles war in Ordnung. Elser bestieg den Zug nach Konstanz, um in die nahe Schweiz zu fliehen.

Hitler war in diesen Tagen mit den Vorbereitungen des deutschen Angriffs im Westen beschäftigt. Die Kundgebung im Bürgerbräukeller begann früher als sonst. Um 20.10 Uhr begann Hitler mit seiner Rede. Schon um 21.07 Uhr war er fertig und verließ mit seiner Begleitung das Lokal. Wegen schlechten Wetters wollte er statt mit dem Flugzeug mit dem Sonderzug reisen. Eine Verspätung konnte Hitler sich nicht erlauben. Das war der Grund für seine verfrühte Abfahrt.

Zehn Minuten nachdem Hitler den Bürgerbräukeller verlas-

München: Der zerstörte Bürgerbräukeller
nach dem Bombenattentat Georg Elsers, 10. November 1939

sen hatte, ging Elsers Bombe hoch. Der Pfeiler stürzte ein, die Galerie und ein Teil der Decke ebenfalls. Sechs »Alte Kämpfer«, die sich in der Nähe der Säule aufgehalten hatten, und eine Kellnerin waren sofort tot; ein weiterer Parteigenosse starb später im Krankenhaus. Mindestens sechsunddreißig weitere Besucher erlitten teils lebensgefährliche Verletzungen. Mit hoher Wahrscheinlichkeit wäre Hitler getötet worden.

Elser war inzwischen beim versuchten Grenzübertritt in der Nähe von Konstanz verhaftet worden. Erst nach der Münchner Explosion merkten die deutschen Zöllner, dass sie den Attentäter gefasst hatten. Hitler und die Gestapo-Führung waren davon überzeugt, dass der Einzeltäter Elser im Auftrag des englischen Geheimdienstes gehandelt hatte. Nach dem »Endsieg« sollte ein Schauprozess gegen ihn stattfinden. Elser wurde in das Konzentrationslager Sachsenhausen eingeliefert. Kurz vor Kriegsende brachte die SS ihn in das KZ Dachau, wo er ermordet wurde.

Bis zum 20. Juli 1944 kam niemand mehr dem Ziel so nahe, Hitler zu töten. Hätte Elser Erfolg gehabt, so wäre die Geschichte anders verlaufen. Nach dem Krieg meinten viele Deutsche, Hitler wäre als großer Mann in die Geschichte eingegangen, wenn Elser ihn getötet hätte. Man sollte aber nicht übersehen, dass das NS-Regime bereits mörderische Züge angenommen hatte: Konzentrationslager, Judenverfolgung, Massenerschießungen in Polen, der Mord an Geisteskranken und unheilbaren Patienten – dies alles war schon im Gang, als die Bombe explodierte. Georg Elser, nicht Hitler, hätte man einen großen Mann nennen müssen. Aber das Attentat verfehlte sein Ziel. Und so ging der Krieg weiter.

### »Weiße Rose«

Widerstand konnte auch heißen, zum Sturz Hitlers aufzurufen. Das tat eine Gruppe Münchner Studenten um die Geschwister Hans und Sophie Scholl, die sich »Weiße Rose« nannte. Die Mitglieder dieser Gruppe kamen aus gebildeten, christlichen Elternhäusern. Anfangs waren die Scholls begeistert vom nationalsozialistischen Ideal der »Volksgemeinschaft« und engagierten sich in der Hitlerjugend. Die Art und Weise, wie der NS-Staat mit den Resten der bürgerlichen Jugendbewegung und mit den Kirchen umsprang, brachte sie jedoch in grundsätzliche Gegnerschaft zum Regime.

Der Anstoß, aktiv etwas gegen Hitler zu unternehmen, kam daher, dass Mitglieder der Gruppe Augenzeugen deutscher Verbrechen in Osteuropa wurden. Hans Scholl und zwei seiner Freunde, Willi Graf und Alexander Schmorell, hatten 1942 als Soldaten in Polen zufällig eine Massenerschießung mit ansehen müssen. Sie wussten auch, welche schrecklichen Zustände im jüdischen Ghetto von Warschau herrschten. Außerdem sahen die Freunde, dass der Krieg nicht mehr zu gewinnen war.

Nach ihrer Rückkehr aus Polen verfassten Scholl und Schmorell, möglicherweise unter Beteiligung Sophie Scholls, vier regimekritische »Flugblätter der Weißen Rose«, die sie im Sommer 1942 mit der Post an verschiedene Empfänger in München und anderen Städten verschickten, natürlich ohne Absenderangabe. Die Leserinnen und Leser wurden aufgefordert, das Blatt abzuschreiben und an möglichst viele Empfänger weiterzuverteilen. In diesen Flugblättern prangerten die Verfasser die »grauenvollsten und jegliches Maß unendlich überschreitenden Verbrechen« an, darunter die Ermordung von über dreihunderttausend polnischen Juden. Sie riefen zum passiven Widerstand in der Rüstungsindustrie und anderswo, zur Beseitigung des »Faschismus«, ja sogar dazu auf, die »braune Horde auszurotten«. Der Fall des Nationalsozialismus sei wichtiger als der Sieg über den Bolschewismus.

*Juli 1942 bis Feb. 1943 Sechs »Flugblätter der Weißen Rose«*

Der Kerngruppe gehörten außer den Geschwistern Scholl, Schmorell und Graf seit Herbst 1942 der Student Christoph Probst und der Philosophieprofessor Kurt Huber an. Im weiteren Umkreis der »Weißen Rose« gab es zahlreiche Unterstützer und Helfer. Die Gruppe verwendete eine kraftvolle, klare Sprache. Denn sie wollte, dass die Masse der Deutschen Widerstand leistete. Hitler war für die Gruppe nichts weniger als der Teufel in Person. Um christliche Gesittung und Menschenliebe in ganz Europa wiederherzustellen, müsse Deutschland militärisch besiegt werden.

Vom sechsten Flugblatt, das sich ausdrücklich an die studentische Jugend wandte, gab es rund tausend Exemplare. Sie wurden zum Teil wie bisher mit der Post verschickt. Die übrigen Exemplare brachten die Geschwister Scholl am 18. Februar heimlich mit in die Universität und verteilten sie vor den Hörsälen. Sie wussten nicht, dass die Universität seit Tagen unter Dauerbeobachtung der Gestapo stand. Als Sophie Scholl einen größeren Stapel Flugblätter von einem der höheren Stockwerke in den Lichthof des Universitätsgebäudes herabregnen ließ, wurde sie vom Hausmeister entdeckt. Er setzte Hans und Sophie fest und übergab sie der Gestapo. Hans Scholl hatte den Entwurf eines siebten Flugblatts in der Tasche, verfasst von Christoph Probst. Auch er wurde verhaftet, ebenso wie Willi Graf, Alexander Schmorell, Kurt Huber und zahlreiche Unterstützer der »Weißen Rose«.

Um ihre Freunde zu entlasten, versuchten die Geschwister Scholl, alle Schuld auf sich zu nehmen. Sie standen auch in den Gestapo-Verhören mutig zu ihrem Handeln. Schon vier Tage später standen Hans und Sophie Scholl sowie Christoph Probst vor dem berüchtigten Vorsitzenden des Berliner »Volksgerichtshofs«, Roland Freisler. Freisler war ein Jurist, der sein Richteramt als soldatisches Handeln für den »Führer« auffasste. Das Urteil stand schon vor Prozessbeginn fest. Am 22. Februar 1943 wurden die Geschwister Scholl und Christoph Probst zum Tode verurteilt und noch am selben Tag mit dem Fallbeil enthauptet. Freisler verurteilte im April auch Kurt Huber, Alexander Schmorell und Willi Graf zum Tode. Zahlreiche Mitangeklagte aus dem Umfeld der »Weißen Rose« erhielten bei diesem zweiten Prozess teils hohe Gefängnisstrafen. Hitler persönlich lehnte ein Gnadengesuch für Schmorell und Graf im Juni 1943 ab.

## 20. Juli 1944

Ähnlich wie die »Weiße Rose« dachte ein Kreis um den Juristen Helmuth James von Moltke, bei Kriegsbeginn zweiunddreißig Jahre alt. Moltke hatte es nach seinem Studium abgelehnt, als Richter in den Staatsdienst einzutreten, denn er wollte mit der NSDAP nichts zu tun haben. Stattdessen war er als Anwalt tätig gewesen und hatte verfolgten Juden bei der Auswanderung und bei dem Versuch geholfen, ihr Vermögen vor der nationalsozialistischen »Arisierung« zu schützen. Durch seine Familie hatte er gute Beziehungen zu England, dessen Rechtswesen er dort studiert hatte. Im Sommer 1943 leitete er das sechste Flugblatt der »Weißen Rose« nach England weiter. Es wurde von britischen Flugzeugen in hoher Auflage über deutschen Großstädten abgeworfen, um zum Sturz Hitlers aufzurufen.

Zu dieser Zeit unterhielt Moltke einen Gesprächskreis von Oppositionellen, der sich teilweise auf seinem schlesischen Gut Kreisau traf (daher die Bezeichnung »Kreisauer Kreis«). Der Kreisauer Kreis, der seit 1940 bestand und 1942/43 mehrfach zusammentraf, befasste sich vor allem mit der Frage, wie Deutschland nach dem Sturz des Nationalsozialismus aussehen sollte. Grundlage allen staatlichen Handels müsse die Menschenwürde sein. Sie ist in unserem heutigen Grundgesetz als oberster Verfassungsgrundsatz geschützt. Ähnlich wie die »Weiße Rose« glaubten Moltke und seine Mitstreiter, dass das NS-Regime von innen heraus gestürzt werden könne.

1940–1944 »Kreisauer Kreis« konservativer Regimegegner

Je länger der Krieg dauerte, desto schwieriger wurde es für Einzeltäter, an den »Führer« heranzukommen. Sie mussten der führenden Schicht um Hitler angehören, damit das gelingen konnte. Das bekannteste Beispiel hierfür ist das Attentat des Grafen Stauffenberg am 20. Juli 1944. Die Männer, die sich dazu entschlossen, einen Anschlag durchzuführen und den Umsturz zu wagen, waren überwiegend adlig, konservativ und deutschnational. Nicht wenige von ihnen hatten über kürzere oder längere Zeit mit dem Nationalsozialismus sympathisiert.

Seit 1938 gab es eine Gruppe von hohen Offizieren, die zeitweise scharfe Hitler-Gegner waren. Damals hatte es sogar Pläne zum Sturz des Diktators gegeben. Doch solange der Krieg für Deutschland günstig lief, hatte Widerstand aus der Wehrmacht heraus kaum Chancen. Das war für Berufsoffiziere eine schwierige Lage. Hinzu kam, dass sie einen Eid auf Hitler geschworen hatten. Im Unterschied zum »Führer« bedeutete ihnen ein Eid viel. Man brach ihn nicht leichthin.

Der militärische Widerstand stand in mehr oder weniger enger Verbindung zum Kreisauer Kreis. Claus von Stauffenberg war Helmuth James von Moltkes Cousin. Im Unterschied zu Moltke war Stauffenberg davon überzeugt, dass Hitler getötet werden müsse. Ziel der Verschwörer war es, den aussichtslosen Krieg zu beenden und dem Ausland zu zeigen, dass es ein »anderes«, ein moralisch besseres Deutschland gab. Die Offiziersopposition wollte nicht zur Demokratie zurück, sondern überwiegend zu einem autoritären Staat, wie er in der späten Weimarer Republik vorgedacht worden war.

Aber das ist zweitrangig. Ein erfolgreiches Attentat hätte in jedem Fall Menschenleben gerettet. So hätte der irrwitzige Terror, den das NS-Regime in seinem Untergang ausübte, unterbunden werden können. Wäre Hitler getötet worden, hätte es sehr wahrscheinlich einen Bürgerkrieg zwischen Hitler-Gegnern und Nationalsozialisten gegeben. Dieser hätte den Krieg verkürzt. Etwa die Hälfte der Soldaten aller beteiligten Streitkräfte kam *nach* dem 20. Juli 1944 ums Leben.

Wie aber kam es zu dem Attentat? Als der Krieg gegen die Sowjetunion immer aussichtsloser wurde, beschloss die Militäropposition zu handeln. Man traf sich im März 1942 und nahm heimlich Kontakt mit General Friedrich Olbricht auf. Er war Leiter des Allgemeinen Heeresamtes in der Berliner Bendlerstraße. In diesem Amt waren Einsatzpläne unter dem Stichwort »Walküre« entwickelt worden, die nur Hitler selbst oder Generaloberst Friedrich Fromm, Befehlshaber des Ersatzheeres, auslösen konnte. Soldaten sollten eingesetzt werden, um innere Unruhen niederzuschlagen. Man dachte hierbei vor allem an einen Aufstand der Millionen »Fremdarbeiter«. Die Furcht vor einem solchen Aufstand war weit verbreitet. Niemand bemerkte daher, dass die Verschwörer »Walküre« für ihren Zweck nutzten. Ihr genialer Trick bestand darin, den Plan so abzuändern, dass er nicht mehr zum Schutz der Regierung, sondern zu ihrem Sturz verwendet werden konnte.

Wie aber an Hitler herankommen? Das war die entscheidende

*1943 Umformulierung der »Walküre«- Pläne zum Staatsstreich gegen Hitler*

Frage. Hitler war ständig von schwer bewaffneten Leibwächtern umgeben und plante seine Reisen oft erst in letzter Minute um. Auch hatte Hitlers Adjutant mitgeteilt, Hitler trage auf Reisen eine kugelsichere Weste und seine Mütze sei mit Stahl verstärkt, um ihn vor Kopfschüssen zu schützen. Wahrscheinlich entsprach das nicht der Wahrheit. Aber die Verschwörer meinten, unter diesen Voraussetzungen könnten sie Hitler nicht mit der Pistole niederschießen.

Im Frühjahr 1943 wurden zwei Gelegenheiten verpasst, Hitler zu töten. Eine Bombe, die der Offizier Henning von Tresckow in Hitlers Flugzeug eingeschmuggelt hatte, explodierte nicht. Auch Rudolf-Christoph von Gersdorff, ein Vertrauter Tresckows, schaffte es während eines Ausstellungsbesuches Hitlers nicht rechtzeitig, die Bombe in seiner Uniformtasche zu zünden. Lange ergaben sich keine Möglichkeiten mehr. Man suchte nach einem Attentäter, der Hitler nahe genug kommen konnte, ohne dass man deshalb eine weitere Reise des »Führers« abwarten musste. Der Attentäter musste in Hitlers Hauptquartier gelangen können.

Der Einzige, der dafür in Frage kam, war Claus von Stauffenberg. Er war Stabschef und Stellvertreter des Befehlshabers des Ersatzheeres. In dieser Funktion konnte er an Besprechungen in Hitlers Hauptquartier teilnehmen. Es gab aber das Problem, dass Stauffenberg an der Planung für die Zeit nach einem erfolgreichen Anschlag ebenfalls maßgeblich beteiligt war. Sollte der Umsturzversuch gelingen, musste er danach auf jeden Fall in Berlin sein. Er war also zugleich Attentäter und Leiter des »Walküre«-Putschversuchs.

Auf den Obersalzberg war Hitler immer seltener gekommen. Zum letzten Mal hielt er sich ab Ende Februar 1944 für einige Monate in seiner Ferienresidenz auf. Hitler hatte die Wolfsschanze verlassen. Der Grund für seine lange Abwesenheit von Ostpreußen lag darin, dass die Rote Armee seinem Hauptquartier bereits recht nahe gekommen war. Weil mit Angriffen sowjetischer Bombenflugzeuge gerechnet wurde, wurde das Gelände der Wolfsschanze erheblich umgebaut und mit Bunkern verstärkt. Ab dem 6. Juli hielt sich Stauffenberg dreimal zu militärischen Besprechungen in Berchtesgaden auf. Jedes Mal hatte er Sprengstoff in der Tasche. Aber es ergab sich keine Gelegenheit, die Bombe zu zünden.

Kurz darauf reiste Hitler vom Obersalzberg ab – für immer.

Feb.–Juli 1944
**Hitler letztmalig auf dem Obersalzberg**

Ihm war anscheinend bewusst, dass er nicht mehr zurückkehren würde, weil der Krieg verloren war. Hitler stand lange vor seinen Gemälden, als wenn er sich von ihnen verabschieden wollte. Den wenigen Männern und Frauen seines Hofstaats, die bei seiner Abreise noch auf dem »Berg« waren, sagte Hitler »Leben Sie wohl« statt »Auf Wiedersehen«.

Am späten Vormittag des 14. Juli traf Hitler wieder in der Wolfsschanze ein. Stauffenbergs Nerven waren stark genug, um ein weiteres Mal mit Sprengstoff im Gepäck anzureisen. Am Morgen des 20. Juli flog er mit seinem Adjutanten, Oberleutnant Werner von Haeften, von Berlin nach Rastenburg. Die beiden wurden von einem Wagen am Flugfeld abgeholt und in die Wolfsschanze gebracht. Dort fragte Stauffenberg OKW-Chef Keitel, wo er sein Hemd wechseln dürfe, was bei der sommerlichen Hitze keine ungewöhnliche Bitte war.

In Stauffenbergs Aktentasche befanden sich zwei Kilogramm Sprengstoff und Zeitzünder für zwei Sprengstoffpakete. In einem kleinen Raum zum Umkleiden versuchten Stauffenberg und Haeften in aller Eile, die beiden Bomben vorzubereiten. In der Kürze der Zeit – und weil sie von einem Soldaten gestört wurden – gelang es Stauffenberg nur, eines der Sprengstoffpakete scharf zu machen und in seine Aktentasche zu legen. Hätten die beiden mehr Zeit gehabt, so hätte aller Wahrscheinlichkeit nach niemand die Explosion überlebt.

Als Stauffenberg die Lagebaracke betrat, war die Besprechung schon im Gang. Da er durch eine schwere Kriegsverletzung in Nordafrika ein Auge verloren hatte und teilweise taub war, bat Stauffenberg um einen Platz nahe beim »Führer«. Diese Bitte wurde ihm erfüllt. Seine Tasche wurde unter den Tisch gestellt, allerdings ziemlich weit entfernt von Hitler. Kurz darauf verließ Stauffenberg die Besprechung. Auch dies war nicht ungewöhnlich, weil bei den täglichen Lagebesprechungen viel Hin und Her üblich war. Der Oberst ließ Uniformmütze und Gürtel an der Garderobe hängen, als wolle er gleich zurückkehren.

**20. Juli 1944 Bombenattentat auf Hitler in der »Wolfsschanze«**

Stattdessen verlangten Stauffenberg und Haeften ungeduldig nach dem Auto, das sie zum Flugplatz bringen sollte. Etwa um 13.15 Uhr ging die Bombe hoch. Kurz darauf stand der Wagen bereit. Mit viel Glück und Frechheit gelang es Stauffenberg und

Haeften, die Wolfsschanze zu verlassen. Eine halbe Stunde nach der Explosion waren die beiden in der Luft. Stauffenberg war sich sicher, dass Hitler bei der Explosion umgekommen war. Tatsächlich hatte seine Bombe enorme Zerstörungen in der Lagebaracke angerichtet, die nahezu zerfetzt wurde. Von den vierundzwanzig Personen, die zum Zeitpunkt der Explosion dort anwesend gewesen waren, waren elf erheblich verletzt, vier davon so schwer, dass sie kurz nach dem Attentat oder einige Wochen später starben. Fast allen Anwesenden hatte der Krach der Explosion die Trommelfelle zerfetzt, viele hatten Brand- und Splitterverletzungen.

Mit am geringsten verletzt war ausgerechnet Hitler. Der »Führer« hatte sich während der Explosion über den Lagetisch gebeugt, das Kinn auf seinen Ellenbogen gestützt. Das rettete ihm das Leben, weil der Tisch die Sprengwirkung teilweise auffing. Keitel umarmte Hitler mit Tränen in den Augen: »Mein Führer, Sie leben, Sie leben!« Hitler war durch die Trümmer der Baracke zur Tür gegangen und hatte währenddessen die Flammen an seinen Hosen und an seinem Hinterkopf ausgeschlagen. Er hatte sich dann in seinen Bunker begeben, wo Leibarzt Dr. Morell ihn untersuchte. Hitler hatte Verletzungen am rechten Arm erlitten, Schwellungen und Abschürfungen am linken Arm, Brand- und Splitterverletzungen an Händen und Beinen sowie Schnittwunden an der Stirn. Beide Trommelfelle waren geplatzt. Diese Verletzungen waren keineswegs so leicht, wie die NS-Propaganda später behauptete, aber sie waren auch nicht so schlimm, dass Hitler ins Krankenhaus musste.

Er empfing sein Gefolge gelassen, grimmig, fast ein bisschen stolz auf das Durchgestandene. Hitlers Jacke, seine Hose und die weiße lange Unterhose waren zerfetzt. Diese Kleidungsstücke ließ er wie eine eigene Kriegsauszeichnung an Eva Braun auf den Obersalzberg schicken. Hitler war davon überzeugt, dass wieder einmal die »Vorsehung« für seine Errettung verantwortlich gewesen war. Sie wolle, dass er sein Werk vollenden könne. In Wirklichkeit hatte er einfach nur Glück gehabt, wieder einmal.

Unterdessen warteten die Verschwörer in Berlin auf Nachrichten über das Attentat. Der Befehlshaber des Ersatzheeres, Friedrich Fromm, hatte inzwischen erfahren, dass Hitler lebte und nur leicht verletzt war. Daher war Fromm, der in den Umsturzplan

**20./21. Juli 1944**

**Hinrichtung Stauffenbergs und einiger Mitverschwörer**

eingeweiht war, nicht bereit, die Befehle wie vorgesehen zu unterschreiben. Damit war das Schicksal Stauffenbergs und seiner Mitverschwörer weitgehend besiegelt. Vier von ihnen, darunter Stauffenberg, wurden in der späten Nacht in der Bendlerstraße erschossen – auf Befehl Fromms, der damit seine Beteiligung an den Umsturzvorbereitungen vertuschen wollte.

In einer Rundfunkansprache informierte Hitler die Deutschen kurz nach Mitternacht über das Attentat und seine wundersame Errettung. Er übte schreckliche Rache an den Putschisten. Zahlreiche hohe Offiziere, die in den Umsturzversuch verwickelt waren, begingen Selbstmord oder wurden dazu gezwungen, unter ihnen Feldmarschall Erwin Rommel.

Freislers Volksgerichtshof hatte die Aufgabe, Schauprozesse gegen die verhafteten Männer des 20. Juli durchzuführen. Auf Befehl Hitlers wurden die Verhandlungen gefilmt. Die Angeklagten waren von der Gestapo grausam gefoltert worden, um ihnen die Namen von Mitverschworenen abzupressen. Sie waren von der Haft deutlich gezeichnet und wurden in schäbiger Zivilkleidung vorgeführt. Freisler war überaus bösartig. Er brüllte die Männer an, sodass sie kaum zu Wort kamen. Sie wussten, dass ihr Todesurteil beschlossene Sache war. Dennoch war ihre Haltung vor dem Volksgerichtshof bewunderungswürdig.

Hitler wollte die Angeklagten »wie Schlachtvieh« aufgehängt und nicht erschossen sehen. Tatsächlich wurden an einem Stahlträger im Hinrichtungsraum der Haftanstalt Plötzensee S-förmige Haken angebracht, wie sie in Fleischerläden verwendet werden. An diesen Haken hingen die Schlingen, in die der Scharfrichter die Todeskandidaten hob. Sie erstickten, manche schnell, andere nach einem qualvoll langen Todeskampf. Um die Hingerichteten noch weiter zu demütigen, zog der Scharfrichter ihnen die Hosen herunter.

Ebenfalls auf ausdrücklichen Befehl Hitlers wurden die Hinrichtungen gefilmt. Der »Führer« sah sich Fotografien der Exekutionen an. Ob er auch die zugehörigen Filme gesehen hat, ist unklar. Sie wurden jedenfalls einem größeren Kreis von SS-Offizieren in der Wolfsschanze vorgeführt.

Mehr als zweihundert Personen wurden nach dem 20. Juli 1944 hingerichtet. An den Familien der Putschisten vollzog Himmler, was er als »altgermanisch« betrachtete, nämlich die sogenannte Sippenhaft. Die Kinder der Beteiligten wurden von ihren Müttern getrennt und in einer Jugendherberge im Harz eingesperrt. Die Witwen wurden in Haft genommen und teilweise in Konzentrationslager eingeliefert. Nur das Kriegsende verhinderte, dass das Regime seine Blutrache zum Abschluss brachte.

Der Widerstand gegen Hitler hatte keinen gesellschaftlichen Rückhalt. Den Verschwörern war dies durchaus bewusst. Sie nahmen in Kauf, im Fall ihres Scheiterns als Verräter in die deutsche Geschichte einzugehen. Die in der NS-Propaganda immer wieder beschworene Erinnerung an den »Dolchstoß« von 1918 zeigte tatsächlich Wirkung. Stauffenbergs Attentat wurde von der Mehrheit der Deutschen und von den meisten Offizieren abgelehnt. Sehr viele »Volksgenossen« äußerten sich erleichtert, dass Hitler überlebt hatte. Diese nach wie vor bestehende Bindung an den abwesenden »Führer« ist bemerkenswert. Sie verstärkte sich durch das Attentat sogar noch.

Bald aber änderte sich die Stimmung: Diesen »Führer« würde man erst durch das Kriegsende los, je eher, desto besser. Viele sahen in Hitler inzwischen einen Vollstrecker des Bösen schlechthin. Seine Herrschaft bröckelte. Umso mehr stützte sich Hitler auf seine ältesten Getreuen, die Gauleiter, und auf den Terrorapparat der SS. Das Regime kam auf den Höhepunkt seines »Amoklaufs«, wie ein Historiker dies treffend genannt hat.

Hitler verfiel körperlich immer mehr, zumal seine Verletzungen schwerer waren, als es nach außen hin zugegeben wurde. Zwar verschwanden die äußeren Anzeichen seiner Parkinson-Erkrankung für einige Wochen – das Attentat war gewissermaßen ein heilsamer Schock gewesen –, aber er hatte wegen der Verletzungen im Innenohr längere Zeit Schwierigkeiten, gerade zu stehen und das Gleichgewicht zu halten.

Sein Misstrauen gegen die Generäle steigerte sich zum Verfolgungswahn. Hitler behauptete, alle seine militärischen Misserfolge seien nur durch Verrat zu erklären. Militärische Besprechungen wurden nun vollends zur Qual. Ständig steigerte sich Hitler in Wutanfälle hinein. Er sah sich endgültig als Vollstrecker des deutschen Schicksals.

# DER MASSENMÖRDER

**Krieg und Gewalt** 238
»Euthanasie« 238
»Prophezeiung« 244
»Rassische Flurbereinigung« 246
»Reservat« und Ghetto 249
Vernichtungskrieg 252

260 **Die Ermordung der europäischen Juden**
260 Entscheidung zur »Endlösung«
267 Deportationen
270 Vernichtungslager

**»Führer« und** 278
**»Volksgemeinschaft«**

Persönlich hat Adolf Hitler wohl keinen Menschen getötet, vermutlich nicht einmal im Ersten Weltkrieg, als er Meldegänger war. Er hat sich auch nie ein KZ oder Mordlager angesehen. Und trotzdem war Hitler ein Massenmörder.

Bis zu vierzehn Millionen Zivilisten – also Menschen, die nicht an den Kampfhandlungen des Krieges teilnahmen – verloren unter seiner Herrschaft gewaltsam ihr Leben, davon rund sechs Millionen Juden und acht Millionen Nichtjuden. Unter den zuletzt Genannten waren drei Millionen sowjetische Kriegsgefangene, die verhungerten oder erschossen wurden, eine Million Opfer der sogenannten Partisanenbekämpfung, die in der Sowjetunion, in Jugoslawien und Griechenland getötet wurden, rund eine Million Hungertote (über die Soldaten der Roten Armee hinaus), einige hunderttausend sowjetische und polnische Bürger, die dem deutschen Terror zum Opfer fielen, rund zweihundertfünfzigtausend Geisteskranke und Behinderte, eine etwa ebenso große Zahl von ausländischen Zwangsarbeitern und mindestens hunderttausend Sinti und Roma (»Zigeuner«).

Auch Stalin ließ Millionen von Menschen töten. Die bloße Zahl der Opfer macht Hitlers Verbrechen also nicht einzigartig. Einzigartig waren sie zum einen deshalb, weil Hitler aus »rassischen« Gründen morden ließ, zum anderen deshalb, weil diese Morde im Rahmen von Kriegshandlungen stattfanden. Es bestand ein enger Zusammenhang zwischen den Massenmorden des nationalsozialistischen Regimes und der deutschen Kriegsführung, die wiederum eng mit wirtschaftlichen Zielsetzungen verknüpft war. Die Wehrmacht ermöglichte die Massenmorde, indem sie fremde Länder besetzte, und deckte sie ab, indem sie die widerrechtliche Tötung von Zivilisten zuließ oder selbst durchführte.

Der sowjetische Terror richtete sich vor allem gegen Bürger des eigenen Landes. Dagegen waren die allermeisten Opfer deutscher Verbrechen Ausländer: bis zu sechsundneunzig Prozent. Diese Verbrechen wurden ganz überwiegend während des Zweiten Weltkrieges verübt, ganz überwiegend auch außerhalb der deutschen und österreichischen Grenzen.

Als Staatsoberhaupt und Kriegsherr trug Adolf Hitler die politische Verantwortung für alle Verbrechen, die im Zweiten Weltkrieg von Deutschen und ihren ausländischen Helfern begangen wurden. Welche Rolle er persönlich darin spielte, ist jedoch eine andere Frage, die sich nicht leicht beantworten lässt. Denn Hitler erteilte Mordbefehle fast ausschließlich mündlich. Auch legte er größten Wert darauf, mit den deutschen Verbrechen nicht in Verbindung gebracht zu werden, weil er befürchtete, sein Ansehen als »Führer« könnte darunter leiden.

In zwei Fällen befahl Hitler schriftlich, Morde durchzuführen. Das erste Mal tat er das bei der »Nacht der langen Messer« 1934, als er eine Tötungsliste abhakte, das zweite Mal bei der Ermächtigung zur »Aktion Euthanasie« 1939, die im nächsten Abschnitt noch näher betrachtet werden soll. Mündliche Mordbefehle Hitlers sind nur selten schriftlich festgehalten worden, so von SS-Chef Himmler. Weil es so wenige Dokumente über Hitler als Massenmörder gibt, haben Rechtsradikale nach dem Krieg behauptet, er habe diese Morde gar nicht gewollt und von Verbrechen, wenn überhaupt, erst sehr spät erfahren. Die Schuld liege vielmehr bei Heinrich Himmler und der SS. Das sind Versuche, Hitler von persönlicher Schuld reinzuwaschen. Sie werden durch die Ergebnisse der Geschichtsforschung widerlegt.

Der Schwerpunkt dieses Kapitels liegt auf der Ermordung der europäischen Juden, dem Holocaust. Nie zuvor in der Geschichte hatte ein Staat versucht, ein ganzes Volk vom neugeborenen Baby bis zum Großvater vollständig auszurotten. Man spricht hier von einem »Völkermord«. Der Holocaust war ein Verbrechen im gesamteuropäischen Maßstab, das im Gedächtnis der Welt tiefe Spuren hinterlassen hat. Etwa 5,7 Millionen Juden wurden im Zweiten Weltkrieg ermordet. Von Norwegen bis auf die griechischen Inseln, von der französischen Atlantikküste bis zum Kaukasus erstreckte sich das Gebiet, aus dem Juden in den Tod verschleppt (»deportiert«) oder in dem sie mit Schusswaffen und Giftgas umgebracht wurden. Die eigentlichen Tötungen wurden im deutsch besetzten Osteuropa durchgeführt. In diesem Teil Europas lebten vor dem Krieg auch die weitaus meisten Juden. Die Zahl ihrer Opfer übersteigt bei weitem die aus Deutschland und anderen Teilen des Kontinents.

Die Juden waren in Hitlers Augen die Verkörperung der verhassten Moderne und zugleich des Kommunismus. Er und seine Vollstrecker fühlten sich berechtigt und berufen, die Welt von den Juden zu »erlösen«. Sie seien die Feinde des deutschen Volkes schlechthin, behauptete Hitler schon in *Mein Kampf*. Die jüdischen Deutschen und Österreicher galten als besonders gefährlich, denn sie schadeten angeblich der »Volksgemeinschaft«. Hitler war davon überzeugt, dass die Juden weltweit zusammenhielten wie Pech und Schwefel, um ihren Hauptfeind, Deutschland, wie vermeintlich am Ende des Ersten Weltkrieges, von innen und außen zu zerstören. Nicht wenige »Volksgenossen« teilten diese wahnhafte Vorstellung von der jüdischen Verschwörung gegen Deutschland. In der nationalsozialistischen Ideologie waren die Deutschen Opfer der Juden und nicht Täter. Wollte Deutschland den zweiten weltweiten Krieg gewinnen, musste es dieser Weltsicht zufolge das Judentum ausschalten.

Gewalt und Grausamkeit waren Merkmale des Holocaust. Und diese Grausamkeit weist darauf hin, wie tief der Judenhass in der deutschen Gesellschaft der Kriegszeit verwurzelt war. Nicht weniger als zweihunderttausend Männer gehörten zu den Tätern. Der Antisemitismus war für sie so selbstverständlich, dass er gar nicht hinterfragt wurde.

## Krieg und Gewalt

### »Euthanasie«

Zu den Grundsätzen des Sozialdarwinismus, der um die Jahrhundertwende im rechtsradikalen Lager aufkam, gehörte die Behauptung, dass »Minderwertige« ausgesondert werden sollten. Nach Ende des Ersten Weltkrieges forderten deutsche Nervenärzte und Rechtsgelehrte bereits die gesetzliche »Freigabe der Vernichtung lebensunwerten Lebens«, also die Tötung von Kranken und Behinderten. Sie begründeten diese Forderung mit den ungeheuren Opfern unter deutschen Soldaten und mit wirtschaftlichen Argumenten. Statt »Lebensunwerte« in Heil- und Pflegeanstalten zu versorgen, sollten die Kriegsverwundeten und -invaliden versorgt werden.

Dies war eine besonders radikale Form der »Eugenik«, der Erbgesundheitslehre. Diese Lehre fand nicht nur in Deutschland, sondern auch in vielen Ländern Europas sowie in den Vereinigten Staaten Zuspruch. Vielen ihrer Anhänger galt die Eugenik als besonders modern, weil sie wissenschaftlich begründet war. Zunehmend wurde die Erbgesundheitslehre jedoch rassistisch aufgeladen, besonders im nationalsozialistischen Deutschland.

Wenige Monate nach Hitlers Machtantritt verabschiedete seine Regierung am 14. Juli 1933 das »Gesetz zur Verhütung erbkranken Nachwuchses«. Mindestens dreihundertfünfzigtausend Menschen, überwiegend Frauen, wurden durch eine schmerzhafte, oftmals tödliche Operation zwangsweise unfruchtbar gemacht, damit sie keine Kinder mehr bekommen konnten. Betroffen waren nicht nur Erbkranke, sondern auch als sozial auffällig und unerwünscht ausgegrenzte Menschen, unter ihnen Sinti und Roma. Seit Mitte der dreißiger Jahre verstand die Führung des SS- und Polizeiapparates ihren Terror als Dienst am »Volkskörper«. Die »Ausmerze« von Schwachen und angeblichen Feinden sollte einer völkisch-rassistischen »Erneuerung« dienen. Um diese Vision zu verwirklichen, kamen Wissenschaft und moderne Technik zum Einsatz.

Vorstöße, die »Ausmerze« weiter voranzutreiben, kamen aus der nationalsozialistischen Ärzteschaft. Bereits 1935 versprach Hitler einem führenden Gesundheitsfunktionär der NSDAP, er werde unheilbar Kranke ermorden lassen, wenn der Krieg erst einmal begonnen habe. Hitlers Begründung: Im Krieg wäre die öffentliche Aufmerksamkeit von einem solchen Tötungsprogramm abgelenkt.

Verschiedene nationalsozialistische Organisationen beschäftigten sich mit der Rassenforschung und Erbgesundheitslehre, die in den dreißiger Jahren blühte und staatlich gefördert wurde. Im »Reichsausschuss zur wissenschaftlichen Erfassung von erb- und anlagebedingten schweren Leiden« waren Ärzte versammelt, die nach ihrem eigenen Selbstverständnis einer modernen Medizin den Weg bereiteten. Zwischen diesem Ausschuss und der »Kanzlei des Führers« bestand eine enge Verbindung. Diese Kanzlei war eine Einrichtung der NSDAP, nicht des Staates, hatte ihren Sitz aber in der Neuen Reichskanzlei. Chef der Führerkanzlei war Reichsleiter Philipp Bouhler. Zu seinen Untergebenen

14. Juli 1933
Gesetzliche Anordnung von Zwangssterilisationen

Sept. 1935
Hitler kündigt an, unheilbar Kranke nach Kriegsbeginn ermorden zu lassen

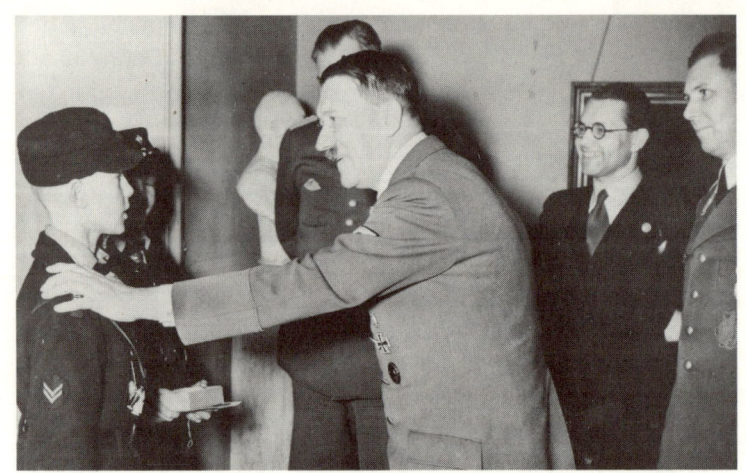

Hitler empfängt Angehörige des nationalsozialistischen Jungvolks, Dezember 1939. Rechts (MIT BRILLE) Reichsleiter Philipp Bouhler, rechts von ihm Hitlers persönlicher Adjutant Albert Bormann

gehörten Hitlers Adjutant Albert Bormann, der zugleich Hitlers Privatkanzlei leitete, und der Volkswirt Viktor Brack, ein hoher SS-Offizier.

Wahrscheinlich Anfang 1939 wurde Hitler durch seine Kanzlei auf den Fall eines schwerstbehindert geborenen Kindes aufmerksam gemacht. Der behandelnde Arzt war Professor der Kinderheilkunde in Leipzig und riet den Eltern, das Kind töten zu lassen. Weil dies aber strafbar war, empfahl der Professor den Eltern, eine Erlaubnis Hitlers einzuholen. Dieses Gesuch landete auf dem Tisch Albert Bormanns, der Hitler darüber informierte. Hitler schickte seinen Arzt Dr. Brandt nach Leipzig, um das Kind in Augenschein zu nehmen. Es wurde mit Medikamenten »eingeschläfert«. Hitler ordnete anschließend mündlich an, kranke Kinder, die bei ihren Eltern lebten, durchweg zu ermorden.

<small>Aug. 1939 Beginn der Kinder-»Euthanasie«</small>

Ärzte, Hebammen und Kinderkrankenhäuser mussten seit August 1939 schwerbehinderte Kinder bis zum Alter von drei Jahren an die Gesundheitsämter melden. Man gab vor, man wolle die Kinder nach neuesten wissenschaftlichen Erkenntnissen behandeln und die kleinen Patienten in besondere »Kinderfachabteilungen« verlegen. Diese waren in Wirklichkeit Kindermordstatio-

ADOLF HITLER

BERLIN, 1.Sept.1939.

Reichsleiter B o u h l e r   und
Dr. med. B r a n d t

sind unter Verantwortung beauftragt, die Befugnisse namentlich zu bestimmender Ärzte so zu erweitern, dass nach menschlichem Ermessen unheilbar Kranken bei kritischster Beurteilung ihres Krankheitszustandes der Gnadentod gewährt werden kann.

*Hitlers »Euthanasie«-Erlass, Oktober 1939, rückdatiert auf den 1. September 1939. Auf der Seite unten ein handschriftlicher Vermerk des Reichsjustizministers Dr. Gürtner: »Von Bouhler mir übergeben am 27. 8. 40«. Bis dahin war nicht einmal das Reichsjustizministerium über Hitlers Tötungsermächtigung informiert!*

nen. Die Eltern wurden um ihre Zustimmung zu dieser Behandlung gebeten, die Ärzte anordneten. Sie wussten nicht, dass ihre Kinder durch erhöhte Gaben von Medikamenten ermordet und auf dem Gelände der Anstalten beerdigt werden sollten. Stattdessen erhielten die Eltern lügenhafte Beileidsbriefe: Ihr Kind sei unerwartet an einer Erkrankung verstorben, dadurch aber von seinem schweren Leiden erlöst worden. Bis zu zehntausend Kinder und Jugendliche fielen diesem Programm zum Opfer. Es gibt aber eine große Dunkelziffer.

Noch im Sommer 1939 wurde der Krankenmord auf alle Insassen von Nervenheil- und Pflegeanstalten erweitert, die man damals meist »Irrenanstalten« nannte. Hitler selbst gab den mündlichen Befehl dazu. Erst später, wahrscheinlich Anfang Oktober 1939, unterschrieb Hitler einen Geheimerlass, der auf seinem persönlichen Briefpapier getippt war: »Reichsleiter Bouhler und Dr. med. Brandt sind unter Verantwortung beauftragt, die Befugnisse namentlich zu bestimmender Ärzte so zu erweitern, dass nach menschlichem Ermessen unheilbar Kranken bei kritischster Beurteilung ihres Krankheitszustandes der Gnadentod gewährt werden kann.« Um den Zusammenhang zwischen Krieg und Krankenmord zu betonen, datierte Hitler diesen Erlass auf den 1. September 1939 zurück. Erstmals ging der NS-Staat dazu über, Zehntausende seiner eigenen Bürger kaltblütig zu ermorden.

> Okt. 1939
> Hitlers Geheimerlass zur Ermordung von Kranken und Behinderten

Anders als es in Hitlers Erlass hieß, ging es hier nämlich nicht um Sterbehilfe für Unheilbare. Vielmehr sollten Kranke getötet werden, die angeblich »lebensunwert« waren und der Gemeinschaft zur Last fielen. »Rassenhygiene« und wirtschaftliche Interessen gingen bei der »Aktion Euthanasie« Hand in Hand. Sogar unter Schulkindern machte der NS-Staat für den Mord Propaganda: Schulbücher enthielten Rechenaufgaben, in denen die Jugendlichen den Wert eines »Irren« gegen den eines »Volksgenossen« setzen sollten. Schaltzentrale des Mordes war die »Kanzlei des Führers«. Sie richtete mehrere Tarnorganisationen ein, die ihren Verwaltungssitz in der Berliner Tiergartenstraße 4 hatten. Daher bezeichneten die Beteiligten die Aktion »Euthanasie« als »T4«. Die Gesundheitsverwaltungen halfen mit, indem sie die Heil- und Pflegeanstalten anwiesen, ihre Patienten zu melden. Ärzte der T4-Aktion entschieden im Schnellverfahren über Leben

Die Landesheilanstalt Hadamar bei Limburg in Hessen.
Hier wurden bis August 1941 über zehntausend Patienten ermordet und verbrannt

und Tod dieser Menschen. Neben dem Krankheitsbild ging es vor allem um die Arbeitsfähigkeit der Patienten.

Die T4-Organisation errichtete sechs Tötungsanstalten, die über Deutschland und Oberösterreich verteilt waren. Gemordet wurde dort seit Anfang 1940 in besonderen Gaskammern mit dem Giftgas Kohlenmonoxid, das auch in Autoabgasen enthalten ist. Grau angestrichene Postbusse kamen zu den Heil- und Pflegeanstalten, um die Patienten abzuholen. Die Scheiben waren mit Gardinen verhängt. »Pfleger« begleiteten diese Transporte. In den Tötungsanstalten mussten sich die Patienten entkleiden. Sie wurden in Gaskammern geführt, die als Duschräume getarnt waren. Leisteten sie Widerstand, trieben anstaltseigene Polizisten die Todeskandidaten mit Gewalt hinein. Dann drehte ein Arzt den Gashahn auf und ließ Kohlenmonoxid aus Stahlflaschen einströmen. Die Menschen erstickten qualvoll. Anschließend holte man die Leichen aus den Gaskammern, brach ihnen die Goldzähne aus dem Mund und verbrannte sie in Krematorien. Die Asche wurde wahllos in Urnen abgefüllt. Erst nach der Ermordung schrieben die ärztlichen Leiter unter falschen Namen den Angehörigen, der Patient sei gut angekommen. Einige Zeit später folgten ähnliche Beileidsbriefe wie bei den ermordeten Kindern. Es gab besondere Ämter, die gefälschte Totenscheine ausstellten. So wurden die Spuren verwischt.

Hitlers Erwartung, dieser Massenmord werde unter den Bedingungen des Krieges kein Aufsehen erregen, erfüllte sich nicht. In der Umgebung der T4-Anstalten machten Gerüchte die Runde, denn aus den Schornsteinen der Krematorien quoll dicker Rauch.

*Aug. 1941*
*Hitler bricht die »Euthanasie« offiziell ab*

Im August 1941 befahl Hitler Bouhler und Brandt, die »Euthanasie« vorerst abzubrechen. Bis dahin waren siebzigtausend Männer und Frauen im Giftgas erstickt worden. Wiederholt hatten führende Geistliche beider Kirchen die »Euthanasie« verurteilt und ihren Abbruch gefordert. Auslöser von Hitlers Entscheidung war offensichtlich der mutige Protest des Münsteraner Kardinals Klemens Graf von Galen, eines hohen Vertreters der katholischen Kirche. Er kritisierte die Tötung der Kranken und Schwachen in mehreren Predigten scharf und bezeichnete sie offen als »Mord«.

Die »Aktion Euthanasie« ging trotzdem weiter, aber überwiegend nicht mehr durch Giftgas. Einige der T4-Anstalten wurden zur Tötung von KZ-Häftlingen weiterverwendet, die nach Auffassung der Lagerleitungen »arbeitsunfähig« oder aus politischen Gründen unerwünscht waren. Und schließlich wurden während des Krieges auch erwachsene Anstaltspatienten durch Medikamente und Hunger getötet. Auf diese Weise sollten Krankenhausbetten für Patienten aus den Großstädten freigemacht werden, die von Bombenangriffen betroffen waren. Leiter dieser Aktion, die ab 1943 durchgeführt wurde, war Hitlers Arzt Dr. Brandt.

Insgesamt fielen dem Mord an Psychiatriepatienten zweihundertsiebzigtausend Menschen zum Opfer. Der größte Teil von ihnen kam *nach* dem offiziellen Stopp der Giftgasmorde durch Hitler ums Leben. Das Personal der T4-Tötungsanstalten war inzwischen an einen anderen Ort, aber zu einer ähnlichen Tätigkeit versetzt worden: Die T4-Männer hatten im Morden bereits Erfahrung und brachten nun Juden in Polen um.

## »Prophezeiung«

Die Pogromnacht vom November 1938 war ein tiefer Einschnitt gewesen. Hitler ließ keinen Zweifel daran, dass der Krieg eine weitere Verschärfung der Judenverfolgung mit sich bringen würde. Zum Jahrestag seiner Machtübernahme hielt er am 30. Januar 1939 eine berüchtigte Reichstagsrede. Unter dem Beifall der Abgeordneten rief Hitler aus: »Ich bin in meinem Leben sehr oft Prophet gewesen und wurde meistens ausgelacht. Ich will heute wieder ein Prophet sein: Wenn es dem internationalen Finanzjudentum in- und außerhalb Europas gelingen sollte, die Völker noch einmal in einen Weltkrieg zu stürzen«, wäre das Ergebnis »die Vernichtung der jüdischen Rasse in Europa!«

Jan. 1939 Hitler droht den europäischen Juden ihre Vernichtung an

Hitler schlüpfte mit dieser Rede in die Rolle eines »Propheten«, der besser als andere weiß, was die Zukunft bringen wird. Das war Teil des Führermythos, auf dem seine Diktatur beruhte. Andererseits war die Rede ein Signal an die Funktionäre von Staat und Partei. Hitler machte klar, dass er jede, aber auch jede Maßnahme gegen die Juden gutheißen würde. Umgekehrt hieß das: Alle »Lösungen«, die weniger als die »Vernichtung« der Juden zum Ziel hatten, würden in der NS-Führung kein Gehör finden. Daher überboten sich die Unterführer mit immer radikaleren Vorschlägen zur Verfolgung und bald auch Ermordung der verhassten Minderheit. Auf keinem anderen Gebiet nationalsozialistischer Politik konnte Hitler so sehr auf die Bereitschaft seiner Funktionäre zählen, dem »Führer« vorauseilenden Gehorsam zu leisten.

Im Januar 1939 war das NS-Regime allerdings noch weit davon entfernt, einen Völkermord in Gang zu setzen. Der Krieg hatte noch nicht begonnen, und man wusste auch gar nicht, ob Deutschland siegen würde. Aber im Lauf der Zeit nahm der Holocaust Gestalt an. Immer wieder kamen Hitler und Goebbels in den folgenden Jahren auf die Rede vom Januar 1939 zurück. Seit Januar 1941 behauptete Hitler, er habe den europäischen Juden bei Kriegsausbruch ihre Vernichtung angedroht. Krieg und Judenmord gehörten in seinem Denken zusammen. Der Krieg gegen die militärischen Gegner war zugleich ein Krieg gegen die Juden.

Im Mittelpunkt der nationalsozialistischen Politik hatte lange Zeit der Versuch gestanden, die Juden zur Auswanderung zu zwingen. Schon vor Kriegsbeginn war diese Politik aber auf Grenzen gestoßen. Indem nämlich der Staat die deutschen und österreichischen Juden wirtschaftlich ausplünderte, verringerte er ihre Chance, in anderen Ländern als Flüchtlinge aufgenommen zu werden. Und je mehr Länder Deutschland seit 1939 in Besitz nahm, desto größer wurde die Zahl der Juden unter deutscher Herrschaft.

Spätestens seit der Besetzung Polens war klar, dass die Politik der Zwangsauswanderung ins Ausland nicht mehr funktionieren konnte. Durch die Besetzung Polens befanden sich zwei Millionen mehr Juden in deutscher Hand, sechsmal so viele wie zuvor. Allein die Hauptstadt Warschau hatte vierhunderttausend jüdische Einwohner. Daher entstanden Pläne, die Juden in ein Gebiet *innerhalb* des deutschen Herrschaftsgebiets zu vertreiben. Aber auch diese Vorhaben scheiterten durchweg, an praktischen Schwierigkeiten und an der unerwarteten Entwicklung der militärischen Lage seit Sommer 1941.

### »Rassische Flurbereinigung«

Im Reich wurde die Judenverfolgung seit Kriegsbeginn verschärft. Zwar gelang noch mehr als zwanzigtausend jüdischen Deutschen die Flucht ins Ausland. Doch gleichzeitig grenzte man die Zurückgebliebenen immer stärker aus. In Berlin, Wien und anderen großen Städten wurden »Judenhäuser« eingerichtet, in denen dann viele jüdische Familien zusammengedrängt leben mussten. Praktisch handelte es sich bereits um Ghettos. Auch wurde die Zwangsarbeit eingeführt. Diejenigen Juden, die nicht hatten auswandern können, waren schnell verarmt. Sie mussten öffentliche Arbeiten verrichten. Dann wurde der Arbeitszwang auf alle jüdischen Männer erweitert. Im Herbst 1941 gab es rund vierzig Arbeitslager für Juden in Deutschland und Österreich.

Sept./Okt. 1939
Deutsche Massenmorde in Polen

Ein Alptraum der Gewalt suchte im September 1939 die polnischen Juden heim. In einigen Städten Westpolens kam es zu Ausschreitungen der deutschen Minderheit gegen Juden, die Pogromen ähnelten. Soldaten und SS-Leute verhöhnten und quälten darüber hinaus »Ostjuden«, die fremdartig aussahen. Dabei ließen sie sich oft sogar stolz fotografieren. Die Juden wurden dazu gezwungen, einen Davidstern zu tragen. Solche demütigenden Kennzeichen hatte es zuletzt im Mittelalter gegeben. Im Laufe der Zeit wurden die Davidsterne in Deutschland und allen besetzten Gebieten eingeführt. Die Juden wurden darüber hinaus ausgeplündert und mussten Zwangsarbeit leisten, entweder als billige Arbeitskräfte in deutschen Betrieben oder in Lagern der SS. Zweck dieser Arbeit war zunächst nicht, wirtschaftlichen Gewinn zu erzielen, sondern die Juden einzuschüchtern und zu demütigen.

Herbst 1939: Ein deutscher SS-Mann oder Soldat brüllt einen verängstigen polnischen Juden bei der Zwangsarbeit an. Kinder und andere Uniformierte schauen neugierig-beifällig zu. Das Foto erschien in anderer Fassung zuerst in dem antisemitischen Hetzblatt »Der Stürmer«

Hitler hatte von seinen Heerführern kurz vor dem Einmarsch in Polen »brutales Vorgehen« und »größte Härte« gefordert. Er hatte Reinhard Heydrich, dem Chef der Sicherheitspolizei, einen geheimen Befehl erteilt, die polnische Führungsschicht zu ermorden. Denn Hitler wollte Polen ohne Rücksicht auf das Völkerrecht zu einer Art deutscher Kolonie herabdrücken. Heydrich schickte »Einsatzgruppen der Sicherheitspolizei und des SD« in den Polenfeldzug, insgesamt rund dreitausend Männer. Obwohl der Polenfeldzug nur sehr kurz war, wurden in diesen Wochen mehrere zehntausend polnische Männer erschossen. Etwa ein Zehntel von ihnen waren Juden. Die Massenmorde gingen allerdings nicht nur auf das Konto von SS und Polizei. Auch die Wehrmacht schoss eifrig mit und war für etwa die Hälfte der Opfer verantwortlich.

Es gab zwar eine Reihe von Generälen, die gegen deutsche Verbrechen protestierten und Kriegsgerichtsverfahren einleiteten. Weil Hitler aber keine Bestrafung für diese Taten wollte, verkündete er im Oktober 1939 kurzerhand eine Strafbefreiung für Verbrechen während des Polenfeldzugs. Die Proteste des Heeres

Okt. 1939
Hitler erlässt eine Amnestie für Verbrechen in Polen

**Okt. 1939**
**Hitler beendet die Militärverwaltung in Polen und setzt NS-Funktionäre als neue Verwalter ein**

führten außerdem dazu, dass die Militärverwaltung schneller als zunächst vorgesehen durch die »Zivilverwaltung« ersetzt wurde. Doch die Zivilverwaltung in Polen war nicht besser als die Militärverwaltung, im Gegenteil: Sie war eine nationalsozialistische Besatzungsverwaltung.

Hitler setzte langjährige Gefolgsleute ein. Einer von ihnen war sein Starjurist Dr. Hans Frank. Er herrschte über das Generalgouvernement. Das waren alle Gebiete Zentralpolens, die nicht dem Reich eingegliedert oder von der Sowjetunion besetzt waren. Das Generalgouvernement umfasste rund die Hälfte des polnischen Gebietes, das im Herbst 1939 unter deutsche Besatzung kam. Es hatte rund zwölf Millionen Einwohner, von denen mehr als zehn Prozent Juden waren. Frank war ein hochgebildeter Mann, aber auch ein fanatischer Antisemit: »Je mehr sterben, umso besser!«, rief er aus, und beschimpfte die polnischen Juden erregt als »krummnasige Raubpiraten, Sendboten der Vernichtung, Elendswichte und Nachtgaukler, Gesindel!«

Hitler und Himmler hatten gigantische Pläne: einen »Umbau« der polnischen Bevölkerungsverhältnisse auf »rassischer« Grundlage. Dieses Vorhaben kündigte Hitler in einer Reichstagsrede am

**6. Okt. 1939**
**Hitler kündigt eine »rassenpolitische Neuordnung« Europas an**

6. Oktober 1939 an. Himmler erhielt den Auftrag, es durchzuführen. Hunderttausende Angehörige deutschsprachiger Minderheiten (»Volksdeutsche«) sollten gemäß dem deutsch-sowjetischen Grenz- und Freundschaftsvertrag aus den neuen sowjetischen Gebieten Polens und des Baltikums »heim ins Reich« kommen. Diese Volksdeutschen sollten in Westpolen eine neue Heimat finden, in jenen Gebieten also, die Deutschland gerade dem Reichsgebiet zwangsweise eingegliedert hatte. Doch zunächst einmal musste Platz gemacht werden. Denn der »Umbau« hatte zum Ziel, Westpolen zum rein deutschen Siedlungsbiet zu machen, indem man dort Deutsche beziehungsweise Volksdeutsche ansiedelte, Polen und Juden jedoch vertrieb. Himmler wollte über drei Millionen Polen und alle Juden aus den neuen Reichsgebieten gewaltsam umsiedeln, die Juden schon bis Frühjahr 1940.

Eine neue Behörde war inzwischen eingerichtet worden: das »Reichssicherheitshauptamt« unter Leitung Heydrichs. Dort arbeiteten nun die Gestapo, der Geheimdienst SD und die Kriminalpolizei unter einem Dach zusammen. Das Reichssicherheitshauptamt hatte seinen Sitz im Prinz-Albrecht-Palais im Berliner Regierungsviertel, wo auch die Gestapo ihre Zentrale hatte. Die führenden Funktionäre des Reichssicherheitshauptamts waren vergleichsweise junge, akademisch gebildete Männer. Sie waren fanatische »Weltanschauungskrieger«, die mit voller Überzeugung hinter der nationalsozialistischen Rassen- und Vernichtungspolitik standen. Das Reichssicherheitshauptamt wurde zur Schaltzentrale des Völkermords.

Ziel der Umsiedlungen aus Westpolen war das Generalgouvernement Hans Franks. Dorthin verschleppte man die Polen und Juden. Dies geschah völlig ungeregelt, unter grausigen Umständen. Die Menschen wurden bei eisiger Winterkälte von SS- und Polizeieinheiten verhaftet, in Güterzüge verladen, am Zielort, meist im Osten des Generalgouvernements, aus den Zügen ausgeladen und dann sich selbst überlassen.

Frank setzte sich zunehmend gegen die laufenden Transporte zur Wehr. Er sah sich nicht in der Lage, so viele Menschen in seinem Gebiet aufzunehmen und zu verpflegen. Auch wollte er keine zusätzlichen Juden aus Westpolen aufgebürdet bekommen. Im März 1940 erreichte Frank einen vorläufigen Stopp der Zwangsverschleppungen. Sie wurden später noch einmal aufgenommen, endeten im März 1941 aber ganz. Statt, wie von Himmler verlangt, mehrere Millionen waren rund vierhundertsechzigtausend Menschen deportiert worden. Etwa ein Viertel von ihnen waren Juden.

## »Reservat« und Ghetto

Am 21. September 1939, während die Kampfhandlungen in Polen noch im Gang waren, informierte Heydrich seine Untergebenen, Hitler wolle alle Juden und dreißigtausend »Zigeuner« aus dem Reich zwangsweise in das gerade besetzte Land umsiedeln. Sie sollten zukünftig in einem abgeschlossenen Gebiet, also einer Art »Reservat«, leben, das Heydrich auch »Reichsghetto« nannte. Schon wenige Tage später begann die Gestapoführung mit ihren Vorbereitungen. Einer von Heydrichs Untergebenen, der SS-Offizier Adolf Eichmann, sollte einen geeigneten Ort aussuchen und erste Deportationen mit der Bahn probeweise durchführen. Eichmann wählte für diese ersten Deportationen aus dem Reichsgebiet ein Barackenlager in der Gegend von Nisko, einer Kleinstadt im

Sept. 1939
Hitler befiehlt die Gründung eines »Reichsghettos« in Polen

Osten des Generalgouvernements. Ab 18. Oktober wurden über fünftausend jüdische Männer aus Wien und dem Protektorat Böhmen und Mähren dorthin deportiert. Sie wurden teilweise über die deutsch-sowjetische Grenze getrieben, teils mussten sie unter schrecklichen Umständen im Barackenlager leben, teils durften sie auch nach Hause zurückkehren. Das Nisko-Unternehmen scheiterte.

<small>Feb. 1940
Erste Massendeportation aus dem Deutschen Reich nach Polen</small>

Obwohl kein »Reservat« bestand, fand im Februar 1940 die erste Deportation aus dem »Altreich« statt. Über tausend Juden wurden von der Stettiner Gestapo unter so grausigen Umständen ins Generalgouvernement verfrachtet, dass die ausländische Presse höchst besorgt berichtete. Diese »Aktion« sollte eigentlich der Anfang der Deportation aller deutschen Juden sein. Doch konnte dieses Vorhaben nicht verwirklicht werden.

Unterdessen hatten die deutschen Besatzungsbehörden in Polen begonnen, die jüdische Minderheit in Ghettos zu sperren. Heydrich hatte dies ebenfalls schon im September 1939 angeordnet. Es war aber nicht daran gedacht, solche Ghettos auf Dauer einzurichten. Sie sollten nur so lange bestehen, bis die Juden in das »Reservat« umgesiedelt würden. Da jedoch die Einrichtung dieses abgegrenzten Gebietes nicht funktionierte und andererseits viel weniger Juden aus Westpolen ins Generalgouvernement vertrieben wurden, als zunächst geplant war, setzten die deutschen Funktionäre alles daran, ›ihre‹ Juden so schnell wie möglich loszuwerden.

<small>Frühjahr bis Herbst 1940
Einrichtung von abgeschlossenen Ghettos in einigen polnischen Großstädten</small>

In Łódź im Warthegau, das die deutschen Besatzer bald »Litzmannstadt« nannten, wurde das Ghetto umzäunt und im Frühjahr 1940 von der Außenwelt abgeriegelt. In der Hauptstadt Warschau, die im Generalgouvernement lag, wiederholte sich dieser Vorgang im Spätherbst desselben Jahres. In diesen größten polnischen Ghettos waren jeweils Hunderttausende Einwohner auf engstem Raum zusammengepfercht. Um Hitler und dem Reichssicherheitshauptamt klarzumachen, dass die Ghettos bei erster Gelegenheit aufgelöst und die jüdischen Einwohner in ein »Reservat« umgesiedelt werden müssten, führten die verantwortlichen Besatzungsfunktionäre absichtlich »unhaltbare Zustände« herbei. Die Ghettos wurden kaum noch mit Lebensmitteln beliefert, also regelrecht ausgehungert. Es kamen auch viel zu wenig Medikamente in die abgesperrten Gebiete. Die Folge war ein Massensterben an Hunger und Seuchen, das bald riesige Ausmaße annahm.

Wie es in der »Judenfrage« weitergehen sollte, war zunächst unklar. Dann aber, als Deutschland Frankreich besiegt hatte, entwickelten das Auswärtige Amt und das Reichssicherheitshauptamt einen gemeinsamen Plan, alle europäischen Juden auf die französische Kolonialinsel Madagaskar zu bringen. Hitler stimmte diesen Plänen im Juli 1940 zu. Heydrich schrieb an Außenminister Ribbentrop: »Das Gesamtproblem – es handelt sich bereits um rund 3 ¼ Millionen Juden in den heute deutscher Hoheitsgewalt unterstehenden Gebieten – kann durch Auswanderung nicht mehr gelöst werden; eine territoriale Endlösung wird daher notwendig.« Wahrscheinlich sollten die Juden auf Madagaskar ausgesetzt und sich selbst überlassen werden, also an Hunger und Krankheiten sterben. Das Projekt war utopisch. Deutschland standen nicht genug Schiffe zur Verfügung, um Millionen Juden in den Indischen Ozean zu verschleppen. Als die Invasion Englands scheiterte, war auch klar, dass der Seeweg nicht zur Verfügung stand, weil er durch britische Kriegsschiffe gefährdet war.

Sommer 1940 »Madagaskar-Plan« als »territoriale Endlösung«

Alle Pläne, die jüdische Minderheit vollständig aus dem deutschen Machtbereich zu »entfernen«, waren also gescheitert. So richtete man seine Hoffnung auf die Weite der Sowjetunion. Dort, so glaubte die deutsche Führung, würden nach dem deutschen Sieg riesige Gebiete für eine »territoriale Endlösung« zur Verfügung stehen, also ein gigantisches Gebiet für die Ansiedlung aller europäischen Juden.

Diese Pläne entstanden zur selben Zeit, als in den Ghettos in Polen Hunger und Seuchen wüteten und das bereits geschilderte Vorhaben des Reichsernährungsministeriums Gestalt annahm, die sowjetische Zivilbevölkerung durch Hunger zu töten. Damit war auch schon vorgezeichnet, wie die sowjetischen Juden behandelt werden sollten: Auch sie sollten in Ghettos eingesperrt werden und durch Hunger sterben. Hinzu kamen aber die Pläne, Massenerschießungen größten Umfangs in der Sowjetunion durchzuführen. Diese Morde mündeten schnell in den Völkermord.

## Vernichtungskrieg

Wie bereits dargestellt wurde, war der Krieg gegen die Sowjetunion Hitlers Krieg. Im Sommer 1940 hatten seine Militärführer noch einen vergleichsweise begrenzten Feldzug ins Auge gefasst. Aber Hitler verlangte einen Blitzkrieg mit dem Ziel der vollständigen Zerschlagung und Ausplünderung der Sowjetunion. Das war die denkbar radikalste Variante. Die Wehrmachts- und Heeresführung setzte dem keinen Widerstand entgegen. Nach dem überraschenden Sieg über Frankreich schien alles möglich und alles erlaubt.

**30. März 1941**
**Hitlers Ansprache über den Vernichtungskrieg in der Sowjetunion**

Am 30. März 1941 legte Hitler seine Absichten vor rund zweihundertfünfzig hohen Offizieren offen. Der Generalstabschef des Heeres, Franz Halder, notierte sich: »Der Kampf wird sich sehr unterscheiden vom Kampf im Westen. Im Osten ist Härte mild für die Zukunft.« Kommunistische Kriegsgefangene sollten nach dem Willen Hitlers nicht als »Kameraden« gemäß dem Völkerrecht behandelt, sondern getötet werden. Angehörige des sowjetischen Geheimdienstes sowie die Funktionäre der Kommunistischen Partei in der Roten Armee (»Kommissare«) waren ebenfalls zu ermorden. Hitler und seine Führung meinten, die Kommissare seien durchweg Juden (was nicht im entferntesten stimmte), weil die Sowjetunion von Juden beherrscht sei. Indem man die Juden ermordete, sollte dem gegnerischen Land die Führung genommen werden, damit das riesige Land in sich zusammenbrach. Hitler ging ferner davon aus, dass sowjetische Zivilisten Anschläge auf das Militär verüben würden. Diese sollten mit größter Brutalität bestraft werden.

Wehrmachts- und Heeresführung setzten diese Vorgaben von sich aus in Befehle um. Einsatzgruppen der Sicherheitspolizei und des SD sollten in der Sowjetunion einmarschieren, wie zuvor auch in Polen. Sie waren berechtigt, »in eigener Verantwortung gegenüber der Zivilbevölkerung Exekutivmaßnahmen zu treffen«. Damit waren Erschießungen gemeint. Am 13. Mai 1941 unterschrieb Keitel im Auftrag Hitlers den Kriegsgerichtsbarkeitserlass »Barbarossa«. Danach waren »Freischärler« – also Partisanen oder wen man dafür hielt – »durch die Truppe im Kampfe oder auf der Flucht« zu töten. Die Wehrmacht durfte außerdem gegen Ortschaften, aus denen sie »hinterhältig oder heimtückisch« angegriffen wurde, »kollektive Gewaltmaßnahmen« durchführen, also die Einwohner ganzer Dörfer erschießen. In dem Erlass stand auch, dass die deutschen Soldaten nicht wegen solcher Gewalthandlungen und Verbrechen bestraft werden sollten. Das war für die Soldaten die Erlaubnis, Mord und Totschlag zu begehen. Was Hitler durch seinen Straferlass vom Oktober 1939 für Polen nachträglich freigegeben hatte, sollte in der Sowjetunion von Anfang an gelten. Zusätzlich wurde vom Oberkommando der Wehrmacht am 6. Juni 1941 der sogenannte Kommissarbefehl erlassen. Er gab dem Militär auf, sowjetische Parteiführer in der Roten Armee zu erschießen oder der SS und Polizei zur Tötung zu übergeben.

Vor Beginn des »Unternehmens Barbarossa« befahl Heydrich den Einsatzgruppen, Funktionäre der Kommunistischen Partei »(wie überhaupt die kommunistischen Berufspolitiker schlechthin), die höheren, mittleren und radikalen unteren Funktionäre der Partei«, ferner »Juden in Partei- und Staatsstellungen« und »sonstige radikale Elemente (Saboteure, Propagandeure, Heckenschützen, Attentäter, Hetzer usw.)« zu erschießen. Der Kreis der Opfer war bewusst ungenau gefasst, damit die Morde später ausgeweitet werden konnten.

Mai/Juni 1941
**Verbrecherische Militärbefehle für den Krieg gegen die Sowjetunion**

Kaum hatten die deutschen Truppen am 22. Juni 1941 die sowjetischen Grenzen überschritten, begannen Massenmorde riesigen Ausmaßes. In den westlichen Randstaaten der Sowjetunion gelang nur wenigen Juden die Flucht. Sie konnten nicht so schnell fliehen, wie das Militär und SS/Polizeieinheiten vorstießen. Weiter östlich floh die jüdische Minderheit vor Ankunft der deutschen Truppen. Vor allem jüngere Männer konnten sich auf diese Weise in Sicherheit bringen. Dem Holocaust fielen in der Sowjetunion vor allem alte Menschen, Frauen und Kinder zum Opfer. Dieses Verbrechen war also nicht nur grausam, sondern auch bodenlos feige.

Im Baltikum und in der Westukraine fanden grässliche Pogrome einheimischer Rechtsradikaler statt, denen jeweils Tausende Juden zum Opfer fielen. Heydrich hatte befohlen, diese Ausschreitungen »spurenlos« in Gang zu setzen, damit der Anschein erweckt werden konnte, die Zivilbevölkerung nehme aus eigenem Antrieb Rache am »jüdischen Bolschewismus«. An den Pogromen beteiligten sich in vielen Fällen Soldaten der Wehrmacht, ohne dass ihre Offiziere dagegen einschritten. Das Heer leitete auch die bereits bekannten Maßnahmen der »Judenpolitik« ein: Kennzeichnung, Zwangsarbeit, Ghettos und so weiter.

SS und Polizei, oft mit Hilfe einheimischer Milizen, nahmen in den ersten Wochen des Krieges durchweg jüdische Männer fest und erschossen sie zu Tausenden in der Nähe ihrer Wohnorte. Die Wehrmacht half dabei, indem sie das Erschießungsgelände absperrte oder Lastwagen für den Transport der Opfer bereitstellte. Diese Morde wurden fast durchweg als »Vergeltung« für angebliche Widerstandsakte der Juden hingestellt.

**16. Juli 1941 Hitler verlangt die »Ausrottung« in der Sowjetunion**

Am 16. Juli 1941 hielt Hitler in der Wolfsschanze eine längere Besprechung mit einigen Führungskräften ab. Gegenstand war die künftige Besatzungspolitik in der Sowjetunion. In diesem Kreis ließ er seinen mörderischen Vorstellungen freien Lauf: Die Sowjetunion sei ein riesiger Kuchen, den Deutschland in Stücke zerschneiden müsse, um das Land zu beherrschen und auszubeuten. Hitler begrüßte Stalins Auftrag zum Partisanenkrieg. Dieser gebe den Deutschen in der Sowjetunion eine willkommene Gelegenheit, »auszurotten, was sich gegen uns stellt«. Der Diktator forderte also höhere Erschießungszahlen.

Tatsächlich gingen die Mörder kurz darauf dazu über, auch Frauen und Kinder umzubringen. Den Befehl dazu erteilte offenbar Himmler. Rückblickend sagte er dazu: »Ich hielt mich nämlich nicht für berechtigt, die Männer auszurotten – sprich also, umzubringen oder umbringen zu lassen – und die Rächer in Gestalt der Kinder für unsere Söhne und Enkel groß werden zu lassen. Es mußte der schwere Entschluß gefaßt werden, dieses Volk von der Erde verschwinden zu lassen.« Eine so schwerwiegende Entscheidung kann Himmler aber nicht ohne Hitlers Zustimmung gefällt haben. Das geht ebenfalls aus einem Brief Himmlers hervor. Er schrieb im Sommer 1942: »Die besetzten Ostgebiete werden judenfrei. Die Durchführung dieses sehr schweren Befehls hat der Führer auf meine Schultern gelegt.«

Im Baltikum gingen SS, Polizei und Wehrmacht bereits Mitte Juli 1941 dazu über, ganze jüdische Gemeinden auszurotten. Die jüdische Minderheit Weißrusslands war größer als die des Baltikums. In der ersten Augustwoche metzelte die SS-Kavalleriebrigade rund neuntausend Juden in der Stadt Pinsk nieder, darunter Frauen und Kinder. Zuvor hatte Himmler dem Chef der Brigade, Hitlers späterem Schwager Hermann Fegelein, befohlen: »Sämtliche Juden müssen erschossen werden. Judenweiber in die Sümpfe treiben.« Es gibt Hinweise, dass Fegelein Hitler persönlich über die Massaker der SS-Kavallerie informierte, als der »Führer« gemeinsam mit Mussolini Ende August die Festung Brest besichtigte.

Aug. 1941 Hitler lässt sich möglicherweise persönlich über Massenerschießungen sowjetischer Juden informieren

Seit Oktober 1941 wurden im Osten Weißrusslands ganze jüdische Gemeinden ausgelöscht. Dort brachten die Mörder jeweils Tausende von Menschen auf abscheulichste Weise um. Manch einer berief sich dabei auf Hitlers so oft wiederholte »Prophezeiung«: »Säuglinge flogen in grossen Bogen durch die Luft und wir knallten sie schon im Fliegen ab«, schrieb ein Wiener Polizist an seine Frau. »Nur weg mit dieser Brut, die ganz Europa in den Krieg gestürzt hat und jetzt auch noch in Amerika schürt. Das Hitler-Wort wird wahr, der einmal sagte vor Beginn des Krieges: Wenn das Judentum glaubt, in Europa noch einmal einen Krieg anzetteln zu können, so wird nicht das Judentum siegen, sondern es wird das Ende des Judentums in Europa sein.« Wohlgemerkt: Hier ging es um die Erschießung von Säuglingen! Diese hätten, behauptete der Briefschreiber, Deutschland in einen Krieg gestürzt und müssten getötet werden.

Die meisten sowjetischen Juden fielen den Deutschen in der Ukraine in die Hände, eineinhalb Millionen Menschen. Die dort tätige Einsatzgruppe C erschoss ab Anfang August auch jüdische Frauen und Kinder. Militär und SS/Polizei arbeiteten beim Einmarsch in ukrainische Städte nach einem sich wiederholenden Muster zusammen. So auch in der Hauptstadt Kiew, nachdem hier am 24. September Teile des Stadtzentrums in die Luft geflogen waren. Es war von einem Kommando des sowjetischen Geheimdienstes NKWD gesprengt worden, das vor dem Abzug der Roten Armee Minen gelegt und per Funk ferngezündet hatte. Militär und SS machten für diese Zerstörungen jedoch die Kiewer Juden verantwortlich. Die Einsatzgruppe meldete nach Berlin »Maßnahmen eingeleitet zur Erfassung des gesamten Judentums. Exekution von mindestens 50000 Juden vorgesehen. Wehrmacht begrüßt Maßnahmen und erbittet radikales Vorgehen.« In der Ereignismeldung vom 2. Oktober hieß es dann: »Das Sonder-

**Ende Sept. 1941**
**Ermordung der Kiewer Juden**

kommando 4 a hat in Zusammenarbeit mit Gruppenstab und zwei Kommandos des Polizei-Regiments Süd am 29. und 30. September 1941 in Kiew 33 771 Juden exekutiert.«

Dies war der größte einzelne Massenmord an Zivilisten im Zweiten Weltkrieg. Dienststellen des Heeres waren an der Vorbereitung und Durchführung des Blutbades maßgeblich beteiligt. Denn es war die deutsche Feldkommandantur, die die Juden durch einen Aufruf zu einem Sammelplatz bestellte, angeblich zum Zweck ihrer »Umsiedlung«. Die Versammelten wurden unter Polizeibewachung zur Talsenke von Babij Jar geführt, nordwestlich von Kiew. Die Wehrmacht lieferte bis zu einhunderttausend Schuss Munition. Die Opfer, etwa zur Hälfte Frauen, wurden mit Maschinenpistolen regelrecht niedergemäht. Anschließend sprengten Soldaten die Ränder der Talsenke ab und begruben die Toten. Die Wehrmacht übernahm die Wohnungen der Erschossenen.

**Okt. 1941**
**Hitler ruft die Wehrmacht zum Judenhass auf**

Die Erschießung von jüdischen Männern stieß im Allgemeinen nicht auf Widerspruch im deutschen Militär. Gegen die Ermordung von Frauen und Kindern hatten viele Soldaten jedoch Einwände, wie Feldpostbriefe zeigen. Um solchen Einwänden entgegenzuwirken, erließen verschiedene Heerführer Befehle, die von Judenhass nur so trieften. Die Wehrmacht wurde beim Krieg gegen die Sowjetunion darüber hinaus beständig mit antisemitischer Propaganda eingedeckt. Hitler selbst hetzte zu Beginn der Offensive auf Moskau gegen die Juden.

Für die Ermordung dieser Minderheit war die Wehrmacht nicht zuständig, beteiligte sich aber trotzdem an dem Verbrechen. Einheiten der Wehrmacht führten zahlreiche »Aktionen« mit durch; manchmal mordeten sie auch allein. Es kann also nicht die Rede davon sein, dass die Wehrmacht insgesamt »sauber« geblieben war, wie ehemalige Generäle nach dem Krieg behaupteten. Die Führung der Wehrmacht war verbrecherisch. Sie plante und führte den Vernichtungskrieg gegen die Sowjetunion. Das Oberkommando der Wehrmacht und das Oberkommando des Heeres arbeiteten eng mit dem Reichssicherheitshauptamt zusammen, entwarfen völkerrechtswidrige Befehle und setzten diese durch.

In Teilen der Sowjetunion brachten auch deutsche Verbündete die Juden um. Besonders der rumänische Diktator, Marschall Antonescu, muss hier genannt werden. Hitler hatte Antonescu

Das Erschießungsgelände in der Babij-Schlucht bei Kiew, Aufnahme wahrscheinlich nach dem Massaker vom September 1941

vor dem »Unternehmen Barbarossa« höchstpersönlich angekündigt, er werde die sowjetischen Juden »hinter den Ural« vertreiben. Das genügte Antonescu, einem fanatischen Antisemiten, als Rechtfertigung für eigene Massaker.

Diese begannen auf rumänischem Gebiet, in der Stadt Jassy. Dort brachte die rumänische Armee und Polizei unter tatkräftiger Mithilfe von Wehrmachtseinheiten bereits Ende Juni 1941 bis zu achttausend jüdische Männer um, die teilweise in der Stadt erschlagen, teilweise bei brütender Hitze mit der Bahn zu einem Hinrichtungsgelände außerhalb gefahren und erschossen wurden. Ein Großteil der Deportierten erstickte in den Güterwagen. Antonescu wollte auch andere Gebiete Rumäniens »judenfrei« machen. Zusammen mit der Einsatzgruppe D erschossen rumänische Armee- und Polizeieinheiten nicht weniger als einhunderttausend Juden! Sogar Hitler musste eingestehen, dass Antonescu noch radikaler gegen die Juden vorging als er selbst.

Ab September 1941 ermordeten rumänische Polizisten, teils in enger Zusammenarbeit mit SS-Einheiten, die Himmler eigens zu diesem Zweck geschickt hatte, in großem Umfang Juden in »Transnistrien«, einem rumänischen Besatzungsgebiet um Odessa. Erst im Oktober 1942, als die rumänische Armee beim

Juni 1941 Hitler kündigt Marschall Antonescu härtestes deutsches Vorgehen gegen »Ostjuden« an

**Sowjetische Kriegsgefangene
in einem Sammellager an der Ostfront,
August 1941**

Vormarsch auf Stalingrad hohe Verluste erlitt, ließ Antonescu von den Morden ab. Bis dahin waren nicht weniger als dreihundertfünfzigtausend Juden umgebracht worden.

Unermesslich war auch das Leid der sowjetischen Kriegsgefangenen. Dafür trug die Wehrmacht die Hauptverantwortung. Die gegnerischen Soldaten waren von den vorangehenden Kesselschlachten, durch Hunger und Krankheiten bereits geschwächt. Trotzdem mussten sie teilweise Hunderte von Kilometern bis zu den Gefangenenlagern zurücklegen. Zum Teil wurden sie auch in offenen Güterwagen dorthin transportiert. Massen von Soldaten erfroren in der Winterkälte. Außerdem wurden regelrechte Todesmärsche durchgeführt. Wer zurückblieb oder vor Entkräftung umfiel, wurde erbarmungslos erschossen.

In den Lagern angekommen, fanden die Rotarmisten praktisch keine Unterkünfte vor. Sie erhielten nur ein Mindestmaß an Verpflegung oder bekamen gar nichts zu essen. Die Zustände waren grauenhaft. Rund eineinhalb Millionen Rotarmisten verhungerten im Winter 1941. Gefangenenlager gab es auch auf Reichsgebiet. Die russischen Soldaten verhungerten darin praktisch vor den Augen der deutschen Bevölkerung. Das Massensterben der sowjetischen Kriegsgefangenen wurde vom Militär absichtlich herbeigeführt. Rund drei Millionen sowjetische Soldaten kamen durch Hunger und Krankheiten um. Sie waren nach den Juden die zweitgrößte Opfergruppe.

Herbst/Winter 1941
**Massensterben der sowjetischen Kriegsgefangenen**

Außer Juden, sowjetischen Kriegsgefangenen und Zivilisten, die angeblich »Partisanen« waren, fielen dem deutschen Vernichtungskrieg in der Sowjetunion auch Anstaltspatienten und Roma zum Opfer. Vielfach diente die Tötung von »Irren« und Behinderten dazu, psychiatrische Anstalten zu räumen, weil die Wehrmacht sie zur Unterbringung von Soldaten und als Lazarette benötigte. Die Kranken wurden meist erschossen, teilweise aber auch durch Giftspritzen, durch Hunger oder in fahrbaren Gaskammern (»Gaswagen«) getötet. Einen Befehl aus Berlin brauchte man dazu nicht. Weil aber ein solcher Befehl nicht vorlag, konnten Offiziere vor Ort selbst entscheiden, ob sie Patienten am Leben ließen oder nicht. Hier hatten sie die Möglichkeit, nach ihrem Gewissen zu handeln. Allzu selten blieben jedoch Patienten am Leben.

Im Februar 1941 hatte die Wehrmacht befohlen, alle (westeuropäischen) Sinti und (osteuropäischen) Roma aus »rassepolitischen Gründen« aus ihren Reihen auszuschließen. Sie durften keine deutschen Soldaten mehr sein. Auch wurden deutsche Sinti nach Polen deportiert, wo sie gemeinsam mit polnischen Juden Zwangsarbeit leisten mussten. In der Sowjetunion lebten zu dieser Zeit mindestens sechzigtausend Roma. Nicht sesshafte Roma waren in den Augen des Militärs ein Sicherheitsrisiko. Denn sie galten wie die Juden als Helfer von Partisanen. Die Heeresgruppe Mitte ordnete im Herbst 1941 an, »wandernde Zigeuner« zur Erschießung an die Sicherheitspolizei zu übergeben. Ein Offizier forderte sogar, die »Zigeunerbanden« dieses Gebiets »rücksichtslos auszurotten«. Der Krieg gegen die Sowjetunion leitete daher eine erhebliche Verschärfung der Politik gegen Sinti und Roma ein. Wie viele von ihnen in der UdSSR umgebracht wurden, ist mangels Dokumenten unklar. Europaweit wurden bis Kriegsende mindestens hunderttausend Sinti und Roma getötet.

# Die Ermordung der europäischen Juden

### Entscheidung zur »Endlösung«

*März 1941
Alfred Rosenberg gibt die kommende »Lösung der Judenfrage« öffentlich bekannt*

Reinhard Heydrich hatte im Sommer 1940 von einer gesamteuropäischen »territorialen Endlösung« geschrieben. »Für Europa ist die Judenfrage erst dann gelöst, wenn der letzte Jude den europäischen Kontinent verlassen hat«, verkündete der spätere Reichsminister für die besetzten Ostgebiete, Alfred Rosenberg, im März 1941. Er tat dies in einer vom Rundfunk übertragenen Rede über »Die Judenfrage als Weltproblem«. Man konnte heraushören, dass Rosenberg die europäischen Juden in die Sowjetunion deportieren wollte, obwohl die Vorbereitungen zum Krieg gegen dieses Land streng geheim gehalten wurden. Wenige Tage später traf Rosenberg mit Hitler zusammen. In seinem Tagebuch notierte er: »Der Führer entwickelte dann ausführlich die voraussichtliche Entwicklung im Osten, was ich heute nicht niederschreiben will. Ich werde das aber nie vergessen.«

Die meisten NS-Funktionäre dachten seinerzeit an die weißrussischen Pripjet-Sümpfe. Dorthin sollten Millionen von Juden verschleppt werden. Da vorgesehen war, die Zivilbevölkerung der Sowjetunion zum größeren Teil verhungern zu lassen, sollten die Deportierten dasselbe Schicksal erleiden. Die militärische Entwicklung machte den Planern ab Juli 1941 allerdings einen Strich durch die Rechnung. Da der deutsche Vormarsch ins Stocken kam, war nicht daran zu denken, massenhafte Deportationen in die Sowjetunion in Kürze durchzuführen. Daher beauftragte Göring Heydrich am Monatsende, »alle erforderlichen Vorbereitungen in organisatorischer, sachlicher und materieller Hinsicht zu treffen für eine Gesamtlösung der Judenfrage im deutschen Einflußgebiet in Europa«. Wenige Tage später verbot das Reichssicherheitshauptamt den Juden die Auswanderung aus Deutschland.

Die beginnende Auslöschung des sowjetischen Judentums hatte radikale Nationalsozialisten bereits zu eigenen Mordvorschlägen angespornt. Am 16. Juli 1941 wandte sich der Posener SD-Führer Rolf-Heinz Höppner an Eichmann im Reichssicherheitshauptamt. Er hatte zuvor ein Gespräch mit Gauleiter Greiser geführt. Die Herren waren sich einig, es bestehe die »Gefahr«, dass die Insassen des Ghettos von »Litzmannstadt« im kommenden Winter nicht mehr ernährt werden könnten. Daher sei »ernsthaft zu erwägen, ob es nicht die humanste Lösung ist, die Juden, soweit sie nicht arbeitsfähig sind, durch irgendein schnellwirkendes Mittel zu erledigen. Auf jeden Fall wäre das angenehmer, als sie verhungern zu lassen.«

Mitte Juli 1941 Forderung aus dem Warthegau, Juden mit Giftgas zu töten

Höppner und Greiser wussten, dass das »Sonderkommando Lange« von SS und Polizei Geisteskranke im Warthegau mit Kohlenmonoxid aus Stahlflaschen ermordet hatte, das in den geschlossenen Aufbau eines Lastkraftwagens eingelassen wurde. Sie forderten unverblümt, angeblich nicht arbeitsfähige Juden mit Giftgas zu töten. »Arbeitsfähigkeit« war natürlich kein objektives Merkmal, sondern Ausdruck der deutschen Wahrnehmung von Juden und der Rechtfertigung des Massenmordes. Nur wer arbeitete, sollte leben. Was »Arbeitsfähigkeit« war, legten die Täter mehr oder weniger willkürlich fest.

Vier Wochen später ließ sich SS-Chef Himmler eine Massenerschießung von »Partisanen und Juden« bei Minsk vorführen, unter ihnen Frauen. In seiner Begleitung war Walter Frentz, der allem Anschein nach das Massaker im Auftrag Hitlers filmte. Der »Führer« hatte zuvor Berichte und »Anschauungsmaterial« über die Tätigkeit der Einsatzgruppen im Osten angefordert. Ob sich Hitler den Film angesehen hat, ist unbekannt. Himmler tat dies höchstwahrscheinlich.

Mitte Aug. 1941 Himmler besichtigt eine Massenerschießung in Minsk; Hitlers Fotograf begleitet ihn

Himmler sorgte sich, dass seine Untergebenen durch die massenhafte Erschießung von Juden seelisch belastet werden könnten. Er befahl deshalb, andere Möglichkeiten zu erproben. Das Kriminaltechnische Institut der Reichskriminalpolizei war schon länger an der Aktion »Euthanasie« beteiligt. Anfang September 1941 ließ Arthur Nebe, Chef der Reichskriminalpolizei und zugleich der Einsatzgruppe B von Sicherheitspolizei und SD, in der psychiatrischen Klinik der weißrussischen Stadt Mogilew bis zu sechshundert angeblich arbeitsunfähige Kranke mit Motorabgasen töten, die aus mehreren Kraftfahrzeugen in einen abgedichteten Raum geleitet wurden. Nebe filmte den Mord.

Im Baltikum gab es ähnliche Vorhaben. Dort hatten die Massenerschießungen unliebsames Aufsehen erregt. Um Abhilfe zu schaffen, hatte Viktor Brack aus Hitlers Kanzlei seine Hilfe angeboten. Brack sei bereit, hieß es in einem Schriftwechsel vom

**Ende Okt. 1941**
Die »Kanzlei des Führers« bietet Unterstützung für die Ermordung von Juden durch Giftgas an

Oktober 1941, »bei der Herstellung der erforderlichen Unterkünfte sowie der Vergasungsapparate mitzuwirken«. Eichmann sei informiert und einverstanden. Weiter hieß es: »Nach Sachlage bestehen keine Bedenken, wenn diejenigen Juden, die nicht arbeitsfähig sind, mit den Brackschen Hilfsmitteln beseitigt werden.«

Bis dahin waren an zweihundertsiebzigtausend Juden aus dem »Altreich« ausgewandert beziehungsweise geflüchtet. Zurück blieben dort rund hundertfünfzigtausend Menschen, vor allem Frauen und Alte. In Österreich (Wien) wurden fünfzigtausend Juden gezählt, im »Protektorat« fünfundachtzigtausend. Seit langem drängten die Gauleiter der NSDAP, unter ihnen Goebbels für die Reichshauptstadt, diese Menschen »nach Osten« zu deportieren. Denn die schon bei Kriegsbeginn ins Auge gefassten Massenverschleppungen hatten nur in geringerem Umfang als vorgesehen stattgefunden.

**Mitte Sept. 1941**
Hitler befiehlt die Deportation der Juden aus dem Deutschen Reich und dem »Protektorat«

Mitte September 1941 befahl Hitler schließlich, die Juden noch vor Kriegsende aus dem Reich und dem Protektorat Böhmen und Mähren zu deportieren. Die Entscheidung, die europäischen Juden zu ermorden, fiel höchstwahrscheinlich im folgenden Monat. Heydrich teilte einem hohen Militärführer schriftlich mit, dass im Oktober »von höchster Stelle mit aller Schärfe das Judentum als der verantwortliche Brandstifter in Europa gekennzeichnet wurde«, der endgültig aus Europa »verschwinden muss«. Die »höchste Stelle« war natürlich Hitler. In diesem Monat häuften sich antisemitische Aussagen des »Führers«. So sagte er am

**Okt. 1941**
Wahrscheinlicher mündlicher Befehl Hitlers, die europäischen Juden zu ermorden

Abend des 25. Oktober in der Wolfsschanze – in Anwesenheit Himmlers und Heydrichs –, die Juden seien eine »Verbrecherrasse«, die Millionen von Toten auf dem Gewissen habe. »Sage mir keiner: Wir können sie doch nicht in den Morast schicken! Es ist gut, wenn uns der Schrecken vorausgeht, daß wir das Judentum ausrotten.«

In der Sowjetunion, auf die sich Hitler hier bezog, war der Völkermord spätestens seit Oktober im Gang. Hans Frank, der Generalgouverneur Polens, erfuhr, dass er nicht alle Juden aus seinem Gebiet in die Sowjetunion deportieren konnte. Die militärische Lage stand solchen Wünschen entgegen. Stattdessen wurden die Juden an Ort und Stelle ermordet: Im Warthegau und im Gebiet um Lemberg, das seit einigen Monaten zum Generalgouvernement gehörte, wurden seit Oktober 1941 jüdische Frauen und Kinder massenhaft erschossen.

Mitte des Monats erlaubte Himmler dem Lubliner SS- und Polizeiführer Odilo Globocnik, ein erstes Lager zur Tötung von Juden in seinem Gebiet zu errichten. Globocnik war ein fanatischer Antisemit und Duzfreund Himmlers. Mitarbeiter der T4-Mordaktion wurden nach Lublin versetzt. In Bełżec, wo sich zuvor ein Zwangsarbeitslager für deutsche Sinti und polnische Juden befunden hatte, bauten sie ab November 1941 ein regelrechtes Vernichtungslager auf, das nur zum Töten von angeblich nicht arbeitsfähigen Juden bestimmt war. Ebenfalls Mitte Oktober begann das »Sonderkommando Lange« in der Nähe des Ortes Chełmno im Warthegau ebenfalls ein Lager einzurichten. Hier sollten Juden aus dem Ghetto Łódź in Gaswagen getötet werden. Diese Mordinstrumente waren inzwischen weiterentwickelt worden, in Zusammenarbeit zwischen dem Reichssicherheitshauptamt und der »Kanzlei des Führers«.

Im Oktober 1941, dem entscheidenden Monat, brauchte Hitler eigentlich nichts anderes zu tun, als die Vorschläge seiner Unterführer entgegenzunehmen und ihnen zuzustimmen. Hatte Hitler zugestimmt, konnten die radikalen Antisemiten eine unübertreffliche Rechtfertigung vorweisen: Hitlers Macht war so groß, dass niemand einem »Führerwort« widersprechen durfte. Einen schriftlichen »Befehl« erteilte Hitler nicht. Aber mit einer einzigen solchen Anordnung wäre es auch nicht getan gewesen. Dazu war der Mordplan zu riesenhaft, zu vielschichtig und zu stark mit dem militärischen Geschehen verbunden.

Unmittelbar nach seiner Kriegserklärung an die Vereinigten Staaten machte der »Führer« klar, dass er die europäischen Juden noch vor Kriegsende ermorden lassen werde. Am 12. Dezember versammelten sich die Reichs- und Gauleiter in der Alten Reichskanzlei zu einer dreistündigen »Tagung«, die höchstwahrscheinlich im Speisesaal stattfand. Solche Zusammenkünfte sollten, sofern sie in Berlin abgehalten wurden, grundsätzlich geheim bleiben. Es war auch ungewöhnlich, dass Hitler die Parteioberen in seine Dienstwohnung einlud.

Goebbels, der anwesend war, schrieb darüber ausführlich in seinem Tagebuch. Er fasste zusammen: »Bezüglich der Juden-

**12. Dez. 1941**
**Hitler gibt Parteiführern seinen Entschluss bekannt, die europäischen Juden zu ermorden**

frage ist der Führer entschlossen, reinen Tisch zu machen. Er hat den Juden prophezeit, daß, wenn sie noch einmal einen Weltkrieg herbeiführen würden, sie dabei ihre Vernichtung erleben würden. Das ist keine Phrase gewesen. Der Weltkrieg ist da, die Vernichtung des Judentums muß die notwendige Folge sein.«

Am 14. Dezember verhandelte Himmler mit Viktor Brack von der »Kanzlei des Führers«. Offensichtlich ging es in diesem Gespräch um die Versetzung von »Euthanasie«-Personal nach Polen. Hans Frank, der ebenfalls Hitlers Ansprache gehört hatte, stimmte seine Untergebenen zwei Tage später auf Massenmorde im Generalgouvernement ein. Er wusste zwar noch nichts von dem Vernichtungslager Bełżec, sagte aber, mit den Juden müsse »so oder so Schluß gemacht werden«. Frank erinnerte an Hitlers »Prophezeiung« und fuhr fort: »Sie müssen weg. Meine Herren, ich muß Sie bitten, sich gegen alle Mitleidserwägungen zu wappnen. Wir müssen die Juden vernichten, wo immer wir sie treffen und wo es irgend möglich ist, um das Gesamtgefüge des Reiches hier aufrecht zu erhalten.«

Wieder zwei Tage später war Himmler erneut bei Hitler in der Reichskanzlei. Die beiden sprachen auch über die »Judenfrage«. Viel spricht für die Annahme, dass Hitler Himmler an diesem

**18. Dez. 1941**
**Hitler befiehlt Himmler, die Juden als angebliche Partisanen »auszurotten«**

18. Dezember 1941 ansagte, wie die Ermordung der europäischen Juden zu rechtfertigen sei. Himmler notierte sich: »als Partisanen auszurotten«.

**20. Jan. 1942**
**»Wannsee-Konferenz«**

Rund einen Monat später, am 20. Januar 1942, fand in einer Villa am Berliner Wannsee die berüchtigte »Wannsee-Konferenz« statt. Eigentlich war dies eher eine Arbeitsbesprechung von fünfzehn hohen Beamten und Vertretern der SS, zu der Heydrich eingeladen hatte. Gegenstand war die »Endlösung der Judenfrage«. Diese wurde aber am Wannsee nicht beschlossen, wie oft zu lesen ist. Das war schon im Herbst geschehen. Ziel der Besprechung war es, die Anwesenden über die Mordpläne im europäischen Maßstab zu informieren und dafür zu sorgen, dass das Reichssicherheitshauptamt die Fäden in der Hand hielt.

Der »Endlösung« sollten mindestens elf Millionen Juden zum Opfer fallen. In einem von Eichmann aufgesetzten Protokoll ist nicht von Ermordung die Rede, sondern von der »Evakuierung der Juden nach dem Osten«, die Hitler genehmigt habe, von vernichtender Zwangsarbeit im Straßenbau und einer nicht näher beschriebenen Behandlung derjenigen, die diese überleben würden. Aber Eichmann hat später zugegeben, dass während der Besprechung durchaus vom Töten und Ausrotten die Rede war. Was auch sonst? Bis dahin hatte das nationalsozialistische Deutschland nicht weniger als neunhunderttausend Juden ermordet, mit Hitlers Wissen und Zustimmung. Fünf Tage nach der Wannsee-Besprechung ließ sich der »Führer« beim Mittagessen mit Himmler wie folgt aus: »Der Jude muß aus Europa heraus. Wir kriegen sonst keine europäische Verständigung. Ich sehe nur eines: die absolute Ausrottung, wenn sie nicht freiwillig (!) gehen.«

Es dauerte einige Monate, bis alle Vorbereitungen getroffen waren. Verzögerungen ergaben sich beispielsweise daraus, dass nach der Kriegswende bei Moskau auf den Bedarf an jüdischen Arbeitskräften in der Rüstungsindustrie Rücksicht genommen werden sollte. Zeitweilig war Himmler sogar bereit, Männer im Alter von sechzehn bis zweiunddreißig Jahren vorläufig von der Ermordung auszunehmen. Diese Weisung hatte allerdings nur begrenzten Einfluss, weil die meisten Juden als »arbeitsunfähig« eingestuft wurden. Etwa im Mai 1942 waren alle Vorbereitungen abgeschlossen. Adolf Eichmann im Reichssicherheitshauptamt hatte in Abstimmung mit der Reichsbahn ein großes Deportationsprogramm für alle deutschen Besatzungsgebiete ausgearbeitet.

Mai 1942
Abschluss der Vorbereitungen zur gesamteuropäischen »Endlösung«

Himmler hatte unterdessen einen »Generalplan Ost« für seine Rassen- und Siedlungspolitik ausarbeiten lassen, an dem angesehene Landwirtschafts- und Bevölkerungswissenschaftler mitwirkten. In diesem Plan war in allen Einzelheiten ausgearbeitet, wie man Polen und die Sowjetunion mit deutschen Menschen besiedeln und die Einheimischen zum größten Teil »aussiedeln« wollte. Nicht weniger als dreißig Millionen Menschen sollten bei diesem gigantischen Vorhaben vertrieben und/oder ermordet werden. Als der Plan Himmler im Juni 1942 vorgelegt wurde, setzten seine Fachleute stillschweigend voraus, dass in Osteuropa keine Juden mehr am Leben waren. Denn diese sollten gemäß der rassistischen Rangordnung als Erste umgebracht werden. Tatsächlich trat die Ermordung der europäischen Juden kurz darauf in ihre schlimmste Phase ein.

Anfang Juni 1942 starb Reinhard Heydrich an den Folgen eines

Gut gelaunt beim Massenmord: Die ss-Führungsmannschaft von Auschwitz, etwa Juni 1944. Zweiter von links der Lagerarzt Dr. Josef Mengele, Zweiter von rechts mit Zigarillo Kommandant Rudolf Höß. Aufnahme aus dem Fotoalbum eines ss-Angehörigen

Attentats in Prag, wo er als stellvertretender Reichsprotektor für Böhmen und Mähren regiert hatte. Beim Staatsbegräbnis für Heydrich kündigte Himmler an, die »Endlösung« innerhalb eines Jahres abschließen zu wollen. Der Judenmord im Generalgouvernement wurde zu Heydrichs Ehren fortan »Aktion Reinhard« genannt. Am 17. Juli 1942 besuchte Himmler, der das Reichssicherheitshauptamt zeitweise selbst leitete, das Konzentrationslager Auschwitz. Er sah sich eine Massenvergasung an und befahl dem Kommandanten, Rudolf Höß, dieses Lager zum größten Vernichtungszentrum des europäischen Kontinents auszubauen.

Anschließend reiste Himmler nach Lublin, wo sein Freund Globocnik die »Aktion Reinhard« leitete. Himmler befahl Globocnik, die Juden des Generalgouvernements bis zum Jahresende zu ermorden. Auch aus Westeuropa rollten nun Züge in die Todeslager. Ein Grund für die Radikalisierung im Sommer 1942 bestand darin, dass Hermann Göring und das Reichsernährungsministerium von den besetzten Ostgebieten verlangten, wesentlich mehr Lebensmittel an das Reich abzuliefern als zuvor. Hunger war ein Mittel der deutschen Vernichtungspolitik. Ernährt wurden nur diejenigen Juden, die für die Deutschen arbeiteten, und auch sie erhielten nur geringste Rationen. Wer nicht arbeitete oder nicht mehr arbeiten konnte, wurde umgebracht.

*Juli 1942 Himmler befiehlt die Ermordung aller zentralpolnischen Juden bis Jahresende und die Erweiterung von Auschwitz zum Vernichtungszentrum*

## Deportationen

Ab Oktober 1941 wurden auch aus Deutschland, Österreich und der Tschechoslowakei Juden deportiert. Ein Teil von ihnen kam in das bereits überfüllte Ghetto Łódź, die Übrigen in die Sowjetunion, wo die Juden bereits massenhaft erschossen wurden. Hitler persönlich legte als Deportationsziele die Städte Riga in Lettland, Tallinn (Reval) in Estland und Minsk in Weißrussland fest.

Mitte Okt. 1941 Beginn der Massendeportationen aus Deutschland, Österreich und dem »Protektorat«

Obwohl die von der Polizei zur »Umsiedlung« befohlenen Juden nicht wussten, was ihnen bevorstand, wirkte der Beginn der Deportationen auf sie wie ein Keulenschlag. Angst und Verzweiflung trieben Tausende in den Selbstmord. Die Juden mussten sich mit ihrem Gepäck zu einer bestimmten Stunde an einem bestimmten Platz einfinden, von wo sie unter Polizeibewachung zum Bahnhof geführt und in Personenwaggons »nach Osten« abtransportiert wurden.

Am 15. Oktober 1941 verließ ein Transport Wien. Drei Tage später fuhr der erste Zug aus Berlin Richtung Osten. Bis zum 6. November verschleppte die Gestapo fast zwanzigtausend Juden aus Deutschland, Luxemburg, Wien und Prag nach Łódź. Weitere rund siebentausend Juden trafen aus dem mährischen Brünn und aus verschiedenen deutschen Großstädten, darunter wieder Berlin, im Ghetto von Minsk ein.

Um dort für die Ankömmlinge »Platz zu schaffen«, erschossen SS und Polizei zwölftausend weißrussische Juden. Weitere Deportationen nach Minsk fanden vorerst nicht statt, weil die Wehrmacht diese ablehnte. Sie brauchte wegen der Krise vor Moskau Transportraum.

Daher leitete das Reichssicherheitshauptamt die Züge nach Kowno (Kaunas) in Litauen und Riga in Lettland um. Zuvor erschossen SS und Polizei in Kowno über neuntausend Menschen, zur »Säuberung des Ghettos von überflüssigen Juden«. Vier Wochen später, am 25. und 29. November, erschossen dieselben Einheiten rund fünftausend Juden aus Berlin, München, Frankfurt am Main, Wien und Breslau bei einer Befestigungsanlage außerhalb Kownos. Mehrheitlich handelte es sich um Frauen und Kinder, die sofort nach ihrer Ankunft getötet wurden.

Am 27. November verließ ein Zug mit rund tausend Juden Berlin. Er traf drei Tage später in Riga ein. Die Berliner Juden wurden

**Ende Nov. 1941**
**Erste Massenerschießungen deportierter Juden in der Sowjetunion**

sofort nach ihrer Ankunft in einen Wald außerhalb der Stadt getrieben und am Morgen erschossen. Himmler war wegen dieses Massenmordes erbost. Offensichtlich sollten die deutschen Juden erst später ermordet werden, damit sich in Deutschland keine Gerüchte herumsprachen und Aufsehen, wie es bei der »Aktion Euthanasie« entstanden war, vermieden wurde. Die »Endlösung« sollte verschleiert werden. Tatsächlich blieben die danach aus Deutschland und Österreich verschleppten Menschen eine Zeitlang am Leben und wurden erst 1942 in die Massenmorde einbezogen.

Juden aus Deutschland, Österreich und dem »Protektorat« kamen 1942 auch ins Generalgouvernement. Die Deportierten wurden später in die Vernichtungslager der »Aktion Reinhard« abtransportiert und ermordet. Sie wurden jedoch zunächst in sogenannte Durchgangsghettos eingewiesen. Postkarten, die die Deportierten nach Hause schreiben mussten, sollten in der Heimat den Eindruck erwecken, dass es ihnen gutgehe und sie zumindest noch am Leben seien. Auch dieses Vorgehen diente der Tarnung der »Endlösung«. Hätten die nach Polen verschleppten Menschen die Möglichkeit gehabt, die Wahrheit zu schreiben, wäre von Hunger, Krankheiten, Zwangsarbeit, Angst und Schrecken die Rede gewesen. Aber solche Nachrichten sollten natürlich nicht durchsickern.

**Juni 1942**
**Beginn der Verschleppungen nach Theresienstadt**

Theresienstadt war das größte Täuschungsunternehmen der Nationalsozialisten. Es handelte sich um eine ehemals österreichische Festung. Seit Juni 1942 kamen rund sechzigtausend Juden aus Deutschland und Österreich nach Theresienstadt. Nach außen hin war das Ghetto der Aufenthaltsort älterer und »privilegierter« Personen. Zu diesen zählten etwa Offiziere des Ersten Weltkriegs, die Kriegsauszeichnungen erhalten hatten. Die Bewohner mussten ihren Ghettoaufenthalt selbst finanzieren, indem sie »Heimeinkaufverträge« schlossen. Auf diese Weise wurde vorgespiegelt, dass es sich um einen angenehmen Aufenthaltsort und Alterssitz handele. Das Ghetto hatte sogar eine jüdische »Selbstverwaltung« unter dem Vorsitz des deutschen Rabbiners Leo Baeck. Theresienstadt war in Wirklichkeit eine Durchgangsstation in den Tod. Insgesamt durchliefen etwa hundertvierzigtausend Juden das Ghetto. Mehr als dreißigtausend starben dort. Fast neunzigtausend kamen in die Vernichtungslager.

Seit Ende November 1942 leitete Eichmann die Transporte aus Deutschland nur noch nach Auschwitz, entweder über Theresienstadt oder direkt dorthin. Aus Wien, wo die jüdische Minderheit fast ganz Österreichs in »Judenhäusern« zusammengefasst worden war, wurden die Juden ebenfalls fast vollständig deportiert. Der Wiener Gauleiter Schirach brüstete sich, dies sei sein »Beitrag zur europäischen Kultur«.

Ein ähnliches Schicksal traf die Sinti und Roma. Zusammen mit den Juden kamen im November 1941 über fünftausend Roma aus Österreich ins Ghetto Łódź, wo sie ein besonderes »Zigeunerlager« bewohnen mussten. Zur Hälfte waren dies Kinder. Die Zustände in diesem Lager waren so schrecklich, dass Hunderte von Neuankömmlingen innerhalb weniger Wochen an einer Typhusepidemie starben. Die Überlebenden wurden zusammen mit den polnischen Juden aus Łódź nach Chełmno deportiert und mit Giftgas getötet.

Nov. 1941
Deportation österreichischer Roma nach Łódź

Im Dezember 1942 befahl Himmler die Deportation der Sinti und Roma aus dem Reich und die Einrichtung eines sogenannten Zigeunerlagers in Auschwitz. Ab 26. Februar 1943 kamen dort Transporte mit Sinti und Roma aus Deutschland und Österreich an. Im »Zigeunerlager« von Auschwitz waren die Zustände unsäglich. Mehr als dreizehntausend Häftlinge fielen Hunger und Krankheiten zum Opfer, rund sechstausend wurden wie die Juden mit Giftgas ermordet. Der berüchtigte KZ-Arzt Dr. Mengele nahm darüber hinaus medizinische Versuche an Zwillingskindern aus dem »Zigeunerlager« vor.

Dez. 1942
Himmler befiehlt die Deportation von Sinti und Roma nach Auschwitz

Am 19. Juni 1943 verschleppte die Gestapo mit Hitlers ausdrücklicher Genehmigung die letzten Angestellten der jüdischen Gemeinde Berlins nach Theresienstadt. Gauleiter Goebbels erklärte die Hauptstadt nunmehr für »judenfrei«. Einer der letzten Transporte mit deutschen Juden kam im November 1944 aus Theresienstadt in Auschwitz an. Kurz darauf wurden die Massentötungen in Auschwitz beendet. Das Reichssicherheitshauptamt begann nun auch damit, »Mischlinge« und in »Mischehe« lebende Juden zu deportieren, über deren weiteres Schicksal es seit langem Streit zwischen SS-Führung und Reichsinnenministerium gegeben hatte. Sie kamen nach Theresienstadt oder in andere Lager. Das Kriegsende rettete dem größten Teil dieser Menschen das Leben.

Zweihundertdreißigtausend deutsche und österreichische Juden wurden im Laufe des Zweiten Weltkriegs deportiert und ermordet. Mehr als doppelt so vielen gelang es jedoch, der Vernichtung zu entkommen, weil sie rechtzeitig, also bis Kriegsbeginn, ausgewandert beziehungsweise geflüchtet waren. Ein Historiker hat auf die riesigen zeitlichen Unterschiede zwischen Mittel- und Osteuropa hingewiesen: Die deutschen Juden litten zehn Jahre unter dem nationalsozialistischen Terror, konnten aber zu erheblichen Teilen dem Verhängnis entkommen. Den Juden Kiews blieben gerade zehn Tage von der deutschen Besetzung bis zu ihrer Ermordung. Und doch glichen sich mit der Zeit die Verfolgungsschicksale der europäischen Juden einander an, überall im deutsch beherrschten Europa.

### Vernichtungslager

Weniger als die Hälfte der Juden wurde in Lagern getötet. Die meisten wurden erschossen, vor allem in der Sowjetunion, oder sie fielen Hunger, Krankheiten und Gewalt in den Ghettos zum Opfer. Konzentrationslager waren nicht der eigentliche »Tatort« *dieses* Verbrechens. Denn diese Lager waren dazu gedacht, Menschen einzusperren, zu terrorisieren und zur Arbeit zu zwingen. Hunderttausende fielen der KZ-Haft zum Opfer, aber die wenigsten dieser Opfer waren jüdischer Herkunft. Soweit die Juden nicht erschossen wurden, brachten die Mörder sie in besonderen Vernichtungslagern um. Diese waren nur dazu bestimmt, möglichst viele Menschen in möglichst kurzer Zeit zu töten.

*Dez. 1941*
*Beginn der Giftgasmorde in Chełmno*

Chełmno, auch »Kulmhof« genannt, ging als erstes Vernichtungslager in Betrieb. Hier wurde seit Herbst 1941 ein großes Gebäude, das »Schloss«, für die Massentötungen vorbereitet. Sie begannen im Dezember. Die Juden kamen auf einer Schmalspurbahn bis in die Nähe, bewacht durch deutsche SS-Leute und Polizisten. Im Schloss mussten sie sich vollständig entkleiden und einen Gaswagen betreten, der mit weit geöffneten Laderaumtüren an einer Rampe stand. War der Laderaum mit Menschen gefüllt, wurden die Türen geschlossen. Der Fahrer startete den Lastwagen-Motor, dessen Abgase in den Laderaum geleitet wurden. Nach zwanzig bis dreißig Minuten waren die Opfer erstickt. Der Lastwagen fuhr nun zum einige Kilometer entfernten »Waldlager«, wo die Leichen ausgeladen und in Massengräbern verscharrt wurden. Rund hundertfünfzigtausend Juden fielen in Chełmno 1941/42 zum Opfer. Sie kamen ganz überwiegend aus dem Ghetto Łódź.

Das Vernichtungslager Bełżec wurde seit November 1941 errichtet. Das Lager befand sich an einer vielbefahrenen Bahn- und Straßenverbindung zwischen Lublin und Lemberg. Die deutsche Lagermannschaft bestand aus nur etwa zwanzig Männern, die zuvor die »Aktion Euthanasie« in Deutschland und Österreich durchgeführt hatten. Die Bewachung übernahmen sogenannte Trawniki-Männer. Dabei handelte es sich um Russlanddeutsche und vor allem Ukrainer, die sich in den Lagern für sowjetische Kriegsgefangene überwiegend ›freiwillig‹ gemeldet hatten, um nicht zu verhungern.

Die deutsche Lagerführung machte anfänglich Tötungsversuche mit Kohlenmonoxid aus Stahlflaschen und mit einem selbst angefertigten Gaswagen. Dann aber baute man Gaskammern in einen Schuppen ein, die nach dem Vorbild der »Euthanasie«-Anstalten als Duschräume getarnt waren. Im Februar 1942, nachdem ein großer Dieselmotor eingebaut worden war, fand eine »Probevergasung« statt. Ihr fielen jüdische Zwangsarbeiter zum Opfer, die das Lager hatten aufbauen müssen. Ab Mitte März trafen Transporte aus den Städten Lemberg und Lublin sowie aus der Umgebung dieser Städte ein. Die Juden waren in den Ghettos verhaftet und wie Vieh in Güterwagen eingesperrt worden.

*Mitte März 1942 Beginn der Giftgasmorde im Generalgouvernement*

Ein zweites Vernichtungslager im Generalgouvernement, Sobibór, war seit März 1942 im Bau. Dort kamen ab Mai Transporte an. Auf Befehl Himmlers entstand bis Juli das dritte und größte Mordlager der »Aktion Reinhard«, Treblinka im Distrikt Warschau. Dieses Lager war für die Ermordung der Juden aus dem Warschauer Ghetto bestimmt. Himmlers Freund Globocnik drängte im Mai, »die ganze Judenaktion so schnell wie nur irgend möglich durchzuführen, damit man nicht eines Tages mittendrin stecken bliebe, wenn irgendwelche Schwierigkeiten ein Abstoppen der Aktion notwendig machen«.

Solche Schwierigkeiten konnten in fehlenden Eisenbahnzügen bestehen. Denn die Wehrmacht benötigte im Juni/Juli den ganzen Transportraum für die Sommeroffensive in der Sowjetunion. Somit konnten also keine Züge in die Vernichtungslager fahren.

**22. Juli 1942
Beginn der schrecklichsten Phase des Judenmords im Generalgouvernement**

Diese Zeit wurde genutzt, um die Gaskammern von Bełżec und Sobibór erheblich zu vergrößern.

Himmler erreichte durch Verhandlungen mit dem Reichsverkehrsministerium, dass ihm Züge zur Verfügung gestellt wurden. Am Abend des 22. Juli verließ der erste Transport Warschau in Richtung Treblinka. Dies war der Beginn der größten Vernichtungsaktion in der Geschichte der »Endlösung«. Innerhalb von nur zehn Wochen wurden fast eine Million Juden umgebracht.

Polizei und einheimische Hilfspolizisten führten regelrechte Menschenjagden durch. Die Ghettos wurden umstellt und Straße um Straße durchsucht. Wer sich weigerte mitzukommen, wurde sofort erschossen, ebenso Kleinkinder und Patienten der jüdischen Krankenhäuser. Anschließend wurden die Juden unter Bewachung zu einem Sammelplatz geführt. Dort fand die »Selektion« statt, an der deutsche Arbeitgeber und Beamte der Arbeitsämter mitwirkten. Wer einen gültigen Arbeitsausweis vorzeigen konnte, wurde meist von der Deportation zurückgestellt. Der größte Teil der Verhafteten wurde jedoch gezwungen, in bereitstehende Güterwagen zu steigen, die in die Vernichtungslager fuhren.

Da es an Transportraum mangelte und der Mord beschleunigt werden sollte, pferchten SS und Polizei oftmals bis zu einhundertsechzig Personen in Waggons, die nur hundert Menschen Platz boten. Die Züge waren also häufig völlig überladen. Entsprechend lange dauerte die Fahrt bis zum Ziel. Hunderte Deportierte erstickten und verdursteten bei hochsommerlichen Temperaturen bereits auf dem Weg in die Vernichtungslager.

Die Züge wurden nach ihrer Ankunft auf ein Nebengleis gefahren, das auf dem Lagergelände lag. Die Juden mussten aussteigen. Ab Sommer 1942 war vielen von ihnen bekannt, was sie erwartete. Sie wollten nicht freiwillig in den Tod gehen. Daher wendeten die SS-Leute und ihre ausländischen Helfer brutale Gewalt an. Die Todeskandidaten mussten sich vor den Augen ihrer Mörder entkleiden und ihr Eigentum abliefern. Anschließend wurde den Frauen das Haar abgeschoren. Über einen aus Stacheldraht bestehenden Verbindungsweg mussten die Deportierten von der Entkleidungsbaracke in ein Gebäude gehen, in dem sich die Gaskammern befanden. Deutsche und »Trawnikis« drückten und prügelten sie dort hinein. Der Motor wurde angeworfen. Oftmals fiel die Maschine aus. Die Menschen standen voller Angst in der dunklen Kammer, dem Ersticken bereits nahe, und mussten auf ihren Tod warten. Es war ein unvorstellbares Grauen.

Jüdische Sonderkommandos mussten die mit menschlichen Ausscheidungen bedeckten Leichen aus den Gaskammern holen, den Toten Goldzähne aus dem Mund brechen und die Leichen in riesigen Massengräbern beerdigen. Verbrennungsanlagen gab es nicht. Weil auf dem Lagergelände von Bełżec kein Platz mehr war, wurden die Morde dort im Dezember 1942 beendet.

Bis dahin waren in diesem Vernichtungslager rund vierhundertdreißigtausend Juden ermordet worden. In Treblinka hatten über siebenhunderttausend Juden einen qualvollen Tod gefunden. Offiziell waren Ende 1942 nur noch dreihunderttausend jüdische Einwohner des Generalgouvernements am Leben. Die Morde gingen aber im folgenden Jahr weiter. Himmler flog im Februar 1943 eigens nach Sobibór, um sich eine Massenvergasung vorführen zu lassen und das Personal der »Aktion Reinhard« auszuzeichnen.

Im April 1943 begann der Aufstand der Juden im Warschauer Ghetto. Sie hatten sich mühsam Waffen beschafft und wehrten sich mit dem Mut der Verzweiflung gegen SS, Polizei und Wehrmachtseinheiten, die Himmler zur »Niederschlagung« der Revolte abkommandierte. Rund vier Wochen hielten die Ghetto-Bewohner stand. Dann konnte der SS-General Jürgen Stroop das Ende des Warschauer Ghettos melden. Es wurde vollständig dem Erdboden gleichgemacht. Die überlebenden Juden kamen nach Treblinka und in das Konzentrationslager Lublin-Majdanek. Auch in anderen Ghettos gab es Widerstandsbewegungen, so in Białystok, Wilna und Minsk.

April/Mai 1943
Aufstand
im Warschauer
Ghetto

Die deutsche Führung betrachtete die Juden umso mehr als »Sicherheitsrisiko« und beschleunigte ihre restlose Ermordung. SS und Polizei umstellten im Juni und Juli 1943 ein Ghetto nach dem anderen und deportierten oder erschossen die Bewohner. Nur noch Zwangsarbeitslager blieben übrig. Aber auch für diese Häftlinge kam bald das Ende. In den Vernichtungslagern Sobibór und Treblinka hatte es Revolten gegeben, in Białystok hatten sich die Juden mit Waffengewalt gegen die vollständige Vernichtung des Ghettos gewehrt. Anfang November 1943 erschossen SS und

**Nov. 1943
Abschluss
der »Endlösung«
im General-
gouvernement**

Polizei innerhalb von nur zwei Tagen über vierzigtausend jüdische Arbeitshäftlinge in Lublin und Umgebung. Damit war die »Endlösung« im Generalgouvernement abgeschlossen.

Einige Historiker gehen davon aus, dass allein in Treblinka an die neunhunderttausend Juden umgebracht wurden. In die Todeslager im Generalgouvernement kamen auch Juden aus anderen europäischen Ländern. So wurden holländische Juden nach Sobibór deportiert, griechische Juden nach Treblinka. Der Grund hierfür war vor allem, dass Auschwitz noch nicht voll ausgebaut war.

Auschwitz war beides: Konzentrations- und Vernichtungslager. Zunächst befand sich hier ein großes Konzentrationslager für polnische politische Häftlinge. Es wurde 1940 gegründet. Im September 1941 machte die Lagerführung von Auschwitz einen ersten Tötungsversuch mit »Zyklon B«, einem Blausäure-Giftgas. An sich war dieses Schädlingsbekämpfungsmittel zur Desinfizierung von Kleidung und Baracken auf dem KZ-Gelände vorgesehen. Nun aber sperrte man neunhundert Menschen, überwiegend angeblich arbeitsunfähige sowjetische Kriegsgefangene und jüdische Häftlinge, in den abgedichteten Keller eines Gebäudes im Konzentrationslager, warf eine geöffnete Dose Zyklon B hinein und schlug die Tür zu. Die Häftlinge erstickten.

Dieser Mord war offensichtlich ein Versuch, die »Euthanasie« an KZ-Gefangenen in Auschwitz selbst durchzuführen. Zuvor hatte man die Opfer dieser Aktion in Lager der T4-Organisation abtransportieren lassen. Nachdem aber Zyklon als Tötungsmittel gefunden war, benutzte die Lagerführung unter dem Kommando von Rudolf Höß immer wieder Blausäure zur Ermordung von Juden. Ab Februar 1942 geschah dies regelmäßig.

Seit September 1941 war bei der Ortschaft Birkenau, einige Kilometer entfernt, ein weiteres Lager im Aufbau. Bald entstanden in Birkenau Gaskammern. Zwei Bauernhäuser am Rand des Lagers wurden umgebaut, genannt Bunker I und Bunker II. Seit Anfang Juli 1942 wurden in diesen Gaskammern sowie im Krematorium I, das sich auf dem Gelände des Hauptlagers befand, Juden aus Deutschland, insbesondere aber aus Frankreich und den Niederlanden ermordet.

Zuvor fand die »Selektion« durch SS-Ärzte statt, bei der vor allem ältere Menschen und Kinder in den Tod geschickt wurden.

Alle Übrigen, unter ihnen sehr viele Frauen, wurden zur Arbeit ausgesondert und erhielten eine Häftlingsnummer in den Unterarm tätowiert. Diese brutale Kennzeichnung gab es in keinem anderen KZ. Alle Übrigen mussten zu Fuß den Weg zu den Bauernhäusern antreten oder wurden mit Lastwagen dorthin gefahren. Die Leichen der Ermordeten begrub man auf dem Gelände von Birkenau.

An Himmlers Vorhaben vom Sommer 1942, Auschwitz zum Vernichtungszentrum für alle Juden Europas zu machen, war möglicherweise Hitler persönlich beteiligt. Ermittler des sowjetischen Geheimdienstes erfuhren nach dem Krieg von seinem Kammerdiener Heinz Linge und seinem letzten Adjutanten Otto Günsche, dass sich der Diktator für »die Entwicklung von Gaskammern« interessiert und Planzeichnungen angefordert habe.

1942/43
Hitler lässt sich möglicherweise Baupläne für Gaskammern in Auschwitz vorlegen

Diese Zeichnungen kamen möglicherweise von der Firma Topf & Söhne in Erfurt, die Krematorien, also Leichenverbrennungsanlagen, für Konzentrationslager lieferte. Der Chefingenieur dieses Unternehmens war auch an Plänen für den Umbau von Krematorien für Auschwitz zu großen Tötungsanlagen beteiligt. Dieses Vorhaben war das größte und technisch aufwendigste Massenmordprojekt des NS-Staates. Erst ab Sommer 1943 waren alle Krematorien und Gaskammern fertig.

Die Krematorien von Auschwitz waren ständig überlastet und fielen wiederholt aus, sodass der ganze Vernichtungsprozess ins Stocken kam. Die meisten Juden wurden im Krematorium II ermordet und verbrannt. In einem unterirdischen Raum warteten SS-Leute und Angehörige eines jüdischen Sonderkommandos auf die Todeskandidaten. Sie mussten sich ausziehen, ihre Kleidung aufhängen und dann einen großen Raum betreten, der wie ein Duschraum aussah. Brauseköpfe waren an den Decken angebracht. In Wirklichkeit war dies die Gaskammer. Die SS schob jeweils rund zweitausend Menschen in den Raum. Die gasdichten Türen wurden verschlossen. Ein SS-»Desinfektor« schüttete vom Erdgeschoss aus Zyklon B in einen Behälter, der in einer Säule abwärts lief. Die Blausäure war in einer Art Pulver gebunden und entfaltete sich erst, wenn sie mit Luft in Berührung kam. Die Säule hatte Öffnungen zur Gaskammer hin. So breitete sich das Giftgas aus.

Erst nach rund zwanzig Minuten waren alle tot. Die Gaskammer wurde mit eingebauten Ventilatoren entlüftet und die Leichen wurden herausgezogen. Die Sonderkommandos mussten Goldzähne aus den Mündern der Toten brechen und ihre Körper einäschern. Die Asche versenkte man in einem nahen See.

In den Gaskammern von Auschwitz konnten bei jedem »Durchgang« rund neuntausend Menschen gleichzeitig ermordet werden. Aber selbst diese Größe reichte nicht aus, als zwischen Mai und Juli 1944 die ungarischen Juden im Vernichtungslager eintrafen. Die Wehrmacht hatte Ungarn kurz zuvor besetzt, weil dieses Land aus dem Bündnis mit Deutschland ausbrechen wollte. Hitler hatte den ungarischen Staatschef, Admiral Horthy, zuvor wiederholt gedrängt, die jüdische Bevölkerung Ungarns zur Ermordung auszuliefern.

*Ab Mai 1944 Ermordung der ungarischen Juden in Auschwitz*

Den deutschen Truppen folgte dichtauf ein SS-Kommando, das im Auftrag Eichmanns die Deportation der ungarischen Juden vorbereitete. In nur drei Wochen ließ das Eichmann-Kommando mit Hilfe der ungarischen Polizei fast zweihundertneunzigtausend Juden nach Auschwitz verschleppen. Das war die größte einzelne Massendeportation in der Geschichte des Holocaust. Die Verschleppungen gingen ab Juni weiter. Sie hatten ihren Schwerpunkt nun in der Hauptstadt Budapest. Bis zum 8. Juli 1944 wurden nochmals fast vierhundertvierzigtausend Juden nach Auschwitz gebracht. Viele von ihnen erstickten und verdursteten auf der langen Fahrt in den Güterwagen. Während der »Ungarn-Aktion« waren die Krematorien von Auschwitz überlastet. Daher mussten Häftlingskommandos Leichen unter freiem Himmel in der Nähe verbrennen. Dies geschah vor den Augen von Deportierten, die sitzend darauf warten mussten, dass sie in das angebliche Brausebad geführt wurden.

Andererseits sollten Arbeitskräfte herangeschafft werden. Sie wurden in Deutschland dringend gebraucht, vor allem für die Flugzeug- und Raketenherstellung, die unter die Erde verlegt wurde, um sie vor den Bombenangriffen der Briten und Amerikaner zu schützen. Bisher war es Hitlers Politik gewesen, alle Juden aus dem Reich zu »entfernen«. Nun aber, in der ersten Augustwoche 1944, befahl er, ungarische Juden in die Rüstungswirtschaft zu bringen. An der berüchtigten »Rampe« von Birkenau führten

Aussonderungen an der »Rampe« während der Deportation der ungarischen Juden nach Auschwitz-Birkenau, Mai 1944. Das Foto stammt aus dem Album eines SS-Angehörigen. Im Hintergrund sieht man das Eingangstor von Birkenau, durch das die Züge in das Todeslager fuhren. Das Gleis auf das Lagergelände und die »Rampe« waren eigens für die »Ungarn-Aktion« errichtet worden. Vgl. auch das Bild der Lagerführung, S. 266

SS-Ärzte wie Mengele »Selektionen« unter den Deportierten durch. Bei der »Selektion« riss das Lagerpersonal von Auschwitz die Familien der Deportierten brutal auseinander. Drei Viertel von ihnen schickten sie mit einem Wink des Daumens ins Giftgas, vor allem ältere Menschen und Kinder. Alle Übrigen, unter ihnen sehr viele Frauen, wurden zur Arbeit ausgesondert und entweder in das KZ Auschwitz eingewiesen oder ins Reich weitertransportiert.

In der ersten Oktoberwoche erhoben sich jüdische Sonderkommandos von Auschwitz in einer bewaffneten Revolte gegen die SS und sprengten ein Krematorium in die Luft. Der Aufstand wurde von der Wachmannschaft blutig niedergeschlagen. Im kommenden Monat befahl Himmler das Ende der Massenmorde in Auschwitz und die Zerstörung der Gaskammern und Krematorien. Denn die Rote Armee war inzwischen bedrohlich nahe an die deutsche Ostgrenze herangerückt.

Aufgrund einer Aussage von Rudolf Höß nach dem Krieg ist man zunächst davon ausgegangen, dass mehrere Millionen Men-

**Okt. 1943
Himmler bezeichnet bei einer Ansprache in Posen die Ermordung der Juden als »Ruhmesblatt« der deutschen Geschichte**

schen in Auschwitz ermordet worden seien. Neuere Berechnungen haben ergeben, dass in Auschwitz knapp unter einer Million Juden ermordet wurden, in Bełżec, Sobibór und Treblinka zusammen mindestens 1,3 Millionen. Die Opfer erlitten unvorstellbare Ängste und Qualen. Die meisten waren Frauen und Kinder. Himmler brachte es jedoch fertig, die »Ausrottung« der Juden als »Ruhmesblatt unserer Geschichte« zu preisen.

## »Führer« und »Volksgemeinschaft«

Die Schilderung von Grausamkeiten im vorangehenden Abschnitt verfolgt keinen Selbstzweck. Es sollte deutlich werden, dass hinter der Grausamkeit ein System steckte, hinter den vielen Schauplätzen von Verfolgung und Mord ein Prozess. Dieser war zwar nicht unabwendbar, lief aber unter den Bedingungen des Führerstaates folgerichtig auf die vollständige Vernichtung zu. Zwar trugen Funktionäre und Militärs in den besetzten Gebieten maßgeblich dazu bei, dass aus Hitlers Vernichtungsabsicht Wirklichkeit werden konnte. Aber der Diktator stand im Mittelpunkt. Bei ihm liefen die Fäden zusammen.

Hitler war Staatsoberhaupt, »Führer«, Kriegsherr – und der größte Massenmörder der Geschichte. Er war, wie Goebbels in seinem Tagebuch festhielt, der »unentwegte Vorkämpfer und Wortführer einer radikalen Lösung«. Er hetzte beständig gegen die Juden und drängte mehrfach ausländische Verbündete wie Marschall Antonescu (Rumänien) und Admiral Horthy (Ungarn) zum Mord an der jüdischen Bevölkerung. Darüber hinaus erteilte Hitler mündliche Befehle und Weisungen.

Historiker haben Heinrich Himmler als »Architekten der Endlösung« bezeichnet. Er war die entscheidende Figur, um aus den Worten seines Herrn und Meisters Taten werden zu lassen. Immer wieder suchte Himmler das Gespräch mit Hitler. Schon allein die Zahl dieser Zusammentreffen ist aufschlussreich. 1941 waren es sechsundvierzig, davon achtunddreißig seit August und allein neunzehn im September und Oktober. Im folgenden Jahr hatte Himmler achtundsiebzig Besprechungen mit Hitler, davon einundzwanzig im Januar/Februar und sechsunddreißig zwischen

April und Juli 1942. Diese Rücksprachen häuften sich also genau dann, als Entscheidungen über die Judenvernichtung anstanden. Durch Himmler war Hitler über die »Endlösung« genau informiert. Der SS-Chef legte ihm im April 1943 sehr wahrscheinlich sogar eine Statistik über die »Endlösung der Judenfrage« vor. Darin war verzeichnet, wie viele Juden bis März ermordet worden waren. Allerdings legte Hitler Wert auf bestimmte Sprachregelungen. In der Statistik für Hitler musste es statt »Sonderbehandlung der Juden« heißen: »durchgeschleust durch die Lager«. Wenn sich Hitler in seinen Hauptquartieren über die Juden äußerte, verwendete er häufig Wortspiele und Sprachbilder, ließ aber seinem Hass freien Lauf. Er kam auf seine »Prophezeiung« in dem Maße zurück, wie sie verwirklicht wurde. Hitler sprach aber stets so, als läge die Verwirklichung noch immer in ferner Zukunft. Das tat er sogar 1943, als die meisten europäischen Juden bereits tot waren.

*April 1943 Hitler erhält höchstwahrscheinlich eine Statistik der »Endlösung«*

Hitler verhielt sich in dieser Hinsicht nicht sehr viel anders als seine »Volksgenossen«. Was wussten sie vom Judenmord? Die Deutschen nahmen die Deportationen ab Herbst 1941 aufmerksam wahr. Ähnlich wie bei den Verhaftungen nach der Pogromnacht vom November 1938 bildeten sich oft Menschentrauben an den Marschwegen der Deportierten. Die Reaktionen reichten von Häme und Befriedigung über Gleichgültigkeit bis zu Äußerungen des Protests und Missfallens. Aber solche Kritik war anscheinend seltener. Vor allem rührte so gut wie niemand seine Hand zum Schutz der ausgegrenzten und verarmten Minderheit. Der Antisemitismus hatte sich unter der Herrschaft des Nationalsozialismus tief in die deutsche Gesellschaft »hineingefressen«, wie ein Historiker es formuliert hat.

Im Laufe des Jahres 1942 sprachen sich im Reich immer mehr Gerüchte und Informationen über den Judenmord herum. Von Massenerschießungen in der Sowjetunion wussten sehr viele Deutsche, denn Soldaten, die als Zeugen oder Mittäter dabei gewesen waren, berichteten von ihren Erlebnissen. Um diesen Gerüchten entgegenzutreten, sollten die Parteifunktionäre laut einer Anweisung von Martin Bormann künftig davon sprechen, dass die Juden »laufend nach dem Osten in große, zum Teil vorhandene, zum Teil noch zu errichtende Lager transportiert« wür-

Würzburg, April 1942: Jüdische Einwohner müssen unter Polizeibewachung ihren Marsch zum Bahnhof antreten, von wo sie nach Ostpolen deportiert werden. Am Straßenrand im Hintergrund sieht man Zuschauer stehen. Das Foto stammt aus einem Album der Würzburger Gestapo

den, »von wo aus sie entweder zur Arbeit eingesetzt oder noch weiter nach dem Osten verbracht werden«.

Bormann leugnete den Mord, indem er ihn teilweise zugab. Die Art und Weise, dies zuzugeben, war die Rede vom »Arbeitseinsatz«, die uns schon so häufig begegnet ist: bei der Aussonderung von Kranken während der »Euthanasie«, bei der deutschen Unterscheidung zwischen »arbeitsfähigen« und »arbeitsunfähigen« Juden in den osteuropäischen Zwangsghettos, in Eichmanns Aufzeichnung über die Wannsee-Konferenz, bei den Selektionen an der Rampe von Auschwitz.

Unter deutschen Funktionären und Soldaten, die im Generalgouvernement Dienst taten, war es kein Geheimnis, dass die Juden umgebracht wurden. Der Mord fand ja praktisch auf offener Straße statt. Viele dieser Männer wussten auch von den Vernichtungslagern, doch scheinen sich solche Kenntnisse im Reichsgebiet weniger stark verbreitet zu haben.

Hohe Offiziere der Wehrmacht, die in englische Kriegsgefangenschaft geraten waren, erzählten einander ganz offen, was sie gesehen hatten und/oder wussten. In einigen Fällen gingen diese Kenntnisse sehr weit. Andere gaben gegenüber ihren Kameraden zu, Massenmorde an Juden angeordnet zu haben. Diese Offiziere wussten nicht, dass der englische Nachrichtendienst sie bei ihren Gesprächen abhörte.

Seit der Kriegswende von Stalingrad nahm das schlechte Gewissen der Deutschen zu. Vielfach, so berichtete der Spitzeldienst SD, deuteten sie die Luftangriffe der Briten und Amerikaner als gerechtfertigte Rache am deutschen Volk für den Judenmord. Noch immer gab es also die antisemitische Vorstellung, dass die Juden die Kriegsführung der deutschen Gegner bestimmten. In Wirklichkeit bestand zwischen »Endlösung« und Bombenkrieg kein ursächlicher Zusammenhang.

Schon kurz vor dem Krieg gegen die Sowjetunion hatte sich Goebbels folgende Worte Hitlers aufgeschrieben: »Und haben wir gesiegt, wer fragt uns nach der Methode. Wir haben sowieso so viel auf dem Kerbholz, daß wir siegen müssen, weil sonst unser ganzes Volk, wir an der Spitze mit allem, was uns lieb ist, ausradiert werden.« Genau auf dieser Linie verstärkte das Regime in seiner Propaganda ab Frühjahr 1943 Ängste vor dem »jüdischen Bolschewismus«. Es versuchte, die Deutschen an sich zu ketten, indem es behauptete, die »Volksgemeinschaft« insgesamt sei für die Verbrechen verantwortlich.

Alles in allem kann man sagen, dass die meisten Deutschen viel über das Schicksal der Juden hätten wissen können, überwiegend aber nicht daran interessiert waren, mehr zu erfahren. Denn dies hätte zur Voraussetzung gehabt, die verbrecherische Rolle des »Führers« und die eigene Verstrickung schonungslos zu betrachten. Die Mehrheit der Deutschen verhielt sich gleichgültig, eine Minderheit begrüßte das spurlose Verschwinden der Juden lauthals, eine noch kleinere Minderheit übte offene Kritik.

Einige tausend Juden überlebten den Krieg in den Großstädten, vor allem in Berlin, indem sie untertauchten. Immerhin anderthalbtausend Männer, Frauen und Jugendliche erlebten als solche »U-Boote« das Ende der nationalsozialistischen Herrschaft in der Reichshauptstadt. Das war nur möglich, weil ein mindestens zehnmal so großer Kreis von Helfern sie versteckt und mit Lebensmitteln und Nachrichten versorgt hatte. Diese Rettungsaktionen sind ein kleiner Lichtblick in einer dunklen Zeit. Denn die ganz überwiegende Mehrheit der »Volksgenossen« sah weg und tat nichts für die Juden.

# DER HÖHLENBEWOHNER

**Der Anfang** 284
**vom Ende**

287 **Der Bunker**

**Einkreisung** 291

297 **Zusammenbruch**

**Das Ende** 308

## Der Anfang vom Ende

Hitlers Untergang begann Ende September 1944, wenige Monate nach dem gescheiterten Attentat vom 20. Juli. Er kam nun zu dem Entschluss, noch einmal alles auf eine Karte zu setzen. Hitler wollte einen überraschenden Gegenangriff befehlen, und zwar in den Ardennen auf die amerikanischen Truppen, die im Westen bereits vor Aachen standen. Der belgische Hafen Antwerpen sollte zurückerobert und der gegnerische Nachschub auf diese Weise abgeschnitten werden. Nach einem deutschen Sieg, so meinte Hitler, könnte er sich mit den Westmächten über einen Friedensschluss verständigen. Die Wehrmacht sollte sich anschließend mit ihrer ganzen Kraft gegen die Sowjetunion wenden. Hitler wusste, dass dies seine letzte Chance war, militärisch noch etwas zu bewegen. An der Ostfront war das nicht mehr möglich. Als Angriffstermin legte er vorläufig Ende November fest.

Wenige Tage später erkrankte er an einer Gelbsucht und musste, ganz gegen seine Gewohnheit, rund zwei Wochen im Bett liegen. Am 11. Oktober war Hitler erstmals wieder auf den Beinen. Obwohl der »Führer« behauptete, es gehe ihm gut, verschlechterte sich sein gesundheitlicher Zustand. Das Zittern seines linken Arms, Anzeichen seiner Parkinson-Erkrankung, kehrte zurück. Sein Rücken krümmte sich schon seit einigen Monaten, sodass er den Kopf vorschieben und gebückt gehen musste. Den dringenden Rat seines Leibarztes Dr. Morell, sich nach der überstandenen Gelbsucht für zwei Wochen auf dem Obersalzberg zu erholen, befolgte Hitler nicht.

Inzwischen hatte die Rote Armee die deutsche Grenze überschritten. Die Wehrmacht wehrte den Angriff vorerst ab und eroberte Orte zurück, die russische Soldaten für einige Tage besetzt hatten. Sie fand die Leichen ermordeter Zivilisten und vergewaltigter Frauen. Die Gewalt der deutschen Soldaten in der Sowjetunion schlug nun auf die eigene Bevölkerung zurück. Voller Angst vor der Rache der Sieger packten die Menschen ein paar Habseligkeiten zusammen und verließen ihre Heimat für immer.

Martin Bormann bedrängte Hitler, vor der Roten Armee auf den Obersalzberg oder nach Berlin auszuweichen. Inzwischen war der »Führer« erneut erkrankt, diesmal am Hals. Er musste sich an den Stimmbändern operieren lassen. Nach längerem Zögern entschloss er sich zur Abreise nach Berlin. Am 20. November verließ Hitler sein ostpreußisches Hauptquartier. Es wurde danach in die Luft gesprengt. Rückblickend bedauerte der Diktator, dass er die Wolfsschanze verlassen hatte, statt dort im Kampf gegen die Russen oder durch Selbstmord zu »fallen«. Der Gedanke an sein persönliches Ende beschäftigte ihn zunehmend.

20. Nov. 1944
Hitler verlässt die »Wolfsschanze« für immer

Die Reichskanzlei in Berlin hatte bisher nur wenige Bombentreffer abbekommen. Gleich nach seiner Ankunft wurde Hitler dort operiert. Einige Tage lang konnte er nicht sprechen und sich bei den Lagebesprechungen nur mit handschriftlichen Zetteln verständigen. Ebenfalls am 21. November 1944 kam Eva Braun in Berlin an. Im Juni, während Hitlers letztem Aufenthalt auf dem Obersalzberg, hatte ihre Schwester Margarete den SS-General Hermann Fegelein geheiratet, der inzwischen Himmlers Verbindungsmann zu Hitler war. Die persönliche Bekanntschaft zwischen Hitler und Fegelein bestand vermutlich schon seit Beginn des Krieges gegen die Sowjetunion. Sie beruhte auf Fegeleins ›Leistung‹ bei der Erschießung weißrussischer Juden. Über Fegelein und ihre Schwester hatte Eva Braun nun einen offiziellen Platz in Hitlers Umgebung. Außerdem mochte sie Fegelein offenbar mehr, als es unter Schwägern üblich ist – und umgekehrt.

Hitler und Eva Braun wohnten in der »Führerwohnung« der Alten Reichskanzlei. Luftangriffe auf Berlins Stadtmitte fanden in dieser Zeit nicht statt. Eva Braun leistete Hitler beim Mittag- und Abendessen Gesellschaft. Er blühte wieder auf, weniger wegen seiner Freundin, sondern weil die Ardennenoffensive dicht bevorstand. Endlich konnte er wieder handeln. Am 10. Dezember kehrte Eva Braun auf den Obersalzberg zurück.

Mitte Dez. 1944
Beginn der Ardennenoffensive

Hitler und sein Gefolge reisten am selben Nachmittag aus Berlin in Richtung Hessen ab und bezogen das letzte Hauptquartier »Adlerhorst« in der Nähe von Bad Nauheim. Am 16. Dezember 1944 begann die Offensive »Herbstnebel«. Zweihunderttausend deutsche Soldaten traten mit sechshundert Panzern und Sturmgeschützen gegen die Armee der Vereinigten Staaten an. Das Unternehmen konnte nur gelingen, wenn das schlechte Wetter anhielt, auf das Hitler tagelang hatte warten müssen. Denn bei gutem Wetter drohten Luftangriffe des Gegners, gegen die die eigene Luftwaffe nichts ausrichten konnte. Im Frühsommer 1940 war der deutsche Überraschungsangriff aus den Ardennen gelungen. Diesmal misslang der Plan. Zwar konnten die deutschen Panzer die Amerikaner etwa hundert Kilometer zurückschlagen, aber Antwerpen blieb in weiter Ferne. An Heiligabend klarte der Himmel auf. Die Westmächte flogen mit fünftausend Flugzeugen pausenlos Angriffe gegen die deutschen Truppen. »Herbstnebel« war gescheitert.

Am Neujahrstag 1945 wandte sich Hitler nach langer Zeit wieder an das deutsche Volk, doch in dieser Rundfunkansprache ging er kaum auf die katastrophale Lage ein. Er predigte den »Endsieg«, der in diesem Jahr bestimmt kommen werde, und hetzte wieder einmal gegen das »Weltjudentum«. »Nordwind«, ein Entlastungsangriff im Norden des Elsass, begann am selben Tag. Nach zwanzig Kilometern blieb der Angriff stecken. Die Luftwaffe zerstörte unterdessen zwar Hunderte gegnerischer Flugzeuge, verlor aber fast ebenso viele eigene Bomber und Jäger. Sie war damit praktisch am Ende.

Am 7./8. Januar gab Hitler den Befehl zum Rückzug aller deutschen Verbände. Die Ardennenoffensive war vorbei. Achtzigtausend deutsche Soldaten hatten mit ihrem Leben für diese Verzweiflungstat des Kriegsherrn bezahlen müssen. Hitler stand nun unausweichlich vor dem Ende. Zum ersten Mal brach er zusammen. Auf seinen Luftwaffenadjutanten Nicolaus von Below machte Hitler einen »völlig verzweifelten Eindruck«. Hitler sagte: »Ich weiß, der Krieg ist verloren. Die Übermacht ist zu groß. Am besten schieße ich mir jetzt eine Kugel durch den Kopf.« Natürlich suchte Hitler die Schuld bei »Verrätern« in den eigenen Reihen statt bei sich selbst. Hätte er im »Adlerhorst« zur Pistole gegriffen, wäre der Krieg beendet gewesen. Denn allein er stand der deutschen Kapitulation noch im Weg. Aber er raffte sich wieder auf.

**Jan. 1945**
**Hitler gibt den Krieg verloren und kündigt seinen Selbstmord an**

Für die Ardennenoffensive hatte der »größte Feldherr« deutsche Truppen von der Ostfront abgezogen. Prompt startete die Rote Armee am 12. Januar eine neue Offensive in Richtung Ostpreußen und Warschau, Schlesien, der Oder – somit auf Berlin. Die sowjetischen Truppen waren der Wehrmacht hoch überlegen. Die Rote Armee konnte mehr als zwei Millionen Soldaten aufbieten, denen nur vierhunderttausend deutsche Soldaten gegenüberstanden. Sie hatte siebenmal mehr Panzer und zwanzigmal mehr Geschütze. Daher ging die sowjetische Offensive schnell voran. Hitler entschloss sich zur Rückkehr nach Berlin. Dort wollte er das Blatt noch irgendwie wenden. Aber das waren Hirngespinste. Das Einzige, was der »Führer« noch erreichen konnte, war ein »heroischer Untergang«, wie Generaloberst Jodl es später ausdrückte, ein heldenhafter Abgang von der Bühne der Weltgeschichte, »aus dem vielleicht spätere Geschlechter die Kraft zur Wiederauferstehung finden könnten«.

Am Morgen des 16. Januar 1945 rollte Hitlers Sonderzug in den Bahnhof Grunewald, von wo die Berliner Juden »in den Osten« deportiert worden waren. Um zehn Uhr kam Hitlers Wagenkolonne nach einer Fahrt durch die Trümmerlandschaft der Hauptstadt in der Reichskanzlei an. Die Berliner nahmen von der Ankunft des »Führers« keine Notiz. Sie wurde auch nicht bekanntgemacht. Die Fahne auf dem Dach der Reichskanzlei, die sonst immer gehisst wurde, wenn Hitler anwesend war, blieb unten. Die Zeit des großen Massenjubels war endgültig vorbei.

Mitte Jan. 1945 Hitlers endgültige Rückkehr nach Berlin

## Der Bunker

Hitler sorgte sich beständig um seine Sicherheit und hatte Angst vor den Bomben der Briten und Amerikaner. Dabei hatte er vom Bombenkrieg bisher nur von ferne gehört und sich auch nie in den zerstörten Städten blicken lassen. Auf seine Hauptquartiere war bisher keine einzige Bombe gefallen.

Andererseits waren die Bomben der Kriegsgegner im Laufe des Krieges immer größer und schwerer geworden. Der Bunker unter dem Festsaal der »Führerwohnung« reichte Hitler bald nicht mehr aus. Er beauftragte Anfang 1943 Albert Speer, einen neuen Luftschutzbunker im Garten der Reichskanzlei zu errichten. Dieser sollte dieselben Abmessungen wie der erste haben, aber dreieinhalb Meter starke Decken und bis zu vier Meter dicke Wände.

Die Arbeiten am neuen Luftschutzbunker waren noch nicht ganz abgeschlossen, als Hitler im Januar 1945 endgültig nach Berlin zurückkehrte. Hitlers Privaträume im Obergeschoss der Alten

Reichskanzlei hatten wenig unter Bombenangriffen gelitten. Sie wurden wieder hergerichtet. Hitler und Eva Braun bewohnten und nutzten diese Räume rund sechs Wochen lang und kamen nur in den Bunker, wenn das Heulen der Sirenen den Anflug feindlicher Bomber ankündigte.

<small>Ende Februar/ Anfang März 1945 Hitler und Eva Braun ziehen in den »Führerbunker« um</small>

Der »Führer« lebte wohl seit Ende Februar oder Anfang März 1945 ganz in seinem neuen Bunker, weil die Bombenangriffe immer häufiger wurden. Eva Braun folgte Hitler in die Tiefe. Am 3. März verließ er zum letzten Mal Berlin und besuchte mit seinem Gefolge General Theodor Busse in Wriezen an der Oderfront. Fast zwei Monate lang lebte der Diktator fortan fast rund um die Uhr tief unter der Erde und kam nur noch selten herauf.

Er aß zunächst noch in der Reichskanzlei zu Mittag und führte ab und an seinen Hund im Garten spazieren. Das war, wie einer seiner Offiziere nach dem Krieg sagte, »kein schönes Bild. Er bewegte sich nur mit kleinen Schritten, gebückt mit seinem gekrümmten Rücken, und er konnte sich nur langsam bewegen.« Auch die Lagebesprechungen fanden jetzt durchweg im Bunker statt. Aus dem »Führer« wurde ein Höhlenbewohner. Für die Generäle der Roten Armee war dies die »Höhle des Faschismus«. Sie musste erobert, die »Bestie« Hitler zur Strecke gebracht werden.

Der Führerbunker war ein quadratischer Betonklotz mit rund sechsundzwanzig Metern Kantenlänge, der in einer zehn Meter tiefen Grube stand. Als die Anlage geplant wurde, dachte niemand daran, dass sich hier jemand für längere Zeit aufhalten würde. Der Bunker sollte nur vorübergehenden Schutz vor Fliegerangriffen bieten. Daher waren die fünfzehn nutzbaren ›Zimmer‹ mit ihren zehn bis zwölf Quadratmetern recht klein, weil man möglichst viele Räume einrichten wollte. Allerdings waren diese Räume fast drei Meter hoch, wie in einer normalen heutigen Wohnung. Hitlers Räume bestanden aus einem Vorraum und einem kleinen, vollgestellten Wohnzimmer, das an die Bunkerwand grenzte. Gleich daneben hatte Eva Braun einen Wohn- und Schlafraum. Bad und Toilette benutzten die beiden gemeinsam. An den Flurwänden vor den Zimmern des »Führers« und seiner Gefährtin hatte Hitler Bilder aus seinen Räumen in der Alten Reichskanzlei anbringen lassen. In diesem Bereich befand sich auch der viel zu kleine Lagebesprechungsraum.

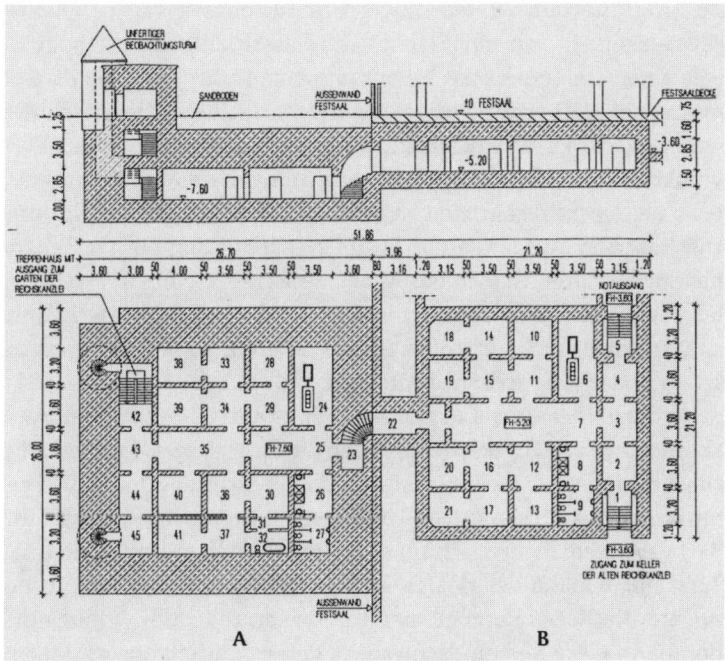

Der »Führerbunker« (LINKS) und der »Vorbunker«
unter dem Festsaal der Alten Reichskanzlei (RECHTS)

Grundriss- und Schnittzeichnung der beiden Luftschutzkeller

### A) Führerbunker
23 Gasschleuse  24 Maschinenraum
25 Korridor  26–27 Toiletten
und Waschraum  28 Telefon
und Fernschreiber  29 Luftlageraum  30 Eva Brauns Schlafraum  31 Kleiderablage  32 Bad und Toilette  33 Schlafraum  34 Aufenthaltsraum  35 Lagevorraum
oder Warteraum  36 Vorzimmer
37 Hitlers Arbeits- und Wohnraum  38 Arztraum  39 Schlafraum
[Goebbels]  40 Lageraum
41 Hitlers Schlafraum  42 Treppenhaus  43 Gasschleuse und Reichssicherheitsdienst  44 Aufenthaltsraum  45 Zugang Beobachtungsturm

### B) Vorbunker
1 Eingang  2–4 Gasschleusen
5 Notausgang in den Keller
6 Maschinenraum  7 Kantine
8–9 Toiletten und Waschraum
10–11 Schlafräume  12–13 Küche
14–15, 18–19 Schlafräume [Frau Goebbels mit Kindern]  16–17,
20 Notwohnungen  21 Gepäckraum
22 Durchgang

Im Führerbunker war modernste Technik verbaut. Die ganze Anlage war von der Strom- und Wasserzufuhr unabhängig. Allerdings liefen im Maschinenraum eine Licht- und eine Klimamaschine, die beträchtlichen Lärm verursachten. Die Frischluft wurde durch Filter angesaugt, um vor Giftgas zu schützen. Verbrauchte Luft wurde durch Absaugöffnungen und zwei Luftkanäle an der Decke des Mittelgangs aus der Bunkeranlage befördert. Die Ein- und Ausgänge des Führerbunkers konnten bei Bedarf mit sogenannten Gasschleusen hermetisch verschlossen werden. Für alle Fälle stand neben Hitlers Bett stets eine Stahlflasche mit angeschlossener Sauerstoffmaske griffbereit. So hatte er es auch schon in der Wolfsschanze gehalten.

Trotz all der Vorsichtsmaßnahmen traute Hitler seinem Bunker nicht. Er verlangte, bei schweren Luftangriffen sofort geweckt zu werden, weil er befürchtete, ein Bombentreffer könne die Seitenwände aufreißen. Auch Eva Braun musste zu ihrem Ärger ihr Bett verlassen, damit auch sie schnell die Flucht ergreifen konnte. Tatsächlich stand der riesige Bunker tief im Grundwasser. Rund um die Uhr liefen Pumpen, um ihn trocken zu halten. Schlug eine Bombe in der Nähe ein, schwankte das gesamte Bauwerk in seinem Wasserbett.

Der Tagesablauf unterschied sich nicht wesentlich von demjenigen in der Wolfsschanze. Hitler stand beim ersten Fliegeralarm auf und frühstückte. Über den Tag verteilt gab es drei Lagebesprechungen, morgens, mittags und abends. Da Hitler meist bis in den Vormittag schlief, fand die »Mittagslage« oft erst am frühen Nachmittag statt. Gegen 21 oder 22 Uhr aß Hitler zu Abend. Die »Abendlage« begann oft erst nach Mitternacht und zog sich bis zu drei Stunden hin. Dann bat Hitler wie üblich seine Sekretärinnen zur Teerunde, die in seinem engen Wohn- und Arbeitsraum stattfand. Mehr noch als früher waren Hitlers Monologe gleichförmig und ermüdend. Bei allen gemeinsamen Mahlzeiten redete er mit Vorliebe über »Hunde und Hundedressur, Ernährungsfragen und die Dummheit und Schlechtigkeit der Welt«, wie sich die Sekretärin Frau Schroeder erinnerte. Am frühen Morgen legte sich Hitler schlafen.

Eva Braun nahm an den Teerunden nicht teil. Sie verließ den Bunker so oft wie möglich, oft in Begleitung einer der Sekretärinnen, und rauchte im Freien Zigaretten. Auch veranstaltete sie während Hitlers Besprechungen kleine Partys mit weiblichen Angestellten und einigen Offizieren, die gerade dienstfrei hatten. Diese Runden fanden in Eva Brauns Wohnraum im Obergeschoss der Alten Reichskanzlei statt. Es gab ein Glas Sekt, Schallplatten liefen, und es wurde getanzt. So flüchtete sich Eva Braun aus der bedrückenden Wirklichkeit von Hitlers Bunkerwelt.

## Einkreisung

Die sowjetischen Truppen hatten von Januar bis März 1945 rund fünfhundert Kilometer zurückgelegt. Die Großstadt Breslau wurde auf Hitlers Befehl von dem fanatisch nationalsozialistischen Gauleiter Karl Hanke zur Festung erklärt und durfte unter keinen Umständen aufgegeben werden. Tatsächlich wurde Breslau noch bis Kriegsende gehalten und schwer zerstört. Von dieser Ausnahme abgesehen, hatte die Rote Armee fast ganz Ostpreußen, Schlesien und den Warthegau erobert. Sie hatte Ende Februar die Oder überquert und Stellungen zwischen Küstrin und Frankfurt an der Oder errichtet. Nur rund siebzig Kilometer trennten die Rote Armee noch von der Reichskanzlei. Dennoch weigerte sich Hitler hartnäckig, deutsche Truppen zum Schutz Berlins abzukommandieren. Der Sturm auf die Hauptstadt ließ tatsächlich auch noch einige Wochen auf sich warten, weil die gegnerischen Streitkräfte vorher Nachschub und Verstärkungen heranführen wollten.

Hitler wusste, dass die Lage aussichtslos war, flüchtete aber aus der Wirklichkeit seines Krieges. So brachte der Architekt Hermann Giesler in der ersten Februarwoche 1945 ein großes Holzmodell der Stadt Linz nach Berlin, das in einem Raum im Keller der Neuen Reichskanzlei aufgestellt wurde. Hitler saß lange vor diesem Modell und schwärmte ausführlich davon, wie die Stadt seiner Jugend nach den geplanten Um- und Neubauten aussehen würde. Mehrfach kam er später noch in den Keller zurück und besichtigte das Modell. Das war alles, was von seinen Architekturträumen noch übrig geblieben war.

Auch sonst klammerte sich Hitler an wirklichkeitsfremde Hoffnungen. Er setzte besonders auf eine Spaltung des Bündnis-

*Feb. 1945 Hitler flüchtet sich in Architekturträume*

Hitler vor einem Modell der Neubaupläne
für die Stadt Linz in der Neuen Reichskanzlei,
vermutlich 9. Februar 1945

ses zwischen den Westmächten und der Sowjetunion. Hitler behauptete, Churchill und Roosevelt müssten doch einsehen, dass nur Deutschland die »rote Flut« aus dem Osten zum Stehen bringen könne. Es liege im Interesse der Westmächte, gemeinsam mit Deutschland gegen den Bolschewismus zu kämpfen. Tatsächlich gab es in der zweiten Januarhälfte Versuche von Außenminister Ribbentrop und Luftwaffenchef Göring, Kontakte zu den Westmächten aufzunehmen, um einen Frieden auszuhandeln. Hitler wusste hiervon. Seine militärischen Berater bestärkten ihn in der Hoffnung auf ein Wunder.

Dagegen legte Rüstungsminister Albert Speer am 30. Januar 1945 Hitler eine Denkschrift vor, in der er die kriegswirtschaftliche Lage des Reiches nüchtern und ungeschminkt darstellte. Speers Schlussfolgerung: »Das materielle Übergewicht des Gegners ist nicht mehr durch die Tapferkeit unserer Soldaten auszugleichen.« Im Grunde forderte Speer Hitler auf, den Krieg sofort zu beenden. Kurz zuvor hatte Hitler gegenüber Adjutant von Below Ähnliches geäußert. Da aber Speer seine Macht in Frage stellte, ließ Hitler den Rüstungsminister zu sich kommen und machte ihm drohend klar, allein er, Hitler, dürfe Schlussfolgerungen aus der deutschen Rüstungslage ziehen. Ebenfalls am 30. Januar übertrug der Rundfunk eine Rede Hitlers, die zuvor auf Tonband aufgenommen worden war. Auf die sowjetische Offensive der letzten zwei Wochen ging er darin nicht ein. Er behauptete aber, die Russen hätten im Osten bereits Hunderttausende unschuldiger Deutscher »ausgerottet«.

Davon konnte keine Rede sein. Wohl aber spielte sich in den Ostgebieten ein schreckliches Drama ab. Die Flucht der Deutschen aus Ostpreußen, Schlesien und dem Warthegau wurde zu einer regelrechten Völkerwanderung. Massenvertreibungen hatten unter der deutschen Besatzung Polens in östlicher Richtung stattgefunden. In der Sowjetunion hatten die deutschen Besatzer Millionen von Zivilisten und Soldaten ermordet. Beides rächte sich nun. Aufgehetzt durch die sowjetische Propaganda, plünderten und mordeten die Soldaten der Roten Armee. Sie vergewaltigten massenhaft deutsche Frauen.

*Ab Jan. 1945* **Massenflucht der Deutschen aus den Ostgebieten des Reiches**

Die deutsche Propaganda machte sich diese Verbrechen natürlich zunutze und malte wahre Schreckensbilder aus. Gleichzeitig verboten die NSDAP-Oberen ausdrücklich die Flucht. Die Deutschen sollten Widerstand leisten, statt zu fliehen. In Ostpreußen hielt Gauleiter Koch an dieser Anordnung bis Januar 1945 fest. Dann war er einer der Ersten, die sich davonmachten, bequem im Dienstwagen. Ebenso verhielt sich Arthur Greiser, der Chef des Warthegaus. Die deutsche Bevölkerung nahm dieses Verhalten der »Goldfasane«, wie die NSDAP-Führer wegen ihrer braunen Uniformen genannt wurden, mit Hass und Verbitterung auf.

Aber nicht nur Deutsche bewegten sich Richtung Westen, sondern auch KZ-Häftlinge, unter ihnen Juden aus Ghettos und Lagern im Osten. Die Konzentrationslager waren die letzte Station ihres Leidenswegs. Das KZ-System wuchs 1944/45 ins Riesenhafte. Ein Netz von Außenlagern bedeckte das Reichsgebiet. Viele dieser Außenlager hatten mehr Häftlinge als die Hauptlager. Anfang 1945 saßen über siebenhunderttausend – fast durchweg ausländische – Menschen hinter Stacheldraht, darunter etwa zweihunderttausend Juden. Jüdische Frauen aus Ungarn hatten 1944 zu den Ersten gehört, die in den deutschen Lagern ankamen. Im Spätsommer begannen auch erste »Evakuierungen« aus Ghettos und Lagern im Baltikum, sofern die SS-Lagerführer die Häftlinge nicht kurzerhand erschossen.

**Ab Jan. 1945
Todesmärsche aus den Konzentrationslagern**

Seit Beginn der sowjetischen Offensive im Januar 1945 begannen regelrechte Todesmärsche. Aus Auschwitz wurden am 17. Januar fast sechzigtausend jüdische Häftlinge in Marsch gesetzt. Die Wachmannschaften schossen in der Winterkälte jeden nieder, der zurückblieb oder zu flüchten versuchte. Eine unbekannte Zahl von Marschierenden, sicher einige Tausende, erreichte das nächste Ziel nicht. Ein größerer Teil der Auschwitz-Häftlinge kam in das schlesische KZ Groß-Rosen und wurde von dort aus in Bahntransporten auf verschiedene KZ im Reichsinneren verteilt. Am 28. Januar 1945 befreite die Rote Armee Auschwitz, dessen verbleibende Krematorien die SS zwei Tage zuvor in die Luft gesprengt hatte. Die sowjetischen Soldaten fanden Tausende von ausgemergelten Häftlingen vor, die nicht hatten marschieren müssen, ferner aber auch hunderttausendfache Beweise für massenhafte Tötungen: Koffer, Schuhe, Brillen, dazu riesige Mengen von Frauenhaar.

Häftlinge, die geschwächt und krank aus dem Osten eingetroffen waren, wurden im Reich teils überhaupt nicht mehr verpflegt und medizinisch versorgt. Das schlimmste Lager war in dieser Hinsicht Bergen-Belsen in Niedersachsen. Als die englische Armee das Lager Mitte April befreite, war es mit Lebenden, Toten und Sterbenden völlig überfüllt. Allein im März 1945 waren achtzehntausend Menschen an Hunger und ansteckenden Krankheiten gestorben. Weitere dreizehntausend kamen nach der Befreiung ums Leben. Insgesamt mehr als einhunderttausend jüdische KZ-Häftlinge starben noch zwischen Anfang 1945 und Kriegsende durch deutsche Hand. Jeder zweite Häftling erlebte das Kriegsende nicht mehr.

Alles dies war Teil einer Orgie der Gewalt, die Historiker treffend als »Amoklauf« des untergehenden NS-Regimes bezeichnet haben. Die Straf- und Militärgerichte fällten Todesurteile am laufenden Band. »Fliegende Standgerichte« von Partei- und SS-Angehörigen machten Jagd auf deutsche Soldaten, die vermeintlich oder tatsächlich die Flucht ergriffen hatten, und erhängten sie in aller Öffentlichkeit. Pappschilder um den Hals der Hingerichteten verkündeten den »Volksgenossen«, was ihnen blühte, wenn sie Hitlers Befehle missachteten.

Im Westen des Reiches trieben »Werwölfe« ihr Unwesen,

eine Art Partisanenorganisation aus fanatischen Nationalsozialisten, die Himmler im Herbst 1944 ins Leben gerufen hatte. Die »Werwölfe« verübten Brand- und Mordanschläge und richteten zahlreiche Fahnenflüchtige hin. Die deutsche Propaganda erweckte den Eindruck einer massenhaften NS-Partisanenbewegung, doch davon konnte nicht die Rede sein. Die Deutschen hatten vom Nationalsozialismus die Nase gründlich voll, sieht man von wenigen Fanatikern ab, die bis zum Schluss an den »Führer« glaubten und sich bei Kriegsende vielfach das Leben nahmen.

Neben dem Flüchtlingsdrama und der ausufernden Gewalt nach innen trug auch der Luftkrieg zum Schrecken der letzten Kriegsmonate bei. Ab Februar 1945 warfen britische und amerikanische Flugzeuge ebenso viele Spreng- und Brandbomben über Deutschland ab wie während des ganzen bisherigen Krieges. Eine deutsche Luftabwehr gab es praktisch nicht mehr. Die gegnerischen Flugzeuge zerstörten zahlreiche Rüstungs- und Treibstofffabriken und beschleunigten den militärischen Zusammenbruch Deutschlands.

Dagegen waren Luftangriffe auf die städtischen Wohngebiete oftmals militärisch sinnlose Terrorunternehmen, denen schätzungsweise eine halbe Million Menschen zum Opfer fielen. Hunderttausende verloren ihr Zuhause; sie wurden »ausgebombt«. Das war die Wirklichkeit des »totalen Krieges«, den Goebbels und andere herbeigerufen hatten. Am schrecklichsten war der Angriff auf Dresden Mitte Februar 1945, der bis zu fünfundzwanzigtausend Menschen das Leben kostete. Die meisten von ihnen kamen im Feuersturm um, den gegnerische Brandbomben entfacht hatten. Die teils stark verkohlten Leichen wurden auf großen Scheiterhaufen mitten in der Stadt verbrannt, weil man den Ausbruch von Seuchen befürchtete.

Nicht nur im Osten, sondern auch im Westen hatte sich die militärische Lage inzwischen zugespitzt. Hitler hatte sich geweigert, die deutschen Streitkräfte auf das rechte Rheinufer zurückzuziehen, damit sie sich dort besser verteidigen konnten. Folglich gerieten Hunderttausende deutscher Soldaten in Gefangenschaft oder kamen in den erbitterten Kämpfen um. Ende Februar/Anfang März standen die Amerikaner in Düsseldorf und Köln. Da es der Wehrmacht nicht gelungen war, die strategisch wichtige Brücke

*Ab Feb. 1945 Ständige Luftangriffe mit Spreng- und Brandbomben auf deutsche Städte*

von Remagen in der Nähe von Bonn zu sprengen, überquerten die Alliierten hier den Rhein. Bis Ende März hatten sie auch südlich und nördlich von Remagen das rechte Rheinufer erreicht. Vom Führermythos war jetzt nichts mehr übrig. Das geht aus einem Stimmungsbericht hervor, den die Führung des SD Ende März Bormann vorlegte: »Aus der tiefgehenden Enttäuschung, daß man falsch vertraut hat, ergibt sich bei den Volksgenossen ein Gefühl der Trauer, der Niedergeschlagenheit, der Bitterkeit und ein aufsteigender Zorn, vor allem bei denen, die in diesem Krieg nichts als Opfer und Arbeit gekannt haben.« Der Bericht belegte offene Kritik am »Führer«, der nicht einmal Parteigenossen noch zu widersprechen wagten. Im Westen und Süden des Reiches empfingen die Deutschen die Soldaten der Siegermächte oftmals mit weißen Fahnen. Der Hitlergruß wurde immer seltener; man kehrte zum »Guten Tag« zurück. Viele Deutsche sahen in Hitler inzwischen eine Verkörperung des Bösen schlechthin, einen Teufel in Menschengestalt. Dass sie selbst Verantwortung für Hitlers Regime trugen, indem sie ihn gewählt und ihm begeistert zugejubelt hatten, wurde verdrängt.

Die Deutschen kündigten Hitler den Gehorsam auf. Der »Führer« wollte sein Volk hingegen bedenkenlos in den Untergang schicken. Es sollte gemeinsam mit ihm von der Weltbühne abtreten. Am 18. März erklärte Hitler Rüstungsminister Speer: »Wenn der Krieg verloren geht, wird auch das Volk verloren sein.« Hitler habe gesagt, das deutsche Volk »hätte sich als das schwächere erwiesen und dem stärkeren Ostvolk gehöre dann ausschließlich die Zukunft. Was nach dem Kampf übrigbliebe, seien ohnehin nur die Minderwertigen; denn die Guten seien gefallen.«

Ob Hitler genau diese Worte verwendet hat, wissen wir nicht, weil nur Speer sie überliefert hat. Sie entsprachen jedenfalls genau seiner darwinistischen »Weltanschauung«. Die Deutschen hatten sich im Überlebenskampf des Krieges als zu schwach erwiesen und ihn, den »Führer«, eigentlich gar nicht verdient. Tags darauf befahl Hitler, den Siegern nur verbrannte Erde zu hinterlassen: »Alle militärischen Verkehrs-, Nachrichten-, Industrie- und Versorgungsanlagen sowie Sachwerte innerhalb des Reichsgebietes, die sich der Feind zur Fortsetzung seines Kampfes irgendwie sofort oder in absehbarer Zeit nutzbar machen kann, sind zu zerstören«, hieß es in seinem berüchtigten »Nero-Befehl« – benannt nach dem römischen Kaiser Nero, der im Wahnsinn ganz Rom niedergebrannt haben soll.

*19. März 1945* **Hitlers »Nero-Befehl«**

Da aber widersetzte sich Speer. Er forderte von Hitler, dem Volk, das so lange treu zu ihm gestanden habe, nicht auch noch die Lebensgrundlage zu nehmen. Speer hatte die meisten Gauleiter und Industriellen hinter sich. Hitler stimmte Ende März zu, sodass Speer seinen Zerstörungsbefehl stark abschwächte und letztlich gar nicht durchführte. Zuvor hatte Speer ihm versichert: »Mein Führer, ich stehe bedingungslos hinter Ihnen.« Aber das stimmte nicht mehr. Hitlers Macht schwand dahin.

## Zusammenbruch

Ende März 1945 wusste jeder, dass die Rote Armee in Kürze den Sturm auf Berlin beginnen würde. So wurden starke Verteidigungsstellungen westlich von Oder und Neiße errichtet. Die Seelower Höhen westlich von Küstrin sollten eine Schlüsselrolle bei der Verteidigung der Hauptstadt spielen. Berlin war auf Hitlers Befehl in drei Ringe eingeteilt, die Haus für Haus »fanatisch« verteidigt werden sollten, falls die Rote Armee vorher doch nicht zum Stehen gebracht werden könnte. Der erste Ring verlief an den Außengrenzen der Stadt, der zweite entlang des S-Bahn-Rings, der dritte umfasste das Regierungsviertel.

Die Amerikaner hatten inzwischen größere Teile Mitteldeutschlands besetzt. Am 11. April befreiten sie die Konzentrationslager Buchenwald und Dora-Mittelbau. Die schrecklichen Bilder aus den Lagern gingen um die Welt.

*11. April 1945:* **Befreiung der mitteldeutschen Konzentrationslager durch amerikanische Truppen**

Tags darauf starb der amerikanische Präsident Franklin D. Roosevelt. Goebbels war fasziniert. Denn hier schien sich ein Horoskop zu bestätigen, das er kurz zuvor für Hitler angefordert hatte. In dieser Vorhersage war davon die Rede, ab Mitte April ständen Hitlers Sterne günstig und das Schicksal des »Führers« werde sich wenden. Auch Hitler wurde, als er von Roosevelts Tod erfuhr, vor Freude geradezu wild. Speer berichtet, Hitler habe mit erregter Stimme ausgerufen: »Hier, lesen Sie! Hier! Sie wollten es nie glauben. Hier! Hier haben wir das große Wunder, das ich im-

*12. April 1945* **Präsident Roosevelt stirbt**

mer vorhergesagt habe Der Krieg ist nicht verloren.« Roosevelts Tod werde die Wende bringen. Goebbels und Hitler behaupteten, das Bündnis zwischen den Westmächten und Stalin werde nun bestimmt zerfallen. Aber die Freude hielt nicht lange an. Denn am 13. April besetzte die Rote Armee Wien, tags darauf begannen an der Oder sowjetische Vorstöße.

**16. April 1945**
**Beginn der Schlacht um Berlin**

In der Nacht zum 16. April begann die Schlacht um Berlin. Den Auftakt bildete ein riesiger Feuerschlag der russischen Artillerie gegen die deutschen Stellungen bei den Seelower Höhen. Der Geschützdonner war sogar in Berlin zu hören, siebzig Kilometer weiter westlich. Eine Dreiviertelmillionen sowjetische Soldaten stürmte mit Tausenden von Panzern vor. Hitler befahl, jeden Soldaten bis zum General »umzulegen«, der den Rückzug anordnen sollte. Die Soldaten sollten den Ansturm des Bolschewismus fanatisch abwehren und »in einem Blutbade« ertränken. Aber ungeachtet dieser blutrünstigen Hassparolen war die Wehrmacht den gegnerischen Soldaten nicht gewachsen. Sie verteidigte sich zäh, die Rote Armee gewann jedoch die Schlacht um die Seelower Höhen. Am 20. April stand sie in den Berliner Außenbezirken.

**20. April 1945**
**Letzter »Führergeburtstag«**

Unter diesen Umständen war Hitlers sechsundfünfzigster Geburtstag eher eine Trauerfeier als das glänzende Ereignis, das seine Geburtstage früher einmal gewesen waren. Wie üblich gratulierten Hitlers engste Mitarbeiter bereits mitternachts, obwohl Hitler dies ausdrücklich untersagt hatte. Eva Braun musste ihn überreden, seine Getreuen zu empfangen. Hitler nahm die Glückwünsche ausdruckslos entgegen.

In den ersten Morgenstunden begannen, sozusagen zur Feier des Führergeburtstages, stundenlange gegnerische Bombenangriffe. Hitler ging nicht ins Bett, sondern hielt am früheren Morgen seine erste Lagebesprechung ab. Anschließend trank er mit Eva Braun Tee und legte sich schlafen. Sogleich weckte ihn jedoch General Wilhelm Burgdorf. Er hatte die Nachfolge des am 1. Oktober 1944 verstorbenen Rudolf Schmundt als Chefadjutant der Wehrmacht bei Hitler angetreten. Burgdorf teilte Hitler mit, die Rote Armee sei nun auch südöstlich Berlins durchgebrochen. Hitler war bereits im Nachthemd. Früher hätte er sich nie so gezeigt. Er hörte sich die Meldung ungerührt an und befahl dem Diener Heinz Linge, ihn am frühen Nachmittag zu wecken.

Hitler mit Knaben aus der Hitlerjugend
im Garten der Reichskanzlei, links im Hintergrund
»Reichsjugendführer« Artur Axmann, 20. April 1945

Einige Stunden später stand er auf, nahm sein Frühstück ein und spielte ausgiebig mit den Welpen seiner Schäferhündin Blondi. Anschließend stieg er die Treppen des Notausgangs empor, der von der Rückseite des Führerbunkers in den Garten der Reichskanzlei heraufführte. Im Beisein seiner engsten Gefolgschaft nahm der »Führer« dort die Glückwünsche von Abgesandten einer SS-Division und von zwanzig Hitlerjungen entgegen. Alle grüßten mit dem ausgestreckten Arm. Die Jungen, teilweise noch Knaben, hatten sich als Angehörige einer »Panzer-Vernichtungseinheit« durch besondere Tapferkeit hervorgetan und waren mit dem Eisernen Kreuz ausgezeichnet worden. Das Ereignis wurde für die letzte Wochenschau des NS-Staates gefilmt.

Hitlers Mantelkragen war hochgeschlagen. Seine linke Hand, die er hinter dem Rücken verbarg, zitterte stark. Er ging gebeugt. Fast schien es, als wenn er seinen körperlichen Verfall betonte, um seinem großen Vorbild, Friedrich dem Großen, ähnlich zu sehen. Hitler ließ einige Jungen von ihren Heldentaten erzählen, tätschelte dem einen oder anderen die Wange und schickte sie dann wieder zurück an die Front. Im Anschluss begrüßte er in der Reichskanzlei weitere Gratulanten. Vergeblich versuchte er, ihre

Stimmung mit einer kleinen Ansprache zu heben. Nach dem Mittagessen stieg er wieder in den Bunker hinab. Er kam nicht mehr lebend an die Oberfläche.

Im hinteren Teil des Bunkers hatten sich inzwischen die meisten Größen des untergehenden Reiches zum letzten Mal bei Hitler eingefunden, um ihm zu gratulieren: Göring, Dönitz, Keitel, Jodl, der letzte Generalstabschef des Heeres Hans Krebs, Ribbentrop, Himmler, der Chef des Reichssicherheitshauptamtes Kaltenbrunner, Rüstungsminister Speer und andere. Alle schworen Hitler ewige Treue, aber jeder von ihnen dachte nur noch daran, dem drohenden Verhängnis zu entkommen. Nach der Besprechung machten sich die meisten davon, vorneweg Hermann Göring. Er verabschiedete sich eilig von Hitler, um zum Obersalzberg zu fahren. Wie Schaub berichtete, war Hitler tief enttäuscht von dem Wunsch seiner Würdenträger, ihn zu verlassen, und »verabschiedete sich wortlos von den Männern, die er einst mächtig gemacht hatte«.

Vertrauen hatte Hitler noch zu Großadmiral Dönitz, dem Chef der Kriegsmarine, den er an seinem Geburtstag nochmals zur Führung des »Nordraums« bevollmächtigte. Weil damit zu rechnen war, dass sich die gegnerischen Truppen in Mitteldeutschland begegnen würden und Deutschland dann in eine Nord- und eine Südhälfte geteilt wäre, hatte Hitler militärische Bevollmächtigte für beide Hälften ernannt, die in seinem Namen Befehle erlassen konnten. Richtung Norden reisten nun die meisten Mitglieder der Reichsregierung, die seit Jahren nicht zusammengetreten war. Bormann hatte sie nach der Lagebesprechung alarmiert, es sei Zeit für Abreisevorbereitungen, bevor die Straßen endgültig unpassierbar waren. Die Minister trafen kurz darauf in Plön in Schleswig-Holstein ein, das noch von der Wehrmacht gehalten wurde.

**20. April 1945**
**Fluchtartige Abreise des Reichskanzlei-Personals**

Hitler selbst erklärte am späteren Abend seines Geburtstages Mitgliedern seines persönlichen Stabes, die Lage in Berlin mache ihre sofortige Abreise erforderlich. Er selbst werde in ein paar Tagen nachkommen. Daraufhin begann eine hektische Reisetätigkeit. Auf dem Hof der Reichskanzlei ließ sein Chauffeur Kempka Wagen von Hitlers Fuhrpark vorfahren, die in aller Eile mit Gepäck beladen wurden.

Unterdessen trafen sich Hitler, Eva Braun, die Sekretärinnen und Hitlers Diätköchin zu einem Geburtstagsumtrunk in seinem

Bunkerraum. Hitler legte sich anschließend erschöpft schlafen. Eva Braun lud die Frauen und einige Männer aus dem Gefolge zu einer letzten Party in ihren Wohnraum im Obergeschoss der Reichskanzlei ein. Es gab Champagner, das Grammophon plärrte den Schlager »Blutrote Rosen sollen Dich umkosen«. Man lachte und versuchte, die bedrückende Lage zu vergessen. Aber nach zwei Stunden machte ein Granateneinschlag in der Nähe dem Fest ein Ende.

Noch in dieser Nacht flog die erste Maschine vom Flughafen Gatow am Stadtrand von Berlin in Richtung Süden ab und brachte Hitlers Leute nach München, Salzburg und Umgebung. In den nächsten drei Tagen pendelten drei bis vier Flugzeuge bis zu fünfmal täglich zwischen Berlin und dem »Südraum« hin und her. Eine dieser Maschinen stürzte über dem sächsischen Börnersdorf ab. Alle Insassen kamen ums Leben, darunter einer von Hitlers Dienern, der persönliche Unterlagen Hitlers und Gepäck Eva Brauns auf den Obersalzberg schaffen sollte. Aber insgesamt gelang die Flucht.

Am Morgen des nächsten Tages erfuhr Hitler, dass die sowjetischen Truppen erstmals in die Berliner Stadtmitte schossen. Nach einigem Hin und Her stellte sich heraus, dass die feindlichen Geschütze nur noch zwölf Kilometer entfernt standen. Hitler und der letzte Generalstabschef des Heeres, General Hans Krebs, befahlen nun einem Panzerkorps unter dem Kommando des SS-Generals Steiner, die Rote Armee im Nordosten Berlins anzugreifen. Warnungen besonnener Heerführer, die Hauptstadt sei nicht zu halten, ließ Hitler nicht gelten. Für ihn gab es nur den Kampf bis zur letzten Patrone. Die Russen würden die größte Niederlage ihrer Geschichte vor den Toren Berlins erleiden, behauptete der Diktator.

Davon konnte aber nicht die Rede sein. Hitler war ganz einfach am Ende seiner Nerven und schlug buchstäblich um sich. Am späten Abend des 21. April fand Dr. Morell Hitler erschöpft in seinem Bunkerraum vor. Er wollte ihn, wie üblich, mit einer Spritze stärken, aber Hitler bekam einen Wutanfall. Der »Führer« behauptete, Morell wolle ihn mit Morphium betäuben, damit seine verräterischen Generäle ihn, Hitler, unauffällig nach Berchtesgaden schaffen könnten. Morell verteidigte sich, worauf Hitler ihn anbrüllte. Er solle sich davonmachen und seine Uniform ausziehen. Damit war der verstörte Leibarzt aus jahrelangen Diensten bei Hitler entlassen. Er wurde nach Süddeutschland ausgeflogen. Fortan kümmerte sich nur noch der SS-Arzt Dr. Stumpfegger um Hitlers Gesundheit, der im Oktober 1944 in seinen Stab eingetreten war.

Tags darauf kam der Irrsinn zum Höhepunkt. Hitler erfuhr in der Lagebesprechung, dass Steiner den befohlenen Angriff gar nicht durchgeführt hatte. Wie auch? Steiner hatte nur ein paar eilig zusammengewürfelte, schlecht bewaffnete Einheiten und lehnte es ab, diese Männer sinnlos zu verheizen. Hitler jedoch rastete regelrecht aus. Er schickte alle Teilnehmer mit Ausnahme der Generäle Keitel, Jodl, Krebs und Burgdorf vor die Tür und brüllte die im Raum Verbliebenen sage und schreibe eine halbe Stunde lang zusammen. Alle im Bunker konnten es hören: Er, Hitler, sei von allen seinen Generälen nur betrogen und verraten worden! Und nicht nur das Heer, sondern auch die SS hätte ihn im Stich gelassen!

Der Krieg sei verloren, sagte Hitler schließlich leise. Er werde in Berlin bleiben, die Verteidigung der Hauptstadt selbst leiten und sich am Ende das Leben nehmen. Er habe nichts mehr zu befehlen; seine Leute könnten gehen, wohin sie wollten. Die Generäle waren fassungslos. Sie hatten im Unterschied zu Adjutant von Below niemals gehört, dass Hitler den Krieg verloren gab. Alle redeten auf ihn ein, er solle den Bunker schleunigst verlassen und sein Hauptquartier auf den Obersalzberg verlegen. Er weigerte sich.

Hitler verließ kalkweiß den Lageraum und ging nach nebenan in sein Wohn- und Arbeitszimmer. Dort teilte er den Sekretärinnen und der Diätköchin in Gegenwart Eva Brauns mit, alles sei verloren. Sie sollten packen. In einer Stunde schon säßen sie im Flugzeug nach Süden. Aber keine der Frauen machte von diesem Angebot Gebrauch, obwohl laufend Maschinen nach Berchtesgaden flogen. Auch Eva Braun weigerte sich, Hitler zu verlassen. In einem atemlosen Brief an eine ihrer Freundinnen kündigte sie ihren Tod an. Das Sterben werde ihr nicht schwerfallen, schrieb sie.

Hitlers Generäle sprachen unterdessen einzeln und in kleinen Gruppen in seinem Bunkerraum vor. Es ging ihnen nicht nur darum, dem Obersten Befehlshaber wieder Mut einzuflößen. Hitler hatte in der allerschwierigsten Lage den Befehl über die Wehrmacht aufgekündigt. Diesen selbst zu übernehmen trauten sich die Militärs nicht zu. Mancher unter ihnen fand Hitlers Verhalten unverantwortlich, viel schlimmer als die Fahnenflucht einfacher Soldaten, die Hitler erbarmungslos hatte hinrichten lassen.

Irgendein Befehl Hitlers war in dieser Lage, so fanden die Militärführer, besser als gar keiner. Hitler war schließlich bereit, einen Befehl an General Walther Wenck zu unterschreiben, dessen 12. Armee an der Elbe gegen die amerikanischen Streitkräfte kämpfte. Wenck sollte mit seinen Verbänden kehrtmachen und gemeinsam mit den Resten von Theodor Busses 9. Armee den sowjetischen Belagerungsring im Südwesten Berlins aufsprengen. Wenck gab sich zuversichtlich. Keitel und Jodl musste jedoch klar sein, dass Wenck und Busse nicht die geringsten Erfolgsaussichten hatten. Entscheidend war, dass man Hitler wieder einen Strohhalm hinhielt, an den er sich klammern konnte.

Tatsächlich hatte sich Hitler bald wieder in der Gewalt. Sein Verhalten war höchst widersprüchlich. Einerseits setzte er alle Hoffnungen in Wenck, andererseits bereitete er sich weiter auf den Selbstmord vor. Goebbels bestärkte ihn in seinen Selbstmordgedanken. Wichtiger als alles andere war für den Chef-Propagandisten, dass Hitler mit seinem »heldenhaften« Untergang ein Zeichen für die Nachwelt setzte. Auch Hitler waren solche Gedanken natürlich nicht fremd. »Ob man das Leben noch eine Zeitlang fortführt oder nicht, ist völlig gleichgültig. Lieber den Kampf ehrenvoll beenden als in Schande und Unehre ein paar Monate oder Jahre weiterleben«, sagte er zu Goebbels.

Dem konnte der Minister nur zustimmen. Fände Hitler einen ehrenvollen Tod in Berlin, würde Europa zwar »bolschewisiert«, aber spätestens fünf Jahre später wäre Hitler legendär und der Nationalsozialismus ein »Mythos«, schrieb Goebbels ins Tagebuch. Selbstverständlich versuchte Goebbels, sich einen eigenen Platz in den Geschichtsbüchern zu sichern. Am 22. April zog er in den Bunker, um an der Seite des »Führers« zu sterben. Seine Familie wollte er mit in den Tod nehmen. Daher zogen seine fanatisch nationalsozialistische Frau Magda und die sechs gemeinsamen Kinder in den Luftschutzbunker unter dem Festsaal der

**22. April 1945**
**Goebbels und seine Familie ziehen in den Bunker um**

Alten Reichskanzlei, der mit dem Führerbunker verbunden war und nun als »Vorbunker« bezeichnet wurde. Die Kinder freuten sich, »Onkel Hitler« zu sehen. In Wirklichkeit war Adolf Hitler ihr Todesbote.

Goebbels selbst bezog den Schlafraum im Führerbunker, den bisher Morell benutzt hatte, schräg gegenüber von den Privaträumen Hitlers und Eva Brauns. Er wollte seinem Herrn und Meister möglichst nahe sein. Am 23. April gab Goebbels öffentlich bekannt, dass Hitler in Berlin sei und die Verteidigung der Stadt selbst leite. Auf diese Weise erfuhr die Führung der Roten Armee, dass ihre wichtigste Kriegsbeute noch in der Reichskanzlei saß, also nicht mit nach Süden geflogen war. Hitler und General Krebs wollten auf diese Weise den sowjetischen Vormarsch beschleunigen, damit die Angreifer in die Falle von Wencks Armee laufen sollten. Das war natürlich glatter Irrsinn.

Am Nachmittag dieses Tages kam Speer noch einmal in die Reichskanzlei. Er war an Hitlers Geburtstag ohne größere Umschweife nach Hamburg abgereist. Die Bindung an den »Führer«, den Speer so lange angebetet hatte, war aber noch so stark, dass er sich angemessen verabschieden wollte. Nur aus diesem Grund nahm Speer das Wagnis eines gefährlichen Flugs auf sich. Speers pompöse Ost-West-Achse zwischen Brandenburger Tor und Siegessäule, die Hitler an seinem 50. Geburtstag so glanzvoll eingeweiht hatte, war inzwischen zu einer behelfsmäßigen Start- und Landebahn umgebaut worden. Dort setzte der Rüstungsminister als Passagier eines Leichtflugzeugs unweit des Brandenburger Tors auf und ließ sich zur Reichskanzlei fahren.

Bormann, der sich in Sicherheit bringen wollte, schärfte dem Besucher ein, er solle doch nochmals versuchen, Hitler zur Abreise nach Berchtesgaden zu überreden. Das tat Speer aber nicht. Kaum hatte Hitler ihn empfangen, bestärkte er den »Führer« in seiner Absicht, in Berlin zu bleiben. Hitler entgegnete, er wolle auf keinen Fall lebend in die Hände des Feindes fallen und werde sich daher selbst töten. Sein Leichnam solle verbrannt werden, damit die Russen ihn nicht zur Schau stellen könnten. Eva Braun werde gemeinsam mit ihm in den Tod gehen. Bei der anschließenden Lagebesprechung, an der Speer teilnahm, stellte Hitler jedoch wieder Zuversicht zur Schau. Kurz darauf kam es zu einer großen

Aufregung. Göring, der Hitlers offizieller Nachfolger war, hatte inzwischen vom Zusammenbruch des »Führers« erfahren, nicht aber, dass Hitler sich wieder gefangen hatte. Göring fragte an, ob er Hitlers Nachfolge antreten solle. Bormann legte dieses Fernschreiben sogleich als »Verrat« aus und redete diesen auch Hitler ein. Das Ergebnis war ein heftiger Wutanfall Hitlers. Um drei Uhr früh stand Hitler in der Tür, um sich zu verabschieden. Nur dafür war Speer gekommen. Schaub will einen »menschlich sehr bewegenden Abschied« gesehen haben, aber vermutlich ist Speers eigene Erinnerung zuverlässiger. Hitler schüttelte ihm schlaff die Hand und sagte: »Also, Sie fahren? Gut. Auf Wiedersehen.« Damit war Speer entlassen. Er verließ Berlin mit dem Flugzeug in Richtung Norden.

Am 25. April schloss die Rote Armee den Einschließungsring um Berlin und trat zum Sturm auf die Reichskanzlei an. Hitler hatte unterdessen seinem Chefadjutanten Julius Schaub befohlen, alle seine Tresore zu leeren und den Inhalt zu verbrennen, damit keine seiner privaten Unterlagen den Russen in die Hände fielen. Hitler räumte den Tresor in seinem Schlafraum selbst aus. Schaub half ihm dabei und packte die Papiere in mehrere Koffer. Die übrigen Schränke leerte Schaub selbst. Er trug die Papiere aus den Berliner Tresoren in den Garten der Reichskanzlei und verbrannte sie mit Benzin.

*25. April 1945*
**Die Rote Armee beginnt ihren Sturm auf die Reichskanzlei**

Einige Tage später verabschiedete sich Hitler mit ein paar dürren Worten von Schaub, der ihm zwanzig Jahre lang gedient hatte. Schaub flog mit einer der letzten Maschinen, die Berlin noch verlassen konnten, nach München. Er räumte Hitlers Tresor am Prinzregentenplatz aus und nahm die Papiere mit auf den Obersalzberg. Vom »Berghof« war dort nach amerikanischen Luftangriffen nicht mehr viel übrig. Schaub fand aber den Tresor unzerstört vor und verbrannte den Inhalt auf der Terrasse. Was sich in Hitlers Schränken befand, weiß niemand. Schaub hat darüber bis zu seinem Tod geschwiegen. Sicher waren aber die Akten der Münchner Polizei über den rechtsradikalen Politiker Adolf Hitler darunter, die Himmler zwölf Jahre zuvor beschlagnahmt hatte.

Die Schlacht um Berlin tobte inzwischen erbittert. Sie war ein blutiger, zäher Häuserkampf. Hundertsiebzigtausend Soldaten beider Seiten kamen um, eine halbe Million Soldaten wurden verwundet. Zehntausende Einwohner mussten mit ihrem Leben für Hitlers Wahn bezahlen, »fanatisch« und »heldenhaft« bis zur letzten Patrone einen aussichtslosen Kampf zu führen.

Hitler klammerte sich noch immer an die Hoffnung, General Wenck werde die Hauptstadt befreien und den Sowjets eine große Niederlage bereiten. In Wirklichkeit war daran nicht zu denken. Zwar waren Teile seiner 12. Armee bis nach Potsdam gekommen, sodass man deren Geschützdonner in Berlin hören konnte. Aber von der 9. Armee, die Wenck helfen sollte, war so gut wie nichts mehr übrig. Am 26. April standen sowjetische Truppen bereits am Alexanderplatz, nur zwei Kilometer von der Reichskanzlei entfernt. Tags darauf hatten sie den Wilhelmplatz erreicht. Wollte Hitler vor ihrer Ankunft sterben, wurde die Zeit nun knapp.

Im Bunker breitete sich stille Panik aus. Der Alkohol floss in Strömen, es wurde sogar geraucht, was Hitler bisher stets verboten hatte. Er spielte mit dem Gedanken, seinen Leuten den Ausbruch aus der Reichskanzlei zu befehlen, kam hiervon aber wieder ab, weil er meinte, man könne die sowjetischen Linien nicht überwinden. Stattdessen verteilte Hitler Blausäurekapseln für den gemeinsamen Selbstmord.

Himmlers Verbindungsmann Fegelein hatte unterdessen die Reichskanzlei verlassen und war unauffindbar. Sein Fehlen fiel zunächst nicht weiter auf, aber Eva Braun fragte sich, wo er war. Wie es scheint, erfuhr sie durch einen Anruf ihres Schwagers, dass sich Fegelein in seiner Berliner Privatwohnung aufhielt. In diesem Telefongespräch soll Fegelein Eva Braun bedrängt haben, Hitler zu verlassen und mit ihm zu fliehen. Der ss-General wollte sich offenbar absetzen, statt im Bunker für den »Führer« zu sterben.

*23./24. April 1945*
**Himmler bietet den Westmächten die deutsche Kapitulation an**

Am Abend des 28. April teilte Pressechef Lorenz Bormann, Goebbels und dem Verbindungsmann des Auswärtigen Amtes, dem von Hitler als »alten Kämpfer« der NSDAP geschätzten Botschafter Walter Hewel, die sensationelle Meldung des britischen Rundfunks mit, Himmler habe den Westmächten einen Separatfrieden angeboten. Dieser sei aber ausgeschlagen worden. Eine ähnliche Nachricht hatte der schwedische Rundfunk bereits am Vormittag verbreitet. Hitler, der am Nachmittag davon erfahren hatte, hatte sogleich Dönitz in Plön angerufen und ihn gefragt, ob die Meldung zutreffe. Dönitz wusste von nichts. Er telefonierte mit Himmler, der erklärte, dies sei eine falsche Behauptung. Die Meldung der BBC bewies nun aber, dass Himmler Dönitz angelogen hatte. Schlimmer noch: Himmler hatte den Westmächten die »bedingungslose Kapitulation« angeboten, als sei er bereits das Staatsoberhaupt und Hitler gar nicht mehr am Leben. Folglich beging Himmler Hochverrat, wie Bormann wütend notierte.

Himmler hatte in den letzten Wochen Bemühungen unterstützt, dänische KZ-Häftlinge aus dem KZ Theresienstadt freizulassen. Er sah darin eine Möglichkeit, sich bei den Westmächten beliebt zu machen und seinen Kopf zu retten, bevor der Krieg verloren war. Er dachte wohl, dass man nach einem gesonderten Friedensschluss mit Amerikanern und Briten gemeinsam gegen die Rote Armee weiterkämpfen könnte. Es kann Hitler kaum verborgen geblieben sein, dass Himmler seine Fühler zu den Westmächten ausstreckte. Ähnliche Vorstöße Ribbentrops und Görings hatte er hingenommen, obwohl er die Erfolgsaussichten aus gutem Grund für gering hielt.

Himmler hingegen kam wohl gar nicht in den Sinn, dass die englische und die amerikanische Regierung den Architekten der »Endlösung« unmöglich als Verhandlungspartner oder sogar Waffenbruder akzeptieren konnten. Seine Verbrechen lagen so kurz nach der Befreiung der KZ offen zutage. Hinzu kam, dass ein Frieden zwischen Deutschland und den Westmächten so kurz vor Kriegsende gar nicht mehr zur Debatte stand. Die Westmächte verlangten, dass die bedingungslose Kapitulation sich auch auf Russland erstrecken müsse.

Hitler steigerte sich am Abend des 28. April in maßlose Wut hinein. »Unsere Ehre heißt Treue« war der Wahlspruch der SS. Dass nun ausgerechnet Himmler ihm in den Rücken fiel, bezeichnete Hitler als »den schamlosesten Verrat der deutschen Geschichte«. Nach einer längeren Unterredung mit Bormann und Goebbels befahl Hitler, Fegelein heranzuschaffen, der von Himmlers Absichten sehr wahrscheinlich wusste.

Fegelein wurde in seiner Privatwohnung gefunden. Der SS-General war sturzbetrunken, hatte seine Uniform abgelegt und größere Geldbeträge für seine Flucht bereitgelegt. Außerdem war wohl eine Frau in seiner Wohnung. Hitler war sich zunächst unschlüssig, was er mit ihm tun sollte. Er dachte daran, ihn zur »Bewährung« an die Front zu schicken. Aber Otto Günsche, ein SS-Offizier, der seit Februar 1944 Hitlers Adjutant war, überzeugte ihn davon, dass man Fegelein unmöglich so einfach davonkommen lassen dürfe. Wenn Soldaten wegen Fahnenflucht zum Tode verurteilt würden, dürfe es einem untreuen General der Waffen-SS nicht besser ergehen. Fegelein wurde einem Standgericht vorgeführt, das ihn am 29. April umstandslos zum Tode verurteile und wenig später erschoss. Es ist unklar, ob Eva Braun Hitler noch um Gnade für Fegelein gebeten hatte.

<small>29. April 1945
Erschießung des SS-Generals Fegelein</small>

Fegelein starb, weil Hitler Himmler nicht in der Hand hatte und Günsche die vermeintliche Ehre der SS schützen wollte. Nun wollte Hitler seine Rache an Himmler selbst vollziehen und befahl Dönitz, ihn in Plön verhaften und am besten gleich erschießen zu lassen. Dönitz aber hatte kein Interesse daran, gegen Himmler vorzugehen. Er hatte andere Sorgen. Einige Tage nach Kriegsende sollte auch Himmler seinem Leben ein Ende machen. Er war nach einem erfolglosen Versuch, an der Regierung Dönitz beteiligt zu werden, mit einer falschen Uniform und unter falschem Namen geflüchtet. Dann aber wurde er von britischen Militärpolizisten verhaftet, und bevor diese seine wahre Identität erkennen konnten, nahm er am 23. Mai 1945 Gift.

<small>23. Mai 1945
Himmler begeht Selbstmord</small>

## Das Ende

<small>28./29. April 1945
Hitlers Testamente</small>

Am späten Abend des 28. April bestellte Hitler seine Sekretärin in den Lageraum. Gertraud Junge wusste nicht, was auf sie wartete. Zu ihrer Überraschung begann Hitler, ihr sein Testament zu diktieren. Die preußischen Könige hatten stets ein privates Testament zur Regelung von Besitzfragen und ein politisches Testament hinterlassen. In diesem legten sie Rechenschaft über ihre Regierungszeit ab und gaben ihren Thronerben Leitlinien für ihre eigene Regierung vor. Hitler beanspruchte die Nachfolge der Preußenkönige, indem auch er ein privates und ein politisches Testament diktierte.

Das private Testament war kurz. Es handelte zunächst von seiner Absicht, Eva Braun zu heiraten: »Sie geht auf ihren Wunsch als meine Gattin mit mir in den Tod.« Von Liebe war hier keine Rede. Hitler verlangte im eigenen Namen und für Eva Braun, auf dem Gelände der Reichskanzlei verbrannt zu werden. Seinen Besitz trat er an die NSDAP ab. Falls diese nicht mehr existieren sollte, sollte er an den Staat übergehen.

Das politische Testament war für Frau Junge eine einzige Enttäuschung. Sie hatte erwartet, nun endlich die Wahrheit über Hitler und seine Herrschaft zu hören, aber er diktierte nur Selbstrechtfertigungen und seinen wohlbekannten Hass, vor allem auf die Juden. Das internationale Judentum habe Deutschland den Krieg aufgezwungen, behauptete Hitler. Er habe die Juden für die Schuld, die sie am Tod von Millionen »arischen« Soldaten und Zivilisten trügen, büßen lassen, »wenn auch durch humanere Mittel«. Damit übernahm Hitler die geschichtliche Verantwortung für den Holocaust – als Verwirklichung seiner »Prophezeiung«. Er wolle nicht, dass seine Leiche für ein »von Juden arrangiertes Schauspiel« missbraucht würde. Durch seinen Tod und das Opfer der Soldaten sorge er für die Wiederauferstehung des Nationalsozialismus. Das sagte derselbe Mann, der das deutsche Volk zum Untergang verurteilen wollte! Die letzten Sätze seines Testaments lauteten: »Vor allem verpflichte ich die Führung der Nation und die Gefolgschaft zur peinlichen Einhaltung der Rassegesetze und zum unbarmherzigen Widerstand gegen den Weltvergifter aller Völker, das internationale Judentum.«

Hitler setzte auch eine Nachfolgeregierung ein, wobei er allerdings die Machtstellung des »Führers« wieder auflöste. Diese sollte nur ihm selbst und niemand anderem zustehen. Dönitz sollte Reichspräsident werden, Goebbels Reichskanzler, Bormann Parteiminister, der Breslauer Gauleiter Karl Hanke Polizeiminister. Hitler ließ es sich auch nicht nehmen, die »Verräter« Göring und Himmler aus der Partei und allen Ämtern auszuschließen.

Frau Junge musste das politische Testament in drei Ausfertigungen schreiben. Während sie tippte, heiratete Hitler kurz nach Mitternacht vom 28. auf den 29. April Eva Braun. Wer die Idee zu dieser Hochzeit hatte, ist unklar. Es liegt aber nahe, dass Hitler seiner Dauerfreundin einen Dienst erweisen wollte. Sie sollte vor der Nachwelt nicht als unbekannte und versteckte Geliebte des »Führers« in den Tod gegangen sein, sondern als seine Ehefrau.

29. April 1945
**Eheschließung zwischen Hitler und Eva Braun**

Die Eheschließung vollzog ein Beamter aus dem Propagandaministerium, den Goebbels hatte heranschaffen lassen. Unter dem Donnern der Geschützeinschläge gaben sich Hitler und Eva Braun das Jawort. In ihrer Aufregung unterschrieb Eva Hitler die Eheurkunde beinahe mit ihrem Mädchennamen Braun. Goebbels und Bormann waren Trauzeugen. Die verbliebene Bunkerbesatzung gratulierte dem Brautpaar. Anschließend gab es Champagner und belegte Brote. Die Hochzeitsgäste gaben sich krampfhaft Mühe, sich ihre Bedrückung nicht anmerken zu lassen.

Kurz darauf, um vier Uhr früh, Frau Junge war gerade mit der Reinschrift des Testaments fertig, suchte Goebbels sie unter Tränen auf und diktierte einen Zusatz zu Hitlers politischem Testament. Der »Führer« hatte Goebbels befohlen, den Bunker bei erster Gelegenheit zu verlassen. Diesen Befehl, ließ Goebbels schreiben, müsse er verweigern, denn nach Hitlers Tod sei auch sein eigenes Leben sinnlos. Er könne es nicht über sich bringen, den »Führer« ausgerechnet jetzt im Stich zu lassen.

Unter den Zurückbleibenden herrschte düsterste Stimmung. Hitler hatte an alle, die es wünschten, Giftkapseln verteilt, an von Below auch, ohne dass der es gewünscht hatte. Es handelte sich um Blausäure in einem dünnen Glaskörper. KZ-Häftlinge hatten diese Kapseln anfertigen müssen. Sie waren an die SS geliefert und von Dr. Stumpfegger an Hitler weitergereicht worden. Nach Himmlers Verrat traute Hitler jedoch nicht einmal mehr dessen Gift. Da der »Führer« mit Eva Braun vereinbart hatte, dass sie Blausäure einnehmen würde, musste die Wirkung erprobt werden.

Deswegen ließ Hitler am Nachmittag Professor Haase zu sich bitten. Er war SS-Offizier, Arzt der nahen Berliner Universitätsklinik und nun Leiter eines Lazaretts, das im Luftschutzbunker unter der Neuen Reichskanzlei eingerichtet worden war. In diesem völlig überfüllten Lazarett ging es chaotisch zu. Laufend wurden Verwundete durch die nun ständig geöffneten Treppen zur Voßstraße hereingebracht. Es stank bestialisch nach Kot und Urin. Die Leichen verstorbener Soldaten und Zivilisten wurden unter sowjetischem Beschuss im Garten der Reichskanzlei notdürftig verscharrt.

Obwohl Haase gewiss Besseres zu tun hatte, musste er zu Hitler kommen. Seine Aufgabe war es, Blondi zu töten. Die Hündin hatte Hitler näher gestanden als alle Menschen, einschließlich Eva Braun. Hitlers Hundepfleger riss dem Tier das Maul auf. Haase zerdrückte mithilfe einer Zange eine Blausäurekapsel. Blondi fiel sofort tot um. Hitler hatte sich diese Prozedur nicht angesehen, kam aber wenig später hinzu. Er betrachtete schweigend den Kadaver und zog sich mit versteinertem Gesicht in seine Räume zurück.

Die Zeit drängte nun sehr. Denn sowohl Generalstabschef Krebs als auch der Kampfkommandant des Regierungsviertels, der SS-General Wilhelm Mohnke, sagten voraus, die Rote Armee werde spätestens am 1. Mai die Reichskanzlei erreicht haben. Hitler hatte sich gegen halb zwei Uhr morgens von seinen Mitarbeitern verabschiedet. Zwanzig bis fünfundzwanzig Personen standen im Mittelgang des Führerbunkers aufgereiht. Er reichte allen die Hand, dankte ihnen für geleistete Dienste und entband sie von ihrem Eid auf seine Person. Er hoffe, die Eingeschlossenen würden aus der Reichskanzlei heraus- und zu den Amerikanern oder Briten durchkommen. Auf die gleiche Weise verabschiedete er sich von den Ärzten und Krankenschwestern des Reichskanzlei-Lazaretts.

Nach der Lagebesprechung, bei der Hitler nochmals gefragt hatte, wann die Russen kämen, bestellte er am Mittag Bormann zu sich. Ihm sagte Hitler, er werde sich am Nachmittag erschießen. Seine Frau werde sich ebenfalls das Leben nehmen. Ihre Leichen müssten verbrannt werden. Anschließend ließ er seinen Adjutanten Günsche kommen. Er befahl ihm, dafür zu sorgen, dass er und seine Frau restlos verbrennen würden. Günsche war entsetzt, telefonierte aber sofort mit Hitlers Chauffeur Erich Kempka und beauftragte ihn, so schnell wie möglich so viel Benzin wie möglich heranschaffen zu lassen.

Gegen ein Uhr aß Hitler mit seinen Sekretärinnen Gerda Christian und Gertraud Junge sowie mit der Diätköchin zu Mittag. Eva Braun war nicht dabei. Hitler war ruhig und gefasst. Von seinem Selbstmord sprach er nicht. Einige Zeit darauf ließ Hitler Günsche jedoch die Frauen und Männer seines geschrumpften Hofstaates zur Verabschiedung bitten. Er erschien gebückt in seiner üblichen Uniform. Eva Braun war bei ihm. Hitler gab allen kurz die Hand, sagte ein paar Worte und zog sich anschließend in seinen Arbeits- und Aufenthaltsraum zurück.

**30. April 1945**
**Selbstmord Adolf und Eva Hitlers**

Eva Braun saß mit Magda Goebbels zunächst noch im Schlafraum Goebbels'. Frau Goebbels weinte, denn sie wusste, dass in Kürze auch sie selbst und ihre Kinder sterben würden. Sie versuchte, das Unheil in letzter Minute noch abzuwenden, und bat Günsche, Hitler zu sich zu holen. Hitler war unzufrieden wegen dieser Störung, kam aber herüber und sprach ein paar Sätze mit der verzweifelten Ministergattin. Wahrscheinlich bat sie ihn, Berlin doch noch zu verlassen. Aber Hitler weigerte sich. Er kehrte in seinen Raum zurück, unmittelbar gefolgt von Eva Braun. Dann, etwa gegen halb vier, schloss Hitler die Tür seines Vorzimmers.

Kein Schuss war zu hören, denn die Maschinengeräusche im Bunker übertönten alles. Etwa nach zehn Minuten öffnete Linge die Türen. Bormann und er traten ein. Adolf und Eva H. waren tot. Sie saßen auf dem kleinen Sofa. Der »Führer« hatte sich in die rechte Schläfe geschossen. Eva Hitler hatte, zweifellos kurz vor seinem Todesschuss, eine Blausäurekapsel zerbissen und war mit zusammengepressten Lippen an seine linke Seite gerutscht.

Nun ging es nur noch darum, die Leichen befehlsgemäß zu vernichten, bevor sowjetische Soldaten vor der Tür standen. Linge beschaffte eilig zwei Decken, in die die Toten gehüllt wurden. Dann ging es aufwärts in Richtung Garten. Linge trug mit drei SS-Männern Hitler. Bormann übernahm zunächst den Transport Eva Brauns, wurde aber noch im Korridor von Günsche abgelöst. Unweit der Eisentür, die vom Bunker-Notausgang in den Garten führte, wurden die Leichen abgelegt, denn es schlugen laufend Geschosse ein. Man schüttete rund zweihundert Liter Benzin über die sterblichen Überreste. Es war schwierig, das Feuer anzuzünden, aber am Ende gelang es doch. Um nicht von der hochschlagenden Flamme getroffen zu werden, zog sich die Trauergemeinde eilig hinter die Tür zurück. Im Schutz des Notausgang-Treppenhauses grüßten alle Anwesenden Hitler ein letztes Mal mit erhobenem Arm. Dann kehrten sie in den Bunker zurück.

Niemand, auch nicht Günsche, der es versprochen hatte, überprüfte, ob die Leichen vollständig verbrannten. Von der Macht des Nationalsozialismus und von Hitlers Massenwirkung war nichts mehr übrig. Was draußen brannte, interessierte selbst die engsten Gefolgsleute nicht mehr. Günsche befahl zwei SS-Offizieren, die Überreste nach der Einäscherung zu vergraben. Als das gegen

Der Garten der Reichskanzlei im Herbst 1945. Im Hintergrund links das bombenzerstörte Gebäude des Auswärtigen Amtes, rechts die Überreste des Festsaals über dem »Vorbunker«, davor (mit kegelförmigem Dach) der Beobachtungsturm, links davor der Notausgang des »Führerbunkers«. Unweit der Türöffnung wurden die Leichen Adolf und Eva Hitlers eingeäschert

halb sieben abends geschah, war von den Körpern nicht mehr viel erkennbar. Sie waren stark verkohlt und überdies von Granaten aufgerissen worden. Der ständige Beschuss sorgte in den nächsten zwei Tagen dafür, dass die eingegrabenen Überreste weiter zerrissen wurden. Sie vermischten sich mit den zahlreichen Toten und Leichenteilen aus dem Reichskanzlei-Lazarett, die man im Garten verscharrt hatte. Als sowjetische Geheimdienstoffiziere am 2. Mai nach den Leichen Hitlers und seiner Frau suchten, fanden sie nichts außer Zahnersatz. Dieser wurde als eindeutig Hitler und Eva Braun gehörend identifiziert. Adolf und Eva H. ruhten nun in einer Zigarrenkiste. Mehr war von ihnen nicht übrig geblieben.

Goebbels, der von Hitler eingesetzte neue Reichskanzler, schickte sogleich Generalstabschef Krebs zu den russischen Linien, um über eine Teilkapitulation vor der Roten Armee zu verhandeln. Doch genau wie die Amerikaner auf einer bedingungslosen Kapitulation aller deutschen Streitkräfte bestanden hatten, taten es nun auch die Russen. Immerhin erfuhr die sowjetische Führung auf diese Weise zum ersten Mal von Hitlers Tod.

Dem deutschen Volk und der Wehrmacht wurde diese Nachricht noch länger vorenthalten. Erst am späten Abend des 1. Mai meldete der Rundfunk, Hitler habe heute, »bis zum letzten Atemzug gegen den Bolschewismus kämpfend«, den Heldentod gefunden. Beides war gelogen. Dönitz fürchtete sich, den Soldaten die Wahrheit zu sagen. Nicht ohne Grund meinte Dönitz, sie würden vielleicht den Kampf einstellen, wenn sie erführen, dass Hitler sich umgebracht hatte. Der letzte Stadtkommandant von Berlin, General Weidling, forderte seine Soldaten am 2. Mai jedoch auf, die Waffen niederzulegen. Denn Hitler habe sich selbst getötet und damit die Wehrmacht im Stich gelassen.

**1. Mai 1945**
**Selbstmord des Ehepaars Goebbels, Ermordung der sechs Kinder**

Am 1. Mai ließen Magda und Joseph Goebbels ihre Kinder töten, fünf Mädchen und einen Knaben zwischen vier und zwölf Jahren. Ein SS-Arzt aus der Reichskanzlei gab ihnen Morphiumspritzen, damit sie in einen betäubenden Schlaf fielen. Anschließend zerdrückte Dr. Stumpfegger Blausäurekapseln im Mund eines jeden. Die Leichen blieben im Vorbunker liegen. Am späten Abend des 1. Mai brachten sich die Eltern im Garten der Reichskanzlei mit Blausäure um. Die Leichen wurden ebenfalls mit Benzin übergossen und unweit der Brandstelle Hitlers angezündet. Es war allerdings nicht mehr genug Benzin übrig. Während Magda Goebbels weitgehend verbrannte, konnte die Leiche von Joseph Goebbels hinterher leicht identifiziert werden.

Die Regierung Dönitz, seit dem 1. Mai in Flensburg, versuchte zunächst aufs Neue, einen Friedensschluss mit den Westmächten zu erreichen, um die bedingungslose Gesamtkapitulation zu verhindern und den Kampf gegen die Rote Armee weiterführen zu können. Aber es war vergeblich. Am 7. Mai unterzeichneten schließlich die Generäle Keitel, von Friedeburg und Stumpff die bedingungslose Kapitulation im Hauptquartier der Alliierten Streitkräfte in der französischen Stadt Reims. Zwei Tage später wurde sie im Hauptquartier der sowjetischen 5. Armee in Berlin-Karlshorst wiederholt. Die Unterschriften stammen vom 9. Mai, wurden aber auf den 8. Mai zurückdatiert. Denn an diesem Tag schwiegen alle Waffen auf dem europäischen Kriegsschauplatz.

**7./9. Mai 1945**
**Bedingungslose Kapitulation der Wehrmacht**

# DER
# UNTOTE

**Entnazifizierung und** 318
**»Vergangenheitspolitik«**

322 **Forschung über den Nationalsozialismus**

**Hitler-Welle** 324
**und Streit um Hitler**

327 **Hitler als Medienstar**

Hitler war tot, der Nationalsozialismus ebenfalls. Die Deutschen standen nach Kriegsende jedoch vor der Herausforderung, ihre jüngste Vergangenheit zu »bewältigen«, wie man damals sagte. Die Art und Weise, wie das geschah, führte im Laufe der Zeit zu unterschiedlichen Hitler-Bildern. Hitler ist aus den Medien inzwischen nicht mehr wegzudenken. Im deutschsprachigen Internet gibt es elf Millionen Seiten über »Hitler«, aber nur rund zwei Millionen über den »Nationalsozialismus« und das »Dritte Reich«. Wie sahen die Hitler-Bilder der Nachkriegszeit aus?

## Entnazifizierung und »Vergangenheitspolitik«

Der sowjetische Diktator Josef Stalin hatte noch vor den Deutschen, wenige Stunden nach Hitlers Tod, von dessen Selbstmord erfahren. Der Militärgeheimdienst der Roten Armee behauptete allerdings, Hitler habe sich vergiftet und zugleich erschossen. Die Geheimdienstleute gruben im Garten der Reichskanzlei »zwei verbrannte Leichen« aus, von denen sie glaubten, dies seien die Überreste Hitlers und Eva Brauns. Im Juni 1945 berichteten sowjetische Medien dann jedoch, Hitler sei möglicherweise noch am Leben und werde vom spanischen Diktator Franco versteckt gehalten.

Die sowjetische Militärverwaltung hatte inzwischen Männer aus Hitlers engstem Kreis verhaftet, die über seinen Tod Auskunft geben sollten. Die meisten von ihnen wurden nach Moskau geflogen und vom Geheimdienst verhört. Dessen Chef Lawrenti Beria gab Anfang 1946 ein Geheimunternehmen namens »Mythos« in Auftrag. Es sollte geklärt werden, ob der »Führer« tatsächlich tot war und wie er sich gegebenenfalls umgebracht hatte. Nach einer erneuten Untersuchung des Tiefbunkers und des ehemaligen Reichskanzleigartens betrachtete die »Mythos«-Kommission es bald als erwiesen, dass sich Hitler mit einem Pistolenschuss das Leben genommen hatte. Die sowjetische Propaganda behauptete jedoch weiterhin, Hitler sei am Leben.

Diese Verwirrspiele standen im Widerspruch zur Absicht

der Siegermächte, den Nationalsozialismus aus dem deutschen öffentlichen Leben auszuschalten (»Entnazifizierung«) und die Täter der NS-Verbrechen zur Rechenschaft zu ziehen. Dem letztgenannten Ziel diente der Prozess gegen die Hauptkriegsverbrecher, der vom 20. November 1945 bis 1. Oktober 1946 in Nürnberg stattfand, der Stadt der Reichsparteitage. Vierundzwanzig Angehörige der überlebenden NS-Führungsgruppe waren angeklagt, unter ihnen Hermann Göring, Rudolf Heß, Joachim von Ribbentrop, Wilhelm Keitel, Ernst Kaltenbrunner, Alfred Rosenberg, Hans Frank, Fritz Sauckel und Albert Speer.

**Nov. 1945 bis Okt. 1946 Nürnberger Militärtribunal gegen die Hauptkriegsverbrecher**

Natürlich lehnten die Angeklagten und ihre Strafverteidiger die angebliche »Siegerjustiz« ab. Der Nürnberger Militärgerichtshof bemühte sich jedoch um einen Nachweis der Schuld jedes einzelnen Angeklagten. Grundlage waren Zeugenaussagen, vor allem aber umfangreiche Auszüge aus beschlagnahmten deutschen Akten. Zwölf Angeklagte wurden zum Tod durch den Strang verurteilt, sieben zu langjährigen oder lebenslangen Haftstrafen, drei wurden freigesprochen. Hermann Göring nahm kurz vor der Urteilsvollstreckung Gift. Die übrigen wurden im Oktober 1946 hingerichtet. Albert Speer entkam knapp dem Todesurteil und musste zwanzig Jahre in Berlin-Spandau absitzen, wo auch der zu lebenslänglicher Haft verurteilte Rudolf Heß inhaftiert war.

Die deutsche Öffentlichkeit verfolgte den Nürnberger Prozess aufmerksam und würdigte ihn ganz überwiegend als gerechtes Verfahren. Viele Deutsche wurden durch die Berichterstattung zum ersten Mal mit dem ganzen Ausmaß der deutschen Verbrechen konfrontiert. Aber bald änderte sich die Stimmung. Zwölf Nachfolgeprozesse der amerikanischen Militärjustiz, die bis April 1949 liefen, blieben weitgehend unbeachtet.

**Dez. 1946 bis April 1949 Nürnberger sog. Nachfolgeprozesse**

Grund der zunehmend scharfen Kritik an der alliierten Strafverfolgung waren Umfang und Dauer der Entnazifizierung. Die Amerikaner hatten nach Kriegsende rund zweihunderttausend mutmaßliche Kriegsverbrecher verhaftet. Alle übrigen Deutschen mussten in der amerikanischen Besatzungszone einen umfangreichen Fragebogen ausfüllen, wenn sie wieder oder weiter in Verwaltung und Wirtschaft beschäftigt werden wollten. Seit März 1946 – bald darauf auch in der französischen und der britischen Besatzungszone – waren deutsche »Spruchkammern« für

**März 1946 Deutsche »Spruchkammern« übernehmen die Entnazifizierung**

die Entnazifizierung von nicht weniger als dreizehn Millionen Deutschen verantwortlich. An sich sollten die Spruchkammern vor allem die führenden NS-Funktionäre aus dem öffentlichen Leben entfernen. Aber sie befassten sich vorrangig mit den minderschweren Fällen. Ein ganz erheblicher Teil der Verfahren endete mit der Einstufung der Betreffenden als »Mitläufer« oder »Unbelastete«. Die Absicht der Entnazifizierung wurde also in ihr Gegenteil verkehrt. 1948/49 kam die Entnazifizierung praktisch zum Stillstand, übrigens auch in der sowjetischen Besatzungszone, der späteren DDR. Dort hatte die Rote Armee schon unmittelbar nach Kriegsende einen Ausspruch Josef Stalins plakatiert: »Die Erfahrungen der Geschichte besagen, daß die Hitler kommen und gehen, aber das deutsche Volk und der deutsche Staat bleibt.«

*1948/49*
*Ende der Entnazifizierung in den vier Besatzungszonen Deutschlands*

Dieser Auffassung waren insgesamt auch die Deutschen, doch überwog bei ihnen eine bequeme Verteufelung Hitlers, die sich bereits in der letzten Kriegsphase angedeutet hatte. In der DDR hielt man an der sowjetischen Bezeichnung Hitlers als »faschistische Bestie« fest; in der Bundesrepublik war viel von seiner »Dämonie« die Rede. Hitler wurde für das untergegangene »Dritte Reich« allein verantwortlich gemacht und als eine Gestalt hingestellt, die aus unerklärlichen Gründen über die Deutschen gekommen sei. Das war im Grunde nur die Umkehrung des früheren Führermythos. Ein Beleg dafür ist die Gier des Publikums nach Einzelheiten aus dem Privatleben Hitlers. So schrieb Hitlers erster Kammerdiener 1949 über seinen Dienst beim »Führer«. Ein weiteres Buch, *Hitler privat,* erschien im selben Jahr mit dem Untertitel »Erlebnisbericht seiner Geheimsekretärin«. Es beruhte teilweise auf Vernehmungsprotokollen der ehemaligen Hitler-Sekretärin Christa Schroeder. 1955 präsentierte eine westdeutsche Klatsch-Illustrierte den ehemaligen Hitler-Kammerdiener Heinz Linge als »Kronzeugen«, der angeblich Hochwichtiges über Hitlers Leben und Tod zu berichten hatte. Und immer so fort.

Unterdessen war in der Bundesrepublik eine regelrechte »Vergangenheitspolitik« in Gang gekommen. Ziel dieser Politik war es, einen Schlussstrich unter die NS-Zeit zu ziehen, bevor ihre Aufarbeitung überhaupt begonnen hatte. Der Bundestag erließ bereits im Dezember 1949 eine Amnestie, die mit der »Leidensgeschichte des deutschen Volkes« begründet wurde. Gemeint war

*Dez. 1949*
*Erstes Amnestiegesetz des Deutschen Bundestages*

jedoch nicht die NS-Diktatur, sondern die Zeit danach, die alliierte Besatzung bis zur Staatsgründung. Offiziell stellte das Gesetz alle diejenigen straffrei, die seit 1945 wegen Schwarzmarktgeschäften und ähnlichen kleineren Vergehen von den Alliierten verurteilt worden waren. In Wirklichkeit erstreckte sich die Amnestie auch auf nationalsozialistische Verbrechen bis hin zum Totschlag. Unter den rund achthunderttausend Deutschen, die bis Anfang 1951 straffrei gestellt wurden, war eine hohe Zahl von NS-Tätern.

Ehemalige Nationalsozialisten kamen schnell wieder in Amt und Würden. 1953 waren die Beamten der Bundesministerien zu erheblichen Anteilen frühere Parteigenossen. Im Auswärtigen Amt gab es nun sogar mehr Nationalsozialisten als vor dem Krieg, rund vierzig Prozent. Noch schlimmer sah es auf der Ebene der hohen Beamten aus. So saßen in den Bonner Ministerien zu rund sechzig Prozent ehemalige NSDAP-Mitglieder. Sozialdemokraten und Juden, die nach 1933 aus ihrem Amt vertrieben worden waren, hatten erheblich größere Schwierigkeiten, wieder eingestellt zu werden.

*Ab Mai 1951 Wiedereinstellung ehemaliger NSDAP-Angehöriger im öffentlichen Dienst der Bundesrepublik (sog. 131er-Gesetz)*

Auch hatte sich das Hitler-Bild inzwischen aufgehellt. Mitte der fünfziger Jahre waren fast die Hälfte der Westdeutschen der Meinung, Hitler wäre »einer der größten deutschen Staatsmänner gewesen«, wenn er nur den Krieg nicht begonnen hätte. Der Zweite Weltkrieg wurde in zahlreichen Memoiren ehemaliger Wehrmachtsgeneräle als Opfergang anständiger Soldaten hingestellt. »Landser«-Hefte brachten diese höchst einseitige Sicht zehntausendfach unters Publikum. Sie verherrlichen den deutschen Soldaten und griffen nicht selten auf das nationalsozialistische Zerrbild vom teils gemütvoll-primitiven, teils hinterhältig-gefährlichen »Russen« zurück. Eine Welle von Kriegsfilmen kam in die Kinos, etwa »Des Teufels General« oder »Der Arzt von Stalingrad«.

In diesem Zusammenhang stand auch der erste deutsche Spielfilm über den Führerbunker, »Der letzte Akt« von 1955. Hitler wurde in diesem pseudodokumentarischen Film als brüllender Wahnsinniger vorgeführt.

*1955 Spielfilm »Der letzte Akt« über Hitlers letzte Tage im Führerbunker*

## Forschung über den Nationalsozialismus

In den Massenmedien der Bundesrepublik wurde die »Hitlerzeit« seit den fünfziger Jahren zunehmend verkitscht und trivialisiert. Wer ernsthafte Informationen über Hitlers Biographie suchte, griff zu dem Buch *Hitlers letzte Tage* des britischen Historiker Hugh Trevor-Roper von 1947, vor allem aber zu der umfangreichen Studie seines Landsmanns Alan Bullock *Hitler. Eine Studie über Tyrannei*, die 1952 in den Buchhandel kam. Bullock zeichnete Hitler als einen Politiker ohne klare Ziele und Absichten, der nur an der Gewinnung und Erhaltung seiner Macht interessiert gewesen sei.

Diese ›Entzauberung‹ Hitlers wurde von der zeitgeschichtlichen Forschung der Bundesrepublik positiv gewürdigt. Sie wollte die deutsche Öffentlichkeit aufklären und für die Demokratie gewinnen. Daher galt das Interesse der westdeutschen Historiker weniger der Person Hitlers als der Zerstörung der Weimarer Republik.

*Ab Ende 1959 Hakenkreuzschmierereien in der Bundesrepublik*

Ende der fünfziger Jahre ergoss sich eine Welle des Antisemitismus über die Bundesrepublik. Neu erbaute oder gerade erst wieder eingeweihte Synagogen wurden von Rechtsradikalen mit Hakenkreuzen beschmiert. Die Kultusbehörden schrieben nun vor, dass der Nationalsozialismus im Geschichts- und Politikunterricht der Schulen verpflichtend behandelt werden musste. Doch herrschte im Schulunterricht immer noch die ältere Lehre vor, dass »große Männer« Geschichte machten. Als positives Beispiel wurde meist Otto von Bismarck herausgestellt, als negatives Beispiel Adolf Hitler. Diese »Personalisierung« war kaum geeignet, ein tieferes historisches Verständnis anzubahnen.

*1961 Prozess gegen Adolf Eichmann in Jerusalem*

*1963–1965 Frankfurter Auschwitz-Prozess*

Viel größeren Einfluss auf das öffentliche Bewusstsein hatte die Strafverfolgung von NS-Verbrechern. 1961 fand in Jerusalem der Prozess gegen den ehemaligen SS-Obersturmführer Adolf Eichmann statt. Eichmann war in Südamerika untergetaucht. Von dort entführte ihn der israelische Geheimdienst nach Israel. Eichmann wurde zum Tode verurteilt und im Mai 1962 hingerichtet. Von Ende 1963 bis Spätsommer 1965 mussten sich ehemalige SS-Angehörige des Konzentrations- und Vernichtungslagers Auschwitz vor dem Schwurgericht Frankfurt am Main verantworten. Es war der größte Strafprozess der deutschen Nachkriegsgeschichte überhaupt. Historiker des Münchner Instituts für Zeitgeschichte erstatteten während des Prozesses Sachverständigengutachten, die später in Buchform erschienen. Dies war Grundlagenforschung über den NS-Staat. Die deutsche Öffentlichkeit nahm am Auschwitz-Prozess größten Anteil. Rund zwanzigtausend Zuschauer saßen im Laufe der Zeit im Gerichtssaal. Die Medien berichteten ausführlich. Schriftsteller setzten sich mit Auschwitz auseinander.

Zunehmend wurde in der Bundesrepublik über die Geschichte des Nationalsozialismus geforscht. Viele der damals jüngeren Historiker hatten die NS-Zeit als Hitlerjungen, Flakhelfer oder junge Soldaten erlebt und das Jahr 1945 als tiefen Einschnitt erfahren. Gegen die Überschätzung von Hitlers Fähigkeiten und Leistungen im öffentlichen Meinungsbild setzten sie den Blick auf langfristige Ursachen seiner Machtübernahme und auf Hitlers oft chaotischen Herrschaftsstil. Die Person Adolf Hitlers stand aber nach wie vor nicht im Mittelpunkt der Forschung.

Zu dieser Zeit, als die meisten Strafverfahren wegen nationalsozialistischer Verbrechen liefen, protestierten Studenten gegen die bundesdeutsche Gesellschaftsordnung. Die sogenannten Achtundsechziger warfen der Vätergeneration ihre Beteiligung am Nationalsozialismus und ihr Schweigen in der Nachkriegszeit vor. Es kam zu erbitterten Auseinandersetzungen. Eine Sammlung von Aufsätzen der Psychologen Alexander und Margarete Mitscherlich brachte diese Kritik 1967 auf den Begriff: *Die Unfähigkeit zu trauern*. Nach ihrer Auffassung waren die Deutschen durch Hitlers Tod und den Zusammenbruch des NS-Staates in eine tiefe moralische und psychologische Krise geraten. Statt um dem geliebten »Führer« zu trauern, hätten sie die NS-Vergangenheit verdrängt und ihr Heil in Wiederaufbau und »Wirtschaftswunder« gesucht.

1967 Buchveröffentlichung »Die Unfähigkeit zu trauern«

# Hitler-Welle und Streit um Hitler

**1969**
**Albert Speers »Erinnerungen«**

1969 erschienen die bis heute wohl erfolgreichsten Memoiren über die NS-Zeit, Albert Speers *Erinnerungen*. Dieser Erfolg rührte vor allem daher, dass Speer sich selbst als »guten Nazi« zeichnete, in dem sich ältere Zeitgenossen des NS-Regimes wiederfinden konnten. Speers Erinnerungen waren im Spandauer Gefängnis entstanden. Der Publizist Joachim Fest, der zu dieser Zeit schon an seiner Hitler-Biographie schrieb, beriet Speer bei der Überarbeitung des Manuskripts. In seinen Erinnerungen zeichnete sich Speer als einen im Grunde unpolitischen Techniker. Er habe ohne persönliches Verschulden Schuld auf sich geladen, weil er dem »magischen« Einfluss Hitlers erlegen sei. Wie schon während des Nürnberger Prozesses stritt Speer jegliche Kenntnis nationalsozialistischer Massenverbrechen oder die Beteiligung an ihnen ab, was sich inzwischen als reichlich geschönt erwiesen hat.

**1971–1977**
**»Hitler-Welle« in den USA und der Bundesrepublik**

In den siebziger Jahren, als sich Hitlers Machtübernahme zum vierzigsten Mal jährte, überschwemmte eine »Hitler-Welle« die Bundesrepublik, die von den Medien kräftig vorangetrieben wurde. Der Historiker Werner Maser legte 1971 eine angeblich »lückenlose« Hitler-Biographie vor. Dieses Buch wartete mit neuen Informationen über die Familie und über Krankheiten des Adolf H. auf, setzte aber zugleich Hitler-Legenden in die Welt. So soll Hitler während des Ersten Weltkriegs einen Sohn gezeugt haben, der bei seiner französischen Mutter geblieben sei. Diese Darstellung erwies sich später als freie Erfindung des Verfassers.

**1973**
**Joachim Fests Hitler-Biographie**

Zwei Jahre später erschien Joachim Fests glänzend geschriebene Hitler-Biographie. Der Verfasser lobte Hitlers staatsmännische Fähigkeiten über den grünen Klee. Seit Kriegsbeginn, so Fest, hätten allerdings Hitlers »dämonische« Eigenschaften sein »so lange demonstriertes politisches Genie« zunichtegemacht. Mitte der siebziger Jahre stimmten achtunddreißig Prozent der befragten Bundesbürger der auch von Fest vertretenen Auffassung zu, Hitler sei bis Kriegsbeginn einer der größten deutschen Staatsmänner gewesen.

1976 veröffentlichte der amerikanische Autor Rudolph Binion ein damals vielbeachtetes »psychohistorisches« Buch über Hitler. Binion zufolge hatte der jüdische Arzt Dr. Bloch Hitlers krebskranke Mutter durch eine falsche Behandlung mit Jod vergiftet und ihr einen qualvollen Tod bereitet. Dies sei Hitlers erstes Trauma und die Grundlage seines Hasses auf die Juden gewesen. Von dieser These ist nicht viel übrig geblieben. Dr. Bloch hat Hitlers Mutter nachweislich richtig behandelt; der junge Hitler hat den Arzt keineswegs gehasst.

1977 kam der Dokumentarfilm »Hitler. Eine Karriere« in die Kinos. Es handelte sich um die Verfilmung von Joachim Fests Hitler-Biographie. Ganze Schulklassen wurden verpflichtet, sich diesen Film anzusehen. Denn man wusste aus einem kurz zuvor erschienenen Buch (*Was ich über Adolf Hitler gehört habe*), welche krausen Vorstellungen über Person und Wirken des Diktators Schülerinnen und Schüler in den Köpfen hatten. Der Streifen bestand durchweg aus zeitgenössischem Bildmaterial, das zu Propagandazwecken aufgenommen worden war. Hitler erschien als allmächtiger Diktator, der nach Belieben schalten und walten konnte. Der Film war eher dazu geeignet, Bewunderung für Hitler hervorzurufen, als zum kritischen Umgang mit der nationalsozialistischen Vergangenheit anzuhalten.

Die Personalisierung der NS-Diktatur in so vielen Büchern und Medienerzeugnissen der siebziger Jahre stand in krassem Gegensatz zum zeitgeschichtlichen Forschungsstand. Historiker wie Hans Mommsen hatten herausgearbeitet, wie chaotisch der »Führerstaat« organisiert war. Der ständige Machtkampf zwischen nachgeordneten Funktionären habe, so Mommsen, das NS-System viel stärker radikalisiert, als es Hitler allein gekonnt hätte. In mancher Hinsicht sei Hitler, so spitzte Mommsen zu, ein »schwacher Diktator« gewesen.

*1971 Hans Mommsens These von Hitler als »schwachem Diktator«*

Allerdings blieb diese These nicht unwidersprochen. Auf allen wesentlichen Politikgebieten, so das Gegenargument etwa des Historikers Klaus Hildebrand, sei Hitler allein ausschlaggebend gewesen. Hitler sei immer wieder in der Lage gewesen, seine eigene Machtstellung als Schiedsrichter zwischen den Streithähnen unangreifbar zu machen. Von einem »schwachen Diktator« könne keine Rede sein. Die Auseinandersetzung um Hitlers Rolle im Nationalsozialismus wurde in den siebziger Jahren erbittert geführt.

Einen tiefen Einschnitt in der öffentlichen Wahrnehmung des Nationalsozialismus bildete dann der mehrteilige amerikanische

**1979
Fernseh-
mehrteiler
»Holocaust«**

Fernsehfilm »Holocaust«. Er wurde in der Bundesrepublik im Januar 1979 ausgestrahlt. Gegenstand war die nationalsozialistische Judenverfolgung. Obwohl der Film eher schlecht gemacht war und es mit den historischen Tatsachen nicht genau nahm, war das Echo der Fernsehzuschauer überwältigend. Was bisher nur sehr allgemein, wenn überhaupt, ins Bewusstsein gelangt war, wurde nun an fiktiven Einzelschicksalen sichtbar. »Eine Nation ist betroffen« lautete der Titel eines Buches über den Film und seine Wirkung. Seitdem bürgerte sich auch in Deutschland der Begriff »Holocaust« ein.

Der Höhepunkt der bundesdeutschen Legendenbildung um Hitler war vier Jahre später mit dem Presseskandal um angebliche Tagebücher des »Führers« erreicht. Die Illustrierte *Stern* veröffentlichte Auszüge aus diesen vermeintlichen Originaldokumenten. Es handelte sich jedoch um Fälschungen, die der Maler Konrad Kujau angefertigt und dem *Stern*-Journalisten Gerd Heidemann angedreht hatte. Kujau hatte zuvor schon angebliche Aufzeichnungen und Gedichte Hitlers verkauft, die sogar in eine wissenschaftliche Publikation über Hitlers Frühschriften eingegangen sind. In Wirklichkeit hatte Hitler niemals Tagebücher geschrieben. Die *Stern*-Redaktion war von Heidemanns Geschichte elektrisiert. Sie versprach eine einträgliche Pressesensation zu werden. Über Heidemann kaufte das Blatt zweiundsechzig von Kujau gefälschte Bände für mehr als neun Millionen D-Mark an. Inhaltlich waren die »Tagebücher« belanglos. Allerdings sorgte Kujau dafür, dass Hitler im besten Licht erschien. Im April 1983 stellte der *Stern* bei einer großen Pressekonferenz die vermeintliche Weltsensation der internationalen Öffentlichkeit vor. Kurz darauf musste das Blatt jedoch kleinlaut zugeben, dass es einem Schwindel aufgesessen war. Kujau und Heidemann wurden zu Gefängnishaft verurteilt. Der *Stern* war gründlich blamiert.

**1983
Skandal um
angebliche
Tagebücher
Adolf Hitlers**

Die fachwissenschaftliche Auseinandersetzung um Hitler als Diktator hatte sich inzwischen auf das Feld der nationalsozialistischen Judenverfolgung verschoben. Der Streit drehte sich einerseits um die Frage, ob und gegebenenfalls wann Hitler den Holocaust befohlen hatte. Zum anderen wurde darüber debattiert, wie die Judenvernichtung im Zweiten Weltkrieg zu erklären sei. Aber erst im folgenden Jahrzehnt, nach dem Ende des Kalten Krieges, setzte eine umfassende Erforschung des Holocaust durch deutsche Historiker ein, wobei der Schwerpunkt auf Osteuropa und den Tätern lag. Die verhärteten Positionen der siebziger und achtziger Jahre erwiesen sich nun als weitgehend künstliche Entgegensetzungen.

Hitler als Person spielte in der zeitgeschichtlichen Forschung der neunziger Jahre allerdings keine große Rolle, auch nicht im europäischen Ausland oder in den Vereinigten Staaten. Erst mit Ian Kershaws großer Biographie, die in zwei Teilen 1998 und 2000 erschien, änderte sich dies. Kershaw beschritt einen Mittelweg zwischen herkömmlicher Biographie und Gesellschaftsgeschichte. Leitthema seiner Darstellung war die Bereitschaft weiter Teile des Staats- und Parteiapparates, dem »Führer entgegenzuarbeiten«. Durch diese Biographie kann als gesicherter Forschungsstand gelten, dass es ohne Hitler keinen Holocaust gegeben hätte.

*Randnotiz: 90er Jahre — Intensivierung der Holocaust-Forschung*

*Randnotiz: 1998/2000 — Ian Kershaws Hitler-Biographie*

## Hitler als Medienstar

Hitler war inzwischen zum Markenzeichen geworden. In den sechziger bis achtziger Jahren hatte er acht- bis neunmal das Titelblatt des Wochenmagazins *Der Spiegel* geziert. In den Neunzigern war dies sechzehnmal und im folgenden Jahrzehnt zwölfmal der Fall. Der Anstieg in den neunziger Jahren dürfte mit neuen Forschungsarbeiten über den Holocaust zusammenhängen, die damals in rascher Folge erschienen, aber auch mit der Konkurrenz zwischen Presse und Fernsehen.

Hitler war in den neunziger Jahren der Star eines populär gemachten Geschichtsfernsehens im Zweiten Deutschen Fernsehen, das zur besten Sendezeit unter Titeln wie »Hitler – eine Bilanz«, »Hitlers Helfer«, »Hitlers Krieger« oder »Hitlers Frauen« bis zu sechs Millionen Zuschauer fand. 1997 bejahten immerhin noch vierundzwanzig Prozent der Westdeutschen und achtundzwanzig Prozent der Ostdeutschen die Aussage, Hitler sei einer der größten deutschen Staatsmänner gewesen.

2004 kam der Film »Der Untergang« in die Kinos. Thema dieses mit großem Aufwand gedrehten deutschen Streifens sind Hitlers letzte Tage im Berliner Führerbunker. Beim Zuschauer wurde

*Randnotiz: 90er Jahre — Hitler-Geschichtsfernsehen des ZDF*

*Randnotiz: 2004 — Kinofilm »Der Untergang« über Hitlers letzte Tage im Führerbunker*

der Eindruck erzeugt, der Film sei eine geschichtliche Dokumentation. Doch merkten Kritiker zu Recht an, dass »Der Untergang« eine recht eigenwillige Deutung des »Dritten Reiches« und seines Führungspersonals enthielt. Hitler erschien teils als netter, fürsorglicher Chef, teils als brüllender Irrsinniger, wie das bereits im Bunker-Film der fünfziger Jahre der Fall gewesen war. Der Eindruck, den Diktator von seiner »menschlichen« Seite vorgeführt zu bekommen und sogar Mitleid mit ihm haben zu dürfen, belebte den Hitler-Kitsch der fünfziger und der siebziger Jahre neu.

Das ZDF strahlte dann eine Sendereihe »Geheimnisse des Dritten Reiches« (»Hitlers Familie«, »Hitler und das Geld« usw.) bzw. »Geheimnisse des Zweiten Weltkrieges« (»Krankenakte Hitler«) aus. »Spiegel TV« hielt mit Beiträgen über »Hitlers Vorkosterin«, »Hitlers Tafelsilber«, »Hitlers Ende«, »Mein Kampf« und die Schäferhündin Blondi dagegen. Auch in den Printmedien ist Hitler ständig präsent, ebenso im Internet.

Hitler ist inzwischen zu einem Popstar geworden. Auch die Werbung hat ihn als Zugpferd entdeckt. Seine typischen äußerlichen Merkmale (Seitenscheitel, Bärtchen, gerolltes R) spielen auch im Hitler-Witz eine wesentliche Rolle, wenn man an Comics wie »Adolf, die Nazi-Sau« oder »Adolf – Der Bonker« denkt. In den vierziger Jahren waren Hitler-Witze Bekenntnisse zur Menschenwürde. In den Fünfzigern lachte man gar nicht über Hitler. In den Sechzigern diente das Lachen der Aufarbeitung der nationalsozialistischen Vergangenheit. Mehr als drei Jahrzehnte später nimmt der Hitler-Humor die Vermarktung Hitlers aufs Korn. Dies erklärt teilweise den ungewöhnlichen Verkaufserfolg des satirischen Romans *Er ist wieder da*, der 2012 auf den Markt kam. Adolf H., so die Story, wacht im Berlin der Jetztzeit auf und startet mit Hilfe von Medien und Politik eine erfolgreiche zweite Karriere als Demagoge und Agitator. Das Buch kritisiert die Geschichtsvergessenheit der deutschen Gesellschaft, leistet ihr aber selbst kräftigen Vorschub, weil es seinen Helden als grausig-komische Figur präsentiert.

Die Verflachung und zunehmende Beliebigkeit des Hitler-Bildes in den Medien hängt einerseits damit zusammen, dass die Figur des »Führers« die Auflage erhöht. Andererseits ist auch der Zeitabstand größer geworden. Inzwischen sind die letzten Zeitzeugen des »Dritten Reiches« verstorben. Die alten Menschen von heute haben den Nationalsozialismus nur als Kinder erlebt. Dieses Ende der Zeitzeugenschaft bedeutet für die Erinnerung an den Nationalsozialismus einen Umbruch. Künftige Generationen werden über die NS-Zeit nur durch Vermittlung erfahren, sei es in den Schulen, sei es durch die Medien.

2000er Jahre
**Das »Ende der Zeitzeugenschaft«**

Ein kritischer Blick auf diese Vermittlungsformen ist dringend geboten. Denn der »Führer« führt längst ein Eigenleben. Er ist aus dem geschichtlichen Zusammenhang des NS-Staates herausgetreten. Hitler ist zu einem Untoten geworden und wird, wenn nicht alles täuscht, auch in Zukunft durch die Köpfe der Nachgeborenen geistern.

Der israelische Historiker Saul Friedländer hat zwischen 1998 und 2006 eine große Darstellung des Holocaust vorgelegt, die Täter und Opfer gleichermaßen berücksichtigt. Bereits 1984, mit Blick auf die Hitler-Welle des vorangegangenen Jahrzehnts, warf Friedländer die Frage auf, »wie dieses Starren auf die deutsche Vergangenheit zu bewerten ist: als nostalgische Träumerei, als Gier nach Spektakulärem und/oder anhaltendes Bemühen um Verständnis?« Diese Frage muss jede und jeder für sich beantworten.

1998/2006
**Saul Friedländers Gesamtdarstellung des Holocaust**

# Literatur

## Biographien

1 Eberle, Henrik / Uhl, Matthias (Hg.): *Das Buch Hitler. Geheimdossier des NKWD für Josef W. Stalin, zusammengestellt aufgrund der Verhörprotokolle des Persönlichen Adjutanten Hitlers, Otto Günsche, und des Kammerdieners Heinz Linge,* Moskau 1948/49, 9. Auflage der Taschenbuchausgabe, Köln 2012
2 Fest, Joachim C.: *Hitler. Eine Biographie,* Taschenbuchausgabe Frankfurt a. M. / Berlin 1987
3 Görtemaker, Heike B.: *Eva Braun. Leben mit Hitler,* Taschenbuchausgabe München 2011
4 Haffner, Sebastian: *Anmerkungen zu Hitler,* Taschenbuchausgabe Frankfurt a. M. 1981
5 Hamann, Brigitte: *Hitlers Wien. Lehrjahre eines Diktators,* Taschenbuchausgabe München 1998
6 Joachimsthaler, Anton: *Korrektur einer Biographie. Adolf Hitler 1908–1920,* München 1989
7 Joachimsthaler, Anton: *Hitlers Liste. Ein Dokument persönlicher Beziehungen,* München 2003
8 Kershaw, Ian: *Hitler,* Taschenbuchausgabe in 3 Bänden, München 2000
9 Longerich, Peter: *Heinrich Himmler. Biographie,* München 2008
10 Maser, Werner: *Adolf Hitler. Legende, Mythos, Wirklichkeit,* 16. Auflage, München / Esslingen 1997
11 Toland, John: *Adolf Hitler,* Bergisch Gladbach 1977

## Quellen

12 Besymenski, Lew: *Die letzten Notizen von Martin Bormann. Ein Dokument und sein Verfasser,* Stuttgart 1974
13 *Der Prozess gegen die Hauptkriegsverbrecher vor dem Internationalen Militärgerichtshof. Nürnberg, 14. November – 1. Oktober 1946. Urkunden und anderes Beweismaterial,* Bd. 25, 29, 36, Neudruck München 1989
14 Domarus, Max: *Hitler. Reden und Proklamationen 1932–1945. Kommentiert von einem deutschen Zeitgenossen,* 4 Bände in 2 Bänden, Würzburg 1962/63
15 Fröhlich, Elke (Hg.): *Die Tagebücher von Joseph Goebbels* [künftig abgekürzt als TBJG]

Teil I: *Aufzeichnungen 1923–1941*, Bd. 1, 6, 9, München 1997–2005
Teil II: *Diktate 1941–1945*, Bd. 2–3, 14, München 1993–1996
16 Heim, Susanne u. a. (Hg.): *Die Verfolgung und Ermordung der europäischen Juden durch das nationalsozialistische Deutschland 1939–1945* [künftig abgekürzt als VEJ]
Bd. 1: *Deutsches Reich, 1933–1937*, München 2011
Bd. 2: *Deutsches Reich, 1938–August 1939*, München 2011
Bd. 3: *Deutsches Reich und Protektorat Böhmen und Mähren, September 1939–September 1941*, München 2012
Bd. 4: *Polen, September 1939–Juli 1941*, München 2011
Bd. 5: *West- und Nordeuropa, 1940–Juni 1942*, München 2012
Bd. 7: *Sowjetunion mit annektierten Gebieten I*, München 2011
Bd. 9: *Generalgouvernement August 1941–1945*, München 2013
17 Hitler, Adolf: *Mein Kampf*. 2 Bände in 1 Band, 681.–685. Auflage, München 1942 [künftig abgekürzt als MK]
18 Hubatsch, Walther (Hg.): *Hitlers Weisungen für die Kriegführung 1939–1945. Dokumente des Oberkommandos der Wehrmacht*, Koblenz 1983
19 Irving, David: *Die geheimen Tagebücher des Dr. Morell, Leibarzt Adolf Hitlers*, München 1983
20 Jäckel, Eberhard/Kuhn, Axel (Hg.): *Hitler. Sämtliche Aufzeichnungen 1905–1924*, Stuttgart 1980 [künftig abgekürzt als JK]
21 Jochmann, Werner (Hg.): *Adolf Hitler. Monologe im Führerhauptquartier 1941–1933*, München 2000 [künftig abgekürzt als HM]
22 Klein, Peter (Hg.): *Die Einsatzgruppen in der besetzten Sowjetunion 1941/42. Die Tätigkeits- und Lageberichte des Chefs der Sicherheitspolizei und des SD*, Berlin 1997
23 Moll, Martin (Bearb.): *»Führer-Erlasse« 1939–1945. Edition sämtlicher überlieferter, nicht im Reichsgesetzblatt abgedruckter, von Hitler während des Zweiten Weltkrieges schriftlich erteilter Direktiven aus den Bereichen Staat, Partei, Wirtschaft, Besatzungspolitik und Militärverwaltung*, Stuttgart 1997
24 Witte, Peter u. a. (Bearb.): *Der Dienstkalender Heinrich Himmlers 1941/42*, Hamburg 1999

## Erinnerungen

25 Below, Nicolaus von: *Als Hitlers Adjutant 1937–45*, Mainz 1980
26 Krause, Karl Wilhelm: *Zehn Jahre Kammerdiener bei Hitler*, Hamburg 1949
27 Kubizek, August: *Adolf Hitler, mein Jugendfreund*, 2. Auflage, Graz 1953

28 Linge, Heinz: *Bis zum Untergang. Als Chef des Persönlichen Dienstes bei Hitler,* hg. v. Werner Maser, München/Berlin 1980
29 Misch, Rochus: *Der letzte Zeuge. Ich war Hitlers Telefonist, Kurier und Leibwächter,* 10. Auflage, München 2011
30 Schaub, Julius: *In Hitlers Schatten. Erinnerungen und Aufzeichnungen des persönlichen Adjutanten und Vertrauten 1925–1945,* hg. v. Olaf Rose, 2. Auflage, Stegen 2010
31 Schroeder, Christa: *Er war mein Chef. Aus dem Nachlass der Sekretärin von Adolf Hitler,* hg. v. Anton Joachimsthaler, 3. Auflage, München/Wien 1985
32 Speer, Albert: *Erinnerungen,* Frankfurt a. M./Berlin 1969

## Darstellungen

33 Arnold, Dietmar: *Neue Reichskanzlei und »Führerbunker«. Legenden und Wirklichkeit,* 3. Auflage, Berlin 2009
34 Auerbach, Hellmuth: *Hitlers politische Lehrjahre und die Münchner Gesellschaft 1919–1923,* in: *Vierteljahrshefte für Zeitgeschichte 25* (1977), S. 1–45
35 Bajohr, Frank/Wildt, Michael (Hg.): *Volksgemeinschaft. Neue Forschungen zur Gesellschaft des Nationalsozialismus,* Frankfurt a. M. 2009 [Taschenbuch]
36 Bajohr, Frank: *Parvenüs und Profiteure. Korruption in der NS-Zeit,* Frankfurt a. M. 2001
37 Bajohr, Frank: *Vom antijüdischen Konsens zum schlechten Gewissen. Die deutsche Gesellschaft und die Judenverfolgung 1933–1945,* in: Ders./Dieter Pohl: *Der Holocaust als offenes Geheimnis. Die Deutschen, die NS-Führung und die Alliierten,* München 2006, S. 20–79
38 Blank, Ralf: *Kriegsalltag und Luftkrieg an der »Heimatfront«,* in: *Das Deutsche Reich und der Zweite Weltkrieg,* hg. v. Militärgeschichtlichen Forschungsamt, Bd. 9.1, München 2004, S. 357–461
39 Buchheim, Hans u. a.: *Anatomie des SS-Staates,* 2 Bände, 4. Auflage, München 1984 [Taschenbuch]
40 Deist, Wilhelm u. a.: *Ursachen und Voraussetzungen des Zweiten Weltkrieges,* Taschenbuchausgabe Frankfurt a. M. 1989
41 Deuerlein, Ernst: *Hitlers Eintritt in die Politik und die Reichswehr,* in: *Vierteljahrshefte für Zeitgeschichte 7* (1959), S. 177–227
42 Eberle, Henrik/Neumann, Hans-Joachim: *War Hitler krank? Ein abschließender Befund,* Taschenbuchausgabe Köln 2011
43 Fischer, Torben/Lorenz, Matthias N. (Hg.): *Lexikon der »Vergangenheitsbewältigung« in Deutschland. Debatten- und Diskursgeschichte des Nationalsozialismus nach 1945,* Bielefeld 2009

**44** Fleming, Gerald: *Hitler und die Endlösung. »Es ist des Führers Wunsch ...«*, Taschenbuchausgabe Frankfurt a. M. / Berlin 1987

**45** Frei, Norbert: *Der Führerstaat. Nationalsozialistische Herrschaft 1933 bis 1945*, Taschenbuchausgabe der 8. Auflage, München 2013

**46** Friedlander, Henry: *Der Weg zum NS-Genozid. Von der Euthanasie zur Endlösung*, Berlin 1997

**47** Friedländer, Saul: *Das Dritte Reich und die Juden*, Bd. 1: *Die Jahre der Verfolgung 1933–1939*, 3. Auflage, München 2007

**48** Friedländer, Saul: *Kitsch und Tod. Der Widerschein des Nazismus*, erweiterte Taschenbuchausgabe Frankfurt a. M. 2007

**49** Gerlach, Christian: *Kalkulierte Morde. Die deutsche Wirtschafts- und Vernichtungspolitik in Weißrussland 1941 bis 1944*, Hamburg 1998

**50** Gerlach, Christian: *Krieg, Ernährung, Völkermord. Forschungen zur deutschen Vernichtungspolitik im Zweiten Weltkrieg*, Hamburg 1998

**51** Heer, Hannes: *»Hitler war's«. Die Befreiung der Deutschen von ihrer Vergangenheit*, Berlin 2005

**52** Herbert, Ulrich: *Fremdarbeiter. Politik und Praxis des »Ausländer-Einsatzes« in der Kriegswirtschaft des Dritten Reiches*, Neudruck der 2. Auflage, Bonn 1999

**53** Herbert, Ulrich: *Geschichte Deutschlands im 20. Jahrhundert*, München 2014

**54** Herz, Rudolf: *Hoffmann und Hitler. Fotografie als Medium des Führer-Mythos*, München 1994

**55** Heusler, Andreas: *Das Braune Haus. Wie München zur »Hauptstadt der Bewegung« wurde*, München 2008

**56** Hiller von Gaertringen, Hans Georg (Hg.): *Das Auge des Dritten Reiches. Walter Frentz – Hitlers Kameramann und Fotograf*, Lizenzausgabe Augsburg 2009

**57** Hoffmann, Peter: *Die Sicherheit des Diktators. Hitlers Leibwachen, Schutzmaßnahmen, Residenzen, Hauptquartiere*, München / Zürich 1975

**58** Hoffmann, Peter: *Widerstand, Staatsstreich, Attentat. Der Kampf der Opposition gegen Hitler*, 4. Auflage, München / Zürich 1985 [Taschenbuch]

**59** Joachimsthaler, Anton: *Hitlers Ende. Legenden und Dokumente*, Lizenzausgabe Augsburg 1999

**60** Kellerhoff, Sven F.: *Hitlers Berlin. Geschichte einer Hassliebe*, Berlin 2005

**61** Kershaw, Ian: *Der NS-Staat. Geschichtsinterpretationen und Kontroversen im Überblick*, Reinbek bei Hamburg 1988

62 Large, David C.: *Hitlers München. Aufstieg und Fall der Hauptstadt der Bewegung*, München 1998
63 Leonhard, Jörn: *Die Büchse der Pandora. Geschichte des Ersten Weltkriegs*, 4. Auflage, München 2014
64 Longerich, Peter: *Geschichte der SA*, Taschenbuchausgabe München 2003
65 Longerich, Peter: *»Davon haben wir nichts gewusst.« Die Deutschen und die Judenverfolgung 1933–1945*, München 2006
66 Neumärker, Uwe u. a.: *Wolfsschanze. Hitlers Machtzentrale im Zweiten Weltkrieg*, Berlin 1999
67 Plöckinger, Othmar: *Geschichte eines Buches. Adolf Hitlers »Mein Kampf« 1922–1945*, 2. Auflage, München 2011
68 Pohl, Dieter: *Holocaust. Die Ursachen, das Geschehen, die Folgen*, Freiburg usw. 2000
69 Pohl, Dieter: *Die Herrschaft der Wehrmacht. Deutsche Militärverwaltung und einheimische Bevölkerung in der Sowjetunion 1941–1944*, Taschenbuchausgabe Frankfurt a. M. 2011
70 Roon, Ger van: *Widerstand im Dritten Reich. Ein Überblick*, München 1997 [Taschenbuch]
71 Ryback, Timothy W.: *Hitlers Bücher. Seine Bibliothek – sein Denken*, Köln 2010
72 Schmuhl, Hans-Walter: *Rassenhygiene, Nationalsozialismus, Euthanasie. Von der Verhütung zur Vernichtung »lebensunwerten Lebens«, 1890–1945*, Göttingen 1987
73 Schreiber, Gerhard: *Hitler. Interpretationen 1923–1983. Ergebnisse, Methoden und Probleme der Forschung*, Darmstadt 1984
74 Schwarz, Birgit: *Geniewahn. Hitler und die Kunst*, Wien / Köln / Weimar 2009
75 Thamer, Hans-Ulrich / Erpel, Simone (Hg.): *Hitler und die Deutschen. Volksgemeinschaft und Verbrechen*, Dresden 2010
76 Ueberschär, Gerd R. / Wette, Wolfram (Hg.): *Der deutsche Überfall auf die Sowjetunion. »Unternehmen Barbarossa« 1941*, Taschenbuchausgabe Frankfurt a. M. 1991
77 Wehler, Hans-Ulrich: *Deutsche Gesellschaftsgeschichte*, Bd. 4: *Vom Beginn des Ersten Weltkriegs bis zur Gründung der beiden deutschen Staaten 1914–1949*, Taschenbuchausgabe München 2008
78 Wildt, Michael: *Generation des Unbedingten. Das Führungskorps des Reichssicherheitshauptamtes*, Hamburg 2003
79 Wildt, Michael: *Volksgemeinschaft als Selbstermächtigung. Gewalt gegen Juden in der deutschen Provinz 1919–1939*, Hamburg 2007

**80** Winkler, Heinrich A.: *Weimar 1918–1933. Die Geschichte der ersten deutschen Demokratie*, 2. Auflage, München 1994
**81** Zimmermann, Michael: *Rassenutopie und Genozid. Die nationalsozialistische »Lösung der Zigeunerfrage«*, Hamburg 1996

# Nachweise

### Vorwort

Hitlers Rolle im NS-Staat: Schreiber, *Hitler* **(Nr. 73)**, S. 157 ff.; weitere Zitate: Kershaw, *NS-Staat* **(Nr. 61)**, S. 125 ff. Haffner, *Anmerkungen* **(Nr. 4)**, S. 9. Fests Thesen finden sich (in der Reihenfolge der Erwähnung) bei *Hitler* **(Nr. 2)**, S. 697 ff., 833, 25. Kershaw, *Hitler* **(Nr. 8)**, Bd. 2, S. 1081. Holocaust und »Volksgemeinschaft«: Pohl, *Holocaust* **(Nr. 68)**; Bajohr / Wildt, *Volksgemeinschaft* **(Nr. 35)**.

### Der Versager

Maser, *Hitler* **(Nr. 10)**, S. 11–116, zuverlässiger sind Hamann, *Hitlers Wien* **(Nr. 5)**, S. 15–27, 64–76 (zit. S. 68), und Kershaw, *Hitler* **(Nr. 8)**, Bd. 1, S. 29–58. Kubizek, *Hitler* **(Nr. 27)**, S. 23, 35 f., 133–142; ferner Kershaw (S. 49–53) und Hamann (S. 38–42, 94–97). Hitlers Angebetete war Stefanie Rabatsch, dazu Hamann, S. 41, 44, 48, 516 f. Schroeder, *Chef* **(Nr. 31)**, S. 63, zu Hitlers Angst vor dem Vater; Haffner, *Anmerkungen* **(Nr. 4)**, S. 12, zu seinem Charakter. Zu nationalsozialistischen Bibel-Anleihen vgl. Peter Reichelt: *Das braune Evangelium. Hitler und die NS-Liturgie,* Wuppertal 1990, S. 119. Hitler über Dr. Pötsch: *MK* **(Nr. 17)**, S. 12 f.; Bericht seines früheren Lehrers nach Kershaw, *Hitler* **(Nr. 8)**, Bd. 1, S. 47. Die These, Hitler sei homosexuell gewesen, vertritt Lothar Machtan in *Hitlers Geheimnis. Das Doppelleben eines Diktators,* Berlin 2001, ohne dies belegen zu können. Hitler über die Masse als »Weib« in *MK* **(Nr. 17)**, S. 44.

Ich folge bezüglich der »modernen Zeiten« Ulrich Herbert, *Geschichte* **(Nr. 53)**, S. 26–67, und Hamann, *Hitlers Wien* **(Nr. 5)**, S. 42 f., 125 f., 251–261, 337–375, bes. S. 359, 398 f., 467–479. Hitlers Enttäuschung nach der ersten Akademieprüfung; *MK* **(Nr. 17)**, S. 19, dort, S. 16, auch der Tod der Mutter. Kubizek, *Hitler* **(Nr. 27)**, S. 195, Hitlers Wagner-»Traumland«: Ebd. »Granitenes Fundament«, Kunst des Lesens, »Völkerbabylon« und »Blutschande«: Hitler, *MK* **(Nr. 17)**, S. 12, 21, 36–38, 79, 135.

Die beste Darstellung zum Ausbruch des Ersten Weltkriegs ist Jörn Leonhards *Pandora* **(Nr. 63)**, S. 94 f., ferner ebd., S. 160–194, 325–347, 460–462, 651–706 und 939–942 für den weiteren Kriegsverlauf, Dieter Pohl, *Herrschaft* **(Nr. 69)**, S. 25–40, über die erste Russlandbesetzung als Erfahrungshintergrund des »Unternehmens Barbarossa«.

Hitler über den Krieg: MK **(Nr. 17)**, S. 173 f., 177, 180 f. und 211 f. Thamer / Erpel, *Hitler* **(Nr. 75)**, S. 7, zum möglicherweise gefälschten Foto vom Odeonsplatz. Hitlers Brief an Ernst Hepp in München vom 5.2.1915 und seine Postkarte aus Berlin zit. n. JK **(Nr. 20)**, S. 69, 82; Juden als angebliche »Drahtzieher« zit. n. Kershaw, *Hitler* **(Nr. 8)**, Bd. 1, S. 134. Ryback, *Hitlers Bücher* **(Nr. 71)**, S. 27–44, zu Frontlektüre und Zeichnungen.

Ereignisse in Bayern: Large, *München* **(Nr. 62)**, S. 118–161. Hitler als Soldatenrat nach Joachimsthaler, *Korrektur* **(Nr. 6)**, S. 188–199, 215; Hitlers ›Entdeckung‹ nach Deuerlein, *Hitlers Eintritt* **(Nr. 41)**. Vgl. auch Kershaw, *Hitler* **(Nr. 8)**, Bd. 1, S. 166–172. Hitler über sein »Erweckungserlebnis«: MK **(Nr. 17)** S. 222 f., 225; literarisches Vorbild: Hamann, *Hitlers Wien* **(Nr. 5)**, S. 294.

Den Zeitmangel der Deutschen hebt Herbert, *Geschichte* **(Nr. 53)**, S. 66 f., 202 f., hervor. Für die Geschichte der Weimarer Republik stütze ich mich vor allem auf Winkler, *Weimar* **(Nr. 80)**.

## Der Aufsteiger

Hitlers Brief an Adolf Gemlich v. 4.9.1919 zit. n. JK **(Nr. 20)**, S. 88–90; Mayrs Schreiben an Kapp zit. n. Kershaw, *Hitler* **(Nr. 8)**, Bd. 1, S. 200. Die Diktate des erregten Hitler schildert Schroeder, *Chef* **(Nr. 31)**, S. 78 f. Hitlers Rede »Warum sind wir Antisemiten?« ist nach JK **(Nr. 20)**, S. 184–204 zitiert; sein Selbstvergleich mit Christus nach Auerbach, *Lehrjahre* **(Nr. 34)**, S. 29, der diesen Ausspruch schon für das Jahr 1921 nachweist.

Ausführliche Informationen zu Hitlers »Groupies«: Joachimsthaler, *Liste* **(Nr. 7)**, S. 63–129, 140–176. Wohl schon bei seinem ersten Besuch in Bayreuth traf Hitler auch mit dem britischen Rassenantisemiten und greisen Schwiegersohn Richard Wagners, Houston Stewart Chamberlain, zusammen, der von Hitler beeindruckt war: Fest, *Hitler* **(Nr. 2)**, S. 259, und Large, *München* **(Nr. 62)**, S. 223. Kurt Lüdecke war nach der ersten Hitler-Rede, die er hörte, so entflammt, dass Fest, *Hitler* **(Nr. 2)**, S. 223, treffend von einem »hysterischen Gefühlsaufruhr« spricht.

Psychologische Auswirkung der Inflation: Herbert, *Geschichte* **(Nr. 53)**, S. 212 f. Kershaw, *Hitler* **(Nr. 8)**, Bd. 1, S. 266, zur »Weltgeschichte«. Die Putschisten hatten jüdische Männer und Frauen als Geiseln genommen: Dirk Walter: *Antisemitische Kriminalität und Gewalt. Judenfeindschaft in der Weimarer Republik,* Bonn 1999, S. 119–139, bes. S. 128. Urteil gegen Hitler zit. n. Otto Gritschneder: *Der Hitler-Prozess und sein Richter Georg Neithardt,* München 2001, S. 129.

Die zentrale Passage von MK **(Nr. 17)** ist neben der abscheulichen Giftgasdrohung S. 742 f.: »Wenn wir aber heute in Europa von neuem Grund und Boden reden, können wir in erster Linie nur an Rußland und die ihm untertanen Randstaaten denken ... Das Riesenreich im Osten ist reif zum Zusammenbruch. Und das Ende der Judenherrschaft in Rußland wird auch das Ende Rußlands als Staat sein. Wir sind vom Schicksal ausersehen, Zeugen einer Katastrophe zu werden, die die gewaltigste Bestätigung für die Richtigkeit der völkischen Rassentheorie sein wird.« Kershaw, *Hitler* **(Nr. 8)**, Bd. 1, S. 326, charakterisiert *Mein Kampf* treffend als »berauschendes Gebräu« und »Wiederaufbereitung der brutalsten Grundsätze, die Imperialismus, Rassismus und Antisemitismus Ende des 19. Jahrhunderts vertreten hatten, und deren Übertragung auf Osteuropa im 20. Jahrhundert«.

Hitlers Rede v. 27. 2. 1925 zit. n. ebd., S. 344.

Von seiner ersten Mercedes-Karosse schwärmte Hitler noch Jahre später: *HM* **(Nr. 21)**, S. 259. »Simplicissimus«: Claudia Schmölders: *Hitlers Gesicht,* in: Thamer / Erpel, *Hitler* **(Nr. 75)**, S. 36–42. Der Schriftsteller Klaus Mann erinnerte sich später an die »widrige Fresse« und hässliche Nase des Parteiführers: Large, *München* **(Nr. 62)**, S. 287. Hitlers Auftreten und schauspielerische Talente, Ernährungsgewohnheiten: Maser, *Hitler* **(Nr. 10)**, S. 376 f., Kershaw, *Hitler* **(Nr. 8)**, Bd. 1, S. 205 f., 338, 360 f., 432. Hitlers Abneigung gegen Sport: *HM* **(Nr. 21)**, S. 356, Oberarmtraining: Schroeder, *Chef* **(Nr. 31)**, S. 73. Obersalzberg: Joachimsthaler, *Liste* **(Nr. 7)**, S. 275–292, 294–300, 303 f.; Hitler, *HM* **(Nr. 21)**, S. 203–208.

Hitler über Frauen: Maser, *Hitler* **(Nr. 10)**, S. 319; *HM* **(Nr. 21)**, S. 109, 229 f., 235, 309 f., 316. Speer **(Nr. 32**, S. 106) überliefert Hitlers Ausspruch in Anwesenheit Eva Brauns, sehr intelligente Menschen sollten sich »eine primitive und dumme Frau nehmen«. Hitlers Techtelmechtel mit Maria Reiter nach Joachimsthaler, *Liste* **(Nr. 7)**, S. 177–196, zit. S. 189. Das berühmte, bei Maser, *Hitler* **(Nr. 10)**, S. 332–375, in Kopie abgedruckte

»Tagebuch« Eva Brauns ist nicht in ihrer Handschrift verfasst, was nur Joachimsthaler, *Liste* **(Nr. 7)**, S. 444–453, bemerkt hat. Der Selbstmordversuch wird von Kershaw, *Hitler* **(Nr. 8)**, Bd. 1, S. 482, und Görtemaker, *Eva Braun* **(Nr. 4)**, S. 60 f., unterschiedlich datiert.

Kershaw, *Hitler* **(Nr. 8)**, Bd. 1, S. 502–511, und Herbert, *Geschichte* **(Nr. 53)**, S. 300 f., zum Krisenempfinden und Vertrauensverlust, von dem die NSDAP profitierte. »Volkspartei des Protests«: Jürgen W. Falter: *War die NSDAP die erste deutsche Volkspartei?*, in: Michael Prinz / Rainer Zitelmann: *Nationalsozialismus und Modernisierung*, Darmstadt 1991, S. 45–47.

### Der »Führer«

Hitlers »Aufruf« vom 1. 2. 1933, seine Sportpalastrede v. 10. 2. 1933 nach Domarus, *Hitler* **(Nr. 14)**, Bd. I.1, S. 191–194, 204–208, seine Ansprache vor den Spitzen der Reichswehr nach *Vierteljahrshefte für Zeitgeschichte* 2 (1954), S. 434 f., und 49 (2001), S. 545–548.

Reichstagsbrand: Hans Mommsen: *Der Reichstagsbrand und seine politischen Folgen*, in: *Vierteljahrshefte für Zeitgeschichte* 12 (1964), S. 351–413; Hitlers Ausfälle im brennenden Reichstag zit. n. Rudolf Diels: *Lucifer ante Portas*, Stuttgart 1950, S. 194 f. Beschlagnahme der Hitler-Akten durch Himmler nach Joachimsthaler, *Korrektur* **(Nr. 6)**, S. 31.

Hitlers Rede in der Garnisonskirche (21. 3. 1933) nach Domarus, *Hitler* **(Nr. 14)**, Bd. I.1, S. 226–228, dort auch Wels' Rede und Hitlers Antwort am 23. 3. 1933 (S. 238–246).

Hitlerkult 1933: Helmut und Beatrice Heiber: *Die Rückseite des Hakenkreuzes. Absonderliches aus den Akten des Dritten Reiches*, München 1993, zu den Standesbeamten ebd. S. 119–122. Frei, *Führerstaat* **(Nr. 45)**, S. 87–90, zur »Bewusstseinsindustrie«.

Die Darstellung des Mai 1933 und des Endes der Parteien folgt Frei, *Führerstaat* **(Nr. 45)**, S. 70–74, 80–84; Hitlers Rede zum 1. Mai ist bei Domarus, *Hitler* **(Nr. 14)**, Bd. I.1, S. 251–264, abgedruckt. Hitlers Raserei im »Braunen Haus« am 30. 6. 1934 zit. n. Kershaw, *Hitler* **(Nr. 8)**, Bd. 1, S. 647. Hitlers Rede am 13. 7. 1934 zit. n. Domarus, *Hitler* **(Nr. 14)**, Bd. I.1, S. 409.

Überblick zur Verfolgung der Sinti und Roma bei Fischer / Lorenz, *Lexikon* **(Nr. 43)**, S. 313–321, und Zimmermann, *Rassenutopie* **(Nr. 81)**, S. 66–100. Zur Judenverfolgung liegt mit der neuen Sammlung VEJ **(Nr. 16)** ein hervorragender Dokumentenbestand vor. Vgl. auch die Einleitungen zu Bd. 1 von Wolf Gruner und zu Bd. 2 von Susanne Heim.

Den Funktionswandel des SS-Terrors arbeiten Frei, *Führerstaat* **(Nr. 45)**, S. 136–147, und zuletzt Herbert, *Geschichte* **(Nr. 53)**, S. 334–341, heraus. Radikalisierung der Judenverfolgung nach Michael Wildt: *Die Judenpolitik des SD 1935 bis 1938. Eine Dokumentation*, München 1995, S. 9–64. »Arisierung« und Korruption: Bajohr, *Parvenüs* **(Nr. 36)**, S. 101–120, und Herbert, *Geschichte* **(Nr. 52)**, S. 324–334.

Hitlers Kriegspläne von 1937 nach *Der Prozess* **(Nr. 14)**, Bd. 25, S. 402–413. Bereits im Spätsommer 1936 hatte Hitler eine Denkschrift zur künftigen Wirtschaftspolitik des NS-Staates verfasst: Wilhelm Treue: *Hitlers Denkschrift zum Vierjahresplan 1936*, in: *Vierteljahrshefte für Zeitgeschichte* 3 (1955), S. 184–210. Sie mündete in die Forderung, die deutsche Armee und Wirtschaft müssten innerhalb von vier Jahren einsatz- und kriegsfähig sein. Auf dem Nürnberger Reichsparteitag hatte Hitler einen »Vierjahresplan« verkündet, der zum Ziel hatte, Deutschland von Einfuhren aus dem Ausland unabhängig (»autark«) zu machen. Göring übernahm die Leitung der Vierjahresplanbehörde: Kershaw, *Hitler* **(Nr. 8)**, Bd. 2, S. 51–58.

Hitler, MK **(Nr. 17)**, S. 1, zum Anschluss Österreichs. »Anschluss« 1938 nach Kershaw, *Hitler* **(Nr. 8)**, Bd. 2, S. 109–135, zit. S. 116, 131. Ausschreitungen in Wien und Eichmanns Rolle: VEJ **(Nr. 16)**, Bd. 2, S. 113–127, 152–154 u. 170 f., vgl. Pohl, *Holocaust* **(Nr. 68)**, S. 30 f.

Rolle Hitlers, »Stoßtrupp« in der Pogromnacht: TBJG **(Nr. 15)** I, Bd. 6 (10. 11. 1938), S. 179–181; Angela Hermann: *Hitler und sein Stoßtrupp in der »Reichskristallnacht«*, in: *Vierteljahrshefte für Zeitgeschichte* 56 (2008), S. 603–619. Das Pogrom ist bei Wildt, *Volksgemeinschaft* **(Nr. 79)**, S. 319–335, sowie in VEJ **(Nr. 16)**, Bd. 2, S. 366–368, 376–383, 385–388, 404 f., dokumentiert.

Birgit Schwarz, *Geniewahn* **(Nr. 74)**, S. 133–154, eröffnete erstmals einen Blick in die Innenräume der Alten Reichskanzlei. Hitlers »Alltag« ist in zahlreichen Memoiren und Schriften dargestellt, vgl. nur Maser, *Hitler* **(Nr. 10)**, S. 404–406; Fest, *Hitler* **(Nr. 2)**, S. 718, 721; Toland, *Hitler* **(Nr. 11)**, S. 522 f.; Kershaw, *Hitler* **(Nr. 8)**, Bd. 2, S. 69–71.

## Der Kriegsherr

Fest, *Hitler* (**Nr. 2**), S. 831 ff., hat eine »dämonische« Seite in Hitlers Persönlichkeit dafür verantwortlich gemacht, dass er den Krieg zur Unzeit begonnen habe, also vor Abschluss der deutschen Aufrüstung. Dagegen betont die neuere Forschung, dass sich das »Dritte Reich« durch die Aufrüstungs- und Außenpolitik selbst in eine Lage gebracht hatte, die aus Hitlers Sicht gar keinen anderen Ausweg als den Krieg zuließ, vgl. Herbert, *Geschichte* (**Nr. 53**), S. 387–391. Hinzu kam, dass Hitler stets alles auf eine Karte setzte und dass der Krieg das eigentliche Lebenselixier des Nationalsozialismus war; in ihm kam er »zu sich selbst«: Kershaw, *Hitler* (**Nr. 8**), Bd. 2, S. 254 ff., zit. S. 325.

Über die Kriegspolitik des Diktators geben die Bücher von Deist u. a., *Ursachen* (**Nr. 40**), Ueberschär/Wette, *Überfall* (**Nr. 76**) und Andreas Hillgruber: *Hitlers Strategie. Politik und Kriegführung 1940–1941*, 3. Auflage, Bonn 1993, bes. S. 362–377, grundlegende Informationen, im Detail natürlich auch der zweite Band von Kershaws Hitler-Biographie. Hitlers Befehle für die einzelnen Feldzüge sind bei Hubatsch, *Weisungen* (**Nr. 18**), dokumentiert. Ich beschränke mich im Folgenden auf den Nachweis der Zitate im Text.

Hitlers Ansprache v. 23. 5. 1939 zit. n. Domarus, *Hitler* (**Nr. 14**), Bd. II.1, S. 1196–2001, die Ansprache vom 22. 8. 1939 nach Kershaw, *Hitler* (**Nr. 8**), Bd. 2, S. 292–295, Hitlers Reichstagsrede v. 1. 9. 1939 nach Domarus, *Hitler* (**Nr. 14**), Bd. II.1, S. 1315 f.

Der Sieg im Westen wird bei Kershaw, S. 393–407, und Herbert, *Geschichte* (**Nr. 53**), S. 420–423, geschildert und historisch eingeordnet. Hitlers Rede v. 19. 7. 1940 zit. n. Domarus, *Hitler* (**Nr. 14**), Bd. II.1, S. 1540–1559, die Rede im Sportpalast v. 4. 9. 1940 (»ausradieren«) nach ebd., S. 1580. Mit den Luftangriffen auf Deutschland ab 1940 befasst sich Blank, *Kriegsalltag* (**Nr. 38**), S. 362–365.

Die These, Hitler habe beim Krieg gegen die Sowjetunion vorrangig wirtschaftliche Ziele verfolgt, die dann mit den rassenideologischen Vorstellungen von *Mein Kampf* aufgeladen wurden, stützt sich auf Rolf-Dieter Müller: *Das »Unternehmen Barbarossa« als wirtschaftlicher Raubkrieg,* in: Ueberschär/Wette, *Überfall* (**Nr. 76**), S. 125–157, hier S. 129–131, 134–138. Hitlers Weisung Nr. 21 (»Fall Barbarossa«) vom 18. 12. 1940: Hubatsch, *Weisungen* (**Nr. 18**), S. 84–88. Den »Hungerplan« hat erstmals Gerlach, *Morde* (**Nr. 49**), S. 36–76, näher analysiert. Zitate:

*Der Prozess* (**Nr. 13**), Bd. 36, S. 145, und Bd. 31, S. 84. Herbert, *Geschichte* (**Nr. 53**), S. 435, hält dazu fest: »Der ›Hungerplan‹ war die brutale Konsequenz des die deutschen Ressourcen vollständig überfordernden Krieges und stellte sich den Verantwortlichen als Sachzwang, ja als Notwehr dar. Die Rangfolge der Überlebensmöglichkeiten [wurde] angesichts der offenbaren Knappheit der Ressourcen nach rassistischen Kriterien definiert. Die deutlichsten Auswirkungen fanden die Hungerplanungen bei der Behandlung derjenigen Gruppen die in dieser Hierarchie ganz unten standen: den Juden, den sowjetischen Kriegsgefangenen und den Bewohnern der ›großrussischen Städte‹.«

Den Heß-Flug schildert Kershaw, *Hitler* (**Nr. 8**), Bd. 2, S. 489–503, die Szene mit den Gauleitern ebd., S. 497. Das »Unternehmen Barbarossa« als Hitlers Krieg: Pohl, *Herrschaft* (**Nr. 69**), S. 87.

Jodl zit. n. Kershaw, *Hitler* (**Nr. 8**), Bd. 2, S. 521. Hitlers Monologe (HM, **Nr. 21**) sind keine Wortprotokolle, geben aber Hitlers Gedankenwelt zutreffend wieder. Kershaw, S. 526, hebt die »atemberaubende Unmenschlichkeit« des Diktators im Sommer 1941 hervor.

Eberle/Neumann, *Hitler* (**Nr. 42**), S. 215–218, kommen zu dem Schluss, dass Hitlers Krankheiten seine politischen und militärischen Entscheidungen nicht wesentlich beeinflusst haben (S. 224 ff., 290–296), wogegen Maser, *Hitler* (**Nr. 10**), S. 376 ff., und Fest, *Hitler* (**Nr. 2**), S. 918–922, davon ausgegangen waren, dass der Leibarzt Dr. Morell Hitler dogenabhängig gemacht habe.

Hitlers Rede v. 11.12.1941, die öffentliche Kriegserklärung an die USA, nach Domarus, *Hitler* (**Nr. 14**), Bd. II.2, S. 1793–1811. Im Unterschied zu Kershaw sieht Haffner, *Anmerkungen* (**Nr. 4**), S. 135–141, nicht in dem Bündnis mit Japan den entscheidenden Grund der Kriegserklärung, sondern in Hitlers Wunsch, alle Brücken hinter sich abzubrechen und die europäischen Juden zu ermorden.

Den Sommerfeldzug in der UdSSR 1942 behandelt Kershaw, *Hitler* (**Nr. 8**), Bd. 2, auf S. 675–698, zit. S. 677. Zum »Führerstaat mit nicht anwesendem Führer« ebd. S. 567–571, zit. S. 567, 729 f. Hitlers Abschied vom Obersalzberg nach Below, *Adjutant* (**Nr. 25**), S. 380. Hitlers wiederkehrende Parkinsonerkrankung geht aus Irving, *Tagebücher* (**Nr. 19**), S. 195, hervor (Eintrag v. 15.9.1944).

»Amoklauf«: Hans Mommsen: *Zerstörung der Politik und Amoklauf des NS-Regimes. Politikverständnis und kumulative Radikalisierung,* in: Thamer/Erpel, Hitler **(Nr. 75)**, S. 72 f.

### Der Massenmörder

Zahl der Opfer: Christian Gerlach: *Extrem gewalttätige Gesellschaften. Massengewalt im 20. Jahrhundert, München 2011,* S. 317. »Erlösungsantisemitismus«: Friedländer, *Das Dritte Reich* **(Nr. 47)**, S. 101–116.

Das Gespräch zwischen Hitler und Reichsärzteführer Wagner vom September 1935 ist bei Schmuhl, *Rassenhygiene* **(Nr. 72)**, S. 180 f., dargestellt. Hitlers Tötungsermächtigung zit. n. Moll, *»Führer-Erlasse«* **(Nr. 23)**, S. 89.

Hitlers »Prophezeiung« vom 30.1.1939 zit. n. Domarus, *Hitler* **(Nr. 14)**, Bd. II.1, S. 1058, zur Interpretation Friedländer, *Das Dritte Reich* **(Nr. 47)**, S. 335–338.

»Exekutivmaßnahmen«: *Richtlinien auf Sondergebieten zur Weisung Nr. 21,* in: Hubatsch, *Weisungen* **(Nr. 18)**, S. 89. Verbrecherische Befehle nach Klein, *Einsatzgruppen* **(Nr. 22)**, S. 368–372. Hitlers Äußerung v. 16.7.1941 nach VEJ **(Nr. 16)**, Bd. 7, S. 183–187, Himmlers Posener Rede v. 6.10.1943 zit. n. Bradley F. Smith/Agnes F. Peterson (Hg.): *Heinrich Himmler. Geheimreden 1933–1945,* Frankfurt a. M. usw. 1974, S. 169.

Für die einzelnen ›Tatorte‹ in der UdSSR wird auf die einleitenden Aufsätze in Klein, *Einsatzgruppen* **(Nr. 22)**, hingewiesen, auf Pohl, *Holocaust* **(Nr. 68)**, Bd. 7 der VEJ **(Nr. 16)**, sowie auf Gerlach, *Morde* **(Nr. 49)**, dort auch die Information über Fegeleins Begegnung mit Hitler (S. 565) und der Brief eines Wiener Polizisten an seine Frau vom 5.10.1941 (zit. S. 588 f.). Das Schicksal der sowjetischen Kriegsgefangenen schildern Gerlach, S. 774 ff., und Pohl, *Herrschaft* **(Nr. 69)**, S. 201–242, dort auch zu den Anstaltspatienten, Sinti und Roma, zit. S. 272 f.

Rosenbergs Ansprache nach Bd. 3 der VEJ **(Nr. 16)**, S. 435–438; Heydrichs Auftrag zur »Gesamtlösung« ebd., S. 496 f. Höppners Schreiben nach VEJ **(Nr. 16)**, Bd. 4, S. 680 f. Über Minsk und Hitlers Informationsstand berichtet Gerlach, *Morde* **(Nr. 49)**, S. 571 f. Schreiben der »Kanzlei des Führers« wegen der Mordapparate für Riga zit. n. VEJ **(Nr. 16)**, Bd. 7, S. 564 f. Hitlers Weisung zur Deportation der Juden geht aus einem Schreiben Himmlers an Gauleiter Greiser vom 18.9.1941 hervor, VEJ **(Nr. 16)** Bd. 3,

S. 542. »Von höchster Stelle«: Heydrich an Generalquartiermeister Wagner, *VEJ* **(Nr. 16)**, Bd. 5, S. 743. »Morast«: *HM* **(Nr. 21)**, S. 106.

Die meisten Historiker nehmen an, dass Hitler die Ermordung der europäischen Juden im Oktober 1941 befahl, vgl. Pohl, *Holocaust* **(Nr. 68)**, S. 58–64, sowie Kershaw, *Hitler* **(Nr. 8)**, Bd. 2, S. 617–649. Die Tagung der Reichs- und Gauleiter am 12. 12. 1941 (*TBJG* **(Nr. 15)** *II*, Bd. 2, S. 498) steht im Mittelpunkt des Aufsatzes von Christian Gerlach: Die Wannsee-Konferenz, das Schicksal der deutschen Juden und Hitlers politische Grundsatzentscheidung, alle Juden Europas zu ermorden, in: Ders.: *Krieg* **(Nr. 50)**, S. 117–130. »Partisanen«: Witte u. a., *Dienstkalender* **(Nr. 24)**, S. 290. Ansprache Hans Franks v. 16. 12. 1941 zit. n. Gerlach, Wannsee-Konferenz (wie oben), S. 131 f. Massenmord an deutschen Juden in Riga: Witte u. a., *Dienstkalender* **(Nr. 24)**, S. 278. Zeitliche Unterschiede: Pohl, *Holocaust* **(Nr. 68)**, S. 100.

Goebbels erfuhr Ende März 1942, was in Bełżec geschah, und berief sich erneut auf Hitlers »Prophezeiung«: *VEJ* **(Nr. 16)**, Bd. 9, S. 231. Ausbau von Auschwitz zum Vernichtungszentrum: Pohl, *Holocaust* **(Nr. 68)**, S. 155–159. Hitlers Interesse an den Gaskammern: Eberle/Uhl, Buch *Hitler* **(Nr. 1)**, S. 196 f. »Ruhmesblatt«: Himmlers Posener Rede vom 4. 10. 1943, in: *Der Prozess* **(Nr. 13)**, Bd. 29, S. 145 f.

Hitler als »Vorkämpfer und Wortführer«: Goebbels, zit. n. *VEJ* **(Nr. 16)**, Bd. 9, S. 231. Zum Begriff »Architekt« vgl. Richard Breitman: *Der Architekt der »Endlösung«. Himmler und die Vernichtung der europäischen Juden,* Paderborn/München 1996. Zahl der Treffen mit Hitler nach Witte u. a., *Dienstkalender* **(Nr. 24)**. Statistik der »Endlösung« für Hitler: Fleming, *Hitler* **(Nr. 44)**, S. 148–153. »Kerbholz«: *TBJG* **(Nr. 15)** *I*, Bd. 9, S. 379 (16. 6. 1941).

Vom sich einfressenden Judenhass spricht Pohl, *Herrschaft* **(Nr. 69)**, S. 85. Zu den Kenntnissen deutscher Offiziere: Sönke Neitzel: *Abgehört. Deutsche Generäle in britischer Kriegsgefangenschaft 1942–1945,* Taschenbuchausgabe Berlin 2007, S. 225–319.

### Der Höhlenbewohner
Hitlers Zusammenbruch nach Below, *Adjutant* (**Nr. 26**), S. 398; Jodl zit. n. Joachimsthaler, *Hitlers Ende* (**Nr. 59**), S. 111, 116; Hitlers Neujahrsansprache 1945 zit. n. Domarus, *Hitler* (**Nr. 14**), Bd. II.2, S. 2181 f.

Schroeder, *Chef* (**Nr. 31**), S. 167–169, und Joachimsthaler, *Liste* (**Nr. 7**), S. 474–482, heben die wechselseitige Zuneigung zwischen Eva Braun und Hermann Fegelein hervor, schließen aber ein Liebesverhältnis aus. Eva Braun feierte in ihrem Raum in der Alten Reichskanzlei am 5./6. 2. 1945 ihren Geburtstag, reiste am 9. 2. mit ihrer Schwester, Margarete Fegelein, nach München ab und kehrte am 7. 3. 1945 endgültig nach Berlin zurück: Görtemaker, *Eva Braun* (**Nr. 3**), S. 267–270. Hitlers Spaziergänge als »kein schönes Bild« zit. n. Joachimsthaler, *Hitlers Ende* (**Nr. 59**), S. 133.

Stalin sprach in seinem Aufruf zum 27. Jahrestag der Oktoberrevolution am 7. 11. 1944 von der »Höhle der faschistischen Bestie«. Diese Formulierung wählten auch viele sowjetische Soldaten.

Hitlers Rede v. 30. 1. 1945 zit. n. Domarus, *Hitler* (**Nr. 14**), Bd. II.2, S. 2195. Die Abwendung der Deutschen von Hitler geht aus einem bei Frei, *Führerstaat* (**Nr. 54**), S. 276, abgedruckten SD-Bericht hervor. »Nero-Befehl«: Speer, *Erinnerungen* (**Nr. 32**), zit. S. 446 und 460. Hitlers letzter Tagesbefehl v. 15. 4. 1945 zit. n. Hubatsch, *Weisungen* (**Nr. 18**), S. 311; »Nordraum«-Befehl v. 15. 4. 1945 ebd., S. 308–310.

Speers Abschied ist nach seinen *Erinnerungen* (**Nr. 32**), S. 479–488, dargestellt.

Kopie der Testamente Hitlers bei Joachimsthaler, *Hitlers Ende* (**Nr. 59**), S. 190–192, dort, S. 186 f., auch eine Kopie der Heiratsurkunde v. 29. 4. 1945.

Der Selbstmord Adolf und Eva Hitlers wird von Joachimsthaler, *Hitlers Ende* (**Nr. 59**), S. 201–272, rekonstruiert, fehlerhaft sind Fest, *Hitler* (**Nr. 2**), S. 1022 ff., und Görtemaker, *Eva Braun* (**Nr. 4**), S. 282 f. Mit an Sicherheit grenzender Wahrscheinlichkeit, so Kershaw, *Hitler* (**Nr. 8**), Bd. 2, S. 1069, haben sowjetische Geheimdienstleute im Garten der Reichskanzlei *nicht* die Leichen Hitlers und Eva Brauns ausgegraben, vgl. Joachimsthaler, *Hitlers Ende* (**Nr. 59**), S. 358–383. Der sowjetische Historiker Lew Besymenski behauptete 1992, die Leichen Adolf und Eva Hitlers seien vom sowjetischen Geheimdienst mit nach Magdeburg genommen und neben einer Garage vergraben worden. Erst 1970 habe man die Überreste verbrannt, so noch Thamer/Erpel *Hitler* **(Nr. 75)**, S. 281, und Görtemaker, *Eva Braun* **(Nr. 3)**, S. 283–286.

## Der Untote

Überblick über die »Vergangenheitsbewältigung« bei Fischer/Lorenz, *Lexikon* **(Nr. 43)**, zur Wandlung des Hitler-Bildes: Norbert Frei: *Führerbilderwechsel. Hitler und die Deutschen nach 1945,* in: Thamer/Erpel, *Hitler* **(Nr. 75)**, S. 142–147, dort auch ein Auszug aus dem Allensbacher Jahrbuch für Demoskopie über das »Ansehen Hitlers bei der deutschen Bevölkerung im Wandel der Zeit«.

Stalins Interessen an Hitlers Leben und Leiche: Eberle/Uhl, *Buch Hitler* **(Nr. 1)**, S. 470–478. Kammerdienerliteratur: Friedländer, *Kitsch* **(Nr. 48)**, S. 60–64; Marcel Atze: *Unser Hitler. Der Hitler-Mythos im Spiegel der deutschsprachigen Literatur nach 1945,* Göttingen 2003, S. 221–252.

Amnestien und Wiedereinstellung ehemaliger NSDAP-Mitglieder: Norbert Frei: *Vergangenheitspolitik. Die Anfänge der Bundesrepublik und die NS-Vergangenheit,* Taschenbuchausgabe München 1999, S. 7–53, 69–100.

Psychohistorie: Rudolph Binion: *»... dass ihr mich gefunden habt«. Hitler und die Deutschen,* Stuttgart 1978; widerlegt durch Hamann, *Hitlers Wien* **(Nr. 5)**, S. 53–57.

Kujau-Fälschungen sind im Umfang von rund fünfundvierzig Druckseiten in *JK* **(Nr. 20)** eingegangen.

Rolle des SPIEGEL bei der Popularisierung Hitlers: Simone Erpel: *Hitler entdämonisiert. Die mediale Präsenz des Diktators in Presse und Internet,* in: Thamer/Erpel, *Hitler* **(Nr. 75)**, S. 154–160. Hitler als Pop- und Witzfigur: Daniel Erk: *So viel Hitler war selten. Die Banalisierung des Bösen oder Warum der Mann mit dem kleinen Bart nicht totzukriegen ist,* München 2012, S. 99–139.

Das letzte Zitat: Friedländer, *Kitsch* **(Nr. 48)**, S. 27.

# Personenregister

*Adolf Hitler wurde nicht auf-
genommen. Kursive Seitenzahlen
beziehen sich auf den Anhang.*

## A
Amann, Max  74, 85f., 128
Antonescu, Ion  256ff., 278

## B
Backe, Herbert  200
Baeck, Leo  268
Bechstein, Edwin und Helene  74ff.
Bekessi, Hans
   (d. i. Hans Habe)  14
Below, Nicolaus von  191, 286,
   292, 302, 310
Beria, Lawrenti  318
Besymenski, Lew  *346*
Binion, Rudolph  324
Bismarck, Otto von  22ff., 26, 322
Bloch, Eduard  28, 325
Blomberg, Werner von  121, 123,
   141f., 144, 146, 157f.
Böcklin, Arnold  176f.
Bötticher, Paul Anton: *siehe
   bei* Lagarde, Paul de
Bormann, Albert  165, 240
Bormann, Martin  73, 102, 147f.,
   165, 191, 201f., 279, 284, 296,
   300, 304–307, 309–312
Bouhler, Philipp  166, 239–242, 244
Brack, Viktor  240, 261f., 264
Brandt, Karl  166, 240ff., 244
Brauchitsch, Walther von  158, 205
Braun, Eva (verheiratete
   Hitler)  105ff., 172, 174, 231,
   285, 288–291, 298, 300ff., 304,
   306, 308–313, 318, *339, 345*f.
Braun, Margarete (verheiratete
   Fegelein)  285, *345*

Braun, Otto  111
Bredow, Ferdinand von  144
Breker, Arno  196
Bruckmann, Hugo und Elsa  74f., 96,
   100
Brückner, Wilhelm  76, 82ff., 99f.,
   165, 168, 170, 178f., 191
Brüning, Heinrich  107–111, 174
Buch, Walter  73
Bullock, Alan  322
Burgdorf, Wilhelm  298, 302
Busse, Theodor  288, 303

## C
Chamberlain, Houston St.  *338*
Chamberlain, Neville  160f., 188, 190
Chaplin, Charles  180
Christian, Gerda  208, 311
Churchill, Winston  197f., 202, 208,
   213, 292
Ciano, Galeazzo  186

## D
Daladier, Édouard  161
Darwin, Charles  24, 148, 238, 296
Dawes, Charles  89
Dickel, Otto  68, 71
Dietrich, Josef (»Sepp«)  143
Dietrich, Otto  179
Dollfuß, Engelbert  159
Dönitz, Karl  300, 306–309, 314
Drexler, Anton  61, 65, 68f.
Dschugaschwili, Josef W.:
   *siehe bei* Stalin

## E
Eberle, Henrik  *342*
Ebert, Friedrich  49, 51f., 90
Eckart, Dietrich  65
Eichmann, Adolf  153, 160, 249, 260,
   262, 264f., 269, 276, 280, 322, *340*
Eicke, Theodor  144, 154

Eisner, Kurt 57–59
Elser, Johann Georg 222–225
Eltz-Rübenach, Paul von 121
Engels, Friedrich 21
Epp, Franz Ritter von 129
Erzberger, Matthias 49, 56, 78
Esser, Hermann 74

**F**
Feder, Gottfried 61
Fegelein, Hermann 255, 285, 306 ff., *343, 345*
Fegelein, Margarete: *siehe bei* Braun, Margarete
Fest, Joachim C. 6 f., 324 f., *336, 338, 341 f., 345*
Fiehler, Karl 73
Forster, Albert 184
Franco, Francisco 318
Frank, Hans 14 f., 57, 248 f., 262, 264, 319, *344*
Franz Ferdinand, Erzherzog von Österreich 36
Franz Joseph I., Kaiser von Österreich 17
Freisler, Roland 226, 232
Frentz, Walter 191, 195, 261
Frick, Wilhelm 82 f., 112, 116, 121, 126, 129, 132, 136
Friedeburg, Hans Georg von 314
Friedländer, Saul 329, *343*
Friedrich I., gen. Barbarossa, Kaiser des Hl. Römischen Reiches deutscher Nation 200
Friedrich II., König von Preußen 96, 130, 175 f., 299
Fritsch, Werner von 158
Fromm, Friedrich 228, 231 f.
Funk, Walther 121

**G**
Galen, Clemens Graf von 244
Gemlich, Adolf 337
George, Stefan 133
Gereke, Günther 121
Gerlach, Christian 341, 343 f.
Gersdorff, Rudolf-Christoph 229
Giesler, Hermann 195, 291
Globocnik, Odilo 263, 266, 271
Goebbels, Joseph 92 f., 101, 107 ff., 112 f., 120, 124 f., 127 f., 130, 132, 135, 143, 145, 148, 151, 162, 168, 171, 179 f., 206, 217–220, 222 f., 245, 262 f., 269, 278, 281, 289, 295, 297 f., 303 f., 306 f., 309 f., 312 f., 314, *344*
Goebbels, Magda 107, 303, 312, 314
Göring, Hermann 41, 72 ff., 80, 82, 112, 116, 121, 124 ff., 131 f., 142 f., 144, 148, 156, 159, 164, 171, 173, 175, 197, 202, 206, 223, 260, 266, 292, 300, 305, 307, 309, 319, *340*
Görtemaker, Heike *345 f.*
Graf, Ulrich 74, 80, 82
Graf, Willi 225 f.
Greiser, Arthur 260 f., 293, *343*
Gruner, Wolf 340
Günsche, Otto 275, 308, 311 f.
Gürtner, Franz 121, 144, 241

**H**
Haase, Werner 310 f.
Hacha, Emil 184
Haeften, Werner von 230 f.
Haffner, Sebastian 6, *342*
Halder, Franz 252
Hamann, Brigitte *336 f., 346*
Hammitzsch, Angela: *siehe bei* Hitler, Angela
Hanfstaengl, Ernst 74, 82, 164
Hanisch, Reinhold 33 f.
Hanke, Karl 291, 309
Harrer, Karl 61
Hauptmann, Gerhart 133
Häusler, Rudolf 35

Heidemann, Gerd 326
Heim, Susanne 340
Heine, Heinrich 132
Heines, Edmund 143
Held, Heinrich 129
Henderson, Nevile 190
Hepp, Ernst 337
Herbert, Ulrich 337, 342
Heß, Rudolf 57, 74f., 84f., 91, 100, 147, 201f., 319, 342
Hewel, Walter 306
Heydrich, Reinhard 142, 144, 153f., 160, 247–251, 253, 260, 262, 264f., 266, 344
Hildebrand, Klaus 325
Himmler, Heinrich 73, 129, 134, 139, 142, 144, 148, 153f., 160, 169, 191, 206, 216, 218, 220, 232, 237, 248f., 254f., 257, 261–266, 268f., 271–273, 275, 277–279, 285, 295, 300, 305–310, 339, 343f.
Hindenburg, Oskar von 115
Hindenburg, Paul von 44, 48, 91, 107–116, 120, 123, 126, 130, 145
Hitler, Alois, geb. Schicklgruber 12–15, 17
Hitler, Alois junior 12f.
Hitler, Angela, verw. Raubal, verw. Hammitzsch 12, 18, 28, 34, 101f., 106
Hitler, Edmund 12f.
Hitler, Eva, geb. Braun: *siehe bei* Braun, Eva
Hitler, Klara, geb. Pölzl 12f., 15, 17f., 27f., 175
Hitler, Paula 12f., 18, 28, 34
Hoffmann, Heinrich 38, 74, 97f., 105f., 166f., 172, 191
Hoffmann, Johannes 58, 66
Höppner, Rolf-Heinz 260f., 343

Horthy, Miklós 276, 278
Höß, Rudolf 147, 266, 274, 277
Huber, Kurt 226
Hugenberg, Alfred 95, 115ff., 121, 123
Humps, Gertraud: *siehe bei* Junge, Gertraud

J
Joachimsthaler, Anton 338f., 345
Jodl, Alfred 158, 207, 287, 300, 302f., 342, 345
Junge, Gertraud (»Traudl«), geb. Humps 208, 308–311

K
Kahr, Gustav Ritter von 66, 79–81, 83
Kaltenbrunner, Ernst 300, 319
Kannenberg, Arthur 164f.
Kantzow, Freifrau Carin von 72
Kapp, Wolfgang 65f., 337
Keitel, Wilhelm 158, 196f., 230f., 252, 300, 302f., 314, 319
Kempka, Erich 139, 168, 178, 300, 311
Kershaw, Ian 6f., 97, 327, 338f., 341f., 344f.
Keynes, John M. 137
Koch, Erich 293
Krause, Karl-Wilhelm 170
Krebs, Hans 300–302, 304, 311, 313
Kubizek, August 18f., 27–29
Kujau, Konrad 326, 346

L
Lagarde, Paul de (d. i. Paul Anton Bötticher) 23
Lammers, Hans Heinrich 121, 148f., 172, 179, 206, 217
Lanz, Jörg, gen. Lanz von Liebenfels 31f.
Lehmann, Julius 57
Lenin (d. i. Wladimir I. Uljanow) 22, 45, 50
Lewinski, Fritz Erich von: *siehe bei* Manstein, Erich von

Ley, Robert 136, 139, 168
Liebknecht, Karl 49, 52
Linge, Heinz 76, 168, 275, 298, 312, 320
List, Guido von 32, 56
Lorenz, Heinz 306
Lossow, Otto von 79–81, 83
Lubbe, Marinus van der 125 f.
Lüdecke, Kurt 75, 337
Ludendorff, Erich 44 f., 48 f., 65, 75, 77, 79–84, 90 f.
Lueger, Karl 31
Lutze, Viktor 134, 144
Luxemburg, Rosa 52

**M**
Mahler, Gustav 26
Mann, Klaus 338
Manstein, Erich von, geb. Fritz Erich von Lewinski 194, 197
Marx, Karl 21 f., 26, 56, 123 f., 126, 129
Maser, Werner 324, *338, 342*
Maurice, Emil 73, 85, 104
Max, Prinz von Baden 49
May, Karl 17, 175
Mayr, Karl 60 f., 64–66, 68, 70, 74, *337*
Mengele, Josef. 266, 269, 277
Mitscherlich, Alexander und Margarete 323
Mohnke, Wilhelm 311
Molotow, Wjatscheslaw 186, 192 f., 199
Moltke, Helmuth James von 227 f.
Mommsen, Hans 325, *343*
Morell, Theodor 166, 184, 209, 231, 284, 301 f., 304, 342
Müller, Hermann 107
Müller, Karl Alexander von 60
Mussolini, Benito 69 f., 79, 96, 157, 159, 161, 201, 214, 255

**N**
Napoléon Bonaparte, Kaiser von Frankreich 203
Nebe, Arthur 261
Neithardt, Georg 83
Nero, römischer Kaiser 297
Neumann, Hans-Joachim *342*
Neurath, Konstantin *121*
Nikolaus II., Zar von Russland 37, 45
Noske, Gustav 58

**O**
Olbricht, Friedrich 228
Owens, Jesse 157

**P**
Papen, Franz von 111–117, 120 f., 123 f., 131, 141 f., 144
Paulus, Friedrich 210–212
Pétain, Philippe 194 f.
Pöhner, Ernst 79, 83 f.
Pölzl, Johanna (»Hanitante«) 12, 18, 27, 33
Pohl, Dieter *336, 343 f.*
Porsche, Ferdinand 138
Pötsch, Leopold 17, *336*
Probst, Christoph 226

**R**
Rabatsch, Stefanie 19, *336*
Rathenau, Walther 77 f.
Raubal, Angela: *siehe bei* Hitler, Angela
Raubal, Angela jun. (»Geli«) 104–106
Reichenau, Walter von 123, 141 f., 144
Reiter, Maria (»Mizzi«) 103 f., *338*
Ribbentrop, Joachim von 158, 186 f., 189 f., 192 f., 251, 292, 300, 307, 319
Richthofen, Manfred von 41
Riefenstahl, Leni 133, 157
Röhm, Ernst 19, 70, 73 f., 81–84, 90, 100, 110, 141–145, 153 f.

Roller, Alfred  30
Rommel, Erwin  201, 213 f., 232
Roosevelt, Franklin D.  208 f., 213, 292, 297 f.
Rosenberg, Alfred  51, 57, 260, 319, *343*

**S**

Sauckel, Fritz  215 f., 319
Schaub, Julius  73, 99 f., 162, 165, 168, 170, 178 f., 191, 300, 305
Scheidemann, Philipp  49, 52, 80
Scheubner-Richter, Max Erwin von  81 f.
Schicklgruber, Alois: *siehe bei* Hitler, Alois
Schirach, Baldur von  269
Schleicher, Kurt von  107, 110–116, 144
Schlieffen, Alfred von  39, 194
Schmitt, Carl  145
Schmorell, Alexander  225 f.
Schmundt, Rudolf  166, 191, 298
Scholl, Hans und Sophie  225 f.
Schreck, Julius  73, 104 f., 168
Schroeder, Christa  164, 208, 290, 320, *345*
Schuschnigg, Kurt  158 f.
Schwerin von Krosigk, Johann Ludwig von  *121*
Seißer, Hans von  79–81, 83
Seldte, Franz  *121*
Shakespeare, William  157
Speer, Albert  148, 171, 173 f., 195 f., 216 f., 287, 292, 296 f., 300, 304 f., 319, 324, *338, 345*
Stalin (d. i. Josef W. Dschugaschwili)  120, 185 ff., 203, 208, 210 f., 213, 236, 254, 298, 318, 320, *345*
Stauffenberg, Claus Schenk Graf von  227–233
Stefanie, Hitlers Angebetete in Linz: *siehe bei* Rabatsch, Stefanie
Steiner, Felix  301 f.
Straßer, Gregor  92, 109, 112, 114 f., 144
Streicher, Julius  71, 82, 151
Stresemann, Gustav  79, 89 f., 136
Stroop, Jürgen  273
Stumpfegger, Ludwig  302, 310, 314
Stumpff, Hans-Jürgen  314

**T**

Thälmann, Ernst  109, 125
Thyssen, Fritz  77
Todt, Fritz  206, 216
Tresckow, Henning von  229
Trevor-Roper, Hugh  322
Troost, Geraldine (»Gerdy«)  175
Troost, Paul Ludwig  96, 175

**U**

Uljanow, Wladimir I.: *siehe bei* Lenin

**W**

Wagner, Eduard  *344*
Wagner, Gerhard  *343*
Wagner, Richard  19, 21, 23, 26, 29 f., 74 f., 92, *337*
Wagner, Winifred  75 f., 85, 92
Weber, Christian  74, 99
Weidling, Helmuth  314
Wels, Otto  131, *339*
Wenck, Walther  303 f., 306
Wilhelm II., Kaiser des Deutschen Reiches  24, 37 f., 49, 56
Wilson, Woodrow  45 f., 48 f., 53
Winter, Anni  101, 167
Wirth, Joseph  77 f.
Wolf, Johanna  164, 167

**Y**

Young, Owen D.  95

# Bildnachweis

Archiv des Hamburger Instituts für Sozialforschung: 257; Walter Ballhause/akg-images: 114; Bayerische Staatsbibliothek München/ Fotoarchiv Hoffmann: 10 (beide Bilder), 13, 36, 39, 42, 59, 72, 76 (unten), 84, 85, 103, 134, 168, 191; bpk: 55, 73, 138, 277, 280; bpk/Heinrich Hoffmann: 62, 98 (jeweils für alle vier Bilder); bpk/Bayerische Staatsbibliothek/Archiv Heinrich Hoffmann: 18; DAL (Diözesanarchiv Limburg), Nachlass Pfarrer Hans Becker (»Rauchender Schornstein des Krematoriums von Hadamar«, wahrscheinlich aufgenommen 1941): 234, 243; Deutsches Historisches Museum, Berlin: 169; Joachimsthaler, Anton: 289; Library of Congress/Prints & Photographs Division/ Miscellaneous Items/LC-USZ62-135911: 177 (oben); Library of Congress/ Prints & Photographs Division/Miscellaneous Items/ LC-USZ62-135912: 177 (unten); List, Guido von: *Das Geheimnis der Runen,* 1914 (Titelabbildung): 32; Münchner Stadtmuseum, Sammlung Fotografie, Archiv Kester: 75; Österreichische Nationalbibliothek: 258; picture alliance / AP Photo / U. S. Holocaust Memorial Museum: 266; Privatbesitz: 174; Schroeder, Christa: *Er war mein Chef. Aus dem Nachlass der Sekretärin von Adolf Hitler,* hg. v. Anton Joachimsthaler, 3. Auflage, München/Wien 1985 (Bildteil nach S. 336): 167 (unten); Stadtarchiv Nürnberg/E 39 Nr. 1703/2: 247; Stadtmuseum Bonn: 118 (beide Bilder), 167 (oben u. Mitte); SZ Photo/Süddeutsche Zeitung Photo: 162; ullstein bild – ADN-Bildarchiv: 163; ullstein bild – Heinrich Hoffmann: 94, 190; ullstein bild – Heritage Images/The Print Collector: 13; ullstein bild – LEONE: 122, 316; ullstein bild – Süddeutsche Zeitung Photo/Scherl: 125, 212, 221, 224, 243, 299; ullstein bild – ullstein bild: 100, 104, 106, 110, 121, 150, 182, 187, 195, 196, 217, 240, 282 (Garten), 313; ullstein bild – Walter Frentz: 139, 282 (Hitler), 292.